Max Brod hatte den berühmtesten Koffer der Literaturgeschichte bei sich, als er 1939 mit dem letzten Zug von Prag nach Palästina floh. Er rettete damit die Manuskripte, Notate und Zeichnungen seines Freundes Franz Kafka. Jahrzehnte später entspann sich darum ein Gerichtskrimi. Vordergründig wurde über den Nachlass von Max Brod entschieden, doch die eigentlichen Fragen waren: War Kafka vor allem ein jüdischer Autor? Ist sein Erbe in Israel richtig aufgehoben? Oder besser in jenem Land, in dessen Namen Kafkas Familie ausgelöscht wurde? Packend und anschaulich wie ein Kriminalfilm erzählt Benjamin Balint die Geschichte von Kafkas Nachleben.

»Eine grandiose Spurensuche, die auch das Verhältnis von Kultur und deren Besitz, von Literatur, Nation und Religion beleuchtet.«
Mathias Schnitzler, Berliner Zeitung

Benjamin Balint, geboren 1976 in den USA, lebt als Autor und Übersetzer aus dem Hebräischen (Ivrit) in Jerusalem. Als erster Jude lehrte er an Palästinas Al-Kuds-Universität. Seine Kritiken und Essays erscheinen in Die Zeit, The Wall Street Journal, Ha'aretz, The Weekly Standard, The New Yorker u. a. »Kafkas letzter Prozess« ist seine erste Buchveröffentlichung auf Deutsch und erscheint nun in einer aktualisierten Fassung. Zudem erschienen »Jerusalem: City of the Book« und zuletzt »Bruno Schulz: An Artist, a Murder, and the Hijacking of History«.

Benjamin Balint

Kafkas letzter Prozess

Ein Nachlass und seine Geschichte

Aus dem Englischen von Anne Emmert

FISCHER Taschenbuch

Der S. Fischer Verlag hat sich zu einer nachhaltigen Buchproduktion verpflichtet. Gemeinsam mit unseren Partnern und Lieferanten setzen wir uns für eine klimaneutrale Buchproduktion ein, die den Erwerb von Klimazertifikaten zur Kompensation des CO_2-Ausstoßes einschließt.

Weitere Informationen finden Sie unter *www.klimaneutralerverlag.de*

Aktualisierte Neuausgabe
Erschienen bei FISCHER Taschenbuch
Frankfurt am Main, Januar 2024

Die Originalausgabe erschien 2018 unter dem Titel »Kafka's last trial«
bei W. W. Norton & Company, Inc., New York.

Lizenzausgabe mit freundlicher Genehmigung des Berenberg Verlags, Berlin
© 2019 Berenberg Verlag GmbH, Sophienstraße 28 / 29, 10178 Berlin

Die Nutzung unserer Werke für Text- und Data-Mining
im Sinne von § 44b UrhG behalten wir uns explizit vor.

Satz: Dörlemann Satz, Lemförde
Druck und Bindung: CPI books GmbH, Leck
ISBN 978-3-596-90426-6

Für Karin

Inhalt

1 Das letzte Rechtsmittel

Oberster Gerichtshof Israels, Schaarei-Mischpat-Straße 1,
Jerusalem, 27. Juni 2016

*Das Wort »sein« bedeutet im Deutschen beides: Da-sein und
Ihm-gehören.*

FRANZ KAFKA, »Züraucer Aphorismen«[1]

An einem Sommermorgen saß Eva Hoffe, 82, in der hohen Eingangshalle des Obersten Gerichtshofs in Jerusalem auf einer blitzblank polierten geschwungenen Holzbank, die Hände im Schoß gefaltet. Eine der Freundinnen, die zu ihrer Unterstützung mitgekommen waren, vertrieb sich die Zeit bis zur mündlichen Verhandlung mit der Lektüre der Tageszeitung *Ma'ariv*. Evas Verhältnis zur Presse war eher distanziert; sie hasste die »Lügenmärchen« der Journalisten, die sie gern als exzentrische Katzenfrau und als Opportunistin darstellten und behaupteten, sie wolle mit wertvollen Kulturschätzen, die gar nicht in private Hände gehörten, schnelles Geld machen. Auf der Titelseite fiel Eva eine Schlagzeile in roten Großbuchstaben ins Auge. »Jetzt versteigern die sogar eine Haarlocke von David Bowie«, empörte sie sich. »Ja, als wäre es eine religiöse Reliquie«, erwiderte die Freundin.

An diesem Tag sollte über Kultgegenstände völlig anderer Art verhandelt werden. Drei Monate zuvor, am 30. März 2016, hatte Eva erfahren, dass das Oberste Gericht ihren Fall »aufgrund des großen öffentlichen Interesses« verhandeln wolle. Merkwürdigerweise fehlte die Sitzung auf der Liste der Gerichtstermine für diesen Tag. Auf der digitalen Anzeigentafel in der Eingangshalle stand nur »Anonym gegen Anonym«.

Eva war eine knappe Stunde zu früh gekommen; vielleicht hatte sie die Anzeigentafel gar nicht gesehen. Den Schutz der Anonymität mochte sie sich sogar wünschen, doch an diesem Tag blieb er ihr versagt. Ein bald neun Jahre währender Nachlassstreit näherte sich seinem Höhepunkt. Über die vorangegangenen Etappen des Prozesses, der mit juristischen, ethischen und politischen Problemen nur so gespickt war – die Verhandlungen vor dem Familiengericht Tel Aviv (September 2007 bis Oktober 2012) und vor dem Bezirksgericht Tel Aviv (November 2012 bis Juni 2015) –, hatte die israelische und internationale Presse ausgiebig berichtet. Von Anfang an war es in dem Disput um die Abwägung zwischen Eigentumsrechten und dem öffentlichen Interesse zweier Länder gegangen: Gehört der Nachlass des deutschsprachigen Prager Schriftstellers Max Brod Eva Hoffe oder der Israelischen Nationalbibliothek, oder wäre er am besten im Deutschen Literaturarchiv in Marbach untergebracht? Allerdings stand mehr auf dem Spiel als der Nachlass Max Brods, einer einstmals berühmten Gestalt der mitteleuropäischen Kultur. Denn Brod war Freund, Herausgeber und literarischer Nachlassverwalter eines anderen Prager Schriftstellers, dessen Name für die moderne Literatur schlechthin steht: Franz Kafka.

Brods Nachlass enthielt nicht nur seine eigenen Manuskripte, sondern auch Papiere Kafkas, einige empfindlich wie Herbstlaub. Dessen große Manuskripte, Briefe und Tagebücher waren zu diesem Zeitpunkt natürlich längst publiziert – laut Stefan Litt, dem Leiter des deutschsprachigen Archivs der Nationalbibliothek, gebe es »nichts von Kafka, das noch unveröffentlicht sei«. Doch waren noch nicht sämtliche Handschriften, Postkarten, Kritzeleien und ähnliche Originale in Archiven zugänglich. Das

Besondere an diesen Papieren sei, so Litt, »die ›Aura‹ des Handschriftlichen«.[2] Von Max Brods eigenen Aufzeichnungen allerdings – darunter seine frühen Tagebücher – versprachen sich Fachleute 92 Jahre nach Kafkas Tod neue Einblicke in die erstaunliche Welt des Schriftstellers, der einen unnachahmlichen, unverwechselbaren surreal-realistischen Stil entwickelt und für das 20. Jahrhundert prägende Texte über Orientierungslosigkeit, Absurdität und gesichtslose Tyrannei geschaffen hatte; der außergewöhnliche Fall eines Autors, aus dessen Namen ein Adjektiv abgeleitet wurde. Die unwahrscheinliche Geschichte, wie Kafkas Manuskripte in die Hände der Familie Hoffe gelangt waren, erzählt von einem noch unbekannten, aber genialen Schriftsteller, über dessen letzten Wunsch sich sein bester Freund hinwegsetzte; von dessen Flucht vor den nationalsozialistischen Besatzern, kurz bevor sich die Tore Europas schlossen; von der Liebe zweier Exilanten, die in Tel Aviv gestrandet waren; von zwei Ländern, deren wie besessen betriebene Vergangenheitsbewältigung an diesem Tag vor dem Obersten Gericht offen zutage trat. Der Prozess warf aber vor allem eine hochbrisante Frage auf: Wem gehört Kafka?

Eva, die sich nun also im Auge des Sturms wiederfand, war am 30. April 1934 in Prag zur Welt gekommen, ein Jahrzehnt nachdem Kafka auf dem Neuen Jüdischen Friedhof der Stadt beigesetzt worden war. Als sie mit ihren Eltern Ester (Ilse) und Otto Hoffe und ihrer älteren Schwester Ruth aus dem besetzten Prag floh, war sie fünf Jahre alt. Sie zeigte mir Fotografien ihrer Mutter als junger Schönheit in Prag mit ihrer Deutschen Dogge Tasso, benannt nach dem italienischen Dichter des 16. Jahrhunderts, der das berühmte Versepos *La Gerusalemme liberata* (*Befreites Jerusalem*) geschrieben hatte. »Eine meiner Katzen habe ich auch Tasso genannt«, sagte Eva Hoffe.

Nach ihrer Ankunft in Palästina besuchte Eva zunächst die

Schule in Gan Schmuel, einem Kibbuz im Norden des Landes nahe der Stadt Chadera, und anschließend das landwirtschaftliche Internat im zentralisraelischen Jugenddorf Ben Schemen. Dort nahm ihre Lieblingslehrerin, die Künstlerin Naomi Smilansky, das Mädchen unter ihre Fittiche. Doch Evas Zeit in Ben Schemen war von Einsamkeit überschattet. »Ich litt unter schrecklichem Heimweh und weinte fast jede Nacht«, sagte sie. Als 1948 nach dem Ausbruch des Israelischen Unabhängigkeitskriegs Truppen der Arabischen Legion Ben Schemen belagerten, wurden die Schüler in gepanzerten Bussen evakuiert. Eva Hoffe schloss später ihre schulische Ausbildung in der progressiven Tel Aviver Eliteschule Tichon Hadasch ab. Dort förderte sie Rektor Toni Halle, ein gebürtiger Deutscher, der seit seiner Studienzeit mit Gershom Scholem befreundet war. Eva flüchtete sich damals gern in Bücher. Ihre Mutter schrieb im Juni 1950, als Eva sechzehn Jahre alt war, an Dora Diamant: »Sie liest in jeder freien Minute und wird sich gewiss in den Ferien hauptsächlich von Buchfutter ernähren.«[3]

Nach dem Krieg trat Eva Hoffe in eine Nachal-Truppe der Israelischen Verteidigungsstreitkräfte ein. (Solche Einheiten unter dem Kommando des Bildungs- und Jugendcorps verbinden ehrenamtliches soziales Engagement, gemeinnützige oder landwirtschaftliche Arbeit und Militärdienst.) Anschließend nahm sie ein musikwissenschaftliches Studium in Zürich auf. Noch vor dem Abschluss kehrte sie jedoch 1966 nach Tel Aviv zurück, auch, um beruhigend auf ihren Vater Otto einzuwirken, den der Gedanke an mögliche Kampfhandlungen zwischen Israel und den benachbarten arabischen Staaten quälte. »Er litt unter schrecklicher Kriegsangst«, erzählte sie. »Er fürchtete, sie würden uns abschlachten.«

Im Sommer 1967 kam es zum Sechstagekrieg. An jedem dieser sechs Tage ging Eva ins Café Kassit in der Dizengoff-Straße, setzte sich an einen der winzigen Tische auf dem Gehweg und trank einen Espresso, über sich die sechs Wandbilder mit marionettenartigen Harlekinen und Musikern, die Jossel Bergner auf die Straßenfassade des Cafés gemalt hatte. Im Kassit tauschten langhaarige Künstler, ungepflegte Intellektuelle, Straßenhändler und hohe Militärs wie Mosche Dajan die neusten Gerüchte aus. (Major Ariel Scharon, der spätere Ministerpräsident, wies einmal einen Unteroffizier mit den Worten zurecht: »Ihr sitzt da im Kassit und quatscht mit Journalisten der *Haolam Haseh* über unsere Operationen.«) Alles, was Rang und Namen hatte, steckte in dem Café »die Köpfe zusammen; und schon Reibung allein erzeugt Inspiration«, erzählte später der Stammgast Uri Avnery, damals Herausgeber der *Haolam Haseh*. Jeden Tag brachte Eva aufgeschnappte Gesprächsfetzen, Neuigkeiten vom Kriegsverlauf, mit nach Hause. Ihr Vater quittierte ihre Berichte über israelische Siege mit Unglauben.[4]

Nach dem Sechstagekrieg gab Eva Erst- und Zweitklässlern Musikunterricht und fand große Freude an den Improvisationen der Kinder. Im folgenden Jahr jedoch erlitt sie einen doppelten Verlust: Innerhalb von fünf Monaten starben ihr Vater und der Schriftsteller Max Brod, Emigrant aus Prag und für sie eine Vaterfigur. Das Musizieren und der Unterricht machten ihr fortan keinen Spaß mehr.

Während Eva Hoffe noch trauerte, empfahl sie der israelische Dichter und Liedermacher Chaim Chefer, ebenfalls Stammgast im Café Kassit, für eine Anstellung bei der israelischen Fluggesellschaft El Al. Drei Jahrzehnte lang gehörte sie dem Bodenpersonal an. »Flugbegleiterin wollte ich nicht werden«, erzählte sie, »weil ich bei meiner Mutter sein wollte.« Stattdessen lauschte sie mit fast kindlicher Begeisterung dem Brüllen der Flugzeugtriebwerke

und sah den Bodenlotsen mit ihren reflektierenden Sicherheits-
westen, dem Gehörschutz und den Leuchtkellen beim Einweisen
der Flugzeuge zu. 1999 trat sie mit 65 Jahren in den Ruhestand.

In all den Jahren bei der El Al verspürte Eva nie das Verlangen, nach Deutschland zu fliegen. »Ich konnte nicht vergeben«,
sagte sie. Auch eine Heirat kam nicht infrage. »Als ich mitbekam,
wie beleidigend Felix Weltsch [ein Freund Kafkas, der mit Max
Brod von Prag nach Palästina geflohen war] über seine Frau Irma
sprach, wusste ich, dass ich nicht heiraten wollte.« Lieber lebte sie
in einer engen Wohnung in der Spinoza-Straße mit ihrer Mutter
Ester und ihren Katzen in einer Art Symbiose.

Eva Hoffe bewegte sich zwar in den intellektuellen Kreisen von
Tel Aviv, in denen auch ihre Freunde verkehrten, der in Ber-
lin geborene hebräische Dichter Natan Sach und der Künstler
Menashe Kadishman, sah sich aber nie als Intellektuelle. Mir ge-
stand sie, dass sie nicht viele von Brods Büchern gelesen habe. Eva
Hoffe hatte keine Kinder. Menschliche Nähe fand sie in einem
Kreis ergebener Freundinnen, die sie vergötterten. Drei von ihnen leisteten ihr nun im Obersten Gerichtshof in einer Nische der
Eingangshalle vor Beginn der Verhandlung Gesellschaft. »Egal,
was passiert«, warnte sie die Freundin mit der Zeitung, »sag kein
Wort; keine Ausbrüche.« Eva nickte und kleidete ihren Missmut
in die Worte eines anderen. »Wenn Max Brod noch lebte, würde
er vor Gericht treten und sagen: ›*Jetzt Schluss damit!*‹«, zitierte sie
ihn auf Deutsch.

Eine israelische Romanautorin vertraute mir einmal an, für
sie sei Eva Hoffe die »Witwe von Kafkas Gespenst«. Eva, verfolgt
von der Angst vor Enterbung, hatte dessen Verzweiflung über die
Undurchsichtigkeit der Justiz übernommen. In Kafkas unvollendetem Roman *Der Prozess*, nach seinem Tod von Max Brod bear-

beitet und herausgegeben, sagt der Onkel zu Josef K.: »Wenn man dich ansieht möchte man fast dem Sprichwort glauben: ›Einen solchen Prozeß haben, heißt ihn schon verloren haben‹.«[5] Ähnlich verzweifelt war Eva. »Wenn das ein Tauziehen wäre, hätte ich keine Chance«, sagte sie. »Ich kämpfe gegen ungeheuer mächtige Gegner, ungeheuer mächtig.« Sie meinte den Staat Israel, der geltend machte, die Dokumente, die ihre Mutter von Kafkas bestem Freund geerbt hatte, gehörten nicht ihr, sondern der Nationalbibliothek in Jerusalem. Und nicht nur um die eigentliche Erbschaft ging es hier. Noch zu Lebzeiten hatte Max Brod Ester Hoffe einige Kafka-Manuskripte geschenkt, die sie wiederum an ihre Töchter weitergegeben hatte. Jahrzehnte nach Brods Tod wurde nun über die Rechtmäßigkeit sowohl der Erbschaft als auch der Schenkung entschieden.

Die Stimmen der Beteiligten aus der vorangegangenen Verhandlung verhallten. Eva machte sich mit bleichem Gesicht, aber wachen Auges auf den Weg in den Gerichtssaal. »Wenn Sie mich fragen«, sagte sie, während sie die schwere Tür zum Saal aufdrückte, »sind die Wörter Gerechtigkeit und Anstand aus dem Wörterbuch gestrichen.«

In *Der Prozess* sind die Gerichtssäle nur schwach beleuchtet. Der Raum in Jerusalem dagegen erinnert an eine hohe Kapelle, deren schmucklose weiße Wände im Tageslicht erstrahlen. Glanz und Pomp sucht man hier vergebens. Das rechteckige Gebäude des Obersten Gerichtshofs, dessen Bau von der Londoner Philanthropin Dorothy de Rothschild beauftragt wurde, ist mit Jerusalem-Stein verkleidet. Auf dem Dach erhebt sich eine kupferverkleidete Pyramide, inspiriert vom vorzeitlichen Grab des Propheten Zacharias, das östlich von Jerusalem aus dem Felsgestein des Kidrontals gehauen wurde.

An einem halbrunden Tisch saßen neun Anwälte in schwarzer Robe. Sie sollten den drei nicht unbedingt gleich starken Parteien in diesem Rechtsstreit eine Stimme geben: der Israelischen Nationalbibliothek (die den Prozess ins Rollen gebracht hatte und nun die Interessen des Staates Israel vertrat – sozusagen mit Heimvorteil, weil das Verfahren auf israelischem Boden stattfand), dem Deutschen Literaturarchiv in Marbach (das vor Gericht das Recht erwirken wollte, Eva Hoffe ein Kaufangebot für die Manuskripte zu unterbreiten, und das gegenüber den anderen beiden Parteien den Vorteil bedeutenderer finanzieller Mittel genoss) und Eva Hoffe (in deren physischem Besitz sich die von den anderen begehrten Güter zumindest vorläufig noch befanden). Jede der Parteien beteiligte sich mit rechtlichen Mitteln am Disput, und jede Partei (wie auch die Richter) wechselte zwischen zwei rhetorischen Ebenen hin und her: der rechtlichen und der symbolischen. Juristisch versprach das Verfahren, Fragen zu erhellen, die für Israel, Deutschland und das nach wie vor belastete Verhältnis zwischen beiden Ländern von anhaltender Bedeutung waren. Das Marbacher Archiv und die Nationalbibliothek brachten ihre jeweilige nationale Vergangenheit im Gerichtssaal zur Sprache (wenn auch auf sehr unterschiedliche Weise); beide wollten mit Kafka als Trophäe diese Vergangenheit würdigen, gerade so, als lasse sich der Schriftsteller in den Dienst des Nationalprestiges stellen.

Die Anwälte saßen mit dem Rücken zu den Zuschauern den drei Richtern auf dem erhöhten Podium gegenüber: Joram Danziger (ehemals Spitzenanwalt für die Wirtschaft) saß links, Eljakim Rubinstein (ehemals Generalstaatsanwalt) in der Mitte und Zwi Zylbertal (ehemals Richter am Bezirksgericht Jerusalem) rechts. Diesen Männern fiel die Aufgabe zu, die Rechtmäßigkeit der jeweiligen Ansprüche gegen die Grenzen dieser Rechtmäßigkeit abzuwägen.

Eva Hoffe setzte sich allein in die erste Reihe. Monate zuvor war ich ihr zufällig in Tel Aviv in der Ibn-Gwirol-Straße unweit ihrer Wohnung begegnet; damals wirkte sie verloren, schien einsam umherzuirren. Heute lag ein Ausdruck ungeteilter Aufmerksamkeit und Klarheit auf dem Gesicht mit den vielen dunklen Pigmentflecken. Sie setzte sich hinter ihren Rechtsvertreter Eli Sohar, einen Staranwalt mit besten Verbindungen, der Wirtschaftsbosse, hochrangige israelische Armeeoffiziere, Spitzenkräfte der israelischen Militärindustrie und des Inlandsgeheimdienstes Schabak ebenso vertreten hatte wie, wenn auch weniger erfolgreich, den früheren israelischen Ministerpräsidenten Ehud Olmert. (Olmert, der 2012 wegen Untreue und 2014 wegen Korruption schuldig gesprochen worden war, musste im Februar 2016 eine neunzehnmonatige Gefängnisstrafe antreten.) Eva Hoffe hatte in den acht Jahren zuvor mehrmals den Anwalt gewechselt: Ehe sie sich auf Sohar verlegte, war sie von Jeschajahu Etgar, Oded Cohen und Uri Zfat vertreten worden. Sie erzählte mir, sie habe zu Sohars Gunsten eine Pfandverschreibung für ihre Wohnung unterzeichnet, damit der Anwalt, falls sie vor Abschluss des Verfahrens sterben sollte, auch sein Honorar erhielt.

Eli Sohar, das dünne Haar auf eine Seite gekämmt, die schwarze Robe lotrecht zum gebohnerten Parkett, räusperte sich und sprach mit distanzierter Höflichkeit und ohne viel Pomp. In seinem kraftvollen Bariton begann er mit der Feststellung, das Gericht habe gar keine Entscheidung zu fällen. Das Urteil sei faktisch schon vier Jahrzehnte zuvor gefallen. Als Franz Kafka 1924 einen Monat vor seinem 41. Geburtstag an Tuberkulose starb, habe sich sein enger Freund und Gefährte Max Brod – selbst ein produktiver und angesehener Autor – über Kafkas letzte Anweisung hinweggesetzt, die verbliebenen Manuskripte, Tagebücher und Briefe ungelesen zu verbrennen. Stattdessen habe Brod die

Manuskripte gerettet und den Rest seines Lebens der Aufgabe gewidmet, Kafka als prophetischstem und verstörendstem Chronisten des 20. Jahrhunderts Eingang in den Literaturkanon zu verschaffen. Nachdem Brod 1968 in Tel Aviv gestorben sei, sei [die Verfügungsgewalt über] dieses Konvolut auf seine Sekretärin und Vertraute Ester Hoffe, Evas Mutter, übergegangen.

Fünf Jahre nach Brods Tod, 1973, fuhr Sohar fort, habe der Staat Israel Ester Hoffe wegen des Besitzes der Manuskripte verklagt. Den Fall habe Richter Jitzchak Schilo am Bezirksgericht Tel Aviv verhandelt. Im Januar 1974 habe Richter Schilo geurteilt, dass Brods Letzter Wille »Frau Hoffe erlaubt, zu Lebzeiten nach Belieben über den Nachlass zu verfügen«.

Mit Verweis auf dieses Präjudiz erklärte Sohar, das derzeitige Verfahren sei bei allem gebotenem Respekt unnötig. Es gebe keinen Anlass, einen Fall neu zu verhandeln, in dem Ester Hoffe das Anrecht auf die in ihrem Besitz befindlichen Papiere bereits zugesprochen worden sei.

Dieses Argument machte bei Richter Rubinstein wenig Eindruck. Schulmeisterlich und mit dem Anstrich der Allwissenheit fertigte er Sohar ab. »Der Herr Anwalt möge bitte auf den Punkt kommen. Wir können nicht allzu viel Zeit auf Richter Schilos Urteil verwenden, das wir gelesen haben. Der Herr Anwalt möge fortfahren.«

Unbeeindruckt versuchte es Sohar mit einem anderen Kurs: Warum, fragte er, sollten die Nachlässe von Kafka und Brod in die Israelische Nationalbibliothek überführt werden, eine Institution, der es doch offensichtlich an Fachleuten für deutsche Literatur mangele?

Es sei aber doch nicht so sehr die Frage, warf Richter Zylbertal von der rechten Seite der Empore ein, ob die Bibliothek Fachleute vorweisen könne, sondern ob sie das Material aufnehmen und Wissenschaftlern, die es konsultieren wollten, zugänglich machen könne.

Nun erhob sich Anwalt Jossi Aschkenasi, gerichtlich bestellter stellvertretender Verwalter des Brod-Nachlasses. Er war jünger als Sohar, trat nicht so geschmeidig auf und sprach auch weniger gedrechselt. Brod habe zwar Ester Hoffe die Entscheidung überlassen, wie und wem sie die Manuskripte übergebe, erklärte er, nicht aber das Recht, diese Entscheidung an ihre Erben weiterzugeben. Brod »wollte nicht, dass sich ihre Töchter darum kümmern«.

Eva Hoffe senkte die blauen Augen und schüttelte heftig den Kopf mit den halblangen Haaren. Doch sie unterließ jeden weiteren Ausdruck ihres Missmutes.

Nun rückte von rechts der kugelrunde Kahlkopf von Anwalt Meir Heller ins Blickfeld. Heller, der schon über die gesamten acht Jahre des Rechtsstreits die Israelische Nationalbibliothek vertreten hatte, hob schwungvoll zur Rede an. Er warf Ester Hoffe vor, die Manuskripte jahrzehntelang weggeschlossen und Wissenschaftlern die Einsicht verweigert zu haben, und empfahl dem Gericht, dieser unhaltbaren Situation ein Ende zu bereiten. Hunderte von Wissenschaftlern besuchten jedes Jahr die Nationalbibliothek, um in den tausend dort eingelagerten persönlichen Archiven jüdischer Schriftsteller zu forschen, so Heller, und man könne nur hoffen, dass auch die von Brod geretteten Papiere Kafkas bald ihren rechtmäßigen Platz dort finden würden. Der Unterton seiner Argumentation war unmissverständlich: Kafka, Verfasser jüdischer Literatur in einer nichtjüdischen Sprache, gehört in den jüdischen Staat.

»Kafka als jüdischen Schriftsteller darzustellen ist einfach lächerlich«, hatte Eva Hoffe einmal zu mir gesagt. »Er war nicht gern Jude. Er schrieb aus dem Herzen. Er stand nicht im Dia-

log mit Gott.« Aber selbst wer ihn als jüdischen Schriftsteller ein-
ordne, könne daraus nicht »die richtige Heimat« für seinen literarischen Nachlass ableiten. »Nathan Altermans Nachlass ist in
London, Jehuda Amichais in New Haven«, sagte sie in Bezug auf
zwei der beliebtesten Dichter Israels. »Welches Gesetz schreibt
vor, dass das Archiv eines jüdischen Schriftstellers in Israel bleiben muss?«[6]

Amichai war in der luxuriösen Lage, noch zu Lebzeiten darüber zu entscheiden, wo seine Papiere hingehen sollten; Brod
kann uns über seine Wünsche nichts mehr sagen. Der postume
Umgang mit literarischen Nachlässen ist etwas völlig anderes als
der Erwerb von Vorlässen, Materialien lebender Autoren. Doch
für Eva Hoffes Argument gab es auch noch andere Beispiele. So
konnte etwa der britische Romancier Kingsley Amis der Ansicht,
dass Manuskripte britischer Autoren in Großbritannien bleiben
sollten, nichts abgewinnen. Er habe keinerlei Gewissensbisse,
seine Papiere ins Ausland zu geben:

> Ich würde jedes meiner Manuskripte dem Meistbietenden ver-
> kaufen, vorausgesetzt, er hat einen ordentlichen Leumund;
> die Herkunft dieses Bieters ist mir völlig egal. Ich finde, es ist
> nicht unpassender, wenn die Tate Gallery, sagen wir, eine große
> Sammlung von Monets hat, als wenn die Buffalo University, sa-
> gen wir, eine Manuskriptsammlung von [dem englischen Dich-
> ter und Romancier] Robert Graves besitzt.[7]

Im Jahr 1969 verkaufte Amis eineinhalb Kartons mit Manuskripten an das Harry Ransom Humanities Center in Texas.[8] Fünfzehn
Jahre später veräußerte er die übrigen Materialien und die Rechte
auf alle künftigen Papiere an die Huntington Library in San Ma-
rino, Kalifornien (die auch eine der weltweit exklusivsten Samm-

lungen früher Ausgaben eines anderen englischen Schriftstellers beherbergt: William Shakespeare).

Vier Tage vor der Verhandlung vor dem Obersten Gerichtshof in Jerusalem stellte der Deutsche Bundestag in Berlin unter Beweis, mit welchem Nachdruck europäische Länder solche Verkäufe zu unterbinden versuchen. Am 23. Juni 2016 beschloss der Bundestag das umstrittene neue Kulturgutschutzgesetz. Es soll sicherstellen, dass Werke, die als »national wertvolles Kulturgut« gelten (und als »identitätsstiftend für die Kultur Deutschlands«, weshalb ihre »Abwanderung einen wesentlichen Verlust« darstellen würde), in Deutschland bleiben. »Die Kulturnation Deutschland«, so Kulturstaatsministerin Monika Grütters, »muss weiterhin die Möglichkeit haben, national wertvolles Kulturgut mit einer herausragenden und identitätsstiftenden Bedeutung zu bewahren.« Grütters zerstreute allerdings Bedenken, über das Gesetz könnten deutsche Kunst und Kunstwerke, die sich in Privatbesitz befinden, verstaatlicht werden. »Schutz heißt in meinen Augen nicht Enteignung.«[9]

Im Jerusalemer Gerichtssaal machte die Anwaltsdebatte darüber, wo Schutz aufhört und Enteignung anfängt, deutlich, dass der Anspruch des jüdischen Staates auf Kafka nicht nur von dessen Bekenntnis zum Judentum abhing, sondern dass Israel ihn auch darüber definieren musste, was Kafka *nicht* sei, nämlich deutsches Kulturgut.

Meir Heller setzte sich, und Anwalt Sa'ar Plinner wandte sich in knappen Sätzen an das Gericht. Sein Klient, das Deutsche Literaturarchiv in Marbach unter Ulrich Raulffs Leitung, wolle die Papiere Kafkas und Brods in ihre weltweit angesehene Sammlung literarischer Nachlässe berühmter Schriftsteller einreihen. Wie Plinner mir später erzählte, hatte er von Raulff klare Vorgaben, was er sagen durfte und was nicht, und konnte daher nur mit Einschränkungen für Eva Hoffes Recht auf einen Verkauf des Nachlasses nach Deutschland plädieren. Das Deutsche Literaturarchiv hatte stets durchblicken lassen, dass Kafka in Deutschland universell rezipiert werde (mit einem objektiven »Blick von nirgendwo«, sofern es einen solchen überhaupt geben könnte), wohingegen in Israel Kafka bisweilen auf sein Jüdischsein reduziert werde und die Rezeption daher enger und spezifischer ausfalle.

Im Bewusstsein, sich in früheren Stadien des Prozesses hier und da taktlos verhalten zu haben, wollte sich die Marbacher Leitung im entscheidenden Moment nun lieber zurückhalten und nicht zu offensiv auftreten. Daher erwähnte Plinner wie beauftragt lediglich, dass frühere Versuche, Max Brods Nachlass zu inventarisieren, wegen der Fülle des Materials unvollständig geblieben seien. »Im Moment bezweifle ich, dass jemand weiß, was eigentlich alles da ist«, sagte er.

Nach einer knappen Stunde schloss Richter Rubinstein die Verhandlung und zog sich mit seinen beiden Kollegen ins Richterzimmer zurück. Eva und ihre Freundinnen wanderten sorgenvoll in der Eingangshalle auf und ab. »Wann wohl das Urteil kommt?«, fragte eine. Ein Anwaltsgehilfe Eli Sohars antwortete mit Worten des mittelalterlichen jüdischen Bibelexegeten Raschi, einem Kommentar des Bibelverses »Und wenn dich morgen dein Sohn fragen wird …« (2. Mose, 13:14): »Es gibt ein Morgen, das gleich ist, und ein Morgen, das erst später ist.«[10]

Eva Hoffe, die nur selten ein Blatt vor den Mund nahm, beklagte sich, dass Eli Sohar offenbar an einer Sommergrippe leide. »Er war nicht gerade in Bestform«, sagte sie. Doch sie gab sich taff. Bevor sie sich auf den Weg zur Fußgängerbrücke machte, die den Gebäudekomplex des Obersten Gerichts mit dem protzigen Einkaufszentrum auf der anderen Straßenseite verband, sagte sie noch: »Ich verliere trotzdem nicht die Hoffnung. Ich heiße nicht umsonst Hoffe.«

Als ich ihr so hinterhersah, fiel mir Kafkas Umdeutung des alten lateinischen Mottos *dum spiro spero* ein, »Solange ich atme, hoffe ich«. In seiner Kafka-Biografie erzählt Max Brod von einem Gespräch, in dem Kafka die Meinung äußerte, die Menschen seien womöglich nur »nihilistische Gedanken, die in Gottes Kopf aufsteigen«. Ob es dann überhaupt Hoffnung gebe?, fragte Brod. »Viel Hoffnung – für Gott«, erwiderte Kafka, »unendlich viel Hoffnung –, nur nicht für uns.« Und als Eva Hoffes kleine Gestalt verschwand, überlegte ich, dass Kafka mit seiner »Passion der Selbstverkleinerung«, wie Elias Canetti es formulierte, die Besitzansprüche, die in diesem Prozess ans Licht kamen, bestimmt ein Graus gewesen wären. Sicher würde er uns in Erinnerung rufen, dass man sich berauschen kann an dem, was man besitzt, noch mehr aber an dem, was man nicht besitzt.[11]

2 »Fanatische Verehrung«:
Der Erste, der Kafkas Faszination erlag

Karls-Universität Prag, 23. Oktober 1902

Ein Buch muß die Axt sein für das gefrorene Meer in uns.
FRANZ KAFKA, 1904[1]

Hat man den Glauben nicht, dann zieht ja vielleicht alles
kahl und kalt vorbei.
MAX BROD, 1920[2]

Der achtzehnjährige Max Brod, Erstsemester an der juristischen
Fakultät der Karls-Universität in Prag, hielt in der Lese- und Redehalle der deutschen Studenten in der Ferdinandstraße einen
Vortrag über den Philosophen Arthur Schopenhauer, mit dem
er seine Kommilitonen zu beeindrucken hoffte. Auf der Anrichte
neben den schweren Vorhängen warteten neben den Tageszeitun-
gen aus ganz Europa bereits Platten mit Butterbroten. Zwei Jahre
lang hatte sich Brod intensiv mit Schopenhauers Werken ausein-
andergesetzt. Ganze Passagen konnte er auswendig. »War ich mit
dem sechsten Band der Grisebachschen Schopenhauer-Edition in
den hübschen, dunkelbraun gebundenen Reclam-Bändchen fertig«, schrieb er in seiner Autobiografie, »so begann ich gleich wieder mit dem ersten.«[3]

Hinter dem Pult wirkte Brods Kopf auf dem gedrungenen
Oberkörper unverhältnismäßig groß. Man sah ihm nicht mehr
an, dass ihn eine Rückgratverkrümmung (Kyphose), die im Alter

von vier Jahren diagnostiziert worden war, jahrelang gezwungen hatte, Eisenkorsett und Halsstütze zu tragen.

Max Brod war 1884 als ältestes von drei Kindern in einer bürgerlichen jüdischen Familie zur Welt gekommen, deren Vorfahren seit dem 17. Jahrhundert in Prag lebten. Als Kleinkind erkrankte er an Masern und Scharlach und starb fast an Diphtherie. Max' Vater Adolf, stellvertretender Direktor der Böhmischen Unionbank, war ein bedachter, umgänglicher und weltgewandter Mann, seine Mutter Fanny (geborene Rosenfeld) glich dagegen eher einem Vulkan aus unbändigen Gefühlen. In seiner weitschweifigen Autobiografie *Streitbares Leben* schreibt Brod: »Zwei ganz verschieden geartete Familien waren in meinen Eltern zusammengetroffen; man könnte sagen: feindlich geartete Familien.«[4]

Brods Geselligkeit stand nur scheinbar im Widerspruch zu seiner kleinen Statur, und wer sich mit ihm unterhielt, achtete bald nicht mehr auf seine Körperproportionen. Stefan Zweig schreibt über seinen Freund Max Brod als Student: »Noch sehe ich ihn, wie ich ihn das erste Mal sah, einen Zwanzigjährigen, klein, schmächtig und von unendlicher Bescheidenheit. [...] So war er damals, dieser junge Dichter, vollkommen hingegeben an alles, was ihm groß schien, an das Fremde, Erhabene und Wunderbare in jeder Form und Gestalt«.[5]

Nach dem Vortrag löste sich das Publikum langsam auf, und ein schlaksiger, adrett gekleideter Student näherte sich mit ausgreifenden Schritten dem Rednerpult. Er war ein Jahr älter als Brod, 1,82 Meter groß, leicht abstehende Ohren, die Krawatte akkurat gebunden. Brod hatte ihn noch nie gesehen. Er stellte sich als Franz Kafka vor und erbot sich, Brod nach Hause zu begleiten. »[S]ogar seine eleganten, meist dunkelblauen Anzüge waren unauffällig und zurückhaltend wie er«, schrieb Brod später in seiner Kafka-Biografie. »Damals aber scheint ihn etwas an mir angezogen zu haben, er war aufgeschlossener als sonst, allerdings fing das endlose Heim-Begleitgespräch mit starkem Widerspruch gegen meine allzu groben Formulierungen an.«[6] Als sie vor dem Haus in der Schallengasse1 ankamen, in der Brod mit seinen Eltern lebte, war die Unterhaltung noch immer in vollem Gange. So gingen sie weiter zur Zeltnergasse, wo Kafka mit Eltern und Schwestern wohnte, und dann wieder zurück; Brod hatte Mühe, mit Kafka Schritt zu halten. Unterwegs sprachen die beiden Studenten über Nietzsches Angriffe gegen Schopenhauer, Schopenhauers Ideal der Selbstentsagung und seine Definition des Genies. Genialität, so der Philosoph, sei »die Fähigkeit, sich rein anschauend zu verhalten […] d. h. sein Interesse, sein Wollen, seine Zwecke, ganz aus den Augen zu lassen, sonach seiner Persönlichkeit sich auf eine Zeit völlig zu entäußern, um als *rein erkennendes Subjekt*, klares Weltauge, übrig zu bleiben«. (Brod fielen Kafkas Augen auf, »kühn, blitzend-grau«.) Da Kafka jedoch für abstraktes Philosophieren weder geeignet noch empfänglich war, nahm die Unterhaltung bald eine literarische Wendung. Mit entwaffnender Geradlinigkeit brachte Kafka die Rede auf den österreichischen Schriftsteller Hugo von Hofmannsthal, der zehn Jahre älter war als die beiden. (Eines der ersten Geschenke Kafkas an Brod war eine Sonderausgabe von Hofmannsthals *Das Kleine Welttheater* (1897) mit goldgeprägtem Pergamenteinband.)[7]

Die beiden trafen sich einmal, manchmal zweimal am Tag. Brod gefiel Kafkas sanfter Gleichmut. Eine »süße Sicherheit«, »etwas ganz ungewöhnlich Starkes« sei von ihm ausgegangen, so Brod, auf den Kafka gleichermaßen klug und kindlich wirkte. In seiner Autobiografie sprach Brod später von einem »Zusammenprall der beiden Seelen«, als sie gemeinsam Platos *Protagoras* auf Griechisch und Flauberts *Erziehung des Herzens* (1869) und *Die Versuchung des Heiligen Antonius* (1874) auf Französisch lasen. (Kafka schenkte Brod unter anderem ein Buch von René Dumesnil über Flaubert.) »Das Schöne und Einzigartige der gegenseitigen Beziehung lag darin«, schrieb Brod, »daß wir einander ergänzten und einander [...] viel zu geben hatten«. Die Unterstützung reichte bis in die mündlichen Jura-Prüfungen. »Nur die Zettelchen haben mich gerettet«, dankte Kafka anschließend seinem Freund.[8]

Die jungen Männer verbrachten auch den einen oder anderen Abend im Kino oder im Kabarett Chat Noir. Ihre Gespräche führten sie auf Deutsch, amüsierten sich aber über tschechische Wendungen wie *èlobrdo* (»Du armes, klappriges, verdammtes Menschlein«). Sie begeisterten sich für die neuen stereoskopischen Bildfolgen, sogenannte Kaiserpanoramen, die damals in Mode waren. Sonntags gingen sie oft wandern oder unternahmen Tagesausflüge zur Burg Karlštejn, einer gotischen Höhenburg südwestlich von Prag, in der einst die tschechischen Reichskleinodien, eine Reliquiensammlung und wertvolle Dokumente des Staatsarchivs gelagert hatten. Oder sie spazierten, vertieft in eine Diskussion über die Unterschiede zwischen Roman und Drama, zwischen lustwandelnden Paaren durch die Alleen des Baumgartens, der als »Prater von Prag« bekannt war. Kafka unterhielt Brod, indem er andere Flaneure mit ihren Spazierstöcken nachahmte. Sie badeten in der Moldau oder faulenzten nach dem Schwimmen im Prager Freibad unter Kastanienbäumen. »Kafka und ich lebten damals des seltsamen Glaubens, daß man von einer Landschaft nicht Besitz ergriffen habe, solange nicht durch Baden in ihren lebendig strömenden Gewässern die Verbindung geradezu physisch vollzogen worden sei«, schrieb Brod später.[9]

Auch ihren Urlaub am Lago Maggiore begannen sie mit einem Bad im See, und als sie im Wasser standen, umarmten sie einander – »ein Anblick, der allein schon wegen des Größenunterschieds recht befremdlich gewesen sein muss«, kommentiert der Kafka-Biograf Reiner Stach. Die beiden reisten nach Riva am Gardasee, besuchten das Goethe-Haus in Weimar und stiegen im Hotel Belvédère am Luganersee ab. 1909 besuchten sie die Flugschau von Brescia-Montichiari in Norditalien. Sie tauschten ihre Reisetagebücher aus. Zweimal fuhren sie zusammen nach Paris: im Oktober 1910 und erneut am Ende einer ausgedehnten Reise im Sommer 1911. In diesem Urlaub ersannen Kafka und Brod auch einen neuen Typ von Reiseführer. »Er sollte ›Billig‹ heißen«, so Brod. »Franz war unermüdlich und hatte eine kindische Freude daran, die Prinzipien dieses Typs, der uns zu Millionären machen und vor allem der scheußlichen Amtsarbeit entreißen sollte, bis in alle Feinheiten auszubauen.« Das Motto für die neue Reihe: *Nur Mut.*[10]

Brod war überaus fürsorglich, litt aber auch unter »Kafkas Hoffnungslosigkeit«. »Es ist mir ziemlich klar, daß [...] Kafka an Zwangsneurose leidet«, schrieb er am 18. Juni 1911 in sein Tagebuch. Solche Vorbehalte taten Brods wachsender Bewunderung indes keinen Abbruch. »Nie im Leben bin ich je wieder so ausgeglichen heiter gewesen«, schrieb er, »wie in den mit Kafka verbrachten Reisewochen. Alle Sorgen, alle Verdrießlichkeiten blieben in Prag zurück. Wir wurden zu fröhlichen Kindern, wir kamen auf die absonderlichsten hübschesten Witze, – es war ein großes Glück, in Kafkas Nähe zu leben und seine lebhaft hervorsprudelnden Gedanken (selbst seine Hypochondrie noch war einfallsreich und unterhaltend) aus erster Hand zu genießen.«[11]

Sogar wenn sie getrennt waren, wusste Brod »genau, was er in dieser oder jener Situation gesagt [...] hätte«. Verreiste Brod ohne seinen Freund, schrieb er ihm Postkarten. So schickte er ihm aus Venedig einmal eine Karte mit Bellinis Liebesgöttin Venus. Kurzzeitig, so Stach, dachte Kafka »sogar daran, ein neues *privates* Heft anzulegen, das er ausschließlich der Beziehung zu Brod widmen wollte«.[12]

Dennoch waren die Gegensätze zwischen den beiden jungen Männern unübersehbar: der eine quirlig und extrovertiert, der andere in sich gekehrt. Brod strahlte mit seinem Temperament und seiner unbändigen Energie eine Verve, Vitalität und Lebenszugewandtheit aus, die Kafka fremd waren. Da Brod ein sonniges Gemüt hatte und nicht so streng mit sich ins Gericht ging, wurde er nicht von Selbstzweifeln gequält, die bei Kafka mit erbarmungsloser Selbstkritik einhergingen. Während Kafka an weltlichem Erfolg nicht viel lag, war Brod nach Arthur Schnitzlers gnadenlosem Urteil ein »ehrgeizverzehrter, sich, da es sich eben so traf, als Enthusiast aufspielender, bei allen Aussichten und Fähigkeiten doch hoffnungsloser Kumpan«.[13]

Kafka richtete seine Energie eher nach innen. Völlig auf das Schreiben fixiert, neigte er, anders als Brod, zur Askese: »Als es in meinem Organismus klar geworden war, daß das Schreiben die ergiebigste Richtung meines Wesens sei, drängte sich alles hin und ließ alle Fähigkeiten leer stehn, die sich auf die Freuden des Geschlechtes, des Essens, des Trinkens, des philosophischen Nachdenkens der Musik zu allererst richteten«, schrieb er 1912 in sein Tagebuch und beklagte später: »Der Sinn für die Darstellung meines traumhaften innern Lebens hat alles andere ins Nebensächliche gerückt und es ist in einer schrecklichen Weise verkümmert und hört nicht auf zu verkümmern.« An seine Verlobte Felice Bauer schrieb er: »Ich habe kein litterarisches Interesse, sondern bestehe aus Litteratur, ich bin nichts anderes und kann nichts anderes sein.«[14]

Die beiden waren auch in anderen Punkten sehr unterschiedlich. Brod, ein versierter Komponist und Pianist, verfügte in Fragen der Musik über eine fundierte Urteilskraft und einen feinen Geschmack. Er vertonte Texte von Heine, Schiller, Flaubert und Goethe. (Brod hatte bei Adolf Schreiber, einem Schüler Antonín Dvořáks, Komposition studiert und war stolz auf seine entfernte Verwandtschaft mit dem berühmten französischen Oboisten Henri Brod.) »Seine schmalen mädchenhaften Hände, sie gehen weich über ein Klavier«, erinnerte sich Stefan Zweig später. Im Jahr 1912, als Albert Einstein an der Universität Prag lehrte, spielte der Physiker eines Abends eine Violinsonate, begleitet von Max Brod am Klavier. Leon Botstein, amerikanischer Dirigent und Präsident des Bard College, mutmaßte, dass für Brod »die Musik möglich machte, was in der Politik unmöglich schien: die Herstellung einer Kommunikation zwischen dem Tschechischen und dem Deutschen«.[15]

Kafka dagegen konnte »Musik nicht zusammenhängend genießen«, hatte für Oper oder klassische Konzerte nicht viel übrig.[16] Brod gegenüber räumte er ein, er könne eine Operette Franz Lehárs nicht von einer Oper Richard Wagners unterscheiden. (Brod bewunderte die Musik Wagners, dessen antisemitische Tiraden er, wie er bekundete, nie gelesen habe.)

Dabei spielt Musik in Kafkas Werken durchaus eine Rolle. In seiner Erzählung »Die Verwandlung« etwa folgt Gregor Samsa in seiner Gestalt als abstoßendes Ungeziefer dem Violinspiel seiner Schwester Grete. »War er ein Tier, da ihn Musik so ergriff? Ihm war, als zeige sich ihm der Weg zu der ersehnten unbekannten Nahrung. Er war entschlossen, bis zur Schwester vorzudringen, sie am Rock zu zupfen und ihr dadurch anzudeuten, sie möge doch mit ihrer Violine in sein Zimmer kommen, denn niemand lohnte hier das Spiel so, wie er es lohnen wollte.«[17] In seinem ersten Roman *Der Verschollene* packt Karl sein Heimweh in ein stümperhaft intoniertes Soldatenlied aus der alten Heimat. In der

Erzählung »Forschungen eines Hundes« widmet der Hundeerzähler sein Leben einer wissenschaftlichen Studie über das Rätsel sieben tanzender »Musikerhunde«, deren Melodien ihn tief beeindrucken und am Ende in die Hundegesellschaft zurückführen.

Doch Gustav Janouch zufolge bekannte der Schöpfer Gregor Samsas in einem Gespräch: »Wenn ich daran denke, daß ich von der Liebe meiner besten Freunde, von der Musik nichts verstehe, so ergreift mich immer eine Art leiser, bittersüßer Trauer.« Ein andermal habe er gesagt: »Die Musik ist für mich so etwas wie das Meer. […] Ich bin überwältigt, hingerissen zur Bewunderung, begeistert und doch so ängstlich, so schrecklich ängstlich vor der Unendlichkeit. Ich bin eben ein schlechter Seemann. Max Brod ist ganz anders. Der stürzt sich kopfüber in die tönende Flut. Das ist ein Preisschwimmer.«[18]

Auch die erotischen Leidenschaften, denen Brod im Leben und in der Literatur gleichermaßen frönte, blieben Kafka eher fremd. Die beiden besuchten Bordelle in Prag, Mailand, Leipzig und Paris. Brod, der regelmäßig in gehobenen Etablissements wie dem Salon Goldschmied in Prag verkehrte, konnte sich »im Tagebuch an den aufrechten Brüsten einer jungen Dirne berauschen«, so Reiner Stach. Ganz anders Kafka, der nach dem Besuch eines der 35 Prager Bordelle notierte, er habe »dringend jemanden suchen [müssen], der mich nur freundlich berührt«. Brod, der sich als Charmeur und glühender Verehrer des anderen Geschlechts verstand, bekannte seinem Freund seine »auf die Frau eingestellte, ihr völlig verfallene Naturanlage«. Gern ging er ins Café Arco und schwelgte in den erotischen Illustrationen Aubrey Beardsleys, und er las »mit großer Begeisterung« Casanovas Liebesabenteuer (die Kafka laut Brod »langweilig« fand). »Die Welt bedeutet mir nur durch das Medium einer Frau irgendetwas«, schrieb er an Kafka. Kafka mochte an Brod gedacht haben, als er einmal anmerkte, dass »sich die Rettung-Suchenden immer auf die Frauen werfen«.[19]

Für Brod war die Sexualität – und die rettende Macht der Frauen – allerdings eine durchaus ernsthafte Angelegenheit. »Von allen Boten Gottes«, schrieb er, »spricht Eros am eindringlichsten.« Im Gegensatz zum Christentum, das allem Fleischlichen abgeneigt sei, mache sich das Judentum seine Macht zu Nutze. »Es ist die ungeheure, die Jahrtausende durchstrahlende Tat des Judentums, in der Liebe, und zwar nicht in irgendeiner ihrer spiritualen Verdünnungen, sondern im direkten erotischen Ergriffensein von Mann und Frau das *Diesseitswunder*, die reinste Form dieser Gottesgnade, ›Die Flamme Gottes‹, erkannt zu haben«, schreibt Brod in seiner fast 700 Seiten starken zweibändigen Abhandlung *Heidentum, Christentum, Judentum* (1921).[20]

Auch in Brods überfrachteter Prosa dreht sich oft alles um den Eros. Sein Roman *Ein tschechisches Dienstmädchen* (1909) handelt von dem gebürtigen Wiener William Schurhaft, einer »symbolischen Figur des jüdischen Intellektuellen aus der Prager Bourgeoisie«, so der in Prag geborene Linguist Pavel Eisner. William verliebt sich in eine verheiratete tschechische Frau vom Land, die als Dienstmädchen in seinem Hotel arbeitet und ihm existenzielles Glück vermittelt. In Brods Autobiografie ist nachzulesen, dass der Literaturkritiker Leo Hermann, damals Vorsitzender des Prager Bar-Kochba-Vereins, über das Buch schrieb: »Der junge Autor scheint zu glauben, daß nationale Fragen im Bett entschieden werden können.« (Brod »fuhr entrüstet auf«, als er diese Worte las). Der Wiener Autor Leopold Lieger warf Brod 1913 vor, seine Liebesgedichte im Bett zu verfassen.[21]

In Brods Roman *Die Frau, nach der man sich sehnt* (1927) klingt die tragische Beziehung zwischen Kafka und Milena Jesenská an, seiner verheirateten tschechischen Übersetzerin und

Geliebten, die geprägt war von ihrer Treue zu Kafkas Prosa und der Untreue ihres Mannes zu ihr. Brods Erzähler findet in Stascha die ersehnte Erfüllung, doch wie Milena kann und will Stascha ihren Ehemann trotz seiner Affären nicht verlassen. (Brod kannte Milenas Mann Ernst Pollack aus der Prager Literaturszene. Den Namen seiner Figur könnte er einer von Milenas besten Freundinnen entlehnt haben, der Übersetzerin Staša Jílovská.) Der Roman diente 1929 als Vorlage für einen Stummfilm mit Marlene Dietrich als Stascha.

Ganz anders als Brod fragte sich Kafka 1922 in seinem Tagebuch: »Was hast Du mit dem Geschenk des Geschlechtes getan? Es ist mißlungen, wird man schließlich sagen, das wird alles sein.« Viele der von ihm besonders bewunderten literarischen Vorbilder – Kleist, Kierkegaard, Flaubert – seien ihr Leben lang Junggesellen gewesen, so Kafka. »[D]u weichst den Frauen aus«, warf Brod ihm vor. »Du versuchst, ganz ohne sie zu leben. Und das geht nicht.« (Dieselbe Kritik übte er an einigen von Kafkas fiktionalen Schöpfungen. So beschuldigte er Josef K. in *Der Prozess* der Lieblosigkeit.)[22]

Trotzdem holte Brod häufig Kafkas Rat ein, wenn er unter den Wechselfällen junger Liebe litt. Im Jahr 1913 verlobte er sich mit Elsa Taussig, die später aus dem Russischen und Tschechischen ins Deutsche übersetzte. Kafka schrieb an Felice Bauer, er habe »zu Maxens Verlobung sehr und vielleicht ein wenig mitentscheidend geraten«. Doch unmittelbar nach dem Fest hatte er noch geklagt: »Schließlich wird er mir doch wegverlobt.«[23]

Das war nicht nur eine Freundschaft, sondern die literarische Verstrickung zweier sehr unterschiedlicher Charaktere: eines genialen Schriftstellers und eines geschmackvollen Schriftstellers, der das Genie erkannte, ihm aber nicht das Wasser reichen konnte. Diese Verstrickung warf eine Reihe von Fragen auf: Welche Rolle spielte Kafka in Brods Prosa? Und war Brod nur zufällig ein Weggefährte des schreibenden Kafka, oder war er tiefer in sein Schaffen verwoben?

Max Brod betrachtete sich in mehrfacher Hinsicht als »Zwischenmensch«, zwischen der deutschen, tschechischen und jüdischen Kultur schwankend und somit auf alle drei eingestimmt. In Prag standen, so Brod, »drei Nationen im Kampf gegeneinander«, eine Situation, der Brods junge Generation mit einem »altklugen Realismus« begegnete. Zu einer Zeit, in der, wie Anthony Grafton es formulierte, Prag die europäische »Hauptstadt kosmopolitischer Träume« war, sicherte sich Brod einen Platz als *littérateur* in der als Prager Kreis bekannten kulturellen Enklave. (In Prag kämen, so der dort geborene Kulturkritiker Emil Faktor, »auf zehn Deutsche zwölf literarische Talente«.)[24] Das Wunderkind Brod, das schon als Teenager seine ersten Veröffentlichungen hatte, erwarb sich früh den Ruf eines wandlungsfähigen Dichters, Romanciers und Kritikers – von seiner Tätigkeit als geschäftstüchtiger Netzwerker einmal zu schweigen – und galt als erfolgreichster Prager Schriftsteller seiner Generation. Mit 25 Jahren korrespondierte Brod mit Hermann Hesse, Hugo von Hofmannsthal, Thomas und Heinrich Mann, Rainer Maria Rilke und anderen renommierten Literaten der Zeit. Der Prager Journalist Egon Erwin Kisch besuchte 1912 ein Café im Londoner East End, in dem jiddische Muttersprachler verkehrten:

> Ein neunzehnjähriger Junge ist durchgebrannt vom Lodzer Seminar – er will nicht *Bocher* [rabbinischer Schüler] sein und nicht Rabbiner werden, er will dichten, die Welt erobern, Bücher schreiben, »ein zweiter Max Brod werden«.[25]

Anders als Kafka schuf Brod ein umfangreiches Werk (man kann schon fast von Schreibsucht sprechen). Veröffentlicht wurden fast neunzig Titel: zwanzig Romane, Gedichtsammlungen, religiöse Abhandlungen, polemische Einblattdrucke (Brod bezeichnete sich als »Polemiker wider Willen«), Dramen (unter anderem über biblische Gestalten wie Königin Ester und König Saul), Aufsätze, Übersetzungen, Libretti, Klavierkompositionen und Biografien.[26]

Brod, der dazu neigte, in anderen Größe zu suchen, erlag als Erster der Faszination von Kafkas eigenwilliger Prosa, erkannte als Erster die große Bandbreite und Vielfalt seines Schaffens. Als Kafka ihm aus seinen frühen Erzählungen »Beschreibung eines Kampfes« und »Hochzeitsvorbereitungen auf dem Lande« vorlas, hatte er »sofort den Eindruck, daß hier keine gewöhnliche Begabung, sondern ein Genie sprach«. (Voll Ehrfurcht las er auch seiner künftigen Frau Elsa einen Entwurf der »Hochzeitsvorbereitungen« vor.) Im April 1915 trug ihm Kafka den Entwurf zweier Kapitel seines in Arbeit befindlichen Romans *Der Prozess* vor; Brod notierte begeistert in seinem Tagebuch: »Er ist der größte Dichter unserer Zeit.« Bei der Lektüre von Kafkas Entwürfen hatte Brod nicht etwa das Gefühl, einer völlig neuen Literatur zu begegnen, sondern sie gewissermaßen schon immer gekannt zu haben. Er imitierte Kafkas Werke nicht, doch sie veränderten ihn. Von nun an brachte Brod Kafka eine, wie er selbst einräumte, »fanatische Verehrung« entgegen. Darüber hinaus sei ihm Kafka sein »Gewissensrat«, ein Freund, »der immer in allen schwierigen Lebensfragen maßgebend war und hilfreich zur Seite trat«.[27]

Kafka war auch Brods erstes Publikum und fand oft in seinen Werken Trost. Im Jahr 1908 las er Brods erstes umfangreiches Werk, den Avantgarde-Roman *Schloss Nornepygge*. »[N]ur Dein Buch, das ich jetzt endlich geradenwegs lese, tut mir gut«, schrieb der niedergeschlagene Kafka seinem Freund.[28] Ein paar Jahre später gab Brod Kafka einen Entwurf seiner Gedichte zur Prüfung, die 1910 unter dem Titel *Tagebuch in Versen* erschienen. Kafka empfahl, etwa sechzig Gedichte zu streichen.

Kafkas Bewunderung für Brods Tatkraft und Unternehmungsgeist wuchs im gleichen Maße wie die Unzufriedenheit mit sich selbst. Nehmen wir den Tagebucheintrag, den Kafka, damals 27 Jahre alt, am 17. Januar 1911 verfasste:

> Max hat mir den ersten Akt des »Abschiedes von der Jugend« vorgelesen. Wie kann ich so, wie ich heute bin, diesem beikommen; ein Jahr müßte ich suchen, ehe ich ein wahres Gefühl in mir fände [...].[29]

In jenem Herbst begannen Kafka und Brod mit der Arbeit an einem gemeinsamen Roman, der den Titel *Richard und Samuel* erhalten sollte.[30] Sie veröffentlichten das erste Kapitel in der von ihrem Freund Willy Haas herausgegebenen Prager Zeitschrift *Herder-Blätter*, gaben das Projekt dann aber auf. »Ich und Max müssen doch grundverschieden sein«, notierte Kafka in seinem Tagebuch. »So sehr ich seine Schriften bewundere [...], so ist doch jeder Satz, den er für Richard und Samuel schreibt, mit einer widerwilligen Koncession von meiner Seite verbunden, die ich schmerzlich bis in meine Tiefe spüre.« Drei Jahre später beklagte er: »Ich bin Max unklar und wo ich ihm klar bin, irrt er sich.«[31]

Wünschte sich Brod, wenn er einen von Kafkas Entwürfen las, der Autor zu sein? Ungeachtet seines umfangreichen Schaffens wusste Brod wohl insgeheim, dass ihm zwar Geschmack und Urteilsvermögen gegeben waren, nicht aber das Talent, ein wahrhaft originelles Kunstwerk zu erschaffen. Als Beobachter von Kafkas Genialität musste er sich auf etwas verlassen, das außerhalb seiner selbst lag.[32]

Menschen, die keine Künstler sind, mögen versuchen, Kunstwerke, die sie nicht wirklich ihr Eigen nennen können, zumindest materiell in ihren Besitz zu bekommen. Brod sammelte, wie wir noch sehen werden, geradezu zwanghaft alles, an das Kafka Hand gelegt hatte. Kafka wiederum hatte den Impuls, alles abzustoßen. »[E]r war kein Sammler, viel Raum beanspruchte er nicht«, so Reiner Stach.[33]

Bald schon begann Brod, seine Freundschaft mit Kafka literarisch zu verarbeiten. Die Hauptfigur seines Romans *Arnold Beer* aus dem Jahr 1912 ist ein Dilettant, der seine Freunde in demselben Ton zum Schreiben drängt, den Brod auch Kafka gegenüber anschlug. »Arnold verlangte einfach, daß rings um ihn geleistet wurde; als hätte er selbst das dunkle Gefühl, daß er für seine Person mit seiner Zersplitterung nichts Nennenswertes hinterlassen würde, suchte er seine Spannkraft wenigstens durch das Medium anderer Gehirne hindurch wirken zu lassen.« Nach der Lektüre des Romans schrieb Kafka an Brod: »Ich habe eine solche Freude von Deinem Buch gehabt« und verabschiedete sich mit den Worten: »Ich küsse dich.«[34]

In seinem bekanntesten Roman *Tycho Brahes Weg zu Gott* (erschienen 1915 bei Kurt Wolff und jahrelang ein Bestseller) beleuchtet Brod das Verhältnis zwischen dem großen dänischen Astronomen Tycho Brahe und dem ihm intellektuell überlegenen deutschen Astronomen Johannes Kepler. Kepler, der die Gesetze der Planetenbewegungen erforscht, weigert sich, irgendwelche Erkenntnisse öffentlich zu machen, solange sie nicht perfekt sind. Der fiktive Tycho beschreibt Kepler als rätselhaften Menschen, der beharrlich »makellose Reinheit« anstrebt. Der wendigere Brahe, der im Prager Exil lebt, kann mit Keplers Selbstzweifeln und seiner Abneigung gegen das Publizieren ebenso wenig anfangen wie mit dessen Beteuerung: »Nein, ich bin nicht glücklich und bin nie glücklich gewesen [...]. Und ich will auch gar nicht glücklich sein.« Keplers Entdeckungen machen Brahes Erkenntnisse überflüssig. Trotzdem überwindet Brahe selbstlos seine Eitelkeit und stellt seine Arbeit hintan. Brod widmete das Buch Kafka, der ihm im Vorwege dazu schrieb: »Weißt Du was eine solche Widmung bedeutet? Daß ich [...] hinaufgezogen und dem ›Tycho‹, der um so viel lebendiger ist als ich, beigefügt werde. Wie klein werde ich diese Geschichte umlaufen! Aber wie werde ich sie als mein scheinbares Eigentum lieb haben! Du tust mir unverdient Gutes, Max, wie immer.«[35]

Da Brod wusste, dass Kafka des Selbstlobs völlig unfähig war, nutzte er seine guten Beziehungen und wurde zum Fürsprecher, Vertreter und Literaturagenten seines Freundes. »[Ich] wollte ihm beweisen, daß seine literarischen Unfruchtbarkeits-Befürchtungen keinen Grund hätten«, schrieb Brod in seiner Kafka-Biografie.[36] So erwähnte er Kafka wohlwollend in der Berliner Wochenzeitung *Die Gegenwart*, ehe diese auch nur eine einzige Zeile von ihm veröffentlicht hatte.

Kafkas Minderwertigkeitskomplexe machten Brod schwer zu schaffen. »Ich kann nicht schreiben«, gestand Kafka seinem Freund 1910, »ich habe keine Zeile gemacht, die ich anerkenne, dagegen habe ich alles weggestrichen, was ich nach Paris – und das war nicht viel – geschrieben habe. Mein ganzer Körper warnt mich vor jedem Wort; jedes Wort, ehe es sich von mir niederschreiben läßt, schaut sich zuerst nach allen Seiten um; die Sätze zerbrechen mir förmlich, ich sehe ihr Inneres und muß dann rasch aufhören.«[37]

In einem Brief an Oskar Baum sprach Kafka von der »Angst, die Götter auf mich aufmerksam zu machen«. Unverdrossen und völlig frei von Neid legte Brod bei Lektoren und Verlegern ein

Wort für Kafka ein. Er vermittelte zwischen Kafka und der von Franz Blei herausgegebenen Zeitschrift *Hyperion*, in der Kafkas erster Text erschien. Im Jahr 1916 schrieb Brod an Martin Buber: »Ach kennten Sie doch seine umfangreichen, leider unvollendeten Romane, die er mir manchmal, in seltenen Stunden vorliest. Was würde ich nicht tun, um ihn mobiler zu machen!«[38]

Im Sommer 1912 fuhr Brod mit Kafka nach Leipzig, damals ein Zentrum der deutschen Verlagslandschaft, und stellte ihn dem jungen Verleger Kurt Wolff vor. »[Ich] habe im ersten Augenblick den nie auslöschbaren Eindruck gehabt: der Impresario präsentiert den von ihm entdeckten Star.« Ende desselben Jahres kümmerten sich Brod und Wolff um die Veröffentlichung von Kafkas erstem Buch im Rowohlt Verlag mit einer Auflage von achthundert Exemplaren. Das 93 Seiten starke Bändchen mit dem Titel *Betrachtung* versammelte achtzehn Prosaminiaturen. In einer Anzeige hieß es, Kafkas »Eigenart, die ihn dichterische Arbeiten immer und immer durchzufeilen zwingt, hielt ihn bisher von der Herausgabe von Büchern ab«.[39] Kafka widmete das Buch Brod, der sich mit einer überschwänglichen Rezension in der Münchner Zeitschrift *März* revanchierte:

Ich könnte mir sehr gut einen denken, dem dieses Buch in die Hand fällt [...] und der von Stund an sein ganzes Leben ändert, ein neuer Mensch wird. Eine solche *Unbedingtheit* und süße Kraft dringt aus diesen wenigen kurzen Prosastücken. [...] Es ist die Liebe zum Göttlichen, zum Absoluten, die aus jeder Zeile spricht. Und mit einer solchen Selbstverständlichkeit, daß an diese grundlegende Moral gar kein Wort mehr verschwendet wird [...].[40]

Kafka war beschämt. »Heute mittag hätte ich ein Loch gebraucht, um mich darin zu verstecken«, schrieb er seiner Verlobten Felice Bauer und fuhr fort:

> Weil eben die Freundschaft die er für mich fühlt im Menschlichsten, noch weit unter dem Beginn der Litteratur, ihre Wurzel hat und daher schon mächtig ist, ehe die Litteratur nur zu Athem kommt, überschätzt er mich in einer solchen Weise, die mich beschämt und eitel und hochmütig macht […]. Wenn ich selbst arbeiten würde, im Fluß der Arbeit wäre und von ihr getragen, ich müßte mir über die Besprechung keine Gedanken machen, ich könnte Max in Gedanken für seine Liebe küssen und die Besprechung selbst würde mich gar nicht berühren. So aber –[41]

»Die Verwandlung«, die Kafka zum Durchbruch verhalf, veröffentlichte Brod 1913 in seiner Anthologie *Arkadia*.[42] (Kafka hatte nach eigener Aussage in der »Felice B.« gewidmeten Erzählung Motive aus Brods Roman *Arnold Beer* aus dem Jahr 1912 verarbeitet.) Und 1921 lobte Brod seinen Freund in seinem langen Aufsatz »Der Dichter Franz Kafka«, der in *Die neue Rundschau* erschien, in den Himmel.[43]

Alle Kafka-Texte, die Brod veröffentlichte, habe er seinem Freund mit gutem Zureden, List und Tücke abtrotzen müssen, so Brod später.

> Manchmal war ich wie eine Zuchtrute über ihm, trieb und drängte, natürlich nicht direkt, sondern immer wieder durch neue Mittel und auf Schleichwegen […]. Es gab Zeiten, in denen er mir dafür dankte. Oft aber war ich ihm mit meinem Anfeuern auch lästig, er wünschte es zum Teufel, sein Tagebuch gibt Kunde

davon. Ich spürte das auch, es lag mir aber nichts daran. Mir ging es um die Sache, um einen Hilfsdienst, allenfalls auch gegen den Willen des Freundes.[44]

3 Der erste Prozess

Tel Aviv, Familiengericht, Ben-Gurion-Boulevard 38,
Ramat Gan, September 2007

*Was tätig zerstört werden soll, muß vorher ganz fest gehalten
worden sein […].*

FRANZ KAFKA, »Zürauer Aphorismen«[1]

Nachdem Eva Hoffe und ihre Schwester im September 2007 mit
dem Testament ihrer Mutter einen Erbschein beantragt hatten,
wurden sie unsanft aus ihrer Trauer gerissen.

Nach Ester Hoffes Tod suchte Evas Schwester Ruth die nötigen Unterlagen zusammen und brachte sie persönlich zum
Nachlassgericht in der Ha'Arbaa-Straße in Tel Aviv. Eva Hoffe
bezweifelte, dass die Sache reibungslos über die Bühne gehen
würde, denn das Testament ihrer Mutter gleiche einem »Busch-
feuer in einer Dornenhecke«. Doch sie fügte sich ihrer älteren
Schwester.

Nach dem israelischen Erbschaftsgesetz von 1965 kann ein
Testament nur vollstreckt werden, wenn das israelische Nachlass-
gericht dessen Gültigkeit bestätigt. Für den entsprechenden An-
trag muss eine vom Antragsteller unterzeichnete, notariell beglau-
bigte eidesstattliche Erklärung eingereicht werden, außerdem die
Sterbeurkunde, das Originaltestament und Angaben zu anderen
Erben oder Nutznießern. (Israel erhebt keine Erbschaftsteuer.)
Damit Widerspruch gegen das Testament möglich ist, wird der
Antrag veröffentlicht, meist in Form einer Zeitungsanzeige. Das

Amt reicht den Antrag in Kopie an das Justizministerium weiter, das nach eigenem Ermessen einschreiten kann, sofern ein öffentliches Interesse vorliegt. Die offizielle Bestätigung des Testaments ist rechtlich bindend wie ein Gerichtsurteil.

»Mein [Kanzlei-]Partner ging eines Tages zufällig durch die Bibliothek, als ihm ein älterer Herr einen Stoß Unterlagen in die Hand drückte«, sagte Meir Heller, der Anwalt der Nationalbibliothek, gegenüber der *Sunday Times*. »Und in diesem Stoß befand sich Max Brods Testament. Wie mir beim Lesen gleich klar wurde, sollte Ester Hoffe die Papiere nach Brods Willen zu seinen Lebzeiten verwahren. Nach seinem Tod sollten sie an ein öffentliches Archiv gehen. Im Internet sah ich, dass die Gerichtsanhörung über die Bestätigung von Ester Hoffes Testament zwei Tage später stattfinden sollte.« Weniger als 48 Stunden darauf hatte Heller seinen dramatischen Auftritt. »Ich stürmte in das Gericht und rief: ›Halt! Es gibt noch ein anderes Testament – das Testament von Max Brod!‹«

Das Familiengericht belegt mehrere Stockwerke eines grauen Bürogebäudes an der Hauptstraße der Stadt Ramat Gan in der Nähe von Tel Aviv. Der zurückgesetzte Eingang ist von rot gefliesten Säulen gerahmt. Rechts daneben saßen vor einem Kiosk Anwälte und ihre Klienten auf orangefarbenen Plastikstühlen bei Sandwich, Falafel oder Schakschuka. Eva Hoffe und ihre Schwester Ruth kamen an jenem Morgen im September 2007 allein; Ruth war davon ausgegangen, dass es keinen Anlass zur Sorge gebe und kein Anwalt nötig sei. Als Heller auftauchte, war das ein Schock für die beiden, plötzlich standen sie der eisernen Maschinerie des staatlichen Rechtsapparates gegenüber. »Das war ein Hinterhalt«, sagte Eva Hoffe. »Man hatte uns getäuscht.«

Hellers Intervention führte dazu, dass der Staat Israel – vor dem Familiengericht vertreten durch den staatlichen Treuhänder (*apotropos*), die Nationalbibliothek und den gerichtlich bestellten Verwalter für Brods Nachlass – die Bestätigung des Testaments verweigerte und Ester Hoffes Testament anfocht. In den folgenden fünf Jahren, bis zum Urteil im Oktober 2012, wurde der Fall in einem engen Raum des Familiengerichts von Richterin Talia Kopelman Pardo verhandelt, die auf Erbrecht spezialisiert war.

Heller argumentierte, Brod habe Ester Hoffe die Kafka-Papiere nicht als Nutznießerin überlassen, sondern als Nachlassverwalterin. Da ihr die Manuskripte nie gehört hätten, könne sie sie auch nicht an ihre Töchter Eva und Ruth vererben. Ester Hoffe habe Brods Letzten Willen missachtet, behauptete Heller, genauso, wie Brod Kafkas Letzten Willen missachtet habe.

Nach Ester Hoffes Tod seien Kafkas Manuskripte wieder dem Brod-Nachlass zuzuordnen, der laut seinem Testament aus dem Jahr 1961 nun der Israelischen Nationalbibliothek nicht verkauft, sondern vermacht werden müsse, ohne dass den Hoffes dafür eine finanzielle Entschädigung zustehe. Brod habe in seinem Testament verfügt, dass Ester Hoffe seinen literarischen Nachlass nach ihrem Ermessen »der Bibliothek der Hebräischen Universität Jerusalem [mittlerweile die Israelische Nationalbibliothek] oder der Städtischen Bibliothek Tel Aviv oder einem anderen öffentlichen Archiv im Inland oder Ausland zur Aufbewahrung« übergeben solle.[2] Die Nationalbibliothek brannte darauf, die Kafka-Sammlung in den großen Bestand der dort bereits befindlichen Papiere deutsch-jüdischer Schriftsteller einzureihen, unter ihnen auch Dichter aus dem Prager Kreis.

Meir Heller präsentierte Richterin Kopelman Pardo die Aussage seiner wichtigsten Zeugin Margot Cohn. Cohn, 1922 im Elsass geboren, wurde mit der Tapferkeitsmedaille der französischen Fremdenlegion ausgezeichnet, weil sie im Holocaust über ein geheimes Netzwerk unter Leitung von Georges Garel jüdische

Kinder gerettet hatte. Sie emigrierte 1952 nach Israel, war von 1958 bis zu dessem Tod 1965 Sekretärin des Philosophen Martin Buber und arbeitete anschließend als Archivarin seines Nachlasses in der Nationalbibliothek in Jerusalem.

Cohn zufolge hatte Brod 1968 wenige Monate vor seinem Tod gemeinsam mit Ester Hoffe die Nationalbibliothek besucht. »Brod hatte zuvörderst die Absicht, das Archiv in der Jerusalemer Bibliothek unterzubringen, wo sich auch die Archive seiner besten Freunde befinden«, erklärte sie. »Aus meinem Gespräch mit Brod ging für mich eindeutig hervor, dass er schon beschlossen hatte, sein Archiv der Bibliothek zu übergeben. […] Bei seinem Besuch in der Abteilung sollten die fachlichen Details für die korrekte Übergabe des Archivs geklärt werden.« Später ergänzte Cohn im Gespräch mit dem israelischen Journalisten Zwi Harel: »Während seines Besuchs bei uns [in der Nationalbibliothek] wich Frau Hoffe keine Sekunde von seiner Seite. Ich versuchte Brod zu erklären, wie ich Bubers Archiv verwalte. Sie ließ Brod nicht zu Wort kommen.« Auf Harels Frage, warum Brod in seinem Testament verfügt habe, sein literarischer Nachlass solle an Ester Hoffe gehen, äußerte Cohn die Vermutung, es könne daran gelegen haben, dass Brod »Frauen gegenüber sehr schwach war. Das war seine Schwäche.«

Nach Brods Tod hatte die Nationalbibliothek Verhandlungen mit Ester Hoffe aufgenommen. Im Gegenzug für die Übergabe des Brod-Nachlasses und der Kafka-Manuskripte wollte sie sich verpflichten, die Brod-Forschung finanziell zu unterstützen, 1984 eine Ausstellung zu Brods 100. Geburtstag zu zeigen und ein internationales Symposium zu seinem Werk auszurichten. Doch Hoffe blieb unkooperativ.

In einem letzten Versuch schickte die Nationalbibliothek 1982 den Leiter der Manuskript- und Archivabteilung Mordechai Nadav und seine Assistentin Margot Cohn erneut zu Ester Hoffe. Sie besuchten sie in ihrer Erdgeschosswohnung in einem kastigen rosa Wohnblock in der Spinoza-Straße 20. »Wir betonten, wie wichtig es sei, Brods und Kafkas Manuskripte der Bibliothek zu überlassen«, erzählte Cohn. »Wir versprachen, sie würden der Öffentlichkeit zugänglich gemacht, damit das intellektuelle Wirken Brods und seiner Prager Freunde eine Fortsetzung finden konnte.«

Cohn beschrieb vor Gericht die Unordnung in der Wohnung, die Ester Hoffe mit Eva teilte. »Mit Erstaunen sah ich, dass sich in der Wohnung Papiere und Aktenordner stapelten«, erzählte sie von dem Besuch 1982. »Auf fast jedem Stoß saß eine der vielen Katzen, die durch die Wohnung streiften. Man konnte sich nirgends hinsetzen, und wir bekamen kaum Luft. Ich hatte den Eindruck, dass Frau Hoffe nicht daran interessiert war, das Archiv der Bibliothek zu übergeben, und am Ende gab sie die Schriften auch nicht her […] und ließ Brods Wunsch unerfüllt.«

Hier widersprach Eva Hoffe, Margot Cohn habe gar keine Katzen über die Manuskripte klettern sehen können, weil ihre Katzen nicht in das Zimmer ihrer Mutter durften, wo die Papiere aufbewahrt wurden.

In einer Gerichtsverhandlung im Februar 2011 unter Vorsitz von Richterin Kopelman Pardo nahm Hoffes Anwalt Margot Cohn ins Kreuzverhör. Er fragte, ob sie sich an die Farbe des Bücherregals in der Wohnung der Hoffes in der Spinoza-Straße erinnern könne.

»Nein.«

Wenn sie sich nicht an die Farbe des Bücherregals erinnere, hakte er nach, warum könne sie sich dann so lebhaft an die Unordnung und die Katzen erinnern?

Ein Regal, erwiderte sie, »ist unter *Jeckes* [Juden deutscher

Herkunft] normal und fiel mir nicht weiter auf. Aber Katzen und stapelweise Papier fand ich ungewöhnlich.«

Einen Monat später wurde Cohn erneut vorgeladen, um sich zu der Frage zu äußern, ob Brod seine Kafka-Manuskripte an Hoffe übergeben habe.

> Cohn: »Dass er ihr Geschenke machte, wusste ich. Das war kein Geheimnis.«
> Richterin Kopelman Pardo: »Er machte ihr Geschenke?«
> Cohn: »Er schenkte ihr Bücher, Manuskripte.«

Schmulik Cassouto, gerichtlich bestellter Verwalter für Ester Hoffes Nachlass, hielt dagegen, Margot Cohn hätte damals eine gerichtliche Anordnung für die Herausgabe der für die Bibliothek vorgesehenen Materialien erwirken können, wenn sich die Nationalbibliothek wirklich als Erbe der vernachlässigten Manuskriptstapel betrachtet hätte. Er rief dem Gericht zudem in Erinnerung, dass sich Cohn, die Brod nur einmal begegnet war, wohl kaum in der Position befand, etwas über seine Wünsche auszusagen. Man habe Cohn unbeabsichtigt »in eine unangenehme Lage gebracht, indem man sie als (ungeeignetes) Werkzeug für die Revision von Dr. Brods Testament missbrauchte«, so Cassouto. »Es gibt ein neues Deutschland, und Max Brod gehörte zu den Ersten, die das erkannten«, so der Anwalt. »Es gibt in der Tat ein neues Deutschland«, erwiderte Cohn mit einer gewissen Schärfe, »aber das heißt nicht, dass Brod erwogen hätte, sein Archiv dort unterzubringen.«

Im Juni 1983 waren die langwierigen Gespräche zwischen Ester Hoffe und der Nationalbibliothek endgültig gescheitert. Der deutsche Literaturwissenschaftler Paul Raabe, ehemaliger Bibliotheksdirektor des Marbacher Literaturarchivs und Leiter der Herzog August Bibliothek in Wolfenbüttel, der Brod persönlich gekannt hatte, schrieb damals verärgert an Ester Hoffe:

> Es scheint wohl so zu sein, wie ich befürchtete: Sie können sich nicht entschließen, für Max Brod das zu tun, was nicht nur seine Freunde erwarten, sondern was Ihnen auch selbstverständlich sein sollte.
>
> Wenn es jetzt nicht zu einem Abkommen mit der Nationalbibliothek über den Nachlaß von Max Brod kommt, wird sein hundertster Geburtstag vorbeigehen, und damit werden Sie Max Brod den schlechtesten Dienst erweisen, dem [sic] Sie diesem gütigen Menschen erweisen können. So sehr ich verstehe, daß Sie tausend Zweifel und Bedenken haben, so möchte ich Ihnen doch sagen, daß Sie diese im Interesse Max Brods zurückstellen müssen. [...]
>
> Es hat uns [Raabe und seine Frau] sehr bewegt, Sie in Tel-Aviv wiederzusehen. Ich habe auch Ihre Hilflosigkeit gefühlt, ich hatte Ihnen deshalb spontan meine Dienste angeboten. [...] Wie gerne hätte ich mit Ihnen wieder zusammengearbeitet, und wie gern hätte ich Ihnen bei all Ihren Problemen zur Seite gestanden. Aber wenn Sie alle Welt verärgern, werden Sie in Kürze ganz allein dastehen. Das ist nicht nur für Sie schlimm, sondern auch für das Andenken an Max Brod und an Kafka katastrophal.
>
> Es tut mir leid, daß ich Ihnen so offen schreibe und schreiben muß, doch sie sollten meine Enttäuschung wissen, da ich zu Max Brods Verehrern gehöre und wir, liebe Frau Hoffe, immer in einer engen persönlichen Beziehung gestanden haben.

In einem zweiten Brief fügte Raabe etwas später hinzu:

Nun sehe ich, daß die Verhandlungen gescheitert sind, und ich möchte Ihnen nur sagen, daß ich darüber sehr traurig bin. Sie haben damit wohl die letzte Gelegenheit vertan, zu Ihren Lebzeiten die Papiere von Max Brod so unterzubringen, wie er es sich sicherlich in seinem Leben gewünscht hat, aber ja leider in seinem Testament nicht eindeutig verfügte. Nun werden auch diese Papiere eines Tages sowie die Papiere von Franz Kafka zum Spielball persönlicher Interessen, und dies hat Ihr guter Max Brod nicht verdient.[3]

Es sei durchaus keine Seltenheit, schrieb Henry James 1914 an seinen Neffen, dass der Verwalter eines literarischen Nachlasses dessen Nutzung ganz und gar vereitele. In Raabes Augen hatte auch Ester Hoffe ihre Pflicht als Hüterin des Andenkens und der Arbeit von Max Brod verletzt. Wie T.S. Eliots Witwe Valerie, die vor ihrer Heirat acht Jahre lang Sekretärin des Dichters gewesen war, und wie Ted Hughes, Nachlassverwalter für das literarische Werk von Sylvia Plath nach ihrem Selbstmord 1963, hatte auch Ester Hoffe ihr Vetorecht missbraucht und Biografen und Forscher abgewimmelt. Aus lauter Besitzgier und Eifersucht drohte sie genau das Andenken zu beschädigen, dessen Schutz ihr anvertraut worden war. So zumindest sah es Raabe.

Aber stimmte das auch? Behinderte Ester Hoffe in ihrer Habsucht die Forschung? Eva Hoffe betont, dass ihre Mutter Ende der siebziger und in den achtziger Jahren angesehenen Kafka-Forschern sehr wohl erlaubt habe, die Papiere einzusehen. »Dass wir Forschern den Zugang zu dem Material verweigert haben, ist eine Lüge«, sagte sie im Gespräch mit mir. Es ist wahr, dass Ester Hoffe dem Patriarchen des Suhrkamp Verlags, Siegfried Unseld, das Manuskript von Kafkas »Beschreibung eines Kampfes« verkaufte.[4] Auch übertrug sie dem S. Fischer Verlag das Recht, Fotokopien von *Der Prozess*, Kafkas Briefen an Brod und den Reisetagebüchern Kafkas und Brods für die Kritische Ausgabe zu verwenden, an der Malcolm Pasley von der Universität Oxford damals arbeitete. Für diese Rechte erhielt Ester Hoffe 100 000 Schweizer Franken und aus der Startauflage fünf Exemplare jedes Bandes. Sie muss auch den deutschen Herausgebern von Walter Benjamins Gesammelten Werken Einblick gewährt haben; die Originale einiger Briefe Benjamins an Brod, die dort abgedruckt sind, wurden später in Ester Hoffes Nachlass gefunden.

Wie vor ihm Raabe äußert auch Reiner Stach in seiner maßgeblichen dreibändigen Kafka-Biografie seinen Missmut: »Diese unbefriedigende Situation würde sich zweifellos entscheidend bessern, wenn mit dem Nachlass des langjährigen Freundes Max Brod eine literaturhistorisch erstrangige und keineswegs nur im Zusammenhang mit Kafka bedeutsame Quelle endlich der Forschung zugänglich würde.«[5] Ich bat Stach, dies näher zu erläutern.

In den 1970er Jahren machte Ester Hoffe die Papiere in ihrer Wohnung einigen Forschern zugänglich, unter ihnen Margarita Pazi [die sich mit deutsch-jüdischer Literatur und auch mit Brod befasste] und Paul Raabe; sie erhielten aber nicht die Gelegenheit, »systematisch« damit zu arbeiten. Deshalb zitierten sie in ihren Aufsätzen und Büchern auch nie daraus. Die einzige Ausnahme war (soweit ich weiß) Joachim Unseld [Siegfried Unselds Sohn]: Er kaufte ein Kafka-Manuskript und erhielt anschließend die Erlaubnis, einige Briefe Max Brods zu kopieren.

Malcolm Pasley erhielt Zugang zu den Safes, weil der S. Fischer Verlag viel Geld für Kopien der Kafka-Manuskripte zahlte, die er für die Kritische Ausgabe brauchte. Er erhielt keinen Zugang zu den Papieren in der Wohnung, obwohl das für den Kommentar sehr wichtig gewesen wäre.

Hans-Gerd Koch, der seit etwa 1990 am Kommentar arbeitet, erhielt nie Einsicht in die Papiere in der Wohnung, obwohl es auch für ihn und die Ausgabe sehr wichtig gewesen wäre.[6]

Aus eben diesem Grund schrieb Stach den chronologisch ersten Band über Kafkas frühe Jahre als letzten. Seine amerikanische Übersetzerin Shelley Frisch erklärt in ihrem Vorwort zur englischen Ausgabe:

> Diese Reihenfolge, die auf den ersten Blick abwegig, ja geradezu »kafkaesk« anmutet, wurde von der gerichtlichen Auseinandersetzung um Max Brods literarischen Nachlass in Israel erzwungen; in dieser Zeit erhielten Forscher keinen Einblick in die Materialien, von denen sich viele unmittelbar auf Kafkas Entwicklungsjahre bezogen.

Als Stach 2013 für seinen Band *Kafka: Die frühen Jahre* recherchierte, bat er nach eigener Aussage »Eva Hoffe in einem ausführlichen Brief, mir nur einige von Brods frühen Tagebüchern zu zeigen«. Sie lehnte ab. Eva Hoffe bestätigte mir das. »Ich erklärte ihm, dass mir die Hände gebunden seien«, sagte sie, »und dass ich die Schlüssel zu den Schließfächern nicht mehr hätte.«

Meir Heller vermischte vor Gericht von Anfang an juristische Argumente und ideologische Erwägungen, unterstützt von einem Chor israelischer Beobachter, die Kafkas rechtmäßigen Platz in einer israelischen Einrichtung sahen. So erklärte der Kafka-Forscher Mark Gelber, Professor an der Ben-Gurion-Universität, gegenüber der *New York Times*, Kafkas »enges Verhältnis zum Zionismus und den Juden« untermauere den Anspruch, seine lange verschollenen Schriften in Israel zu belassen.

Die Entscheidung, Ester Hoffes Testament anzufechten, machte Beobachter in Deutschland ebenso fassungslos wie Eva Hoffe. Das Deutsche Literaturarchiv in Marbach hatte mit ihr darüber verhandelt, den Brod-Nachlass einschließlich Kafkas Schriften zu erwerben. Das Literaturarchiv meldete sich als interessierte Partei beim Gericht und bekräftigte Eva Hoffes Anrecht auf die Manuskripte. Das Marbacher Literaturarchiv, das weltweit größte für moderne deutsche Literatur, ist für Deutschland mehr oder weniger, was die Nationalbibliothek für Israel darstellt. Finanziert wird es vom Land Baden-Württemberg, vom Bund und von Drittmitteln der Deutschen Forschungsgemeinschaft (deren Gelder wiederum überwiegend vom Bund kommen).

Anders als die Israelische Nationalbibliothek erhob Marbach keinen Anspruch auf die Manuskripte; man wollte lediglich das Recht erhalten, dafür zu bieten. Die Forderung Israels wirkte auf die Marbacher daher wie ein verzweifeltes, wenn auch cleveres Manöver. Wenn man dem Markt freien Lauf ließe, so argumentierten sie, würde Hoffe die Manuskripte nach Deutschland verkaufen.

Als die Spannungen zunahmen, bestätigte der Direktor des Deutschen Literaturarchivs Ulrich Raulff Eva Hoffe brieflich, ihre Mutter Ester habe »mehrfach die Absicht geäußert, den Nachlass von Max Brod nach Marbach zu geben«. Raulff lobte die »modernsten Möglichkeiten der fachgerechten Lagerung und Verzeichnung« wie auch das Fachpersonal für Konservierung, Restaurierung, Entsäuerung und Digitalisierung und brachte seinen Wunsch zum Ausdruck, Kafkas Manuskripte in die Nachlässe der mehr als 1400 Schriftsteller im Marbacher Archiv einzureihen, die in speziellen Lagerräumen bei konstant 18 bis 19 Grad Celsius und einer relativen Luftfeuchtigkeit von 50 bis 55 Prozent aufbewahrt würden.[7] Unter anderem lagerten dort das Helen und

Kurt Wolff-Archiv mit den Nachlässen von mehr als zweihundert Schriftstellern und Gelehrten, die vom NS-Regime verfolgt worden und ins Exil gegangen waren.[8] Raulff fügte hinzu, dass Marbach bereits die nach Oxford weltweit zweitgrößte Sammlung von Kafka-Manuskripten beherberge.[9]

»Die Israelis sind anscheinend verrückt geworden«, kommentierte der Kafka-Experte Klaus Wagenbach (dessen Papiere ebenfalls in Marbach archiviert werden), als die Anfechtung von Ester Hoffes Testament bekannt wurde.[10] Doch im Lauf der Verhandlung unter Richterin Kopelman Pardo rückte das Literaturarchiv von seiner konfrontativen Haltung ab und betonte, eine Schlacht um Kafka mit nur einem Sieger lasse sich durchaus vermeiden. Marcel Lepper, der damalige Leiter des Forschungsprogramms in Marbach, verwies darauf, dass das Deutsche Literaturarchiv im Jahr 2012, finanziell unterstützt vom Auswärtigen Amt, mit dem Franz Rosenzweig Minerva Research Center und der Hebräischen Universität Jerusalem ein Forschungsprojekt begonnen habe, bei dem es um die Bewahrung deutsch-jüdischer Sammlungen in israelischen Archiven gehe. »Kooperative, dezentrale Projekte sind im Kontext der deutsch-israelischen Beziehungen besser mit der besonderen deutschen Verantwortung vereinbar.«[11]

Eva Hoffe hatte dazu eine dezidierte Meinung. »Marbach traut sich nicht, den israelischen Behauptungen offen zu widersprechen«, wird sie im November 2009 in der Wochenzeitung *Die Zeit* zitiert. »Da ist immer noch ein schlechtes Gewissen wegen des Krieges und des Holocaust.«[12] Mir gegenüber sagte sie, »Deutschland und Israel, die deutsche und die levantinische Kultur«, seien eben »einfach unvereinbar«.

Das Archiv verpflichtete den israelischen Urheberrechtsexperten Sa'ar Plinner, die Marbacher Interessen im Fall Hoffe zu vertreten. Plinner legte dem Gericht eine Aussage des Archivleiters Ulrich von Bülow vor, der zufolge Brod in den 1960er Jahren das Archiv besucht und explizit den Wunsch geäußert habe, dass sein Nachlass nach Marbach gehen solle. Das Verfahren diene dem israelischen Staat lediglich als Vorwand, Privateigentum an sich zu reißen, so Plinner. Der ursprünglich private Austausch zwischen Kafka und Brod sei zunächst in Brods Besitz übergegangen, dann in den weiteren Kreis der Familie Hoffe, und nun falle er womöglich sogar an den Staat.

In einer späteren Verhandlung verwies Plinner erneut auf die persönliche Beziehung, die am Beginn dieses Falls stehe: die Freundschaft zwischen Kafka und Brod. Das Gericht möge doch bitte unterscheiden zwischen den Manuskripten, die Kafka Brod geschenkt, und denen, die Brod nach Kafkas Tod aus dessen Schreibtisch geholt hatte. Letztere, so Plinner, gehörten rechtmäßig weder der Familie Hoffe noch der Nationalbibliothek, sondern höchstens Kafkas einzigem lebenden Erben, Michael Steiner in London.

Doch auch Brods Anrecht auf die Geschenke, die er direkt von Kafka erhielt, ist durchaus umstritten. Kafka-Biograf Reiner Stach etwa schreibt, dass Brod zwar behauptete, Kafka habe ihm mehrere unvollendete Manuskripte geschenkt, doch tatsächlich habe Kafka sie Brod nur als eine Art »Dauerleihgabe« überlassen und ihn später ausdrücklich darum gebeten, sie zu verbrennen. Wegen seiner Verdienste um Kafkas literarisches Vermächtnis stellte allerdings kaum jemand Brods Behauptung infrage. Michael Steiner schrieb mir dazu:

Den Kafka Estate interessierte in dieser Angelegenheit, ob Franz Kafka einige der Manuskripte, um die es in der Streitsache ging, Max Brod womöglich nie geschenkt hat und sie daher zum Kafka-Nachlass gehören. Wir brauchten viele Jahre, um eine Inventarliste zu bekommen, und da diese Liste nicht von einem Wissenschaftler erstellt worden war, bleiben bis heute Zweifel, ob bestimmte Manuskripte je als Schenkung an Brod gingen. Sämtliche Richter haben über die Jahre betont, dass sie sich mit dieser Frage nicht befasst hätten, sondern nur damit, wer der rechtmäßige Eigentümer der Manuskripte war, die laut Brods Letztem Willen ihm gehörten oder ihm zu Lebzeiten möglicherweise geschenkt worden waren.[13]

Die Auseinandersetzungen vor Richterin Kopelman Pardo fanden auch außerhalb des Gerichtssaals Widerhall. Im Januar 2010 bezog Reiner Stach im Berliner *Tagesspiegel* Stellung:

Marbach wäre sicher der richtige Ort für den Brod-Nachlass, weil man dort die Wissenschaftler und die Erfahrung hat im Umgang mit Kafka, Brod und der deutsch-jüdischen Literaturgeschichte. Dass die Hoffe-Töchter mit Marbach jetzt ernst-haft verhandeln, hat im Israelischen Nationalarchiv [sic] irgendwelche Ressentiments oder Begehrlichkeiten geweckt. Dort jedoch fehlen für diese deutschsprachigen Texte aus dem einstigen Kulturraum zwischen Wien, Prag und Berlin die sprach- und milieukundigen Leute. Brod hatte ja schon als junger Mann zahllose Kontakte geknüpft, zu Heinrich Mann, zu Rilke, Schnitzler, Karl Kraus, Wedekind oder zu Komponisten wie Janacek [sic], und er besprach diese Korrespondenzen mit Kafka. Aber das war Jahrzehnte, ehe er nach Palästina kam – hier von israelischem Kulturgut zu sprechen, erscheint mir ganz abwegig. In Israel gibt es heute weder eine Kafka-Gesamtausgabe noch eine einzige Straße, die nach Kafka benannt wäre. Und suchen Sie Brod auf Hebräisch, müssen Sie ins Antiquariat gehen.[14]

Tatsächlich begann Mordechai Nadav erst 1966 mit dem Aufbau der Archivabteilung der Nationalbibliothek, als die literarischen Nachlässe von Martin Buber und dem israelischen Nobelpreisträger S. J. Agnon an die Bibliothek gingen. Und erst 2007 richtete sie eine gesonderte Abteilung für Handschriften und Nachlässe ein.[15] Doch einige Israelis wehren sich gegen die Behauptung, Israel mangele es an Wissen und Ressourcen für die Aufbewahrung von Brods Manuskripten. Professor Otto Dov Kulka erklärte gegenüber der israelischen Zeitung *Haaretz*: »Als gebürtiger Prager, der an der Hebräischen Universität mit israelischen und ausländischen Kollegen die jüdische Kultur und Geschichte sämtlicher Epochen erforscht – in ihren Sprachen Hebräisch, Deutsch und Tschechisch –, verwahre ich mich entschieden gegen die verlogenen und ungeheuerlichen Behauptungen, die unsere Legitimität für die Durchführung dieser Forschungen und einen wissenschaftlich angemessenen Umgang mit diesen Primärquellen im Allgemeinen und mit Kafka und Brod im Besonderen infrage stellen.« Der *New York Times* sagte Kulka 2010: »Es heißt, die Papiere seien in Deutschland sicherer. Die Deutschen würden sich gut darum kümmern. Die Deutschen haben sich aber im Lauf der Geschichte nicht sonderlich gut um Kafkas Sachen gekümmert. Sie haben sich nicht gut um seine Schwestern gekümmert [die im Holocaust umkamen].«[16]

Im Februar 2010 verfasste Kulka mit zwei Dutzend renommierten israelischen Wissenschaftlern einen offenen Brief auf Hebräisch, der auch auf Deutsch erschien (einem nicht ganz perfekten und etwas altmodischen Deutsch): »Wir, die Unterzeichneten, israelische Akademiker und Forscher die sich mit der deutsch-jüdischen Geschichte befassen, sind entsetzt über die Art wie die israelische Akademia in der deutschen Presse dargestellt wird, als ob wir weder Interesse, noch das historische Wissen und sprachliches Können hätten, um das Max Brod Archiv zu erforschen. Max Brod ist ein Teil der Geschichte des Staates Israel, ein Schriftsteller und Philosoph, der unzahlige Artikel über den Zionismus geschrieben hat und der sich, nach seiner Flucht vor den Nazis aus Prag, in Israel (damals Palaestina) niederliess und hier über dreissig Jahre bis zu seinem Tod lebte.«[17]

Nurit Pagi, die an der Universität Haifa über Brod promovierte, war die treibende Kraft hinter dem offenen Brief. Der Zeitung *Haaretz* sagte Pagi: »Brods breit gefächertes Werk hat unter anderem deshalb nicht die verdiente Anerkennung erhalten, weil sein Archiv – das 20 000 Seiten umfasst – seit seinem Tod 1968 Wissenschaftlern nicht zugänglich war, obwohl er darum gebeten hatte, dass es an die Nationalbibliothek gehen solle. Nun besteht die einzigartige Chance, diese Ungerechtigkeit, die ihm seit vielen Jahren widerfährt, zu korrigieren und Forschern aus Israel und anderen Ländern die Möglichkeit zu geben, neues Licht auf sein Werk und sein Erbe zu werfen.«

Pagi erzählte mir, ihre Mutter und Eva Hoffe hätten in dem Jugenddorf Ben Schemen zusammen die Schule besucht, das 1927 gegründete landwirtschaftliche Internat. Pagi stieß in den 1960er Jahren in einer öffentlichen Bücherei in Haifa zum ersten Mal auf Brods Romane und erkannte mit wachsender Faszination, dass Brod parallel zu seiner Hinwendung zum Zionismus literarisch einen realistischeren Stil und Wortschatz entwickelt hatte. Für sie war Brod der Beweis für eine allgemeinere Weisheit: »Der Zionismus wurde auf Deutsch verfasst.« Pagi bezog sich auf die tiefe Verwurzelung der zionistischen Bewegung in der deutschsprachigen Kultur, angefangen mit den Schriften des Wiener Journalisten Theodor Herzl, den ersten Zionistenkongressen in Basel und zionistischen Zeitungen wie der *Jüdischen Rundschau* von Robert Weltsch, einem Cousin Felix Weltschs.

Vor einigen Jahren erfuhr Pagi, dass der Sohn einer der bedeutendsten israelischen Dichterinnen zögerte, den literarischen Nachlass seiner Mutter in Israel zu belassen, weil »wir hier keine Zukunft haben«, wie er sagte. »Der Verbleib des Brod-Archivs in Israel könnte beweisen, dass wir an unsere Existenz und unsere Zukunft hier im Land glauben«, so Pagi. »Dass wir wissen, die zionistische Bewegung hat sich noch lange nicht verwirklicht und dem Erbe des mitteleuropäischen Judentums fällt bei dieser Verwirklichung eine wichtige Aufgabe zu. In der Tat, auch der Kampf um den Verbleib des Archivs von Max Brod in Israel ist einer der wichtigen Kämpfe, die wir für unsere Zukunft in unserem Land austragen.«[18] Andreas Kilcher aus Zürich, renommierter Experte für Kafka und deutsch-jüdische Literatur, zitierte Pagis Worte als ein Beispiel für den »kulturkämpferischen Gestus« und die »bellikose Rhetorik« rund um den Prozess.[19]

Die Wortwahl der Wissenschaftler auf beiden Seiten – »Ressentiments«, »ungeheuerliche Behauptungen«, »kulturkämpferisch« – spiegelt jedenfalls deutlich den Streit von Deutschen und Israelis um das gemeinsame literarische Erbe wider.

Bei der nächsten Sitzung des Familiengerichts von Tel Aviv, kurz nach Margot Cohns Kreuzverhör, machte auch Eva Hoffe ihre Aussage. Nach dem »Hinterhalt« beim ersten Gerichtstermin hatten sich ihre Schwester Ruth und sie zunächst an Arnan Gabrieli gewandt, einen der angesehensten Anwälte für Urheberrecht in Israel. Gabrieli hatte ihre Mutter Ester vertreten und auch die Verhandlungen für den umstrittenen Verkauf der Sammlung des Jerusalemer Dichters Jehuda Amichai an die Yale University geführt. Doch Eva Hoffe zufolge belästigte ihre Schwester Gabrieli dermaßen – unter anderem rief sie wiederholt bei ihm zu Hause an –, dass er den Fall ablehnte. Stattdessen engagierten die

Schwestern die Anwälte Uri Zfat und Jeschajahu Etgar. (Zfat hatte 1975 im Alter von 24 Jahren als Jurastudent an der Bar-Ilan-Universität Büroarbeiten für Richter Schilo erledigt.)

Von Anfang an stellten die beiden Anwälte die Position der Nationalbibliothek als Versuch dar, Privateigentum zu verstaatlichen. Das Urteil von Richter Schilo aus dem Jahr 1974, mit dem der Vorstoß des Staates, sich die Kafka-Manuskripte anzueignen, abgewehrt wurde, solle Bestand haben, argumentierten sie und riefen Richterin Kopelman Pardo in Erinnerung, dass Schilo im damaligen Verfahren, anders als im gegenwärtigen, Ester Hoffes Aussage selbst hatte hören können. »Die Ansprüche der Bibliothek waren bereits Gegenstand eines Verfahrens [...] und wurden in einer Weise entschieden, die für eine erneute Verhandlung keinen Raum lässt.«

Ohnehin dürfe man die Kafka-Papiere nicht als Teil von Brods Nachlass betrachten, so Uri Zfat. Da Brod in seinem Testament Kafkas Papiere nicht gesondert erwähnt habe, sei er sich durchaus bewusst gewesen, dass sie nicht mehr zu seinem Nachlass gehörten; er hatte sie Ester Hoffe ja bereits geschenkt. Und schließlich habe die Nationalbibliothek in den Jahren, in denen sie mit Ester Hoffe über die Kafka-Schriften verhandelt habe, nie auch nur angedeutet, dass sie sich selbst als rechtmäßige Erbin verstanden hätte.

Schmulik Cassouto, Ester Hoffes Nachlassverwalter, fügte hinzu, der Vorstoß des Staates, die Manuskripte an sich zu reißen, komme »offener Bevormundung« gleich und sei »eines demokratischen Staates, als der sich Israel präsentiert, unwürdig«. Cassouto fuhr fort: »Es ist nicht an uns zu entscheiden, ob Brod seinen Nachlass der Person hinterlassen hat, die dafür am besten ›geeignet‹ war. Auch steht es uns nicht zu, in Zweifel zu ziehen, was ihm am meisten am Herzen lag. Der Staat mag Recht haben mit der Behauptung, dass es für Brod besser gewesen wäre, wenn er Frau Hoffe nicht so nahe gestanden hätte, oder dass er seinen ›Schatz‹ besser einem passenderen Erben vermacht hätte – und einen passenderen Erben als den Staat Israel gibt es nicht. Aber Brod *hat* Frau Hoffe eben nahegestanden. Für ihn war sie die einzige verbleibende Familie, und ihr wollte er alles geben, was er besaß. Dieser Wille muss respektiert werden.«

Da Brod die Kafka-Manuskripte zu Lebzeiten als Schenkung an Ester Hoffe gegeben habe, so Cassouto, seien diese Manuskripte *de facto* und *de jure* nicht Teil des Brod-Nachlasses und somit nicht Gegenstand der Testamentsauslegung. Was Brods eigenen Nachlass angehe, habe er Ester Hoffe testamentarisch eindeutig das Recht übertragen, zu entscheiden, wo sie ihn hingebe und unter welchen Bedingungen. Wenn die Nationalbibliothek Anstand beweisen wolle, fuhr er fort, würde sie mit Eva Hoffe über den Erwerb der Manuskripte verhandeln, statt sie dermaßen unter Druck zu setzen. Dass die Nationalbibliothek die Manuskripte erhalten könnte, ohne Eva Hoffe dafür zu entschädigen, bezeichnete er als »absurd«.

Abgesehen von solchen juristischen Feinheiten waren die Sitzungen vor dem Familiengericht von Tel Aviv jedoch von allgemeineren Überlegungen darüber beherrscht, wo Kafkas und Brods Erbe nun eigentlich hingehöre. »Wie bei vielen anderen Juden, die ihren Beitrag zur westlichen Zivilisation geleistet haben«, sagte Meir Heller über Kafka, »sollten sein Erbe [und] seine Manuskripte unserer Ansicht nach hier im jüdischen Staat verbleiben.« Auch Ehud Sol (von der angesehenen israelischen Anwaltskanzlei Herzog, Fox und Neeman), gerichtlich bestellter Verwalter des Brod-Nachlasses, argumentierte, das Gericht müsse, wenn es zwischen Marbach und der Nationalbibliothek entscheide, auch Kafkas und Brods Haltung »zur jüdischen Welt und zum Land Israel« berücksichtigen, ebenso wie Brods Haltung zu Deutschland nach der Schoah. Die Frage, wie wichtig Brod und Kafka das jüdische Volk und seine politischen Ziele waren, sollte sich für den Prozess – und für die Urteile der Richter – als entscheidend erweisen.

4 Flirt mit dem Gelobten Land

Festsaal im Hotel Central, Prag, 20. Januar 1909

[Ich wäre], wenn schon nicht nach Palästina übersiedelt,
doch mit dem Finger auf der Landkarte hingefahren.
FRANZ KAFKA, 1918[1]

Der Theologe Martin Buber, Apostel eines neuen, geistig dynamischen Judentums, hielt einen Vortrag im Prager Hotel Central. Eingeladen hatte der zionistische Studentenverein Bar Kochba, der von Hugo Bergmann geleitet wurde. Bergmann hatte, ebenso wie Felix Weltsch und Hans Kohn, mit Kafka die erste bis zwölfte Klasse besucht.[2] Für Buber, Herausgeber von beliebten Anthologien traditioneller chassidischer Erzählungen aus dem 18. Jahrhundert, war es der erste von drei Vorträgen (im Januar 1909 und im April und Dezember 1910) über die Wiederbelebung des Judentums.[3] Es war nicht die erste Begegnung zwischen den Prager Zionisten und Buber, der Prag bereits 1903 anlässlich des zehnjährigen Bestehens des Bar-Kochba-Vereins besucht hatte, wohl aber der bedeutsamste.

Max Brod, damals 25, hatte in dem vollbesetzten Festsaal bereits dem Vorprogramm beigewohnt: Die sechzehnjährige Schauspielerin Lia Rosen rezitierte mit verführerischer Stimme Gedichte Hugo von Hofmannsthals (mit dem Rainer Maria Rilke sie im November 1907 in Wien bekannt gemacht hatte).[4] Auch sang sie Richard Beer-Hofmanns »Schlaflied für Mirjam« mit den Zeilen:

Was ich gewonnen, gräbt man mit mir ein.
Keiner kann keinem ein Erbe hier sein.

Als Buber die Bühne betrat, war Brod beeindruckt von der wachen Intelligenz, die in seinen Augen loderte. Ihn begeisterten die ausgefeilten Sätze zur jüdischen Selbstbestimmung, die wortgewaltigen Ausführungen über die geistige Erneuerung. »Warum nennen wir uns Juden?«, fragte Buber. »Weil wir es sind? Was bedeutet das, daß wir es sind?« Er frage nicht nach den »Formationen des äußeren Lebens, sondern nach der inneren Wirklichkeit«.[5]

In seiner Autobiografie schrieb Brod, er habe bis dahin dem jüdischen Studentenverein als »Gast und Opponent« angehört, sei jedoch als Zionist aus Bubers Vorträgen herausgekommen. Zuvor habe er keinerlei jüdischen Selbsthass in sich gespürt, aber auch keinen besonderen jüdischen Stolz. Die Begegnung mit Buber veränderte Brods Haltung zum jüdischen Leben und in der Folge auch seine Haltung zu Kafka und zu Kafkas Literatur. Hier habe sein Kampf für, ja sein »Kampf um das Judentum« begonnen, wie der Titel eines seiner Bücher lautete. Bubers Vorträge spornten Brod an, etwas zu artikulieren, das er und viele andere deutschsprachigen Juden bis dahin nur vage gespürt hatten: Der Versuch, sich mit dem »deutschen Geist« zu identifizieren, war gescheitert. Diesem Scheitern folgte eine intensive Auseinandersetzung mit der »persönlichen Judenfrage«, wie Robert Weltsch es später formulierte. Brod sei von der fast ausschließlichen und bewussten Beschäftigung mit ästhetischen Aspekten zu einer vollständigen Identifizierung mit dem jüdischen Volk gelangt, so Weltsch.[6]

Ausgangspunkt für diese Auseinandersetzung war das Gefühl der Fremde. »Der deutsche Jude im tschechischen Prag verkörperte sozusagen das Fremde und das bewusste Fremdsein«, schreibt Pavel Eisner. »Er war ein Volksfeind ohne eigenes Volk.«[7] Einige Prager Juden entkamen dieser Fremdheit durch Flucht in die Ferne, weil sie hofften, dort ihren Schwebezustand zu überwinden: nach Wien (Franz Werfel), Berlin (Willy Haas) oder nach Amerika (wie die Eltern von Louis D. Brandeis). Manche wandten sich dem radikalen Sozialismus zu (so Egon Erwin Kisch) oder ließen sich christlich taufen. Einige Prager Juden – Gershom Scholem verspottete sie als *Hatschi-Zionisten* – betrieben eine Art Mode-Zionismus. Wieder andere, wie Max Brod, wandten sich dem Zionismus mit großer Ernsthaftigkeit zu.[8]

Prags bekanntermaßen winzige zionistische Zirkel kreisten um den Studentenverein Bar Kochba, der nach dem Anführer des letzten Judenaufstands gegen die Römer benannt war. Wenn in einem bestimmten Café die Decke einbräche, so erzählte man sich scherzhaft, wäre die gesamte zionistische Bewegung Prags mit einem Schlag ausgelöscht. So klein die Bewegung zahlenmäßig auch gewesen sein mag, hatte sie mit ihrer Mischung aus Zionismus und Sozialismus dennoch eine solche Sogwirkung, dass die Zionisten nach 1918 sogar zwei Sitze im Prager Stadtrat eroberten. Brod erklärt das so:

Dazu kam aber als fester Tatbestand etwas sehr Eigentümliches, Seltenes: das Faktum, daß sich als Anreger und Hauptorganisatoren der zionistischen Strömung junge Männer von einzigartiger Reinheit des Charakters und von intensivster Geistigkeit zusammengefunden hatten, eine Gruppe von leuchtender Vorbildlichkeit, wie ich sie in meinem weiteren Leben nie wieder angetroffen habe – nur eben im Prag jener stürmischen und erwartungsvollen Jahre. Der Studentenverein Bar-Kochba war die Kristallisationsmitte. [...] Viele unter uns waren Sozialisten. Andere übten Buße und Umkehr in einsamen Zonen. Doch was uns alle einte, war die Überzeugung, daß unsere Arbeit durch persönliche Opfer und Taten, durch ein von Grund auf verändertes Leben jedes einzelnen geschehen müsse. Nicht durch Leitartikel, nicht durch Agitationsreden, sondern in stillem Bemühen, im engsten Kreise des Volkes. Also in erster Linie auf eine Versittlichung der erniedrigten, gelästerten, durch die Diaspora auch in der Tat vielfach verderbten jüdischen Gemeinschaft hinzielend – und daher auch universal-sittlich in der Tendenz, *der ganzen Menschheit* zum Heile gereichend, eine echte Brüderschaft, die zwischen den entsühnten Völkern zu stiften war. – Der jüdische Staat, den wir »drüben«, in Palästina, vorbereiteten, sollte auf Gerechtigkeit und selbstloser Liebe jedes einzelnen zu jedem einzelnen begründet sein und selbstverständlich unseren nächsten Nachbarn, den Arabern, Freundschaft und Hilfe bringen, Rettung aus ihrer demütigenden materiellen Not.[9]

Vor 1909 hatte sich Brod nicht weiter für die zionistische Begeisterung des Bar-Kochba-Vereins interessiert. Bis 1905 hatte er nach eigener Aussage noch nie von Theodor Herzl gehört, dem Gründervater des politischen Zionismus; als er Herzls Porträt an der Wand von Hugo Bergmanns Wohnzimmer im Prager Vorort Podbaba zum ersten Mal sah, fragte er: »Wer ist denn das?«[10]

Doch im Jahr 1909 begann er, der Bedeutung der jüdischen Identität und den damit einhergehenden moralischen Verpflichtungen auf den Grund zu gehen. Nach dem Zerfall der österreichisch-ungarischen Monarchie und der Gründung der Tschechoslowakei im Jahr 1918 wurde Brod Ehrenmitglied (»Alter Herr«) des Bar-Kochba-Vereins und Zweiter Vorsitzender des Jüdischen Nationalrats. In der neu ausgerufenen Republik entwickelte er sich zu einem wichtigen Sprachrohr der tschechischen Juden und trug in Verhandlungen entscheidend zu den beträchtlichen Autonomiezugeständnissen Präsident Masaryks bei. Befeuert habe seinen selbstlosen Einsatz für den Zionismus, so Brod, ein Satz aus Kafkas Kurzgeschichte »Josefine, die Sängerin oder Das Volk der Mäuse«:

[A]ber das Volk, ruhig, ohne sichtbare Enttäuschung, herrisch, eine in sich ruhende Masse, die förmlich, auch wenn der Anschein dagegen spricht, Geschenke nur geben, niemals empfangen kann, auch von Josefine nicht, dieses Volk zieht weiter seines Weges.[11]

Kafkas Erzähler zufolge ist Josefine »eine kleine Episode in der ewigen Geschichte unseres Volkes«. Und er fügt hinzu, dass das Volk der Mäuse »sich noch immer irgendwie selbst gerettet hat, sei es auch unter Opfern, über die der Geschichtsforscher [...] vor Schrecken erstarrt«.

Mit seiner Hinwendung zum Kulturzionismus wollte Brod nicht nur ein neues Verhältnis zum jüdischen Volk entwickeln. Er kritisierte auch, dass die neuen Nationalstaaten die kollektive Identität von Minderheiten aushöhlten. »Für mich«, schrieb er in der zionistischen Wochenzeitung *Selbstwehr*, »unterliegt es keinem Zweifel, dass ein ›Jüdisch-Nationaler‹ kein ›Nationaler‹ im heute üblichen Sinne des Wortes sein darf. Es ist die Sendung der jüdischen Nationalbewegung, des Zionismus, dem Worte ›Nation‹ einen neuen Sinn zu geben.«[12] Die Erneuerung des Judentums – und die Wiederbelebung der hebräischen Sprache – könne nur gelingen, wenn sie im Land Israel verwurzelt sei. 1924 schrieb Brod an die in Prag geborene Schriftstellerin Auguste Hauschner: »Vor allem das eine: Der jüdische Nationalismus darf nicht eine neue chauvinistische Nation schaffen, sondern soll nur der versöhnenden, allmenschlichen, heute degenerierten Genialität des

Juden eine Gesundung, der messianischen Richtung eine *reale* Unterlage schaffen.«[13]

Der mit dem Zerfall der Habsburger Dynastie aufkommende Nationalismus gab Brods Mission eine neue Dringlichkeit. »Der Jude, der es mit dem nationalen Problem ernst meint, bewegt sich heute in folgendem Paradox«, so Brod. »Er muß den Nationalismus bekämpfen zu Gunsten einer allmenschlichen Verbrüderung […] und er muß zugleich mitten in der jungen jüdischen Nationalbewegung stehen.«[14]

Während des Ersten Weltkriegs gab Brod Kurse zur Weltliteratur für junge Jüdinnen, die vor dem Krieg aus Osteuropa geflohen waren. Die Tätigkeit sei sein »einziger Trost in dieser entgeistigten Zeit«, schreibt er 1916 in der ersten Ausgabe der Zeitschrift *Der Jude*. »Eine bezaubernde Frische und Naivität geht von den Mädchen aus. Und dennoch sind sie durchaus geistig«, urteilte er. Einen Monat später verglich er in einem weiteren Aufsatz seine Studentinnen mit den oberflächlicheren »Westjüdinnen« und kam zu dem Schluss, »daß die galizischen Mädchen in ihrer Gesamtheit um so viel frischer und im Geiste wesenhafter, gesünder sind als unsere Mädchen«.[15]

Die wachsende Bedeutung des Judentums in seinem Leben rechtfertigte Brod 1921 in seiner Abhandlung *Heidentum, Christentum, Judentum*. In seinem Opus – ob nun *magnum* oder nicht – unterscheidet er zwischen drei Haltungen zum Diesseits: die Diesseitsbejahung (Heidentum), die Ablehnung der sündigen Welt zugunsten des »Jenseits« (das Christentum mit dem Grundsatz »Mein Reich ist nicht von dieser Welt«) und schließlich die Überzeugung, dass diese unvollkommene Welt Erlösung finden kann (Judentum). Diese dritte Haltung bezeichnet Brod als »Diesseitswunder«. Robert Weltsch resümiert später, für Max Brod sei »das Heidentum die Religion des Diesseits, des menschlichen Lebens in dieser Welt, das alles ignoriert, was die sinnliche Erfahrung übersteigt. Das Christentum ist die Religion des Jenseits. Das Judentum [...] ist die Religion, die beide Welten berücksichtigt und an die Gleichzeitigkeit von Gnade und Freiheit glaubt.«[16]

Brod, den Sinnlichkeit und Spiritualität gleichermaßen anzogen, wählte das Judentum. Und diese Wahl umfasste auch den Zionismus. »Der Zionismus baut der jüdischen Religiosität ihren Körper, den sie verloren hatte«, schrieb Brod auf den letzten Seiten von *Heidentum, Christentum, Judentum*. Der Zionismus bot ihm einen Rückzugsort vor dem Neuheidentum, das Europa zu verschlingen drohte – »der Triumph der heidnischen Bestie« –, und sollte ihm später das Leben retten.[17]

Am 13. August 1912 kam Kafka eine Stunde später als verabredet in Brods Wohnung in der Škořepka-Straße. Brod wollte für seine erste Veröffentlichung *Betrachtungen* die endgültige Reihenfolge der Texte mit ihm besprechen. Kaum hatte Kafka die Wohnung betreten, fiel sein Blick auf eine Vierundzwanzigjährige, eine entfernte Verwandte Brods, die bei ihm am Tisch saß. »Freier Hals. Übergeworfene Bluse«, notierte er in sein Tagebuch. »Sah ganz häuslich angezogen aus, trotzdem sie es, wie sich später zeigte, gar nicht war. (Ich entfremde ihr ein wenig dadurch, daß ich ihr so nahe an den Leib gehe. [...]) Fast zerbrochene Nase. Blondes, etwas steifes reizloses Haar, starkes Kinn. Während ich mich setzte, sah ich sie zum erstenmal genauer an, als ich saß, hatte ich schon ein unerschütterliches Urteil.«[18]

Die beiden kamen ins Gespräch, und die junge Frau erzählte, sie arbeite in der Berliner Firma Carl Lindström AG, deren neuartiges Diktiergerät sie vermarktete. Außerdem erwähnte sie, dass sie Hebräisch lerne. »Nun hatte sich also auch herausgestellt, daß Sie Zionistin wären und das war mir sehr recht«, schrieb ihr Kafka später.[19] Er war so frei, für den folgenden Sommer eine gemeinsame Palästinareise vorzuschlagen. Sie willigte ein und gab ihm die Hand darauf. In der Jackentasche hatte Kafka an jenem Abend die August-Ausgabe der Zeitschrift *Palästina*, die in deutscher Übersetzung einen Aufsatz des Kulturzionisten Achad Ha'am über seinen jüngsten Besuch in Palästina enthielt. Kafka notierte die Berliner Adresse der jungen Frau auf der Titelseite, ehe er sie in ihr Hotel *Zum blauen Stern* begleitete (dasselbe, in dem Bismarck 1866 den Friedensvertrag zwischen dem Königreich Preußen und dem Kaisertum Österreich unterzeichnet hatte).

Felice Bauer ist die Frau, die Kafka nie heiraten wird. In Hunderten von stürmischen Briefen (Kafka zitierte in Briefen an Brod manchmal aus seiner Korrespondenz mit Felice und umgekehrt) wirbt Kafka in den folgenden fünf Jahren um Felices Liebe, die ihn dann aber dermaßen erdrückt, dass er sich zurückzieht. Er liebt sie und er flieht sie. Getrennt durch eine sechsstündige Zugfahrt zwischen Prag und Berlin, verloben sich die beiden zweimal und trennen sich zweimal.

Kafkas ambivalente Haltung zum Zionismus lässt sich als Subtext seiner Ambivalenz gegenüber Felice – und anderen Frauen, die er aus der Distanz liebt – lesen; als seien Zionismus und Ehe für ihn, der an einer lähmenden »Wir-Schwäche« litt, zwei Aspekte eines Gedankens, zwei Ausdrucksformen des »Wir«. Als hätte er diesen Subtext gespürt, schenkte Brod Kafka und Felice Bauer anlässlich ihrer ersten Verlobung Richard Lichtheims Buch *Das Programm des Zionismus* (1911).[20] Doch Kafkas Ambivalenz verstärkte sich mit der Zeit nur. In einem Brief an Felices gute Freundin Grete Bloch gestand er 1914, »ich bewundere den Zionismus und ekle mich vor ihm«.[21]

Kafka setzte nie einen Fuß auf palästinensischen Boden, doch in seinem ersten Brief an Felice, drei Wochen nach ihrer ersten Begegnung in Brods Wohnung, griff er für seinen Annäherungsversuch auf die Palästina-Fantasie zurück:

> Für den leicht möglichen Fall, daß Sie sich meiner auch im geringsten nicht mehr erinnern können, stelle ich mich noch einmal vor: Ich heiße Franz Kafka und bin der Mensch, der Sie zum erstenmal am Abend beim Herrn Direktor Brod in Prag begrüßte, Ihnen dann über den Tisch Photographien von einer Thaliareise, eine nach der andern, reichte und der schließlich in dieser Hand, mit der er jetzt die Tasten schlägt, Ihre Hand hielt, mit der Sie das Versprechen bekräftigten, im nächsten Jahr eine Palästinareise mit ihm machen zu wollen.[22]

Dieses Versprechen setzte in Kafka etwas frei. In der Nacht zum Jom-Kippur-Fest, zwei Tage nach dem Brief an Felice, schrieb er in einem ekstatischen Lauf von zehn Uhr abends bis sechs Uhr morgens die Erzählung »Das Urteil«, die den eigentlichen Beginn seines Schriftstellerdaseins markiert. Er widmete die Erzählung Felice.

Für Kafka sei Palästina »das bildliche Anderswo, wo Liebende hingehen, eine offene Zukunft, der Name für ein unbekanntes Ziel«, so Judith Butler, Professorin an der University of California in Berkeley. In ihrer Korrespondenz setzte Kafka Felice innerlich mit diesem Anderswo gleich. Im Februar 1913 schrieb er ihr, er habe zufällig einen Bekannten getroffen, einen jungen Zionisten, der ihn zu einer wichtigen zionistischen Zusammenkunft einlud. »[M]eine Gleichgültigkeit hinsichtlich seiner Person und jeden Zionismus war in dem Augenblick grenzenlos und unausdrückbar, aber ich fand [...] keine gesellschaftlich durchführbare

Möglichkeit des Abschieds [...] und bot mich nur aus diesem Grunde an, ihn zu begleiten und begleitete ihn tatsächlich bis zur Tür jenes Kaffeehauses«, schrieb er. »Hineinziehen ließ ich mich aber nicht mehr«. Es war, als verharre Kafka in seinem Verhältnis zu Felice wie auch zum jüdischen Nationalbestreben – und zu seinem eigenen Schreiben – auf der Schwelle zur Vollendung.[23]

Besonders drastisch kommt dies in Kafkas später, nicht abgeschlossener Erzählung »Der Bau« zum Ausdruck (der Titel stammt von Brod), die er im Winter 1923 verfasste. Darin widmet ein einsames dachsähnliches Tier sein Leben dem Bau einer ausgeklügelten unterirdischen Festung, mit der es sich vollständig identifiziert: »[D]ie Empfindlichkeit des Baues hat mich empfindlich gemacht«, erklärt das Tier.[24] Doch es bewohnt sein gut geschütztes Refugium gar nicht, sondern hält draußen vor dem Bau Wache:

Es ging so weit, daß ich manchmal den kindischen Wunsch bekam überhaupt nicht mehr in den Bau zurückzukehren sondern hier in der Nähe des Eingangs mich einzurichten, mein Leben in der Beobachtung des Eingangs zu verbringen und immerfort mir vor Augen zu halten und darin mein Glück zu finden, wie fest mich der Bau, wäre ich darin, zu sichern imstande wäre.[25]

Nachdem er seine Verlobung mit Felice zum zweiten Mal gelöst hatte, verknüpfte Kafka dieses Bild – »in der Nähe des Eingangs« zum Zionismus – auch mit späteren Geliebten. Im Jahr 1919 lernte er Julie Wohryzek kennen, mit der er sich kurz darauf verlobte. Julie war die einfache Tochter eines verarmten Schusters und Synagogendieners. In einem Brief an Brod bezeichnete Kafka sie als »Besitzerin einer unerschöpflichen und unaufhaltbaren Menge der frechsten Jargonausdrücke«. (Weder ihre Herkunft noch ihr

Jiddisch sagten Kafkas Vater zu, der sie als *déclassé* ablehnte.) Julie, deren erster Verlobter, ein junger Zionist, in den Schützengräben des Ersten Weltkriegs gefallen war, hatte Brods Vorträge über den Zionismus besucht. Kurz nachdem Kafka Julie kennengelernt hatte, bat er Brod, ihr seinen Aufsatz »Die dritte Phase des Zionismus« aus dem Jahr 1917 zuzuschicken.[26]

Dank Brod war Kafka, schon bevor er Felice kennenlernte, zumindest flüchtig mit zionistischen Kreisen in Berührung gekommen. Im Jahr 1910 besuchte er mit Brod zum ersten Mal Zusammenkünfte und Vorträge im Studentenverein Bar Kochba. Anders als Theodor Herzl interessierte man sich bei Bar Kochba mehr für eine Wiederbelebung der jüdischen Kultur als für die politische Verwirklichung eines jüdischen Staates. Die Mitglieder verstanden den Zionismus nicht als Selbstzweck, sondern als Mittel für eine geistige Erneuerung. Darauf bezieht sich Kafka im August 1916, als er auf einer Postkarte an Felice vermerkt: »Der Zionismus, wenigstens in einem äußern Zipfel, den meisten lebenden Juden erreichbar, ist nur der Eingang zu dem Wichtigern.«[27]

Kafkas Auseinandersetzung mit dem Thema hatte jedoch schon Jahre zuvor mit seinem Freund Hugo Bergmann begonnen, der 1899 sechzehnjährig dem Bar-Kochba-Verein beigetreten und mit achtzehn zu dessen Vorsitzendem gewählt worden war. Im Jahr 1902 brachte der neunzehnjährige Kafka sein Befremden über das Engagement seines Freundes für den Zionismus zum Ausdruck. Bergmann erwiderte:

> In deinem Brief fehlt natürlich wieder nicht der obligate Spott über meinen Zionismus. Fast sollte ich schon aufhören, mich darüber zu wundern. Und doch immer und immer wieder muß ich mich darüber wundern, warum Du, der Du, wenn nicht

mehr, doch solange mein Schulkamerad warst, meinen Zionismus nicht verstehst. Wenn ich einen Irren vor mir sähe, und er
hätte eine fixe Idee, ich würde nicht lachen über ihn, denn ihm
ist seine Idee ein Stück Leben. Mein Zionismus ist für dich auch
nur eine »fixe Idee« von mir. [A]llein wie Du zu stehen, dazu
hatte ich die Kraft nicht.[28]

Bergmann siedelte 1920 nach Palästina über, wo er die Leitung
der Hebräischen Nationalbibliothek in Jerusalem übernahm. Unter seiner Ägide wurde aus der Institution laut Brod »die größte
und reichhaltigste, modernste Bibliothek des Mittelostens«. Später wurde Bergmann Rektor der Hebräischen Universität in Jerusalem. Kafka verfolgte seine Karriere mit großem Interesse. Als
Bergmann 1923 nach Prag zurückkehrte, um im zionistischen
Club Keren Hajessod einen Vortrag zu halten, sagte Kafka, wie
Brod später berichtete, nach der Veranstaltung zu Bergmann:
»Diesen Vortrag hast du nur für mich gehalten.«[29]

Wir können davon ausgehen, dass Bergmann Kafka von den
Ursprüngen der Jerusalemer Bibliothek erzählte. Im Jahr 1872
hatte ein gewisser Rabbi Joshua Heschel Lewin aus Waloschyn in
der ersten hebräischen Wochenzeitung Jerusalems *Ha-Chawaze-
let* gefordert, »eine Bibliothek zu gründen, die ein Zentrum werden soll und in der die Bücher unseres Volkes gesammelt werden – nicht eines darf fehlen«. Mit Unterstützung des britischen
Mäzens und Philanthropen Sir Moses Montefiore wurden Spen-
den gesammelt und Vorstandsmitglieder verpflichtet, unter ihnen
Elieser Ben-Jehuda, Vater der modernen hebräischen Sprache. Im
Jahr 1905 kam die Bibliothek unter die Schirmherrschaft des Zionistischen Kongresses in Basel. Doch die Zeit war noch nicht reif:
Eine Nationalbibliothek braucht per definitionem eine Nation mit
einem Land und einer Sprache.

Im Studentenverein Bar Kochba hörte Kafka im Januar 1912 auch einen Vortrag Nathan Birnbaums über jiddische Volkslieder; der Wiener Schriftsteller, damals 47 Jahre alt, hatte den Begriff »Zionismus« zwanzig Jahre zuvor geprägt. Kafka lauschte »Birnbaums Vortrag mit größter Spannung«, so Reiner Stach.[30] Unter den Zionisten, deren Vorträge er beim Bar-Kochba-Verein besuchte, waren Felix Salten (der später das Kinderbuch *Bambi* verfasste), der Generalsekretär des zionistischen Weltverbandes Kurt Blumenfeld und der einflussreiche Kulturzionist Davis Trietsch, Mitbegründer des Jüdischen Verlags und Herausgeber der Zeitschrift *Palästina*, der über jüdische Kolonien im Land referierte.

Im September 1913 befand sich Kafka unter den rund zehntausend Besuchern des elften Zionistischen Weltkongresses in Wien, an dem auch sein späterer Verleger Salman Schocken und der erste Ministerpräsident des späteren Staates Israel David Ben-Gurion teilnahmen. (Anlass für die Wien-Reise war allerdings Kafkas Arbeit gewesen, nämlich der zweite Internationale Kongress für Rettungswesen und Unfallverhütung). Auf dem Zionistenkongress hörte er Reden von Nahum Sokolow, Menachem Ussischkin, Arthur Ruppin und anderen einflussreichen Zionisten. Die Delegierten erlebten zudem die Premiere eines 78 Minuten langen Stummfilms des Regisseurs Noah Sokolowsky, der Panoramaansichten der neuen Stadt Tel Aviv, die Wahrzeichen von Jerusalem und die jüdischen Agrarsiedlungen in Judäa, am Karmel und in Galiläa zeigte.[31]

Der Trubel ließ Kafka kalt. »Im Zionistischen Kongreß bin ich wie bei einer gänzlich fremden Veranstaltung dagesessen, allerdings war ich durch manches beengt und zerstreut gewesen«, bemerkte er in einem Brief an Brod. »[E]twas Nutzloseres als ein solcher Kongreß lässt sich schwer ausdenken«. Und in seinem

Tagebuch mokierte er sich über »Palästinafahrer«, die »immerfort die Makkabäer im Munde haben und ihnen nachgeraten wollen«.[32]

Inmitten der gegensätzlichen kulturellen Strömungen Prags war Kafka wie Brod und seine zionistischen Freunde ständig auf der Hut vor dem allgegenwärtigen Antisemitismus. Sie alle wussten nur zu gut, dass Juden von den Tschechen als Deutsche und von den Deutschen als Juden betrachtet wurden. »Was hatten sie denn getan«, so Theodor Herzl schon 1897, »die kleinen Juden von Prag, die braven Kaufleute des Mittelstandes, die Friedlichen aller friedlichen Bürger? [...] Es gab welche, die sich tschechisch zu sein bemühten; da bekamen sie es von den Deutschen. Es gab welche, die deutsch sein wollten, da fielen die Tschechen über sie her – und Deutsche auch.«[33]

Brod und Kafka lasen die hasserfüllten judenfeindlichen Artikel in der tschechischen Zeitung *Venkov* und waren mit den alltäglichen Beleidigungen gegenüber Juden nur allzu vertraut. Als Kafka einmal im Salon Emilie Marschners zu Gast war, der Ehefrau seines Vorgesetzten, bemerkte eine der Damen abschätzig: »Da haben Sie ja auch einen Herrn Juden eingeladen.«[34]

Die beiden Prager Schriftsteller unterschieden sich in Temperament und Schicksal, teilten aber die lästige Erfahrung, einer jüdischen Minderheit innerhalb einer deutschsprachigen Minderheit innerhalb einer tschechischen Minderheit innerhalb eines heterogenen österreichisch-ungarischen Kaiserreichs anzugehören, an dem bereits die Zentrifugalkräfte rivalisierender Nationalismen zerrten. Beide bekamen den wachsenden völkischen Antisemitismus, der mit dem Zerfall der Habsburgermonarchie einherging, am eigenen Leib zu spüren.

Ende 1897 erlebten Kafka und Brod im Alter von vierzehn

Jahren den sogenannten Dezembersturm. Drei Tage lang verwüsteten marodierende Banden Synagogen, plünderten jüdische Geschäfte und überfielen Juden in ihren Häusern. »Auch in meinem Elternhaus splitterten nachts die Scheiben«, schrieb Brod später, »bebend flüchteten wir aus dem gassenwärts gelegenen Kinderzimmer ins Schlafzimmer der Eltern. Ich sehe noch, wie mein Vater die kleine Schwester aus dem Bett hebt – und am Morgen lag wirklich im Bett ein großer Pflasterstein.«[35]

Zwei Jahre später, 1899, verfolgte Kafka in der Presse den Fall Leopold Hilsners, eines jungen Juden aus einer böhmischen Kleinstadt, dem der Ritualmord an einem tschechischen Mädchen katholischen Glaubens vorgeworfen wurde. Er las den Augenzeugenbericht seines Freundes Abraham Grünberg von einem Pogrom im Jahr 1906. Und er las in der zionistischen Wochenzeitung *Selbstwehr* Berichte über die Beilis-Affäre in Kiew und schrieb, so berichtet Brod, auch eine Erzählung über den berühmt-berüchtigten Blutmordprozess (Kafkas letzte Geliebte Dora Diamant verbrannte den Text auf sein Geheiß). Er war ergriffen von Arnold Zweigs Theaterstück *Ritualmord in Ungarn* (1914) über die Blutanklage, die als Affäre von Tiszaeszlár bekannt wurde. »Bei einer Stelle mußte ich zu lesen aufhören und mich auf das Kanapee setzen und laut weinen«, schrieb Kafka an Felice Bauer. »Ich habe schon seit Jahren nicht geweint.«[36]

In Kafkas unmittelbarer Umgebung probten 1922 Studenten der Deutschen Universität in Prag den Aufstand, als sie ihre Diplome von einem jüdischen Rektor entgegennehmen sollten. Im gleichen Jahr scheiterte Kafka an dem Versuch, eine Rezension der antisemitischen Schrift *Secessio Judaica* zu verfassen, deren Autor Hans Blüher die »jüdische Mimikry« verurteilte und empfahl, Juden von Deutschen abzusondern.[37] Kafka beobachtete den fanatischen Hass und gab sich keinen Illusionen hin. Als etwa der deutsche Außenminister Walther Rathenau, ein Jude, 1922 ermordet wurde, kommentierte Kafka in einem Brief an Brod: »Unbegreiflich, daß man ihn so lange leben ließ«.[38]

Während Kafka also den aufwallenden Antisemitismus wachsam beobachtete, führte er mit Bergmann und Brod einen ständigen Dialog über die prekäre Stellung der Juden in Europa. Im Jahr 1920 las er Brods Studie *Sozialismus im Zionismus.* Anders als seine beiden Freunde suchte Kafka die Lösung dieser Problematik allerdings nicht in der zionistischen Ideologie. »Die ganzen Nachmittage bin ich jetzt auf den Gassen und bade im Judenhaß«, schrieb der sechsunddreißigjährige Kafka während eines Pogroms im April 1920 in Prag. »›*Prašivé plemeno*‹ [räudige Brut] habe ich jetzt einmal die Juden nennen hören. Ist es nicht das Selbstverständliche, daß man von dort weggeht, wo man so gehaßt wird (Zionismus oder Volksgefühl ist dafür gar nicht nötig)? Das Heldentum, das darin besteht doch zu bleiben, ist jenes der Schaben, die auch nicht aus dem Badezimmer auszurotten sind.«[39]

Im September 1916 schrieb Kafka auf einer Postkarte an Felice vom »dunklen Komplex des allgemeinen Judentums, der so vielerlei Undurchdringliches enthält«. Um dieses Undurchdringliche doch zu durchdringen und die Grammatik zu verstehen, in der es formuliert wird, begann Kafka im Jahr 1917 ernsthaft, Hebräisch zu lernen. Wer das jüdische Volk kennenlernen wolle, so hatte auch Hugo Bergmann schon 1904 erklärt, müsse zuallererst seine Sprache lernen.[40]

Für seine Hebräischstudien verwendete Kafka ein damals beliebtes Lehrbuch von Moses Rath; außerdem nahm er Konversationsstunden bei seinen Freunden Friedrich Thieberger und Georg (Jiří) Mordechai Langer.[41] Langer hatte Kafka 1915 über den

gemeinsamen Freund Max Brod kennengelernt. Der homosexu-
elle Langer hatte im Alter von 19 Jahren seine Familie und damit
die Bourgeoisie verlassen und sich einem chassidischen Rebbe an-
geschlossen. Er verfasste das Buch *Die Erotik der Kabbala* (1923),
das Brod herausgab (und begeistert rezensierte). 1929 schrieb er
auf Hebräisch eine Elegie für Kafka. 1941, zwei Jahre vor seinem
frühzeitigen Tod, beschrieb Langer, der in der Nähe Brods in Tel
Aviv wohnte, die Freude seines Schülers Kafka an der hebräischen
Sprache:

> Ja. Kafka sprach Ivrith. In seinen letzten Jahren haben wir die
> ganze Zeit Ivrith gesprochen. Er, der immer wieder beteuerte, er
> sei kein Zionist, hat unsere Sprache in erwachsenem Alter und
> mit großem Fleiß gelernt. Und anders als die Prager Zionisten,
> sprach er fließend Hebräisch, was ihm eine besondere Befriedi-
> gung bereitete, und ich glaube, ich übertreibe nicht, wenn ich
> sage, daß er insgeheim stolz darauf war.
>
> Zum Beispiel einmal, als wir in der Straßenbahn fuhren und
> uns über die Flugzeuge unterhielten, die in diesem Moment über
> uns am Himmel Prags kreisten, da fragten uns die Tschechen,
> die mit uns fuhren, als sie die Klänge unserer Sprache hörten, die
> sie wohl als wohlklingend empfanden, was für eine Sprache wir
> denn sprechen würden. Und als wir ihnen antworteten, welche
> Sprache das sei und worüber wir gerade geredet hätten, staun-
> ten sie sehr, daß man auf Ivrith sogar über Flugzeuge sprechen
> könne. [...] Wie sehr leuchtete da Kafkas Gesicht vor Freude
> und Stolz!

»Kafka war kein Zionist«, fügte Langer hinzu, »aber er beneidete
zutiefst jene, die den großen Grundsatz des Zionismus selbst ver-
wirklichten, was schlicht bedeutet, nach Erez Israel einzuwan-

dern. Er war kein Zionist, aber alles, was in unserem Land passierte, bewegte ihn sehr.«[42]

Im Jahr 1918 schlug Kafka Brod vor, auf Hebräisch zu korrespondieren. Auch Brod hatte sporadisch versucht, die Sprache zu erlernen. In seiner Autobiografie schreibt er später: »Als braver Zionist habe ich im Ausland immer wieder angefangen, Hebräisch zu lernen. Jahr für Jahr. Immer von vorn. Ich bin aber immer wieder steckengeblieben, bin nur bis zum Hifil gekommen.«[43] (Der »Hifil« ist die kausative Verbform im Hebräischen.) Sein Lyrikband *Das gelobte Land* aus dem Jahr 1917 enthält auch ein Gedicht mit dem Titel »Hebräische Lektion«. Es beginnt mit den Versen:

Dreißig Jahre alt bin ich geworden,
Eh ich begann, die Sprache meines Volks zu lernen.
Da war es mir, als sei ich dreißig Jahre taub gewesen.[44]

Kafka habe die Sprache mit »besonderem Eifer« gelernt, so Brod, und »schließlich hat er mich durch Vertiefung in die hebräische Sprache auch auf diesem Gebiet weit überholt«.[45]

Trotz seines schlechten Gesundheitszustands nahm Kafka im Herbst 1922 zweimal wöchentlich Hebräischunterricht bei einer neunzehnjährigen Studentin aus Jerusalem. Puah Ben-Tovim – »die kleine Palästinenserin«, wie er sie nannte – wohnte in Prag bei Hugo Bergmanns Mutter zur Untermiete.[46] Puahs Eltern waren in den 1880er Jahren mit der Immigrantenwelle aus Russland nach Palästina gekommen. Zehn Jahre lang hatte sie ihrem Vater, einem renommierten Hebraisten, geholfen, den Schülern der ersten Blindenschule Jerusalems vorzulesen. Nach dem Ersten Weltkrieg besuchte sie die erste Abschlussklasse des Hebräischen Gymnasiums in Jerusalem. Noch als Schülerin half sie in ihrer

Freizeit Hugo Bergmann in der Nationalbibliothek bei der Katalogisierung der deutschen Bücher.

»Manchmal hatte er während einer Stunde einen schmerzhaften Hustenanfall, so daß ich den Unterricht abbrechen wollte«, erzählte Puah Ben-Tovim später. »Dann schaute er mich an, er konnte nicht sprechen, flehte mich aber mit seinen großen dunklen Augen an, zu bleiben und ihm noch ein Wort zu sagen, und dann noch eins und noch eins. Es war beinahe so, als ob er sich von dem Unterricht eine Art Wunderheilung erwartete.«[47]

Mit Puahs Hilfe füllte Kafka in einer geschwungenen kindlichen Schrift Vokabelhefte mit hebräischen Wörtern und ihren deutschen Entsprechungen: faschistische Bewegung, Tuberkulose, Heiligkeit, Sieg, Genie. Er hielt auch hebräische Redewendungen fest. (Ich konnte mir in der Nationalbibliothek in Jerusalem ein 18 Seiten starkes Heft ansehen, dem früheren Direktor des Handschriften- und Archivabteilung Raphael Weiser zufolge ein Geschenk der Familie Schocken.)

»Er fühlte sich unstreitig von mir angezogen, aber eher von einem Ideal als von dem realen Mädchen, das ich war, und zwar von dem Bild des fernen Jerusalem, über das er mich unentwegt ausfragte und wohin er mich bei meiner Rückkehr begleiten wollte. Er hing an mir, weil ich der erste ›hebräisch sprechende Vogel‹ war, der aus Palästina kam, weil ich eine Vertreterin jener Juden war, die nicht in Angst vor Pogromen und Demütigungen leben mußten. [...] Der Wunsch, mit mir nach Jerusalem zurückzukehren, bestand trotz der Schwere seines Leidens noch immer«, so Puah Ben-Tovim. »Mir wurde schnell klar, daß er sich emotionell in der Lage eines Ertrinkenden befand, der wild um sich schlägt und sich an alles festklammert, was in seine Nähe kommt.«[48]

Doch Kafka, für den das Fremdsein an der Wurzel seines

Schaffens stand, entzog sich allen Angeboten einer kollektiven Zugehörigkeit. »Zum Zionismus hingezogen fühlte er sich wegen seiner Sehnsucht nach Zugehörigkeit und nach Selbstsicherheit, die mit einer solchen Zugehörigkeit einhergeht«, so Vivian Liska, Professorin für deutsche Literatur und Direktorin des Instituts für Jüdische Studien an der Universität Antwerpen. »Doch seine Angst vor der Auflösung des Ich in der Gruppe verhinderte, dass er sich vollständig an sie band.« Der Kafka-Experte Hans Dieter Zimmermann formuliert knapp und deutlich, Kafka sei jedenfalls »*nicht* Zionist« gewesen, sondern »›zügelloser‹ Individualist, wie er einmal schreibt.«[49]

Im Jahr 1922 schlug Brod Kafka vor, als Redakteur der zionistischen Monatszeitschrift *Der Jude* anzufangen, die Martin Buber herausgab und Salman Schocken finanzierte und in der Kafka fünf Jahre zuvor die Erzählungen »Ein Bericht für eine Akademie« und »Schakale und Araber« veröffentlicht hatte. (Im Juni 1916 hatte Brod an Buber geschrieben, Kafka sei aufgrund seiner tiefen Sehnsucht nach Gemeinschaft, seinem Wunsch, der tiefen Einsamkeit zu entfliehen, der »jüdischeste« Dichter von allen.[50])

Kafka lehnte das Angebot ab, allerdings nicht, wie zu erwarten gewesen wäre, aus gesundheitlichen Gründen. »Wie dürfte ich bei meiner grenzenlosen Unkenntnis der Dinge, völligen Beziehungslosigkeit zu Menschen, bei dem Mangel jedes festen jüdischen Bodens unter den Füßen an etwas derartiges denken?«, schrieb er zurück. »Nein, nein.«[51]

Das Gelobte Land und die gelobte Gemeinschaft lagen in gleichermaßen unerreichbarer Ferne. Was sei das Hebräische anderes, schrieb Kafka seinem tuberkulosekranken Mitpatienten Robert Klopstock 1923, als »Nachrichten aus der Ferne«?[52]

In seinem letzten Lebensjahr zog Kafka endlich aus der Wohnung seiner Eltern aus und entfloh ihrem Einfluss. Von September 1923 bis März 1924 wohnte er »halb ländlich«, wie er an Brod schrieb, in Steglitz am Stadtrand von Berlin. Er lebte mit Dora Diamant zusammen, die fünfzehn Jahre jünger war als er und mit der orthodoxen Religion ihrer streng chassidischen Familie gebrochen hatte. »Der reiche Schatz ostjüdischer religiöser Tradition, über den Dora verfügte, war für Franz eine stete Quelle des Entzückens«, schreibt Brod in seiner Kafka-Biografie. Bis zum Januar 1924, als sich Kafkas Gesundheitszustand verschlechterte, besuchten Dora und Kafka Talmudkurse an der Hochschule für jüdische Wissenschaft in der Artilleriestraße (heute Leo-Baeck-Haus); Kafka nannte die Hochschule einen »Friedensort in dem wilden Berlin und in den wilden Gegenden des Innern«.[53]

Dora las mit Kafka auch die ersten drei Kapitel von Josef Chaim Brenners düsterem letzten, nicht auf Deutsch erschienenen Roman *Zerfall und Verlust* im hebräischen Original, immer eine Seite am Tag. Das war eine bemerkenswerte Lektüreentscheidung, immerhin wurde dieser Roman einmal als »brutalste Selbstkasteiung der hebräischen Literatur« bezeichnet. Brenner, dem tragischen Rationalisten der hebräischen Literatur zufolge war das Exil (Galut) überall und auch das Land Israel nur wieder eine Diaspora. »Als Roman freut mich übrigens das Buch nicht sehr«, kommentierte Kafka in einem Brief an Brod.[54]

Dora Diamant habe ihm von Kafkas Absicht erzählt, »nach Palästina zu übersiedeln, wenn er gesund würde«, schreibt Brod in seiner Kafka-Biografie.[55] Das Paar malte sich aus, in Tel Aviv ein Restaurant zu eröffnen. Dora sollte kochen, Kafka bedienen; so konnte er Menschen beobachten, ohne selbst beobachtet zu werden. (In dem achtzehnseitigen handschriftlichen Vokabelheft führt er auch das hebräische Wort für Ober auf, *meltzar*.) Doch der Traum von Zion blieb unerfüllt. Den Gedanken an eine Übersiedelung nach Palästina ließ Kafka erst zu, als seine fortgeschrittene Krankheit sie unmöglich machte.

Im Juli 1923 appellierten Hugo Bergmann und seine Frau Else ein letztes Mal an Kafka, mit ihnen nach Jerusalem zu kommen. »Und wieder fängt die Lockung an und wieder antwortet die absolute Unmöglichkeit«, schrieb Kafka an Else Bergmann.[56] So verließen die Bergmanns Prag lediglich mit einem Porträt Kafkas, das sie nach ihrer Rückkehr nach Jerusalem in ihrem Salon aufs Klavier stellten.

Als sich die Tuberkulose verschlimmerte und Kafkas Kräfte schwanden, grübelte er über die vielen Anfänge in seinem Leben nach, die nun unvollendet bleiben sollten. »Es war nicht die geringste sich irgendwie bewährende Lebensführung von meiner Seite da«, notierte er in seinem Tagebuch. »Statt dessen habe ich immerfort einen Anlauf zum Radius genommen, aber immer wieder gleich ihn abbrechen müssen (Beispiel: Klavier, Violine, Sprachen, Germanistik, Antizionismus, Zionismus, Hebräisch, Gärtnerei, Tischlerei, Litteratur, Heiratsversuche, eigene Wohnung.«) Felice, Julie, Milena und in gewisser Weise selbst Dora hatte Kafka aus Furcht vor dem Ehestand aus der Ferne geliebt. In einem Brief an Brod räumte er 1921 ein: »Ich kann offenbar […] nur das lieben, was ich so hoch über mich stellen kann, daß es mir unerreichbar wird.« Auch Palästina und die hebräische Sprache, die dort wiederbelebt wurde, blieben für ihn in unerreichbarer Ferne. Die Ehe und das Gelobte Land: zwei Formen des Glücks, verschoben, ersehnt, aber nie erlangt.[57]

Eva Hoffe meinte, es sei so vielleicht am besten gewesen. In der drückenden Schwüle eines Sommernachmittags in Tel Aviv spazierten wir durch die Dubnow-Straße. Sie trug ein T-Shirt, das mit einem bunten Porträt Marilyn Monroes bedruckt war, und einen weiten Rock. In drei Plastiktüten hatte sie Fotos und Dokumente bei sich, die sie mir zeigen wollte, unter anderem ihre Geburtsurkunde und ihren tschechischen Pass. »Ich bin zwar Israeli und Jüdin«, sagte sie, »aber ich kann nicht behaupten, dass ich dieses Land liebe.«

Ich erwähnte, was Brod in einem Interview mit der israelischen Zeitung *Ma'ariv* im Oktober 1960 gesagt hatte: »Wäre Kafka in das Land Israel gelangt, so hätte er geniale Werke auf Hebräisch geschaffen!« Die jüdisch-amerikanische Schriftstellerin Nicole Krauss, fügte ich hinzu, habe in ihrem Roman *Waldes Dunkel* eine Art Gegenleben für Franz Kafka entworfen, ein »Was wäre, wenn«: Sie lässt einen greisen Literaturwissenschaftler behaupten, Kafka sei zwischen den Weltkriegen nach Palästina ausgewandert und habe dort unbemerkt unter dem hebräischen Vornamen Amschel gelebt (so hieß Kafkas Großvater mütterlicherseits).[58]

Obwohl Eva Hoffe Kafka nie kennengelernt hatte, reagierte sie mit bissiger Skepsis. »Kafka würde es hier keinen Tag aushalten«, sagte sie. Sie schritt energisch aus, und der Saum ihres fadenscheinigen Rocks schlug ihr gegen das Schienbein.

5 Erstes und zweites Urteil

Familiengericht Tel Aviv, Ben-Gurion-Boulevard 38,
Ramat Gan, Oktober 2012

Kafka ist für die jüdische Literatur, was Dante für den Ka-
tholizismus oder John Milton für den Protestantismus ist: der
Archetypus des Dichters.

HAROLD BLOOM, 2014[1]

Im Verlauf des langwierigen Prozesses vor dem Familiengericht
von Tel Aviv wurden weiter munter Kafka-Manuskripte aus Israel verkauft. Zum Entsetzen der israelischen Behörden kamen
2009 zwei Handschriften Kafkas in der Schweiz zur Versteigerung. Beide hatten sich zeitweise in Ester Hoffes Besitz befunden.
Eine war ein achtseitiger Brief Kafkas an Brod aus dem September
1922 (verkauft für 125 000 Schweizer Franken): »Und ich kenne
andeutungsweise die Schrecken der Einsamkeit«, schreibt Kafka
dort, »nicht so sehr der einsamen Einsamkeit, als der Einsamkeit
unter Menschen«.[2] In den zehn Jahren ab 1978, in denen Ester
Hoffe Kafka-Handschriften verkauft hatte, war von der Nationalbibliothek nie Einspruch erhoben worden. Nun versuchte sie vergeblich, den Verkauf zu verhindern.

Nicht einmal im Prozess konnte geklärt werden, welche
Schriftstücke Eva Hoffe in ihrer Wohnung in der Spinoza-Straße
und welche sie in Bankschließfächern aufbewahrte. In einer ei-
desstattlichen Erklärung versicherte sie, dass sich in ihrer Wohnung keine Kafka-Papiere mehr befanden. Die Sorge um das

Schicksal dieser Schriftstücke schürte sie selbst, als sie während des Prozesses behauptete, Einbrecher hätte sich Zugang zu ihrer Wohnung in Tel Aviv verschafft. Bis heute ist nicht geklärt, ob etwas entwendet wurde und wenn ja, was.

Dabei hatte es durchaus den Versuch einer Katalogisierung gegeben. In den 1980er Jahren beauftragte Ester Hoffe den Schweizer Philologen Bernhard Echte, damals Direktor des Robert-Walser-Archivs in Zürich, die Schriftstücke, die sich in ihrem Besitz befanden, zu inventarisieren. Die mehr als 140 Seiten lange Liste verzeichnet 20 000 Seiten Material. Bis heute jedoch ist Echtes Inventarliste ein streng gehütetes Geheimnis und wurde auch dem Gericht nicht vorgelegt.

Richterin Kopelman Pardo ordnete 2010 an, die Bankschließfächer der Familie Hoffe zu öffnen, vier in einer Zürcher Bank und sechs weitere in Tel Aviv (in der Leumi-Bank in der Jehuda-Halewi-Straße). Eva Hoffe durfte weder in Zürich noch in Tel Aviv zugegen sein. In Tel Aviv versuchte sie, rasend vor Wut, in den Tresorraum vorzudringen. »Das sind meine, das sind meine!«, schrie sie. »Ich habe getobt wie ein wildes Tier«, erzählte sie mir später.

Die Hoffe-Schließfächer der Zürcher UBS-Bank in der Bahnhofstraße wurden am 19. Juli 2010 geöffnet. Jemima Rosenthal vom Israelischen Staatsarchiv hatte Professorin Itta Schedletzky gebeten, mit einer gerichtlich bestellten Arbeitsgruppe das Material in den Schweizer Schließfächern zu sichten und bei der Inventarisierung des Inhalts zu helfen. Das Honorar für die Arbeiten sollte das Justizministerium übernehmen. Schedletzky, renommierte Germanistin an der Hebräischen Universität, hat unter anderem Gershom Scholems Briefe herausgegeben und ist Mitherausgeberin der Kritischen Ausgabe von Else Lasker-Schülers *Werken und Briefen*. Mir erzählte sie, als junges Mädchen habe sie Brods *Armer Cicero* (1955) als Fortsetzungsroman in der *Neuen Zürcher Zeitung* gelesen. Für die 1943 in Zürich geborene Schedletzky war die Aktion in Zürich mit einer merkwürdigen Heimkehr verbunden, fand sie sich doch in der Stadt ihrer Kindheit in eben der Straße wieder, in der sie als Kind mit ihrer Mutter oft einen Schaufensterbummel gemacht hatte.

Auch hier tauchte Eva Hoffe ungebeten auf und versuchte, sich Zugang zum Tresorraum zu verschaffen. Sie mutmaßte, dass die Anwälte nach einem »versteckten« Testament Brods suchten (das zeitlich nach der Version von 1961 entstanden war), und fürchtete, einer der Anwälte könnte Manuskripte mitgehen lassen. Der Filialleiter drohte, die Polizei zu rufen, wenn sie die Bank nicht freiwillig verlasse. Sie weigerte sich hartnäckig. »Ich zitterte innerlich«, berichtete mir Eva Hoffe später, »aber ich ließ mir meine Angst nicht anmerken.« Schedletzky nahm sie zur Seite und konnte sie beruhigen. »Ehud Sol sah mich an, als hätte ich eine Löwin gezähmt«, erzählte die Professorin.

Ehud Sol, Verwalter des Brod-Nachlasses, konnte sich später noch gut an den Vorfall erinnern. »In der Schweiz führte man uns in riesige Tresorräume, wo der Filialleiter und mehrere Bankangestellte schon auf uns warteten, weil sie um die historische Bedeutung des Ereignisses wussten. Als wir die Schließfächer öffneten, hatten wir – und das geziemt sich für einen Anwalt eigentlich nicht – Tränen in den Augen«, wird er in der israelischen Tageszeitung *Ha'aretz* zitiert. Angesichts Sols Ruf als erbarmungsloser Prozessanwalt belegt diese Aussage eindrücklich, wie denkwürdig das Ereignis war. (Schedletzky bezeichnet seine Darstellung allerdings als »Unsinn«.)

Vier Schließfächer enthielten Manuskripte, die Brod in den 1950er Jahren in der Bank deponiert hatte. Schon auf den ersten Blick waren sie verführerisch: In Schließfach S6588 hatte Brod in einem braunen Umschlag eine Notiz mit Datum 1947 deponiert, in der er erklärte, dass die drei Hefte mit Kafkas Pariser Reisetagebüchern Ester Hoffe gehörten.

In Schließfach S6577 fand man unter anderem eine braune Mappe, auf der Brod mit schwarzer Tinte vermerkt hatte: »Kafkas Brief an den Vater, Original (Eigentum von Frau Esther Hoffe.)« Darunter stand in blauer Tinte: »Mein Eigentum Ilse Esther Hoffe, 1952«.

Schließfach S6222 enthielt zwei Mappen. Auf die erste hatte Brod geschrieben: »Kafkas Briefe an mich, die veröffentlicht wurden, mein Eigentum – gehört Esther Hoffe.« Auf der zweiten stand: »Kafka meine Briefe an Franz – gehört Esther Hoffe – 2. April 1952, Tel Aviv Dr. Max Brod«[3].

Brods Notizen auf den Kuverts und Mappen wurden fotografiert, und Ilan Harati vom Israelischen Staatsarchiv prüfte den Erhaltungszustand des Inhalts. Die Entdeckungen schienen zu bestätigen, dass Brod Ester Hoffe die Kafka-Handschriften zu Lebzeiten geschenkt hatte. Und sie bestätigten Brods Sammelleidenschaft, insbesondere für alles von Kafkas Hand (bis hin zu Skizzen und Kritzeleien).[4]

Bei der Anfertigung der Inventarliste für das Material in den Schließfächern fühlte sich Schedletzky von den israelischen Anwälten im Tresorraum ungebührlich zur Eile getrieben. Doch trotz der knapp bemessenen Zeit konnte sie einen Briefwechsel zwischen Ester Hoffe und den deutschen Herausgebern der Kritischen Ausgabe von Kafkas Werken vermerken. Diese Briefe bewiesen, dass Hoffe ungeachtet gegenteiliger Behauptungen »systematisch und regelmäßig« Einsicht in die Kafka-Papiere ermöglicht hatte. Kaum zu glauben, aber Schedletzky wurde nie vorgeladen, um ihre Erkenntnisse dem Gericht vorzutragen.

Auch in anderer Hinsicht blieb die Inventarliste unvollkommen. Eva Hoffe wurde, wie sie mir erzählte, eine Geldstrafe von 15 000 Schekel (heute etwa 3500 Euro) auferlegt, weil sie sich einer gerichtlichen Anordnung zur Durchsuchung ihrer Wohnung, die eine Inventarisierung der Manuskripte ermöglicht hätte, widersetzt habe. Solch eine Durchsuchung erinnere sie an »Gestapo-Methoden«, so Eva Hoffe.

Die 170 Seiten lange, aber unvollständige Inventarliste für die Schließfächer in Tel Aviv und in Zürich verzeichnete etwa 20 000 Briefe (darunter vermutlich etwa siebzig Briefe von Kafkas letzter Geliebten Dora Diamant an Brod), Brods unveröffentlichte Tagebücher,[5] zwei Dutzend unbekannte Zeichnungen Kafkas und Originalhandschriften von Kurzgeschichten (unter anderem »Hochzeitsvorbereitungen auf dem Lande«).[6] Ende Februar 2011 ging diese Inventarliste an Richterin Kopelman Pardo.

Eva Hoffe beklagte unterdessen, sie müsse sich mit Almosen über Wasser halten. Zwar hatte sie wie ihre Mutter Wiedergutmachungszahlungen der Bundesrepublik Deutschland erhalten, doch den Großteil ihrer Ersparnisse musste sie nach eigener Aussage nach Ester Hoffes Schlaganfall für die Reha-Maßnahmen im Ichilov-Krankenhaus ausgeben. Auch Anwaltskosten sammelten sich an. Eva Hoffe machte Bedürftigkeit geltend und beantragte über ihren Anwalt Uri Zfat, wenigstens den finanziellen Teil des Nachlasses ihrer Mutter freizugeben (darunter Wiedergutmachungszahlungen, die Ester Hoffe aus Deutschland erhalten hatte und die sich Eva Hoffe zufolge auf etwa vier Millionen Schekel, knapp 950 000 Euro, beliefen). Im August 2011 gab Richterin Judith Stoffman vom Tel Aviver Bezirksgericht dem Antrag statt und erlaubte Eva Hoffe und ihrer älteren Schwester Ruth Wiesler, das Erbe über jeweils eine Million Schekel anzutreten.

Für Wiesler, Schneiderin und Aromatherapeutin im Ruhestand, war das zu wenig und kam zu spät. Der Prozess verstörte sie dermaßen, dass sie sich nicht überwinden konnte, die Verhandlungen zu besuchen oder auch nur die Gerichtsprotokolle zu lesen. 2012 starb sie im Alter von achtzig Jahren an Krebs und ließ Eva mit dem Kampf allein. »Ich mache die Vertreter der Nationalbibliothek für den Tod meiner Klientin verantwortlich«, erklärte Ruth Wieslers Anwalt Harel Aschwall gegenüber der *Sunday Times*. »Sie waren aggressiv und unanständig. Meiner Ansicht nach haben sie versucht, Ruth und Eva zu ermüden, damit sie aufgeben.« Wiesler hatte zwei Töchter, Anat und Jael. Auch Anat schob das Ableben ihrer Mutter auf die Mühsal des Prozesses. »Eine Frau, die ihr Leben lang gesund war, bekommt plötzlich Krebs und stirbt – das alles hat sie einfach kaputt gemacht«, sagte sie gegenüber der Zeitung *Ha'aretz*.

Im Oktober 2012, ein halbes Jahr nach Ruth Wieslers und fünf Jahre nach Ester Hoffes Tod, veröffentlichte Richterin Talia Kopelman Pardo vom Tel Aviver Familiengericht auf 59 Seiten ihr Urteil, das mit einer poetischen Note begann: »Es ist nicht alltäglich und ganz sicher nicht selbstverständlich, wenn eine Richterin die Tiefen der Geschichte auslotet, die sich ihr Bruchstück für Bruchstück, Scherbe für Scherbe offenbart, eher rätselumwoben als einsichtig. Ein schlichter Antrag auf Bestätigung eines Testaments, eingereicht von den Töchtern der verstorbenen Frau Ester Hoffe, hat ein Tor zum Leben, zu den Wünschen und Enttäuschungen – ja zu den Seelen – zweier großer Geister des 20. Jahrhunderts geöffnet.«

Die Richterin rechtfertigte die Wiederaufnahme des Verfahrens gegen Ester Hoffe, das Richter Schilo vierzig Jahre zuvor eigentlich schon entschieden hatte, durchaus ungewöhnlich, mit einem Romanzitat aus Kafkas *Der Prozess*:

Bei einer wirklichen Freisprechung sollen die Proceßakten vollständig abgelegt werden, sie verschwinden gänzlich aus dem Verfahren, nicht nur die Anklage, auch der Proceß und sogar der Freispruch sind vernichtet, alles ist vernichtet. Anders beim scheinbaren Freispruch. Mit dem Akten ist keine weitere Veränderung vor sich gegangen, als daß er um die Bestätigung der Unschuld, um den Freispruch und um die Begründung des Freispruchs bereichert worden ist. Im übrigen aber bleibt er im Verfahren, er wird wie es der ununterbrochene Verkehr der Gerichtskanzleien erfordert, zu den höhern Gerichten weitergeleitet, kommt zu den niedrigern zurück und pendelt so mit größern und kleinern Schwingungen, mit größern und kleinern Stockungen auf und ab. Diese Wege sind unberechenbar. Von außen gesehn kann es manchmal den Anschein bekommen, daß alles längst vergessen, der Akt verloren und der Freispruch ein vollkommener ist. Ein Eingeweihter wird das nicht glauben. Es geht kein Akt verloren, es gibt bei Gericht kein Vergessen.[7]

Das Urteil aus dem Jahr 1974 zugunsten Ester Hoffes habe man nicht vergessen, schrieb Richterin Kopelman Pardo, doch die Schwingungen hätten, unberechenbar, eine andere Richtung genommen. Kopelman Pardo lehnte Eva Hoffes Antrag auf Bestätigung des Testaments ihrer Mutter ab. Sie entschied nicht darüber, ob Kafkas Manuskripte Brod gehört hatten, folgte aber dem Argument des israelischen Staates, Brod habe seinen Nachlass – einschließlich Kafkas Papieren – Ester Hoffe nicht als Schenkung, sondern zu treuen Händen überlassen. Sofern bestimmte Bedingungen nicht erfüllt würden, könne eine Schenkung ungeachtet der Absicht des Schenkenden oder Erblassers rechtlich unwirksam werden.

Zwar habe Brod beabsichtigt, Ester Hoffe die Manuskripte

als Schenkung zu überlassen, doch de facto waren sie auch weiterhin unter seiner Verfügung, und er habe allein über sie bestimmt. Auch nachdem er schriftlich bestätigt habe, dass Hoffe die Kafka-Papiere erhalten sollte (siehe Kapitel13), habe sich Brod verhalten, als gehörten sie noch ihm. Im April 1952 habe er beispielsweise Marianne Steiner in London eine Liste zugeschickt, die verzeichnete, welche Kafka-Schriften ihm und welche den noch lebenden Kafka-Erben gehörten. Mit keinem Wort habe er erwähnt, dass er etwas an Hoffe übergeben hatte. Im August 1956 unterzeichnete Brod ein Dokument, in dem die Bedingungen spezifiziert wurden, unter denen er dem deutschen Kafka-Experten Klaus Wagenbach Einsicht in diese Papiere gewährte: nur in Brods Wohnung, nur für Forschungszwecke, nicht zur Veröffentlichung und so weiter. Brod, nicht Ester Hoffe, gab die Erlaubnis und legte die Konditionen fest. Und schließlich sagte Brod in einem Interview mit der israelischen Zeitung *Maʾariv* im Oktober 1961: »Ich überlege noch, was ich [mit den Kafka-Schriften] tun soll.« Als sein Gegenüber fragte, ob er sie sehen könne, erwiderte er: »Nein! Ich habe sie in einem Bankschließfach.« Er sagt *Ich*, nicht *Ester und ich*. (Richterin Kopelman Pardo ging allerdings nicht auf die Aussage Ester Hoffes im Prozess 1973 / 1974 ein, Kafkas Handschriften von »Hochzeitsvorbereitungen auf dem Lande« und »Beschreibung eines Kampfes« hätten sich »seit 1947 in meinem Safe« befunden, und sie habe sie Brod gebracht, wenn er sie für seine Arbeit brauchte. Über die Handschrift von *Der Prozess* hatte Ester Hoffe am 11. Januar 1974 vor Richter Jitzchak Schilo ausgesagt: »Ich habe sie, glaube ich, 1952 erhalten und in meinen Safe gelegt. Er [Brod] schenkte sie mir. Ich nahm sie aus seiner Wohnung mit. Nur, wenn er damit arbeitete, brachte ich sie ihm vorbei.«) Ester Hoffe wagte es jedenfalls nicht, zu Brods Lebzeiten eins von Kafkas Manuskripten zu verkaufen. (Eva Hoffe zufolge hatte das den einfachen Grund, dass Brod die Schriftstücke für seine Arbeit als Lektor und Herausgeber von Kafkas Werk brauchte.)

Die Richterin berief sich auf Artikel 873 der Mecelle; das Zivilgesetzbuch des Osmanischen Reichs hatte im Staat Israel gegolten, bis man es 1968 durch ein eigenes Schenkungsrecht ersetzte. Danach wurde, so die Richterin, Brods Schenkung an Hoffe nicht vollendet oder vollzogen.[8] (Die Behauptung, dass die Schenkung, die das Leben ihrer Mutter so sehr bestimmt hatte, gar nicht vollzogen worden war, empfand Eva Hoffe als besonders tiefe Kränkung.) Die Kafka-Schriftstücke seien nie aus Brods literarischem Nachlass entfernt worden, so Kopelman Pardo. Brods Wille unterliege »dem Erbfolgeprinzip«: Da Ester Hoffe zu Lebzeiten nichts anderes verfügt habe, müsse Brods literarischer Nachlass, wie in seinem Testament festgelegt, einer öffentlichen Bibliothek oder einem Archiv ausgehändigt werden. Ester Hoffe habe das Recht gehabt, über die Unterbringung des literarischen Nachlasses zu entscheiden, doch nachdem sie dieses Recht nicht ausgeübt hatte, hätte sie diese Entscheidung nicht an ihre Töchter weitergeben dürfen.

Es war der letzte Prozess, dem Richterin Kopelman Pardo vorsaß. Nach zwölf Jahren auf dem Richterstuhl und nachdem Kafka ihr auf den Gipfel ihrer Richterkarriere verholfen hatte, kehrte sie in die private Anwaltstätigkeit zurück und eröffnete eine Kanzlei für Erb- und Familienrecht. Eva Hoffe meinte, die Richterin habe sich nicht aus Altersgründen zurückgezogen, sondern habe nur verhindern wollen, dass die Fehler in diesem Prozess sie im Richteramt noch einholten. Dieser Verdacht entsprang allerdings wohl eher Eva Hoffes Unzufriedenheit mit dem Urteil als fachlichen Fehlern Kopelman Pardos.

Awiad Stollman, in der Israelischen Nationalbibliothek verantwortlich für die Akte Kafka, begrüßte das Urteil: »Da die Bibliothek die Aufgabe hat, die Kulturschätze des Staates Israel und des jüdischen Volkes zu sammeln, zu bewahren und zugänglich zu machen, ist das in unseren Augen ein großer Erfolg.« Mark Gelber sprach von einer »sehr mutigen Entscheidung«.

Brods literarischer Nachlass hat, wie Eva Hoffe im Prozess stets betonte, für sie mehr als nur kommerziellen Wert. Die Papiere seien »wie Gliedmaßen meines Körpers«, sagte sie und lehnte Schmulik Cassoutos Angebot ab, einen Vergleich auszuhandeln. »Sie verfolgte lieber das Prinzip ›Alles oder Nichts‹«, sagte Cassouto. Eva Hoffe erzählte mir eine andere Version: Nach Kopelman Pardos Urteil habe sie vorgeschlagen, die Handschriften dem Marbacher Literaturarchiv zu verkaufen und den Gewinn der Nationalbibliothek zu geben. Die Nationalbibliothek habe das Angebot abgelehnt. »Und *mir* werfen sie Profitgier vor!«, sagte sie. Auch eine Mediation unter Leitung Gabriela Schalevs (Juristin und ehemalige UN-Botschafterin für Israel) erbrachte keinen Kompromiss.

Im November 2012, weniger als einen Monat nach dem Urteil des Familiengerichts, legte Eva Hoffe beim Bezirksgericht von Tel Aviv Berufung ein. »Nicht einmal Kafka hätte eine dermaßen kafkaeske Geschichte schreiben können«, sagte sie. Sie hoffte darauf, ihre Phantomgliedmaßen behalten zu dürfen.

Nachdem der Prozess vom Familiengericht zum Bezirksgericht übergegangen war, verlagerte sich die Argumentation auf die moralische Seite. Vor den drei Berufungsrichtern des Tel Aviver Bezirksgerichts Isaiah Schneller, Hagai Brenner und Kobi Vardi betonte der Anwalt der Israelischen Nationalbibliothek Meir Heller, Israel sei als Aufbewahrungsort für die Nachlässe Brods und Kafkas Deutschland vorzuziehen. Mit sehr emotionalen

Worten schilderte Heller, wie der NS-Staat Kafkas Welt zerstört hatte.

Alle drei Schwestern Franz Kafkas – »sie liebten und verehrten ihn als eine Art höheres Wesen«, so Gerti Hermann, die Nichte des Schriftstellers – seien dem Dritten Reich zum Opfer gefallen, so Heller. Die älteste, Elli, von der Kafka fand, dass sie ihm am ähnlichsten war, und Valli, die mittlere, wurden Ende 1941 in das Ghetto von Łódź deportiert und im September 1942 in den Gaskammern von Chełmno umgebracht. Ottla, die jüngste und lebhafteste Schwester, kam zunächst ins Ghetto Theresienstadt und dann ins Konzentrationslager Auschwitz, wo sie im Oktober 1943 ermordet wurde.[9] Wie Heller vor Gericht hinzufügte, war auch Max Brods einziger Bruder Otto, der Kafka ebenfalls gut kannte, Ende Oktober 1944 von Theresienstadt nach Auschwitz deportiert worden, wo er mit Frau und Tochter umkam.

Heller hätte noch weitere Opfer deutscher Verbrechen nennen können: Kafkas Geliebte Milena Jesenská, tschechische Dissidentin, verheiratet mit einem Juden in Wien, ermordet 1944 im Konzentrationslager Ravensbrück; Kafkas zweite Verlobte Julie Wohryzek, ermordet 1944 in Auschwitz; Kafkas Lieblingsonkel Siegfried, Selbstmord am Vorabend der geplanten Deportation nach Theresienstadt 1942; und Kafkas Freund Jizchak Löwy, der jiddische Schauspieler, ermordet im Vernichtungslager Treblinka. Mindestens fünf von Kafkas Schulfreunden aus dem Gymnasium kamen in Konzentrationslagern um.

Kafka selbst erlebte es nicht, dass Menschen vernichtet wurden wie Ungeziefer. Doch wäre Kafka nicht 1924 gestorben, hätte er mit Ende fünfzig noch gelebt, so wäre laut Heller auch er von den Deutschen ermordet worden. Wäre es daher, so Hellers Schlussfolgerung, nicht geradezu obszön zu behaupten, Kafkas Handschriften »gehörten« nach Deutschland, in das Land der

Völkermörder, in das Land, das die Grausamkeit von Menschen gegen Menschen in einer beispiellos mechanischen Dimension betrieben hatte? Kafka mochte auf Deutsch geschrieben haben, doch schon kurz nach seinem Tod verkam Deutsch zur Sprache derer, die den Massenmord an Juden organisierten, zur unwürdigen Sprache der Vernichtungslager.

Dem Verwalter des Hoffe-Nachlasses Schmulik Cassouto zufolge »hing die Schoah wie eine Wolke über dem Gerichtssaal«.

Nach zweieinhalb Jahren Prozessdauer sprachen am 29. Juni 2015 die drei Richter des Tel Aviver Bezirksgerichts ihr Urteil. Die Richter Brenner, Vardi und Schneller erklärten, sie seien an Richter Schilos Urteil aus dem Jahr 1974 zugunsten Ester Hoffes nicht gebunden. Da die Nationalbibliothek damals noch nicht als Prozesspartei aufgetreten sei, gelte das Ergebnis des damaligen Verfahrens nicht als Präjudiz für den aktuellen Fall.

Die Richter bescheinigten der Berufungsklägerin Eva Hoffe, sie treibe »weniger die Erfüllung von Brods wahrem Willen als vielmehr der Wunsch, aus den Werten im Nachlass Gewinn zu erzielen«. Auch kritisierten sie Ester Hoffes frühere Handschriftenverkäufe an das Marbacher Literaturarchiv (siehe Kapitel 14):

Brod hätte es vermutlich nie für möglich gehalten, dass diese Schriftstücke, die er aus noch zu erläuternden Gründen seiner Sekretärin Hoffe als Schenkung übereignen wollte, in öffentlichen Versteigerungen einzeln feilgeboten und von Hoffe und ihren Töchtern meistbietend verkauft werden könnten. Brod selbst brüstete sich in einem Zeitungsinterview: »Die ganze Welt macht Jagd auf Kafka. Mir ist das egal: Ich nehme keinen Cent für meine Arbeit an seinem Werk. Das bin ich einem bedeutenden Freund doch schuldig!« Würde Brod, könnte man ihn fragen, einer solchen Versteigerung wirklich zustimmen?

Hätte das Kafka-Material zu Brods eigentlichem Nachlass gehört, so wäre es an seine Alleinerbin Ester Hoffe gefallen (nach Paragraf 7 seines Testaments, der sie als Erbin seines gesamten Besitzes ausweist). Weil die Kafka-Papiere jedoch zu Brods *literarischem* Nachlass gehörten, so die Richter, habe Ester Hoffe nach Paragraf 11 des Testaments nur insoweit ein Anrecht darauf gehabt, als sie angewiesen wurde, den Nachlass »der Bibliothek der Hebräischen Universität Jerusalem, der Städtischen Bibliothek Tel Aviv oder einem anderen öffentlichen Archiv im Inland oder Ausland zur Aufbewahrung« zu übergeben.[10]

Die Bezirksrichter urteilten außerdem, Brod könne zwar als Eigentümer der Handschriften gelten, die ihm Kafka zu Lebzeiten geschenkt habe, nicht aber der Papiere, die er nach Kafkas Tod aus dessen Schreibtisch genommen habe. Da niemand sonst Anspruch darauf erhebe, seien letztere jedoch gemeinsam mit Brods literarischem Nachlass zu verwahren. Weder forderte das Gericht eine Suche nach Kafkas Erben, noch listete es auf, welche Schriftstücke in die erste und welche in die zweite Kategorie gehörten. (Vier von Kafkas Nichten hatten den Holocaust überlebt: zwei Töchter seiner Schwester Ottla, Věra Saudková und Helena Kostrouchová Davidová, die beide in Prag lebten; Ellis Tochter Gerti Hermann, die nach Kanada geflohen war, sowie Vallis Tochter Marianne Steiner, die in London lebte.)

Die Bezirksrichter schlossen sich dem vorinstanzlichen Urteil an, nach dem Hoffe nicht berechtigt gewesen sei, Schriftstücke aus Brods literarischem Nachlass zu verkaufen oder zu verschenken, da Brod verfügt hatte, dass sein Nachlass komplett einer Bibliothek oder einem Archiv übergeben werden solle. Hoffe und ihren Erbinnen hätten lediglich Tantiemen aus Brods literarischem Erbe zugestanden.

Richter Brenner formulierte die Haltung des Bezirksgerichts so:

> Die Richter bestätigen einmütig die Entscheidung der Vorinstanz: Ester Hoffe hatte kein Recht, Kafkas Handschriften zu verkaufen, zu verschenken oder zu vererben. Obwohl dieses Berufungsgericht, nachdem es nun einmal angerufen wurde, durch die Bestätigung des vorinstanzlichen Urteils keine Wiedergutmachung bringen kann, glaube und hoffe ich doch, dass es der Öffentlichkeit und der Geschichte die Gelegenheit eröffnet hat, nach Kafkas Tod seine Werke zu beurteilen und ihren großartigen ethischen und künstlerischen Wert zu erkennen – und nicht, wie Kafka es zu seinen Lebzeiten manchmal sah, als »misslungene« Werke, die nicht bewahrenswert seien. [...] Max Brod hätte es wohl rundweg abgelehnt, seinen literarischen Nachlass einem Archiv in Deutschland zu übergeben.

Richter Kobi Vardi stimmte dem in seiner kurzen schriftlichen Erklärung zu:

> So, wie für Brod die klare Verpflichtung, Kafkas »wunderbarste Schätze« zu veröffentlichen, wichtiger war als jede andere Erwägung, die gegen die Veröffentlichung dieser Werke gesprochen hätte – auch als Kafkas Anweisung, sie nicht zu veröffentlichen –, so ist es nun unsere Pflicht und unser Recht, dieses Ziel mit den uns zur Verfügung stehenden rechtlichen Mitteln zu erreichen.

Vardi bezeichnete die Entscheidung des Berufungsgerichts als »ein angemessenes und gerechtes Ergebnis«, das »Recht, Literatur, Ethik und Gerechtigkeit – und, wie ich finde, auch den wahren Willen Kafkas – am besten zusammenführt. Auch wer uns im Irrtum sehen mag, wird doch mit uns einig sein, dass dies eine merkwürdige, eine kafkaeske Geschichte ist.«

Die 56 Seiten lange Urteilsbegründung bediente sich mehrerer sprachlicher Register, von juristischen Fachtermini bis zu nationalistischen Floskeln. Die Quintessenz war, dass Kafka grundsätzlich ein jüdischer Schriftsteller sei und sein literarisches Erbe als Kulturgut von nationaler Bedeutung am besten in den jüdischen Staat passe und gehöre.[11]

Die Nationalbibliothek begrüßte erwartungsgemäß die Entscheidung des Bezirksgerichts. »Die große Frage lautet jetzt: Was werden wir in der Wohnung der Familie Hoffe in Tel Aviv finden, und was wurde womöglich anderswo in der Welt versteckt?«, so Stefan Litt, Leiter des deutschsprachigen Archivs der Nationalbibliothek.[12] Er musste sich jedoch gedulden. Kurz nach der Entscheidung des Berufungsgerichts beschlagnahmte die deutsche Polizei Handschriften Max Brods unter dem Verdacht, dass sie aus Israel hinausgeschmuggelt worden waren.

Eva Hoffe sah keine andere Möglichkeit, als vor dem Obersten Gerichtshof Israels Berufung einzulegen. In diese zweite und letzte Berufung ging sie nicht sonderlich optimistisch hinein. Das hohe Gericht hatte seine Haltung bereits deutlich gemacht. Als die drei Richter des Tel Aviver Bezirksgerichts im Juni 2015 ihr Urteil fällten, wurde vor dem Obersten Gerichtshof Israels gerade ein Rechtsstreit mit der vor dem Krieg zweitgrößten jüdischen Gemeinde Europas verhandelt: Wien. Nach dem Zweiten Weltkrieg hatten Mitglieder der Israelitischen Kultusgemeinde Wien keine Zukunft für ihre umfangreiche Bibliothek gesehen. (Direktor war 1935 bis zum »Anschluss« 1938 Moses Rath gewesen, mit dessen Lehrbuch Kafka anfangs Hebräisch gelernt hatte.) In den Jahren 1952 und 1953 durfte sich die Israelische Nationalbibliothek die Kostbarkeiten aus der Wiener Bibliothek herauspicken und nach Jerusalem holen. Diese Dauerleihgabe umfasste 75 bis 80 Prozent der Sammlung. Und auch das unglaublich wertvolle Vorkriegsarchiv der jüdischen Gemeinde, das bis ins 18. Jahrhundert zurückreichte, gelangte als Dauerleihgabe in das Zentralarchiv für die Geschichte des jüdischen Volkes in Jerusalem. (Das 1939 gegründete Zentralarchiv wurde im Januar 2013 mit der Israelischen Nationalbibliothek zusammengelegt.)

Im Mai 2011 klagte Ariel Muzicant, seit 1998 Präsident der Israelitischen Kultusgemeinde Wien mit 7500 Mitgliedern, in Jerusalem auf die Rückgabe der Sammlungen.[13] Im Oktober 2012 folgte das Bezirksgericht Jerusalem dem Argument des Staatsarchivars Yaacov Lozowick, Israel diene als kulturelles Zentrum des jüdischen Volkes, und wies die Klage ab.

Das Oberste Gericht bestätigte diese Entscheidung im Juni 2015. Richter Eljakim Rubinstein (der ein Jahr später auch Eva Hoffes Berufung verhandelte) schrieb: »Anlass für die Übergabe des Materials an den jüdischen Staat Israel, der sich aus der Asche des Holocaust erhob, waren die Taten der Nationalsozialisten und ihrer Helfer im gesamten besetzten Europa in den düsteren Tagen des Holocaust, und so ging dieses Material nicht verloren. Hat es aus historischer Sicht etwa nicht sein rechtmäßiges Zuhause gefunden?«

Ariel Muzicant war entsetzt. »Sosehr wir als Juden den Staat Israel unterstützen«, sagte er in einem Telefongespräch mit mir, »ist es doch völlig inakzeptabel, dass er uns unser Eigentum wegnimmt.« Er verglich das Verhalten Israels in seinem Fall mit der

Weigerung Österreichs nach dem Zweiten Weltkrieg, jüdischen Familien das geraubte Eigentum zurückzugeben. In beiden Fällen gehörten die vom europäischen Judentum geschaffenen Kulturgüter in ihren ursprünglichen Kontext. Er habe den damaligen österreichischen Bundeskanzler Christian Kern gebeten, das Thema im Gespräch mit dem israelischen Ministerpräsident Benjamin Netanjahu im April 2017 anzuschneiden, fügte Muzicant hinzu.

Der Richter des Obersten Gerichts Hanan Melcer, Sohn polnischer Holocaust-Überlebender, pflichtete Rubinstein allerdings bei: Manche »Kulturgüter« könnten dermaßen bedeutsam sein, dass ihre rechtmäßigen Eigentümer kein Anrecht darauf hätten, nach Belieben damit zu verfahren. »Der Wert eines ›Kulturgutes‹ ist meist so groß – das sei hier betont –, dass nicht einmal die Person, die besitzrechtlich oder moralisch Anspruch darauf hat, ihre Zerstörung anordnen kann«, schrieb Melcer. »Eine Analogie wären Kafkas Schriften, die den Stand von ›Kulturgütern‹ haben, sodass es nicht zu rechtfertigen gewesen wäre, Kafkas Anweisung zu befolgen und seine Schriften zu verbrennen.« Obwohl der Fall der Wiener Archive auf den ersten Blick nichts mit Brods literarischem Nachlass zu tun hatte, spielten die »Kulturgüter« dann auch in Eva Hoffes Berufung vor dem Obersten Gericht eine entscheidende Rolle.

6 Letzter Sohn der Diaspora: Kafkas jüdisches Nachleben

Pension Stüdl, Schelesen, Tschechoslowakei,
November 1919

*Ich […] habe nicht den letzten Zipfel des davonfliegenden
jüdischen Gebetmantels noch gefangen wie die Zionisten.*

FRANZ KAFKA, 1918[1]

Die Richter in Tel Aviv waren durchaus nicht die Ersten, die Kafka
postum vor den zionistischen Karren spannten. Und sie waren nicht die Ersten, die Kafka als jüdischen Schriftsteller lasen
und seine Werke als Monumente der jüdischen Kultur verstanden, in einer Reihe mit den Lehren des Mose, Hillel und Maimonides.

Diese Lesart hatte Kafkas Freund Felix Weltsch schon 1924
in einem ganzseitigen Nachruf in der zionistischen Prager Wochenzeitung *Selbstwehr* vertreten: »Die Seele […], die in dieser
Sprache schrieb, ist jüdisch durch und durch.«[2] Zwei Jahre später
begann Weltsch einen Aufsatz über seinen Freund mit der kühnen Behauptung:

Kafka war unser. Er war Prager, er war Jude, er war Zionist, und
wenn sein Zionismus nicht in äußerlichen Formen und äußerlichem Tun, sondern in fleißigem Hebräisch-Lernen und der festen Absicht, selbst nach Palästina zu übersiedeln, bestand, so war
auch – jenseits aller äußeren Formen und äußerlichen Tuns – der

tiefste Punkt seines Wesens, der sich mit dem tiefsten Punkt der jüdischen Weltanschauung berührte, das sittliche Problem […].[3]

Anders als in Brods Romanen, die von jüdischen Themen durchzogen sind, finden sich in Kafkas Schriften keine direkten Bezüge auf das Judentum. In seiner ortlosen Prosa sucht man vergebens nach Juden oder jüdischen Sprachmustern. Anders als seine Zeitgenossen James Joyce und Marcel Proust verweigert Kafka seinen Figuren rigoros jede erkennbare ethnische Identität, jedes Bewusstsein ihrer Herkunft oder Traditionen und meist sogar einen Nachnamen. Sie sind schlicht »der Türhüter«, »ein Hungerkünstler«, »der Hausvater« oder »K.«.

Dieses Fehlen jeglicher Charakterisierung befördert eine universalistische Interpretation, der zufolge Kafkas Kunst darin besteht, die eigene jüdische Erfahrung in eine universelle Sprache zu übersetzen: die Verfasstheit des Juden als Misere des modernen Menschen an sich. »[Kafka] ist so wichtig für uns«, schrieb W. H. Auden 1941, »weil seine Probleme die Probleme des heutigen Menschen sind.« Kafkas namenlose Helden, so Hannah Arendt 1944, seien »nicht einfach Menschen, wie wir ihnen täglich in der Welt begegnen, sondern variierende Modelle eines Menschen überhaupt«.[4] Nicht zufällig trägt eine Kafka-Biografie den Titel *Representative Man*. Julian Preece, britischer Kafka-Experte, sagt dazu: »Kafka war zuallererst Internationalist und Europäer […], der kosmopolitischste aller deutschsprachigen Schriftsteller.«[5]

Aber es könnte ja sein, dass Kafka über den jüdischen Partikularismus zum Universalismus gelangte. Vielfach unternahmen Kafka-Leser den Versuch, jüdische Formen und Motive in seinen Werken zutage zu fördern, seine Geschichten als Allegorien auf die Erfahrungen moderner Juden und seine Figuren als exemplarische Juden zu deuten – assimilierte und ausgestoßene –, die das »Grenzland zwischen Einsamkeit und Gemeinschaft« ausloten, wie Kafka es in seinem Tagebuch formulierte.[6]

Der erste und einflussreichste Leser dieser Art war kein anderer als Kafkas engster Vertrauter Max Brod. Nachdem Brod im Studentenverein Bar Kochba 1909 und 1910 Martin Bubers Vorträge gehört und den Zionismus für sich entdeckt hatte, begann er, Kafkas Schriften in ein jüdisches Licht zu rücken. Schon 1916 schrieb er: »Obwohl in seinen Werken niemals das Wort ›Jude‹ vorkommt, gehören sie zu den jüdischsten Dokumenten unserer Zeit.«[7]

In seiner Kafka-Biografie behauptete Brod, besonders *Das Schloss* vermittle »das besondere Gefühl des Juden, der sich in einer fremden Umgebung einwurzeln möchte, der aus allen Kräften seiner Seele danach strebt, den Fremden sich anzunähern, gänzlich ihresgleichen zu werden, – und dem diese Verschmelzung doch nicht gelingt«. (In seinem Roman *Jüdinnen* aus dem Jahr 1911, einer im böhmischen Kurort Teplice angesiedelten Liebesgeschichte, persifliert Brod den assimilierten Juden in der Figur des Alfred. Der »Wagnerianer« gehöre »zu jenen jungen Juden, die eine starke Hinneigung zum Arischen haben und alles Jüdische verächtlich finden«.) Brod begriff die Hauptfigur in *Das Schloss* als einen »überflüssigen Menschen« (die Wendung hatte Iwan Turgenjew mit seinem *Tagebuch eines überflüssigen Menschen* bekannt gemacht), der von Gott ebenso entfremdet ist wie von der menschlichen Gemeinschaft, ständig auf der Suche nach Akzeptanz: »[Z]u den Bauern gehöre ich nicht«, beklagt der rastlose Protagonist in *Das Schloss*, »und ins Schloß wohl auch nicht.« Brod kommentiert: »Dies ist die Bedeutung von Kafkas religiösem Sozialismus, der sich als mächtige Teilprovinz seines humanistischen Judentums, im Ursinne der Gerechtigkeitsforderung, mit voller Wahrheit kundgibt. Nicht der zersplitterte, assimilierte Jude kann diesem Ursinn mit voller Kraft nachstreben, sondern nur der innerlich ganz gewordene, der seine Heimat, sein ›Schloß‹ gefunden hat.« In »einer schlichten Erzählung« habe Kafka »über die Gesamtsituation des heutigen Judentums mehr gesagt [...], als in hundert gelehrten Abhandlungen zu lesen ist«.[8]

Andere Leser folgten Brods Spur und interpretierten die Tiere in Kafkas Fabeln als Symbole für das jüdische Exil, für Anderssein und Selbstentfremdung. Die Symbole – Käfer (»Die Verwandlung«), Affe (»Ein Bericht für eine Akademie«), Hund (»Forschungen eines Hundes«), Dachs (»Der Bau«), Schakal (»Schakale und Araber«) und Maus (»Josefine, die Sängerin oder Das Volk der Mäuse«) – wirkten danach umso intensiver, als das Wort »Jude« ungesagt bleibe.[9]

»Vor mir flattern nicht die Blätter der Bibel«, notierte Kafka im September 1915 in sein Tagebuch.[10] Ungeachtet dessen las ihn der einflussreiche israelische Gelehrte und gebürtige Berliner Gershom Scholem vor allem als Meister jüdischer Betrachtung, der sich intensiv mit dem Gesetz (und dessen Unzugänglichkeit) befasste, in einer Welt der Ankläger und der Angeklagten, in der der Gesetzgeber abhandengekommen ist und (kabbalistisch gesprochen) sein »Antlitz verhüllt« hat.

Unübertroffen hat er die Grenze zwischen Religion und Nihilismus zum Ausdruck gebracht. Darum haben seine Schriften, die säkularisierte Darstellung des (ihm selber unbekannten) kabbalistischen Weltgefühls für manchen heutigen Leser etwas vom strengen Glanze des Kanonischen – des Vollkommenen, das zerbricht.[11]

Scholems Überzeugung nach reihte sich Kafka nicht so sehr in die deutsche Tradition als vielmehr in ein Kontinuum der jüdischen Literatur ein. Er erhob sein Werk gar in den Stand einer Heiligen Schrift, »mit dem Glanze des Kanonischen umkleidet«, wie er dem deutsch-jüdischen Verleger Salman Schocken schrieb.[12] Kafka galt Scholem »als authentischster Vertreter unserer Zeit«, so Alexander Altmann. »Seinen Studenten trug er in den 1930er Jahren auf, ehe sie sich mit der Kabbala befassten, zunächst Kafka zu lesen.« In einer Rede vor der Bayerischen Akademie der Künste zählte Scholem 1974 drei jüdische Texte auf, die er selbst als kanonisch betrachtete: die Hebräische Bibel, den Sohar (das Meisterwerk der Kabbala) und das Werk Kafkas. Und tatsächlich wird Letzteres mindestens so unerbittlich und unaufhörlich interpretiert wie die ersten beiden.[13]

Die deutsche Essayistin Margarete Susman beschreibt Kafkas Prosa als letztes Aufbäumen der jüdischen Theodizee vor der Auflösung des europäischen Judentums, als letztes Glied in der literarischen Tradition des Haderns mit Gott, der mit dem biblischen Buch Hiob begann, »hier bei Kafka völliges Verstummen Gottes, reine Negativität einer menschgeschaffenen, gottverlassenen Welt«. Wie im Buch Hiob drücke sich in Kafkas Kunst die Konfrontation der Juden mit der Entzogenheit des Göttlichen und dem unbegreiflichen Leid aus. »Im Schicksal Hiobs, den Gott im Leiden dem Versucher preisgegeben hat, ist das ganze Leidschicksal des Judentums im Exil vorgezeichnet.« Wie Kafkas Protagonisten habe sich auch Hiob in einer Prüfung, einem Prozess wiedergefunden, der ihm unbegreiflich war.[14]

Jahre nach Susman zog auch Robert Alter, Experte für hebräische Literatur in Berkeley, Parallelen zwischen Kafka und der jüdischen Deutungstradition:

Hätte Kafka ein oder zwei Jahrhunderte früher gelebt, so wäre er in einem frommen Umfeld aufgewachsen und hätte eine Schule mit ausschließlich klassisch jüdischem Curriculum heiliger Texte besucht, deren Geisteshaltung einen hervorragenden Talmudisten aus ihm gemacht hätte, einen erstklassigen Exegeten und einen genialen Schöpfer kabbalistischer Predigten. [Er war] einer der eifrigsten Bibelleser seit den Meistern des Midrasch [...].[15]

»Ist moderne Literatur eine Heilige Schrift?«, fragte Saul Bellow einmal. »Ist Kritik Talmud, Theologie?«[16] Für einige Kafka-Leser schon. Ihnen wie auch den israelischen Richtern liefert Kafkas vorgebliche Aneignung jüdischer Texte und Themen den Schlüssel zu seiner gesamten Vorstellungswelt.

Kafka wäre mit solchen Interpretationen sicherlich zurückhaltender. »Viele umschleichen den Berg Sinai«, schrieb er.[17] Wenn Kafkas eigene Werke mittlerweile einer Heiligen Schrift gleichen, werden sie womöglich eifersüchtig von jenen gehütet, die ihre Rätsel nicht mehr entschlüsseln können und in Ehrfurcht vor ihrer Wirkmacht erstarren.

Was hatte Kafka wirklich gemein mit den Juden, sei es als Nation, Religion oder Ethnie? War seine eigene Anknüpfung ans Judentum so schwach und eigenwillig, dass sich sein Schaffen unmöglich als jüdisch betrachten lässt? Mit welchem Maßstab kann man die Behauptung der Nationalbibliothek, Kafka sei ein Eckpfeiler der »jüdischen Kultur«, überhaupt messen?

Im November 1919 nahm der damals 36 Jahre alte Kafka zwei Wochen Urlaub von seiner Anstellung bei der Arbeiter-Unfall-Versicherungsanstalt und reiste in den böhmischen Kurort Schelesen (Želízy), fünfzig Kilometer nördlich von Prag. Unter den 260 Angestellten der Versicherungsanstalt war er einer von zwei Juden. Er setzte Versicherungsprämien fest, führte Betriebsinspektionen durch, beantwortete zahllose Beschwerden und verfasste Texte über die Unfallprävention. (Das neobarocke Gebäude des Instituts in der Na-Poříčí-Straße beherbergt heute das Hotel Century Old Town Prague.) Zwar hatte er sich den Ruf eines umsichtigen und klugen Mitarbeiters erworben, doch die langweiligen bürokratischen Verfahren wurmten ihn. »Im Bureau genüge ich äußerlich meinen Pflichten«, sagte er einmal zu Rudolf Steiner, »meinen innern Pflichten aber nicht und jede nichterfüllte innere Pflicht wird zu einem Unglück, das sich aus mir nicht mehr rührt.«[18]

Den Urlaub verbrachte Kafka nun also in der Pension Stüdl, die Gäste mit Lungenleiden aufnahm. Ein paar Tage leistete ihm auch Max Brod Gesellschaft. »Es war (für mich) so wunderschön, mit dir beisammen zu sein!«, schrieb er nach seiner Rückkehr nach Prag.[19] Als Kafka allein in seinem Zimmer zurückblieb, brach sich ein unbarmherziger Brief von mehr als hundert handschriftlichen Seiten Bahn, der längste, den er je verfasst hatte. Passagenweise schrieb er ihn unter Tränen. Adressat war sein Vater.

Seit dem Toleranzpatent des »Mozart-Kaisers« Kaiser Joseph II. hatten sich die akkulturierten Juden Prags als Teil der deutschen Bevölkerung begriffen. Nach dem 1782 erlassenen Edikt sollten die Juden einen deutschen Namen annehmen, sich den Bart abrasieren und ihre Kinder in eine staatliche deutschsprachige Schule schicken. Die vollständige bürgerliche Gleichstellung erhielten sie allerdings erst 1849. Kafkas Vater Hermann (hebräischer Name Henoch), vierschrötiger Sohn eines koscheren Metzgers, gehörte somit zur ersten Generation böhmischer Juden nach der Emanzipation. Er genoss das Recht, sich in einer Stadt niederzulassen und ein Handwerk auszuüben. Drei Jahre

lang hatte er in der österreichisch-ungarischen Armee als Zug-
führer gedient. Er war es gewohnt, anderen Befehle zu erteilen,
ein selbstgefälliger Aufsteiger, der aus der Provinz in die Hauptstadt Prag gekommen war, weil er es zu etwas bringen wollte. Er
hatte ein Geschäft für, wie man es damals nannte, Galanteriewa-
ren: Sonnenschirme, Gehstöcke, Handschuhe, Muffs, Knöpfe,
Filzpantoffeln, Spitzenunterwäsche, Strümpfe, Schleifen, Schnal-
len und andere modische Accessoires. Sein Sohn empfand ihn
als dominant und anmaßend. Hermann Kafka wiederum war der
Ansicht, dass es sein unpraktisch veranlagter Sohn im Leben zu
leicht hatte. Ständig setzte er ihn herab und erwartete gleichzeitig
Dankbarkeit von ihm. In seinem *Brief an den Vater* verknüpfte
der Sohn die väterliche Kafka-Linie mit »Stärke, Gesundheit, Ap-
petit, Stimmkraft, Redebegabung, Selbstzufriedenheit, Weltüber-
legenheit, Ausdauer, Geistesgegenwart, Menschenkenntnis, einer
gewissen Großzügigkeit«. Er selbst dagegen, ein ängstliches Kind,
habe »unter Gesetzen« gelebt, »die nur für mich erfunden waren
und denen ich überdies, ich wußte nicht warum, niemals völlig
entsprechen konnte«.[20]

Als er seinem Vater den soeben erschienenen Erzählband
Der Landarzt nach Hause brachte, sagte sein Vater nur: »Leg's auf
den Nachttisch!« und verlor nie wieder ein Wort darüber. Den
Schmerz des Sohnes spürte auch Brod. (Hermann Kafka nannte
Brod einen »meschuggenen Ritoch«, einen verrückten Hitz-
kopf.[21]) In seiner Kafka-Biografie schrieb Brod:

In wie vielen Gesprächen versuchte ich, dem Freunde, dessen
tiefste Wunde ich schon zu seinen Lebzeiten, noch ohne Kenntnis der Tagebücher, hier wußte, die Überschätzung des Vaters,
die Unsinnigkeit der Selbstmißachtung klarzumachen. Es war
alles vergebens, der Schwall der Argumente, auf die Kafka sich

stützte (falls er nicht, wie sehr oft, vorzog zu schweigen), konnte mich tatsächlich augenblicksweise erschüttern und zurückwerfen.[22]

Kafkas und Brods Eltern gingen »an vier Tagen im Jahr in den Tempel«: an hohen Feiertagen und am Geburtstag Kaiser Franz Josephs I. (18. August). In dem Brief an seinen Vater (der eher eine Abrechnung ist) beschreibt Kafka eine Krise der jüdischen Kontinuität. Die mechanischen Abläufe der seltenen und oberflächlichen Synagogenbesuche lösten bei ihm Gleichgültigkeit aus. Das »ausschließlich gesellschaftliche Ereignis« brachte es mit sich, dass der Vater den Sohn auf »die Söhne des Millionärs Fuchs« hinwies.

Ich durchgähnte und durchduselte also dort die vielen Stunden (so gelangweilt habe ich mich später, glaube ich, nur noch in der Tanzstunde) und suchte mich möglichst an den paar kleinen Abwechslungen zu freuen, die es dort gab, etwa wenn die Bundeslade aufgemacht wurde, was mich immer an die Schießbuden erinnerte, wo auch, wenn man in ein Schwarzes traf, eine Kastentür sich aufmachte, nur daß dort aber immer etwas Interessantes herauskam und hier nur immer wieder die alten Puppen ohne Köpfe. […] Sonst aber wurde ich in meiner Langweile nicht wesentlich gestört, höchstens durch die Barmizwe,[23] die aber nur lächerliches Auswendiglernen verlangte […].[24]

Diese Erfahrung war durchaus verbreitet. Auch Brod mokierte sich in seiner Autobiografie über seine jüdische Erziehung, »nichts als Routine, Langeweile, das Gefühl von etwas völlig Überlebtem«. Kafka diskutierte mit Brod über das Verhältnis zwischen jüdischen Söhnen und ihren akkulturierten bürgerlichen

Vätern. »Besser als die Psychoanalyse«, schrieb er seinem Freund, »gefällt mir in diesem Fall die Erkenntnis, daß dieser Vaterkomplex, von dem sich mancher geistig nährt, nicht den unschuldigen Vater, sondern das Judentum des Vaters betrifft. Weg vom Judentum, meist mit unklarer Zustimmung der Väter (diese Unklarheit war das Empörende), wollten die meisten, die deutsch zu schreiben anfingen, sie wollten es, aber mit den Hinterbeinchen klebten sie noch am Judentum des Vaters und mit den Vorderbeinchen fanden sie keinen neuen Boden. Die Verzweiflung darüber war ihre Inspiration.«[25]

In dem Brief, den Kafka seinem Vater in dem »schrecklichen Proceß, der zwischen uns und Dir schwebt« in der Rolle des Anklägers schreibt, wirft er ihm genau das vor:

> Du hattest aus der kleinen ghettoartigen Dorfgemeinde wirklich noch etwas Judentum mitgebracht, es war nicht viel und verlor sich noch ein wenig in der Stadt und beim Militär, immerhin reichten noch die Eindrücke und Erinnerungen der Jugend knapp zu einer Art jüdischen Lebens aus, besonders da Du ja nicht viel derartige Hilfe brauchtest, sondern von einem sehr kräftigen Stamm warst und für Deine Person von religiösen Bedenken, wenn sie nicht mit gesellschaftlichen Bedenken sich sehr mischten, kaum erschüttert werden konntest.[26]

Es wäre, schreibt er weiter, »denkbar gewesen, daß wir uns beide im Judentum gefunden hätten«. Doch das bisschen Judentum, das an ihn überging, sei »ein Nichts, ein Spaß, nicht einmal ein Spaß« und »vertropfte zur Gänze während Du es weitergabst«.[27] In seinem Brief bezeichnet Kafka die auswendig gelernte Religion seines Vaters dreimal mit dem Wort *Nichts*. Kafka sei, was das Judentums angehe, ein Exilant, so der Schweizer Literaturkritiker Jean

Starobinski, »allerdings einer, der aus dem Land, das er verlassen hat, immer das Neuste erfahren will«.[28]

In Kafkas Prosa wimmelt es von Spätgeborenen, die in den alten Wahrheiten keinen Sinn mehr sehen. Traditionen werden unverbindlich – oder unverständlich – und lösen sich auf. Die erhoffte Offenbarung stellt sich nie ein. So war es auch in Kafkas Leben. Wie der Brief des Sohnes glich auch die Tradition des Vaters einer Botschaft, die verhallte, ehe sie eintreffen konnte.

Franz Kafka, der noch bei seinen Eltern wohnte, war der Austreibung dieses Phänomens durch das Schreiben, der ödipalen Anklage und Verurteilung nicht gewachsen (ganz anders Flauberts liebevolle Hommage an seinen Vater in den postum erschienenen *Erinnerungen, Aufzeichnungen und geheimen Gedanken*). Brod zufolge bat Franz seine Mutter Julie Löwy, Hermann den Brief auszuhändigen. Sie gab ihn wohlweislich ihrem Sohn zurück und sprach nie wieder davon. Kafka stopfte den Brief in eine Schublade seines Schreibtischs, wo er lag, bis Brod ihn nach dem Tod des Freundes entdeckte.

In Kafkas Augen blieben die Juden als Volk zwar dem Gesetz der Überlieferung treu, doch die jüdische Botschaft in ihrer väterlichen Form war unleserlich und unkommunizierbar geworden. In den angesammelten Traditionen konnte er sich nicht wiederfinden. Und doch beginnt genau mit diesem Unvermögen seine Autonomie. Die Unterbrechung der jüdischen väterlichen Erblinie spiegelt sich in Kafkas Werk in der Wahrnehmung, dass das moderne Leben mit dem allmählichen Verlust traditioneller Autoritätsstrukturen einhergeht, mit der Unfähigkeit, des Vaters Wort weiterzugeben. Für Kafka stellt die Moderne das Prinzip der Erbfolge und somit auch unseren Platz in dieser Ordnung infrage.

»Ohne Vorfahren, ohne Ehe, ohne Nachkommen«, so Kafka über sich. Mit Felice tauschte er sich einmal über die Schwierigkeiten aus, Kinder im jüdischen Glauben zu erziehen. »Während ich den Kindern sagen müßte [...], daß ich infolge meiner Herkunft, Erziehung, Anlage, Umgebung nichts was man aufzeigen könnte mit ihrem Glauben gemeinsam habe« schrieb er, »bist Du vielleicht nicht ganz ohne aufzuzeigende Verbindung mit dem Glauben. [V]ielleicht kannst Du den Kindern auf ihre Frage wenigstens eine traurige Antwort geben, ich könnte auch das nicht.«[29]

Und auch sich selbst ersparte Kafka diese Frage nicht. »Was habe ich mit Juden gemeinsam?«, fragte er 1914 in einem Tagebucheintrag. »Ich habe kaum etwas mit mir gemeinsam«.[30]

Von den Vorträgen, die Buber 1909 und 1910 in Prag hielt, zeigte sich Kafka unbeeindruckt. »Buber würde mich noch lange nicht aus meinem Zimmer treiben, ich habe ihn schon gehört, er macht auf mich einen öden Eindruck«, schrieb er an Felice Bauer. Doch Anfang Mai 1910 entdeckte er (gemeinsam mit Brod) unerwartet einen anderen Quell der Lebensfreude: die Aufführungen einer jiddischen Theatertruppe im 1893 gegründeten und noch heute bestehenden Café Savoy am Ziegenplatz im früheren Prager Ghettoviertel. Im Gegensatz zu der eher »akademischen« Ausrichtung der Bar-Kochba-Vereinigung wirkten sie auf Brod »als wahrer Begriff von jüdischem Volkstum, erschreckend, abstoßend, zugleich magisch anziehend, sternhaft«.[31]

Acht Jahre bevor Kafka das erlöschende Judentum seines Vaters anklagte, ließ er sich 28-jährig im Café Savoy von den acht Mitgliedern der drittklassigen jiddischen Theatertruppe aus Lemberg (Lwiw) verzaubern. Auf Einladung Brods besuchte er in zwei Jahren zwanzig Vorstellungen: Melodramen, Schnulzen, Operetten, Komödien. Unter den vierzehn Theaterstücken, die er sich ansah, waren Jakob Gordins Stück über den Häretiker Elischa ben Abuja, Awrom Goldfadens Melodramen *Sulamith* und *Bar Kochba*, Zygmunt Faynmans *Der Vizekönig* sowie eine Darbietung »in Richtung eines nicht allzu geschmackvollen Kabarettes«, so das Urteil der Wochenzeitung *Selbstwehr*.

Das Café war schäbig, der Türsteher ein Zuhälter. Dennoch schreibt Kafka: »Bei manchen Liedern [...] gieng mir ein Zittern über die Wangen.«[32] Die Schauspielerinnen und Schauspieler schienen auf der engen Bühne bisweilen nur für sich zu spielen, schlossen sich in ihrem magischen Kreis ab, ohne auf ihr Publikum zu achten, gerade so, als hätte sich der grüne Vorhang nie geöffnet.

Kafka füllte in seinem Tagebuch über hundert Seiten – darunter einige besonders hinreißende – mit begeisterten Beschreibungen der jiddischen Schauspieler und der Stücke, die sie aufführten. Für ihn war das mehr als nur Pathos und Spektakel. Kafka beeindruckten die Authentizität, die Urwüchsigkeit und das ironische Idiom, in dem sich Hoch- und Volkssprache, Bibelzitate und Mundart aneinander rieben. Hier erhaschte Kafka zum ersten Mal einen Blick auf die unbefangene lebendige jüdische Kultur aus Osteuropa, der die Angestrengtheit des väterlichen Judentums abging.

Das zu vermitteln war indes gar nicht das Ziel der jiddischen Schauspieler. Sie wollten ihrem Publikum von der Bühne herab nichts beibringen, keine Botschaft vermitteln. Sie waren keine Pädagogen. Dennoch sprach Kafka die Logik der theatralischen Übermittlung an.

»In der Geschichte kultureller Begegnungen«, schreibt der Kafka-Forscher Ritchie Robertson, »verliefen vermutlich nur wenige Transformationen so rapide wie die Umkehr der Haltung aufeinanderfolgender Generationen von Westjuden gegenüber ihren östlichen Pendants.« Der Erzähler in Saul Bellows Kurzgeschichte »Vettern und Cousinen« (1975) spricht von der »Nähe der Ghettos zur Sphäre der Offenbarung, für den Geist ein einfacher Schritt weg von den verkommenen Straßen und ranzigen Schüsseln, ein unmittelbarer Aufstieg in die Transzendenz. Das traf allerdings nur auf die Situation der Ostjuden zu. Die Westjuden brüsteten sich und waren eingebildet wie gelehrte Deutsche.«[33]

Zwei Ensemblemitglieder verkörperten für Kafka den Ost-West-Kontrast besonders intensiv. Objekt seiner Schwärmerei war die dreißig Jahre alte Schauspielerin und Sängerin Mania Tschissik. »Ihr Leib war gestern schöner als ihr Gesicht«, schrieb er, »sie erinnerte mich undeutlich an Doppelwesen, wie Seejungfrauen, Sirenen, Centauren.« Mit ihren übertriebenen theatralischen Gesten zog sie ihn in ihren Bann: »Drücken der Hand in die Tiefe des nicht sehr guten Mieders, kurzes Zucken der Schultern und Hüften beim Hohn, besonders wenn sie dem Verhöhnten den Rücken zukehrt. [...] Ihr Gang bekommt leicht etwas feierliches, da sie die Gewohnheit hat, ihre langen Arme zu heben, zu strecken und langsam zu bewegen. Besonders als sie das jüdische Nationallied sang, in den großen Hüften schwach schaukelte und die parallel den Hüften gebogenen Arme auf und ab bewegte«. Als er ihr hinter der Bühne begegnete, konnte Kafka Mania nicht in die Augen sehen, notiert er in seinem Tagebuch, denn »das hätte geheißen, daß ich sie liebe«. Einmal schenkte Kafka ihr nach der Vorstellung Blumen. »Ich hatte gehofft durch den Blumenstrauß meine Liebe zu ihr ein wenig zu befriedigen, es war ganz nutzlos. Es ist nur durch Litteratur oder durch den Beischlaf möglich.«[34]

Auch ein zweites Mitglied der Truppe stach für Kafka heraus: Jizchak Löwy, ein in Warschau geborener Schauspieler, der von der Hand in den Mund lebte. Eines Abends gab Löwy statt eines Theaterstücks eine Lesung, rezitierte eine Kurzgeschichte von Jizchak Leib Perez, Humoresken von Scholem Alejchem und das vernichtende jiddische Gedicht »In der Stadt des Tötens« von Chaim Nachman Bialik über die Pogrome in Kischinew in den Jahren 1903 bis 1906. »Nach der Vorlesung schon auf dem Nachhauseweg«, schrieb Kafka, »fühlte ich alle Fähigkeiten gesammelt«. Jahre später schilderte der jüdische Schriftsteller Isaac Bashevis Singer in seiner Erzählung »Ein Freund Kafkas« eine Begegnung mit einem Schauspieler, der Löwy nachempfunden war.[35] Der alternde Schauspieler schildert, wie Kafka zu ihm hinter die Bühne gekommen sei: »Ein Blick, und ich wusste, dass ich es mit einem Genie zu tun hatte. Ich konnte es wittern wie eine Katze eine Maus wittert.«[36]

Hermann Kafka blickte auf die neuen osteuropäischen Freunde seines Sohnes hinab wie ein Emporkömmling, der sich für seine arme Verwandtschaft schämt. Löwy war in seinen Augen ein Vagabund, ein schäbiger Ostjude. Als Kafka ihn einmal zu sich nach Hause einlud, habe der Vater »mit ironischem Körperschütteln und Mundverziehn von fremden Leuten [gesprochen], die da in die Wohnung gelassen werden«, so Kafka in seinem Tagebuch.[37]

In dem nie zugestellten Brief wirft Kafka seinem Vater die Verachtung vor, die er dem jiddischen Schauspieler entgegenbrachte. »Ohne ihn zu kennen, verglichst Du ihn in einer schrecklichen Weise, die ich schon vergessen habe, mit Ungeziefer, und wie so oft für Leute, die mir lieb waren, hattest Du automatisch das Sprichwort von den Hunden und Flöhen bei der Hand.« (Kafka verwendet hier das Wort »Ungeziefer« wie im ersten Satz seiner Erzählung »Die Verwandlung«, die er Ende 1912 schrieb und mit Brods Hilfe im Oktober 1915 veröffentlichte: »Als Gregor Samsa eines Morgens aus unruhigen Träumen erwachte, fand er sich in seinem Bett zu einem ungeheueren Ungeziefer verwandelt.«

Löwy wurde 1942 nach Treblinka deportiert.) »Durch meine Vermittlung wurde Dir das Judentum abscheulich, jüdische Schriften unlesbar, sie ›ekelten Dich an‹«, fügt Kafka in seinem Brief hinzu. Hatte der Vater zuvor dem Sohn den Zugang zum Judentum versperrt, so versperrte der Sohn ihn nun dem Vater.[38]

Das jiddische Theater lehrte den Sohn, dass der Vater und sein Judentum nicht der Weisheit letzter Schluss sein mussten. Es eröffnete Kafka eine neue Sichtweise des Judentums, eine Alternative zum väterlichen Erbe.

Nach der Begegnung mit dem jiddischen Theater verhallte die väterliche Stimme, und Kafka konnte sich nach und nach die geistige Nahrung beschaffen, die ihm der Vater versagt hatte. Er abonnierte die zionistischen Zeitschriften *Die Jüdische Rundschau* und *Selbstwehr*. Er las die Bibel in der Übersetzung Martin Luthers, machte sich durch Jakob Fromers *Der Organismus des Judentums* (1909) mit der talmudischen Literatur vertraut und verschlang »gierig und glücklich« Heinrich Graetz' *Geschichte der Juden* (1888–1898). »[I]ch mußte hie und da einhalten, um durch Ruhe mein Judentum sich sammeln zu lassen«, vermerkte er in seinem Tagebuch. Außerdem las er französische Bücher über das Jiddische, etwa »Pinez ›L'histoire de la litterature judeo-allemande‹ 500 S. undzwar gierig, wie ich es mit solcher Gründlichkeit, Eile und Freude bei ähnlichen Büchern noch niemals getan habe«. Er schrieb ganze Abschnitte aus dem 1911 erschienenen Buch ab, unter anderem diesen jiddischen Satz: »Wos mir seinen, seinen mir / Ober jeden seinen mir.«[39]

Von seinem Vater wusste Kafka ja, wie abgrundtief das assimilierte jüdische Bürgertum alles Jiddische verachtete; man scheute es als halb deutschen, halb jüdischen »Zwitterdialekt«. Graetz bezeichnete es in seiner *Geschichte der Juden* als »lallendes Kauderwelsch«.[40]

Die verwirrende Begegnung mit dem Jiddischen veränderte Kafkas Verhältnis zu seiner ererbten deutschen Muttersprache und zwang ihn zu hinterfragen, ob er nun eigentlich dem Deutschen gehörte oder das Deutsche ihm. »Gestern fiel mir ein«, schrieb er am 24. Oktober 1911 in sein Tagebuch, »daß ich die Mutter nur deshalb nicht immer so geliebt habe, wie sie es verdiente und wie ich es könnte, weil mich die deutsche Sprache daran gehindert hat. Die jüdische Mutter ist keine ›Mutter‹«. Er hatte seine Mutter in einer Muttersprache geliebt, die trotz aller Präzision, die er an den Tag legte, falsch klang. In einem Brief an Brod fragt Kafka: »Ist das nicht Deutsch, das wir von unsern undeutschen Müttern noch im Ohre haben?« Ein andermal bezeichnet er das Verwenden der deutschen Sprache »als die laute oder stillschweigende oder auch selbstquälerische Anmaßung eines fremden Besitzes, den man nicht erworben, sondern durch einen (verhältnismäßig) flüchtigen Griff gestohlen hat und der fremder Besitz bleibt, auch wenn nicht der einzigste Sprachfehler nachgewiesen werden könnte«. Diesen Besitz konnte er nicht völlig für sich reklamieren.[41]

Und so bot sich ein anderes, ein bescheideneres sprachliches Erbe an. Im Namen seines neuen »unentbehrlichen« Freundes Jizchak Löwy, dem er die Emigration nach Palästina ans Herz gelegt hatte, brachte Kafka die Bar-Kochba-Vereinigung dazu, im Festsaal des Jüdischen Rathauses in Prag gegenüber der Altneu-Synagoge in der Maisel-Straße einen Rezitationsabend mit jiddischen Texten auszurichten. Kafka selbst plante den Abend und sollte auch die Einführung übernehmen. In seinem Tagebuch äußerte er die Hoffnung, dass »die Rede aus mir geradewegs kommen wird wie aus einem Flintenlauf«.[42]

Am Sonntagabend, dem 18. Februar 1912, betrat Kafka die Bühne, um zwischen dem Publikum vor ihm und Löwy, der hinter ihm in den Kulissen wartete, zu vermitteln. Er wollte nicht so sehr einen jiddischen Vortrag halten als vielmehr einen deutschen Vortrag über den jiddischen »Jargon«. In seiner Einführung (die Max Brod 1953 unter dem Titel »Rede über die jiddische Sprache« veröffentlichte) riet Kafka den deutschsprachigen Zuhörern, die jüdische Vergangenheit, die sich hinter ihrer emanzipierten Fassade verbarg, nicht zu fürchten:

> Ich habe nicht eigentlich Sorge um die Wirkung, die für jeden von Ihnen in dem heutigen Abend vorbereitet ist, aber ich will, daß sie gleich frei werde, wenn sie es verdient. Dies kann aber nicht geschehen, solange manche unter Ihnen eine solche Angst vor dem Jargon haben, daß man es fast auf Ihren Gesichtern sieht. […]
> Bleiben Sie aber still, dann sind Sie plötzlich mitten im Jargon. Wenn Sie aber einmal Jargon ergriffen hat – und Jargon ist alles, Wort, chassidische Melodie und das Wesen dieses ostjüdischen Schauspielers selbst –, dann werden Sie Ihre frühere Ruhe nicht mehr wiedererkennen. Dann werden Sie die wahre Einheit des Jargon zu spüren bekommen, so stark, daß Sie sich fürchten werden, aber nicht mehr vor dem Jargon, sondern vor sich.[43]

Kafka notierte später ein »stolzes, überirdisches Bewußtsein während meines Vortrages« über »Mameloschen«, die Muttersprache. Ausnahmsweise befand er einmal als gut, was er getan und erlebt hatte. »Nie wieder sieht man ihn in seinen *Tagebüchern* sich seines Talents so bewußt, so stolz auf seine Geschicklichkeit und seine Handlungsmöglichkeiten«, so die französische Essayistin und Übersetzerin Marthe Robert. Es war der einzige öffentliche Vortrag, den Kafka jemals hielt. Sein Vater Hermann ließ sich nicht dazu herab, zu kommen.[44]

Das Urteil der israelischen Gerichte befasste sich aber nicht nur mit Kafkas Verhältnis zum Judentum, sondern auch mit dem Verhältnis des jüdischen Staates zu Kafka, das nicht weniger zwiespältig war.

7 Die letzte Einsammlung: Kafka in Israel

Offenbach Archival Depot, Amerikanische Besatzungszone, Deutschland, Juli – August 1946

[I]ch bin ein lebendig gewordenes Gedächtnis […].

FRANZ KAFKA, 1921[1]

Abseits der vielen juristischen Rätsel warf der Prozess in Israel auch ein Licht auf die zwiespältige Haltung des Landes zur Kultur der Diaspora. Während des gesamten Prozesses verhielt sich Israel, als könne es jüdische Kulturgüter aus der Zeit vor der Staatsgründung für sich beanspruchen, als fände alles Jüdische im jüdischen Staat seinen Höhepunkt, als hätten teleologische Kräfte die jüdische Kultur nach Jerusalem getrieben.[2] Die Nationalbibliothek stellte Kafka als Maßstab für moderne jüdische Kulturleistungen und Israel als Erbe der Werke aus der Diaspora dar. »Die Bibliothek beabsichtigt nicht, den Anspruch auf Kulturgüter fallenzulassen, die dem jüdischen Volk gehören«, so der Vorstandsvorsitzende der Nationalbibliothek David Blumberg.

Eine Inschrift vor dem Hauptlesesaal der Nationalbibliothek aus dem Jahr 1899 besagt: »Ein großes Haus soll errichtet werden in unserer heiligen Stadt Jerusalem, hoch und erhaben, in dem aufbewahrt werden alle geistigen Früchte Israels von dem Tag an, als es ein Volk wurde, und in dieses Haus werden strömen Rabbis, Gelehrte und alle Erleuchteten unserer Nation.« Wenn Israel ein Land der Rückkehr ist, so implizierte die zionistische »Einsammlung der Zerstreuten« nicht nur die physische Rückkehr der Juden ins Land Israel, sondern auch den Anspruch, eine Zuflucht für jüdische Bücher zu bieten. Dieser Anspruch prägte die National-bibliothek von Anfang an.

Fünf Jahre nach der offiziellen Eröffnung der Hebräischen Universität im Jahr 1925 zog die Jüdische National- und Universi-tätsbibliothek (JNUL), wie sie damals hieß, in das neue Gebäude auf den Berg Skopus im östlichen Jerusalem um. Seit 1933 müs-sen der Bibliothek laut Gesetz zwei Exemplare jeder im Land ge-druckten Publikation zugehen. Als der Skopusberg 1948 im Isra-elischen Unabhängigkeitskrieg vom Rest Jerusalems abgetrennt wurde, musste die Bibliothek ihre wichtigsten Bestände in das Terra-Sancta-Gebäude der Franziskaner im Westen Jerusalems auslagern. Zwölf Jahre später zog die Bibliothek in den eindrucks-vollen Neubau auf dem Givat-Ram-Campus der Hebräischen Universität, in dem sie bis heute residiert. 2007 erließ die Knesset ein Gesetz, mit dem die JNUL de facto in Israelische National-bibliothek umbenannt wurde.

Heute werden Besucher von Mordechai Ardons Glasfenster mit seinem faszinierenden Farbspiel aus satten Blau- und strah-lenden Rottönen empfangen, weltweit eines der größten. Ardons Meisterwerk ist Jesajas Friedensvision gewidmet: »Denn von Zion wird Weisung ausgehen und des HERRN Wort von Jerusalem. [...] Da werden sie ihre Schwerter zu Pflugscharen machen und ihre Spieße zu Sicheln. Denn es wird kein Volk wider das andere das Schwert erheben, und sie werden hinfort nicht mehr lernen, Krieg zu führen.« (Jesaja 2, 3–4.) Im Mittelteil erscheint die Alte Stadtmauer von Jerusalem in Gestalt der Großen Jesajarolle der Qumranschriften; statt Steinen, so impliziert dieses Bild, regieren in Jerusalem Worte.

Bis Jesajas Vision Realität wird, muss die Bibliothek eine Kultur, die nur knapp der Auslöschung entkommen ist, sicher aufbewahren. Der Einsatzstab Reichsleiter Rosenberg, die im Juli 1940 gegründete NSDAP-Organisation für den Raub von Kulturgütern, plünderte unter anderem umfangreiche jüdische Bibliotheken und Archive. Manches sollte in judenfeindlichen Museen für die zerstörte Kultur ausgestellt werden. Bis Kriegsende wurden Millionen geraubter jüdischer Bücher über ganz Europa verstreut. Im Kärntner Schloss Tanzenberg fand man etwa 400 000 Bücher europäischer Juden.[3] In einem ehemaligen Wiener Bankgebäude wurden 330 000 konfiszierte Bücher (unter anderem die berühmte YIVO-Bibliothek aus Wilna) aufbewahrt, und Zehntausende Bücher österreichischer Juden landeten in einem Keller der Wiener Hofburg. Die ehemalige Zentralsynagoge im italienischen Triest wurde in ein Lager für die Bücher jüdischer Emigranten umfunktioniert. In Berliner Reichssicherheitshauptamt lagerten Hunderttausende weiterer Bände.[4]

Der Journalist Robert Walsh berichtete 1946 für die israelische Zeitung *Ha'aretz* aus Deutschland, ein fünfstöckiges Stahlbetongebäude der Firma I. G. Farben in Offenbach habe als weltweit größtes Lager für jüdische Bücher gedient. Arbeiter sortierten etwa 30 000 Bücher am Tag. Die Rückgabe ging mit einer Vielzahl politischer, administrativer und diplomatischer Schwierigkeiten einher, stand jedoch in der langen jüdischen Tradition der »Rückführung« von Büchern, als handle es sich um Kriegsgefangene.

In der National- und Universitätsbibliothek von Jerusalem gründete 1945 eine Gruppe deutscher Emigranten (unter ihnen Hugo Bergmann, Martin Buber, Gershom Scholem und Judah Magnes) ein Komitee für die Bergung von Kunstschätzen aus der Diaspora, auf Hebräisch *Otzrot Ha-Gola* (Schätze der Diaspora). Dem Komitee zufolge müssten aus Gründen der »historischen

Gerechtigkeit die Hebräische Universität und die Jüdische National- und Universitätsbibliothek in Jerusalem diese Überreste jüdischer Kultur verwahren, die glücklicherweise für die Welt gerettet wurden«; die Hebräische Universität solle diesbezüglich das jüdische Volk vertreten. »Unser Land nimmt die meisten Menschen auf, die der nationalsozialistischen Verfolgung entkommen sind«, fügte Judah Magnes, Rektor der Hebräischen Universität, hinzu. »Entsprechend sollten wir als Treuhänder dieser geistigen Güter handeln, die das vernichtete deutsche Judentum zurückgelassen hat.«[5]

Im darauffolgenden Jahr reiste Gershom Scholem, der angesehene Kabbala-Gelehrte und Direktor der Hebräischen Abteilung der Nationalbibliothek (eine Stellung, die ihm Kafkas Freund Hugo Bergmann verschafft hatte), im Auftrag der Bibliothek nach Europa, um Bücher und Manuskripte zu retten, für die es keine Erben gab. Scholem betrieb die Rückführung dieser Erinnerungsfragmente nach Kräften, denn er fürchtete, die Bücher würden, wenn man die Aufgabe den Behörden der Alliierten überließ, nicht in Jerusalem, sondern in New York landen, wo die renommierten Wissenschaftler Hannah Arendt, Salo W. Baron, Horace Kallen und Max Weinreich die Commission on European Jewish Cultural Reconstruction gegründet hatten.[6]

In Prag durchforstete Scholem einen Katalog mit rund 30 000 Bänden aus Theresienstadt. Bei einem Besuch im Offenbacher Depot im Juli und August 1946 packte er alles, was er retten konnte, in unbeschriftete Bücherkisten, vermerkte einen falschen Namen auf dem Lieferschein und schmuggelte die Kisten mit Hilfe eines jüdischen US-Soldaten auf einer Art Arche Noah von Offenbach nach Paris und von dort weiter nach Jerusalem. Zwar reichten die Alliierten eine formale diplomatische Beschwerde ein, doch die Bücher aus Offenbach lagern bis heute in der Israelischen Nationalbibliothek. Ihre Rettung und Bewahrung machen überhaupt erst begreifbar, was alles zerstört wurde.

Der Zionismus sieht zwar die »Einsammlung der Exilierten« und ihrer Kultur vor, beansprucht zwar jüdische Kulturgüter aus der Diaspora für sich, doch der jüdische Staat gründet auch auf einem gegensätzlichen Impuls: der Selbstreinigung von den Atavismen der Diaspora, eine Idee, die auf der Vorstellung basiert, dass man als Jude nur in Israel – und nur auf Hebräisch – wieder in die Geschichte eintreten kann. Den Zionisten galt das Exil als gefallen, es musste erlöst, überwunden werden.

Wie lässt sich dann erklären, dass die Nationalbibliothek in den acht Jahren der gerichtlichen Auseinandersetzung auf der »Einsammlung« eines typischen Diaspora-Autors bestand, der ein Vierteljahrhundert vor der Gründung Israels starb? Diese Frage wird umso dringlicher, wenn man bedenkt, dass Kafka in Israel nie in den literarischen Kanon eingegangen ist und für das Projekt der nationalen Erneuerung keine Rolle spielte, was auch der Marbacher Anwalt im Prozess hervorhob. Anders als in Deutschland, Frankreich, den Vereinigten Staaten und anderswo entstand in Israel nie ein Kafka-Kult.

Während des Prozesses wies das Literaturarchiv geschickt darauf hin, dass Israel erst spät in das Kafka-Gewerbe eingestiegen sei. Israel besitzt weder ein Institut für Kafka-Studien noch eine bedeutende Schule der Kafka-Interpretation. Es vergibt keinen Kafka-Preis (anders als Prag: Mit dem Franz-Kafka-Literaturpreis wurden unter anderen Elias Canetti, Philip Roth, Ivan Klíma, Elfriede Jelinek, Haruki Murakami und Amos Oz ausgezeichnet). Bis heute hat keine einzige israelische Stadt eine Straße nach Kafka benannt, anders als Berlin, München, Frankfurt, Hannover, Nürnberg, Dortmund, Köln, Karlsruhe, Bielefeld, Bottrop,

Graal-Müritz, Wien und viele andere mehr. (Otto Dov Kulka von der Hebräischen Universität setzt sich derzeit bei der Gemeindeverwaltung von Jerusalem dafür ein, den Platz vor der neuen Nationalbibliothek, der 2020 fertiggestellt werden soll, Kafka-Platz zu nennen.)[7]

Relativ wenige israelische Literaturkritiker haben sich mit Kafka befasst, und wenn, betonten sie meist die jüdischen Elemente seines Werks.[8] (Unter dem beherrschenden Einfluss Gershom Scholems wurde Kafka eher als Theologe denn als Prosaautor gelesen.) Im April 1969, mehrere Monate nach Brods Tod, zeigte die Nationalbibliothek in Jerusalem auf Anregung der deutschen Botschaft in Tel Aviv eine Kafka-Ausstellung. Unter Leitung des deutschen Kafka-Fachmanns Klaus Wagenbach hatte die Ausstellung bereits in Berlin und München Station gemacht. Der Direktor der Nationalbibliothek Issachar Joel erklärte damals: »Wir hielten es für angemessen, die Ausstellung durch einige Stücke zu ergänzen, die die jüdische Seite Kafkas stärker betonte als die Originalschau.«[9] Auch die erste Kafka-Konferenz in Israel, die 1983 anlässlich seines 100. Geburtstags stattfand, wurde nicht von Israelis initiiert und finanziert, sondern von der österreichischen Botschaft in Tel Aviv. Erst 1991 wurde erstmals eine Kafka-Tagung von israelischen Institutionen organisiert (der Hebräischen Universität, dem Leo-Baeck-Institut in Jerusalem und der Ben-Gurion-Universität).

Der englischsprachigen Leserschaft brachten die schottischen Übersetzer Willa und Edwin Muir Kafka bereits ab 1930 nahe.[10] Auch in anderen europäischen Ländern erschienen schon früh erste Kafka-Übertragungen.[11] In Israel wurden Kafkas Romane fragmentarisch und relativ spät ins Hebräische übersetzt, meist im Auftrag Salman Schockens.[12] Brods Kafka-Biografie, die 1937 auf Deutsch erschien, erblickte erst 1955 auf Hebräisch das Licht der Welt (übersetzt von Edna Kornfeld).

In Deutschland wurde Kafkas vollständiges Werk noch vor dem Zweiten Weltkrieg veröffentlicht. Zwischen 1982 und 2004 erstellte ein internationales Herausgeberteam eine deutschsprachige kritische Werkausgabe (die mit staatlichen Zuschüssen im S. Fischer Verlag erschien). Die erste französische Ausgabe der Werke Kafkas (herausgegeben von Marthe Robert) kam 1963 bis 1965 heraus, die erste spanische Gesamtausgabe (übersetzt von David Vogelmann und anderen) 1960. Eine siebenbändige Ausgabe der gesammelten Werke auf Serbokroatisch erschien 1978. In Israel dagegen liegt bis heute keine hebräische Gesamtausgabe vor. (Und mit Stand 2018 hat die Nationalbibliothek in Jerusalem auch die deutschsprachige *Kritische Ausgabe* nicht im Bestand.)

Die zurückhaltende Kafka-Rezeption im jüdischen Staat rührte unter anderem von dem Widerstand gegen die deutsche Sprache und Literatur her, die mit der Barbarei des NS-Staates assoziiert wurden.

Arnold Zweig (der in Israel ebenfalls weitgehend unbeachtet blieb) wurde, als er 1942 auf Einladung im Kino Ester in Tel Aviv eine Rede auf Deutsch halten wollte, von rechten Aktivisten mit Gewalt daran gehindert. Zweig gab damals gemeinsam mit Wolfgang Yourgrau eine kurzlebige deutschsprachige Wochenzeitung namens *Orient* heraus, unter deren Autoren auch Max Brod war.[13] Im Februar 1943 wurde die Druckerei des kleinen Exilblatts, Lichtheim in Haifa, bei einem Brandanschlag zerstört.

Am 10. September 1952 unterzeichneten der damalige israelische Außenminister Mosche Scharet und der deutsche Bundeskanzler Konrad Adenauer nach spannungsgeladenen Verhandlungen das Luxemburger Abkommen zwischen der Bundesrepublik und Israel. Mit den vereinbarten Wiedergutmachungszahlungen konnte der noch junge Staat wichtige Infrastrukturprojekte finanzieren, etwa die Landeswasserleitung. Obwohl die israelische Wirtschaft am Boden lag und die Bürgerinnen und Bürger unter strengen Spar- und Rationierungsmaßnahmen litten, folgten viele Israelis der Argumentation des späteren Ministerpräsidenten Menachem Begin und lehnten die Annahme von deutschem »Blutgeld« entschieden ab.

Auch die Israelis, die Wiedergutmachungszahlungen guthießen, befürworteten noch lange keine Normalisierung der kulturellen Beziehungen, und so schränkte die israelische Regierung die Zusammenarbeit mit Deutschland in Kultur, Literatur und Bildung stark ein. Deutschsprachige Filme wurden von der für Film und Theater zuständigen Zensurbehörde verboten (die erst 1989 abgeschafft wurde). In einer Rede vor der Knesset erklärte der israelische Innenminister am 16. Juli 1958:

Die Behörde ist der Ansicht, dass jede Darbietung in deutscher Sprache die Gefühle der israelischen Öffentlichkeit verletzt, die nicht vergessen kann, dass es die Sprache des Landes ist, das vor nicht allzulanger Zeit ein Drittel des jüdischen Volkes barbarisch vernichtet hat.[14]

Im Jahr 1965 vereinbarten Bundeskanzler Ludwig Erhard und der israelische Ministerpräsident Levi Eschkol die Aufnahme diplomatischer Beziehungen und die gegenseitige Entsendung von Botschaftern. Doch der Widerstand gegen die deutsche Kultur hielt an. Einige Kibbuzim untersagten den Gebrauch der deutschen Sprache. Als Günter Grass im März 1967 und im November 1971 Israel besuchte, wurden seine öffentlichen Auftritte von Protesten gestört. »Die israelischen Demonstranten griffen nicht Grass persönlich an«, so der frühere israelische Botschafter in Berlin Avi Primor, »und ihre Wut hatte überhaupt nichts mit seiner Literatur zu tun. Sie lehnten vielmehr die Bemühungen der Deutschen ab, kulturelle Beziehungen zu Israel aufzubauen.«[15]

In den Augen einiger Israelis war es dafür noch zu früh. »Meine Muttersprache war, wie gesagt, Deutsch«, schrieb Aharon Appelfeld im Jahr 1997, »die Sprache der Mörder meiner Mutter. Wie soll man die Sprache wieder sprechen, die mit jüdischem Blut getränkt ist?«[16]

Gershom Scholem von der Hebräischen Universität wurde 1964 gebeten, für eine Festschrift zum 90. Geburtstag der Dichterin und Essayistin Margarete Susman einen Aufsatz über den »deutsch-jüdischen Dialog« zu verfassen. Seine bittere Antwort auf das Ansinnen war aufschlussreich:

Gewiss, die Juden haben ein Gespräch mit den Deutschen versucht, von allen möglichen Gesichtspunkten und Standorten her, fordernd, flehend und beschwörend, kriecherisch und auftrotzend, in allen Tonarten ergreifender Würde und gottverlassener Würdelosigkeit. [...] Niemals hat etwas diesem Schrei erwidert [...]. Dem unendlichen Rausch der jüdischen Begeisterung hat nie ein Ton entsprochen, der in irgendeiner Beziehung zu einer produktiven Antwort an die Juden als Juden gestanden hätte, das heißt, der sie auf das angesprochen hätte, was sie als Juden zu geben, und nicht auf das, was sie als Juden aufzugeben hätten. Zu wem also sprachen die Juden in jenem vielberufenen deutsch-jüdischen Gespräch? Sie sprachen zu sich selber [...].[17]

Obwohl seit Eröffnung der Hebräischen Universität im Jahr 1925 neben Scholem auch zahllose andere deutschsprachige Wissenschaftler dort lehrten, gab es bis 1978 keine Fakultät für deutsche Literatur. (Das Institut für deutsche Geschichte an der Universität Tel Aviv, später umbenannt in Minerva-Institut, wurde als erstes seiner Art in Israel im Oktober 1971 mit Unterstützung der Volkswagen-Stiftung eröffnet.) Der erste Lehrstuhl für deutsche Sprache und Literatur entstand 1977, ebenfalls mit Geldern der Volkswagen-Stiftung. Erst 2001 gründete die Universität Haifa das Bucerius Institute for Research of Contemporary German History and Society, finanziert von der Hamburger Zeit-Stiftung. Noch heute würden ohne Gelder aus Deutschland die germanistischen wie auch andere geisteswissenschaftliche Fakultäten in Israel verkümmern. So wird beispielsweise der »Stiftungsfonds Martin-Buber-Gesellschaft«, der seit 2010 an der Hebräischen Universität angesiedelt ist, vom Bundesministerium für Bildung und Forschung finanziert.

Doch es gibt auch noch eine andere Sichtweise, nach der sich die Probleme Israels mit Kafka nicht so sehr mit dem spezifischen Widerstand gegen alles Deutsche erklären lassen als vielmehr mit einer allgemeinen Aversion gegen die Kultur des Galut (der Diaspora vor der Staatsgründung). In ihrem Roman *Waldes Dunkel* (2017) lässt es Nicole Krauss ihre Erzählerin in Gedanken so formulieren: »Literatur könne niemals im Dienst des Zionismus stehen, da der Zionismus sich auf ein Ende gründe – ein Ende der Diaspora, der Vergangenheit des jüdischen Problems –, während Literatur sich in der Sphäre des Endlosen bewege und diejenigen, die schrieben, keine Hoffnung auf ein Ende hätten.«[18]

Der hebräische Autor Mordechai Zeeb Feierberg lässt seinen Protagonisten in seiner Novelle »Wohin?« nach einem solchen Ende rufen: »Blast die Kerzen des Galut aus – eine neue Kerze muss entzündet werden!«[19] Die erste Anthologie neuer Prosa in Palästina erschien 1938 in Jerusalem. Die Einführung von Joseph Klausner, Professor für moderne hebräische Literatur an der Hebräischen Universität, gibt den Ton der Zeit wieder: »Vor uns ist ein neuer Jude«, schreibt Klausner, »ein Mensch-Jude.«

Die typische jüdische Feigheit ist beendet, der bleiche Teint über den Wangen verschwunden, die zarten Handteller gibt es nicht mehr. Exzessive Spiritualität ist aus der Welt gewichen, ebenso wie die Angst vor Hunden, vor Polizisten, vor dem Nichtjuden. Der Rücken ist gerade, der einst gebeugte Körper aufgerichtet.[20]

Der amerikanische Historiker Judd Teller, gebürtiger Österreicher, berichtete 1953 aus Israel:

Dem *sabra* [den gebürtigen Israeli] ist das Leben der Juden vor einem halben Jahrhundert völlig fremd. Ihm wurde beigebracht, es sei eine erniedrigende Existenz gewesen, und schreckliche Bestätigung dieses »Elends« findet er in älteren hebräischen Texten. Er will seine eigene Literatur nicht mit der gleichsetzen, die unter solch entsetzlichen Umständen geschaffen wurde.[21]

Kafka verkörperte für die Israelis nicht zuletzt die politische Machtlosigkeit und Passivität, den Pessimismus, der aus eigener Hilflosigkeit erwächst und den die Zionisten entschieden ablehnten. Der preisgekrönte israelische Historiker und Philosoph Moshe Idel schreibt in seinem Buch *Alte Welten, neue Bilder*: »In den Jahren, in denen Kafkas Gefühl der Einsamkeit in Prag, und wo immer er auch sonst sich aufhielt, seinen Höhepunkt erreichte, wurde eine neue Lebensweise im Land Israel geschaffen«. Hätte Kafka auf Hebräisch geschrieben und in einem Kibbuz gelebt, hätte er nach Idel wohl nicht zu den düsteren deutsch-jüdischen Autoren gehört, für die Trostlosigkeit nicht mehr als eine Gemütsverfassung war.[22]

Im Oktober 1921 sprach Kafka in seinem Tagebuch vom »Grenzland zwischen Einsamkeit und Gemeinschaft«, einem Niemandsland der Selbstverbannung und der Negierung jeglicher Wurzeln.[23] Viele seiner Prosastücke zeichnen Tragödien unterlegener Außenseiter nach, die dazu verdammt sind, ausgeschlossen zu sein oder sich selbst auszuschließen.

Kafkas Motive – Demütigung und Machtlosigkeit, Anomie und Entfremdung, lähmende Schuldgefühle und Selbstverdammung – bildeten genau das ab, was die israelische Gründergeneration zu überwinden trachtete. Die Worte des hebräischen Dichters David Schimoni besangen das neue Ethos: »Klage nicht! / Klage nicht, weine nicht, wenn es dir schlecht ergeht, / lass den Kopf nicht hängen, arbeite!«[24]

»Kafka stand auf der Seite der Mäuse oder Maulwürfe«, schrieb der israelische Literaturkritiker Dan Miron 2010, »und hatte mit ihnen die instinktive Flucht in das Loch oder den Bau gemein«.[25] Jemand wie er, der vor Macht zurückschreckte und ihren Einfluss fürchtete, sagte jenen, die nach Macht strebten, nicht zu. Ein Hypochonder, der im Ersten Weltkrieg wegen seiner schwachen Konstitution für den Militärdienst untauglich war, dessen Figuren (wie in *Das Schloss*) bei jedem Klopfen an der Tür zusammenschrecken, fand bei Kampfgenossen, die ihr Leben aufs Spiel setzten, um den jüdischen Staat zu verteidigen, keinen Anklang.

Bei Kafka unterwerfen sich unzulängliche, geschwächte Söhne dem Urteil ihrer Väter. So endet seine Erzählung »Das Urteil« nicht mit dem ödipalen Mord am Vater, sondern mit dem Tod des Sohnes, der sich demütig dem Verdikt des Vaters fügt. In dem entstehenden israelischen Staat stürzten selbstbewusste Individualisten ihre untauglichen Väter, ließen Passivität und Pessimismus des Exils hinter sich und wagten einen Neuanfang. Wie

Amos Oz es ausdrückte: Sie spürten, dass ihnen die Vergangenheit gehörte, sie aber nicht zur Vergangenheit gehörten. Da sie damit beschäftigt waren, Geschichte zu schreiben, konnten sie einem, der aus der Zeit und von dem Ort stammte, wo andere Länder Geschichte geschrieben und die Juden unter ihren Rädern zermalmt hatten, nicht freundlich gesinnt sein. Ob als neurotischer Künstler oder als Künstler des Neurotischen: Der Dichter der Nichtankunft fand unter denen, die endlich angekommen waren und sich nach einem Neubeginn sehnten, kaum Publikum.

Mit anderen Worten, die Pioniere, die sich aus den Ghettos befreit hatten und ins Gelobte Land einzogen, suchten ihre Inspiration nicht bei verzweifelten Außenseitern, die sich um jeden Preis in eine Gesellschaft einzufügen versuchten, obwohl diese sie ausschloss. Sie orientierten sich nicht an einem, um Erich Heller zu zitieren, »enterbten Geist« der Diaspora. »Immer wieder versuchte Kafka, mit der Welt gemeinsame Sache gegen sich selbst zu machen«, so der in Prag aufgewachsene Heller.[26] Genau deshalb galt Kafka den jungen Israelis, die ein Heimatgefühl entwickeln wollten, als der klassische ängstliche Jude, wurzellos, ruhelos und heimatlos.

Die Ironie will es, dass diese Haltung in Martin Bubers Vorträgen 1909 und 1910 in Prag vorgezeichnet war, die den jungen Max Brod so begeistert hatten. In seinem ersten Vortrag »Der Sinn des Judentums«, später veröffentlicht unter dem Titel »Das Judentum und die Juden«, erklärte Buber, »diese lebensferne, gleichgewichtfremde, gleichsam außerorganische Intellektualität selber ist daran groß geworden, daß wir Jahrhunderte und Jahrtausende lang kein gesundes, gebundenes, vom Rhythmus der Natur bestimmtes Leben kannten«. In »Das Judentum und die Menschheit« bezeichnete Buber das jüdische Exil als »Epoche der unproduktiven Geistigkeit«.[27]

Walter Benjamin, neun Jahre jünger als Kafka, merkte 1934 in einem Brief an Gershom Scholem an: »Und darum scheint mir die Einsicht in seine [Kafkas] Produktion unter anderem an die schlichte Erkenntnis gebunden, daß er gescheitert ist.«[28] Die erste Generation Israelis war mit den praktischen Anforderungen der Landwirtschaft, der Städteplanung und der Sozialfürsorge beschäftigt und hatte kein Verständnis für die masochistischen Züge oder das Gefühl des Scheiterns in Kafkas Vorstellungswelt. Kafkas Geschichten passten nicht zur Geisteshaltung der israelischen Juden, denen Josua und König David näher standen als Josef K., Gregor Samsa oder der Hungerkünstler.

Israel gründete auf einem Akt der Diskontinuität. (Brods Roman *Das Zauberreich der Liebe* fängt dieses Grundstimmung treffend ein. »[D]iesem Volke, das an Selbstverachtung, Selbstzerstörung, Selbstironie krankt«, heißt es darin, »muß ein neues Bewußtsein gegeben werden«.) »Wie die meisten, die als Überlebende des Holocausts in dieses Land [Israel] kamen«, sagte der israelische Autor Aharon Appelfeld in einem Interview mit Philip Roth, »wollte ich vor meinen Erinnerungen davonlaufen, vor meinem Judentum, wollte ein neues Bild meiner selbst schaffen. Was haben wir nicht alles getan, um uns zu ändern, um groß, blond und stark zu wirken, ein Goi mit allem Drum und Dran.« Das neue Land stand für Normalisierung, die Diaspora für Anormalität.[29]

Selbstverständlich hatte es diverse Abstufungen der Voraussicht oder der hellsichtigen Überzeugung gegeben. Zwölf Jahre vor Hitlers Machterlangung schrieb Ilja Ehrenburg in seinem Roman *Die ungewöhnlichen Abenteuer des Julio Jurenito und seiner Jünger* (1921):

In der nächsten Zeit findet statt die feierliche *Ausrottung des jüdischen Volkes zu Budapest, Kiew, Jaffa, Algier* und an vielen anderen Orten. Das Programm umfasst neben den beim verehrten Publikum beliebten *Pogromen* im Geiste der Zeit restaurierte Judenverbrennungen, Einscharren der Juden bei lebendigem Leibe in die Erde, Besprengungen der Felder mit jüdischem Blute und allerlei neue Methoden der »Säuberung der Länder von verdächtigen Elementen« usw. usw. usw.[30]

Doch Kafkas Vorahnungen wurden anders verstanden, essenzieller.[31] »Da er [Kafka] dem dunklen Geheimnis Sprache mit geschärfterer Demut als der normale Mensch lauschte, hörte er in der europäischen Gemeinsprache den Todesjargon auffällig anwachsen. Nicht in irgendeinem vagen, allegorischen Sinne, sonden in exakter Voraussage«, so George Steiner. »Aus dem unverfälschten Alptraum der *Metamorphosen* [sic] kam die Kunde, daß *Ungeziefer* die Kennzeichnung für Millionen Menschen werden würde.«[32]

Überlebenden wie Appelfeld machte Kafkas viel gepriesene Weitsicht den Dichter nicht gerade sympathisch. Nach der Schoah klangen in den Ohren der Israelis die Gräuel von Kafkas erdachter Strafkolonie und ihrer Foltermaschine seltsam anachronistisch. Gegen den Schrecken der NS-Zeit wirkten sie hohl. »Ein Roman über Auschwitz ist entweder kein Roman oder er handelt nicht von Auschwitz«, so Eli Wiesel.[33] Für viele Israelis der ersten Generation ließen sich die wahren Gräuel nicht fiktional, sondern nur dokumentarisch erfassen. So, als sei die Kunst mit dem Grauen unvereinbar, als sei die Fiktion mit all ihren Freiheiten von den Fakten ausgelöscht, von einer Welle traumatischer Erinnerungen zurückgedrängt worden. Keine Vorstellungskraft, nicht einmal Kafkas, konnte dieses Leid heraufbeschwören. Viele Israelis verschrieben sich einer neuen Version des biblischen Verbots von Götzenbildern: Die Schoah brauchte keine Darstellung außerhalb ihrer selbst, sie war unvereinbar mit den Parabeln und Symbolen der literarischen Vorstellungskraft.

Dabei fand Kafkas zwischen Humor und Grauen oszillierende Sprache in einigen Meisterwerken der allegorischen Prosa Israels durchaus ein zwar schwaches, aber unverkennbares Echo.[34] Sie klingt an in S. J. Agnons albtraumartigen Erzählungen in *Das Buch der Taten* (hebräisch 1932, deutsch von Gerold Necker 1995) und in Aharon Appelfelds Romanen über Vertreibung und Desorientierung. Besonders intensiv tritt sie zutage in Abraham B. Jehoschuas frühen Kurzgeschichten, unter anderem in den frühen Erzählungen *Mot ha-Saken* (1962, »Tod des alten Mannes«, nicht auf Deutsch erschienen) und *Angesichts der Wälder* (1968, deutsch von Markus Lemke 1992), die nicht in einer klar umrissenenen Zeit und einem erkennbaren Raum verankert sind. »Als ich Kafkas Werk in den fünfziger Jahren begegnete, war ich erschüttert von der aufgeladenen Metaphysik jeder einzelnen Zeile, besonders in den Aphorismen«, erzählte mir Jehoschua. »Kafka war mein erster und wichtigster Einfluss. Von allen Vertretern meiner literarischen Generation hierzulande war ich ihm vermutlich am nächsten. Dank ihm konnte ich mich vom sozialen Realismus der israelischen Schriftsteller der 1948er Generation befreien.« Doch weder als Kafka-Leser noch als Kafka-Lehrer an der Universität von Haifa erlag Jehoschua je der Versuchung, sein Werk auf die jüdische Symbolik zu reduzieren. »Ich konnte Kafka in mich aufnehmen, weil ich seine Schriften vom jüdischen und biografischen Kontext löste […]. Ich stellte ihn in eine Reihe mit Camus, Beckett und Ionesco.« In der sephardischen Synagoge im Jerusalemer Stadtviertel Rechavia lernte Jehoschua auch Hugo Bergmann kennen. Eben weil er wusste, dass Bergmann mit Kafka befreundet gewesen war, zögerte Jehoschua, ihn nach »dem Menschen Kafka« zu fragen. »Ich wollte wohl unbewusst Kafkas Schriften vom Juden Kafka trennen«, so Jehoschua.

Aharon Appelfeld war die Ausnahme, die die Regel bestätigt. Appelfeld, der wohl am stärksten in der Diaspora verhaftete Schriftsteller Israels, entdeckte Kafka in den fünfziger Jahren für sich. Im Gespräch mit Michael Gluzman von der Universität Tel Aviv erzählte er, er habe damals auf Anhieb erkannt, »dass sein Deutsch das Deutsch war, das mir bis in die Fingerspitzen vertraut war.«[35] Im Gespräch mit Philip Roth führte Appelfeld aus:

[A]ls Schriftsteller stand er mir vom ersten Augenblick sehr nahe. Er sprach in meiner Muttersprache zu mir, in Deutsch – nicht in dem Deutsch der Deutschen, sondern in dem Deutsch des Habsburgerreichs, dem Deutsch der Menschen aus Wien, Prag und Czernowitz mit jenem besonderen Klang, an dem wir Juden übrigens einen großen Anteil haben.

Zu meiner Überraschung sprach er nicht nur in meiner Muttersprache mit mir, sondern auch in einer anderen Sprache, die mir zutiefst vertraut war, der Sprache des Absurden. Ich wusste, wovon er redete. Für mich war das keine geheime Sprache, und ich brauchte keine Erklärungen. Ich war aus den Lagern und den Wäldern gekommen, aus Welten, in denen das Absurde hauste, und nichts in diesen Welten war mir fremd. [...]

Und als wäre das noch nicht genug, zeigte mir eine andere Entdeckung, dass sich in seinem Werk hinter den Masken der Unbehaustheit und Heimatlosigkeit ein jüdischer Mensch verbarg, einer, der, wie ich, aus einer halb assimilierten Familie stammte, für den die jüdischen Werte ihre Bedeutung verloren hatten und dessen Innerstes von Geistern heimgesucht und trostlos war.

Wunderbar ist auch, dass ihn diese Trostlosigkeit nicht zu Selbstverleugnung oder Selbsthass verleitete, sondern eine Art angespannter Neugier auf alles Jüdische in ihm weckte, vor allem auf die Juden Osteuropas, auf das Jiddische, das jiddische Theater, den Chassidismus, den Zionismus und selbst auf das Ideal eines Umzugs nach Palästina. [...]

Die fünfziger Jahre waren für mich Jahre der Suche, und Kafkas Werk erhellte den schmalen Pfad, den ich für mich ausleuchten wollte.[36]

Die Aufgabe, einen Graben zwischen der Diaspora und dem jüdischen Staat auszuheben, fiel den vielen renommierten Schriftstellern des neuen Landes zu, die Kafkas Einfluss verschmähten und jede Affinität leugneten. Samuel Joseph Agnon beispielsweise, der größte hebräische Romancier und einzige Literaturnobelpreisträger Israels, war vier Jahre jünger als Kafka. Trotz offensichtlicher Einflüsse lehnte er es rundweg ab, Kafkas als Vorbild anzuerkennen.[37] (Gershom Scholem hatte schon 1928 Agnons Werke als Revision von *Der Prozess* gelesen. Gershon Shaked, Scholems Kollege an der Hebräischen Universität und Gründervater der hebräischen Literaturkritik, bezeichnet Kafka als Agnons Gegenstück in der Diaspora.) Lag es daran, dass Kafka in Agnons Augen ein Dichter der Diaspora war? Er äußerte sich nicht dazu. »Meine Frau, lang möge sie leben, hat mir immer wieder angeboten, mir eine Erzählung Kafkas vorzulesen, doch es ist ihr nicht gelungen. Immer, wenn sie ein oder zwei Seiten gelesen hatte, hörte ich nicht mehr hin. Kafka kommt nicht aus der Wurzel meiner Seele«, so Agnon 1962, »und wer nicht aus der Wurzel meiner Seele ist, den nehme ich nicht auf, und wenn er so großartig wäre wie die zehn Weisen, die das Buch der Psalmen schufen. […] Ich weiß, Kafka ist ein großartiger Dichter, aber meiner Seele ist er fremd.«[38] Agnons Bibliothek, die sich bis heute in seinem Haus in Jerusalem befindet, enthält einige Kafka-Ausgaben auf Deutsch. In den Büchern steht in der Handschrift des Dichters der Name seiner Frau.

Und damit zurück zu unserer Frage: Warum bemühte sich die Israelische Nationalbibliothek trotz all dem so hartnäckig um die Kafka-Manuskripte?

Das lässt sich nicht allein als Nebenprodukt des medial aufgeputschten Generationenwechsels in Israel erklären. Zugegeben, als die Holocaust-Überlebenden in Israel nach und nach starben, verloren Tabus aus der Zeit nach der Schoah langsam an Einfluss, und nach Jahrzehnten des Argwohns setzte eine neue Faszination für die deutsche Kultur ein.[39] Zugegeben, Israelis betreiben in Berlin, angelockt von der erschwinglichen Weltoffenheit der Stadt, mittlerweile hebräische Kindergärten, eine hebräische Literaturzeitschrift, israelische Restaurants am Prenzlauer Berg und an der Spree einen Strand im Stil Tel Avivs. Und zugegeben, die Deutschkurse am Goethe-Institut in Tel Aviv sind nach wie vor ausgebucht. Aber nichts davon erklärt die verspäteten Ansprüche der Nationalbibliothek auf Kafka.

Womöglich findet sich keine bessere Antwort als Kafkas Bemerkung in einem Brief an Milena Jesenská:

Die unsichere Stellung der Juden, unsicher in sich, unsicher unter den Menschen, würde es über alles begreiflich machen, daß sie nur das zu besitzen glauben dürfen, was sie in der Hand oder zwischen den Zähnen halten, daß ferner nur handschriftlicher Besitz ihnen Recht auf das Leben gibt und daß sie, was sie einmal verloren haben, niemals wieder erwerben werden, sondern daß es glückselig für immer von ihnen fortschwimmt.[40]

Judith Butler von der Universität Berkeley bringt noch eine andere Art von Unsicherheit ins Spiel. Israel, ein kleines und labiles Land, wolle Kafka für seinen Kampf gegen die kulturelle Delegitimierung rekrutieren, »um das Ansehen Israels in der Welt zu verbessern, das zugegebenermaßen reparaturbedürftig ist: Man wettet darauf, dass das Ansehen Kafkas in der Welt mit dem Ansehen Israels in der Welt gleichgesetzt wird.«[41]

In diesem Fall liegt die Frage auf der Hand: Wie kann Literatur über die Hilflosigkeit des modernen Menschen, über sein Ausgeliefertsein an eine Welt, die er weder lenkt noch versteht, zu einem Objekt kulturellen Ansehens und nationaler Sehnsüchte werden?

Shimon Sandbank, einer der renommiertesten Kafka-Übersetzer ins Hebräische, schrieb im Gespräch mit mir den Prozess der Nationalbibliothek einem Patriotismus zu, »der mit Literatur an sich nichts zu tun hat«. Allerdings ist Israel wohl kaum das einzige Land, das sich im Ruhm und Prestige von Schriftstellern sonnen will.

Schätzen die Israelis Kafkas Werk vor allem, weil es das Werk eines Juden ist? Schmälern sie damit das Ihre, weil sie seine universelle Bedeutung abschwächen? Sieht die Nationalbibliothek nicht, dass es unter Umständen ihr größter Sieg wäre, wenn sie Kafka den Deutschen überließe, als dauerhafte Mahnung daran, dass der größte deutsche Modernist Jude war? Unsere Besitztümer bringen uns nicht immer die von uns erhofften Vorteile. »Alles was ich besitze, ist gegen mich gerichtet«, schrieb Kafka einmal an Brod, »was gegen mich gerichtet ist, ist nicht mehr mein Besitz.«[42]

Wie manche Kafka-Erzählung muss auch diese unvollendet bleiben (Kafkas Wahrheit ließe sich nur im Fragmentarischen verarbeiten). Doch der Prozess belegt, dass sich Jerusalem abermals als rechtmäßige Erbin und Heimstatt der Kulturschätze aus der Diaspora sah; zumindest aus der Perspektive seiner Gerichte und seiner Nationalbibliothek verstand sich Israel als Abschluss einer Geschichte, die anderswo begonnen hatte.

8 Kafkas letzter Wunsch, Brods erster Verrat

Wohnung der Kafkas, Oppelthaus, Altstädter Ring,
Prag, Juni 1924

*Derjenige, der mit dem Leben nicht lebendig fertig wird,
braucht die eine Hand, um die Verzweiflung über sein
Schicksal ein wenig abzuwehren – es geschieht sehr unvollkommen –, mit der andern Hand aber kann er eintragen,
was er unter den Trümmern sieht, denn er sieht anderes und
mehr als die andern, er ist doch tot zu Lebzeiten und der
eigentlich Überlebende. Wobei vorausgesetzt ist, daß er nicht
beide Hände und mehr als er hat, zum Kampf mit der Verzweiflung braucht.*

FRANZ KAFKA, Tagebuch, 19. Oktober 1921[1]

*Wenn die Väter der Welt [die Stammväter] gewollt hätten,
dass ihre letzte Ruhestätte im Jenseits wäre, hätten sie es so
haben können. Doch als sie starben und der Stein ihre Gräber
hier unten verschloss, stand es ihnen zu, dass man sie als
Heilige bezeichnete.*

RABBI PINCHAS BEN CHAMA, 4. Jahrhundert

Kafka lag ausgemergelt und entkräftet auf dem Sterbebett, konnte
kaum sprechen oder schlucken, atmete zwischen den Hustenan-
fällen kurz und rasselnd und verständigte sich mit Dora Diamant
und seinen Ärzten über Notizen, die er auf einen Zettel krit-

zelte. »Oft waren diese Notizen nur Andeutungen«, so Brod, »die Freunde errieten den Rest.«[2]

Mit nachlassenden Kräften redigierte Kafka die Druckfahnen seines letzten Erzählbandes *Ein Hungerkünstler*. Brod hatte den Verleger mit der Herausgabe der Sammlung zur Eile gedrängt. In der Titelgeschichte fastet sich Kafkas magerer Protagonist unbemerkt und ungewürdigt in einem Käfig zu Tode.

> »Verzeiht mir alle«, flüsterte der Hungerkünstler; nur der Aufseher, der das Ohr ans Gitter hielt, verstand ihn. »Gewiß«, sagte der Aufseher und legte den Finger an die Stirn, um damit den Zustand des Hungerkünstlers dem Personal anzudeuten, »wir verzeihen dir.« »Immerfort wollte ich, daß ihr mein Hungern bewundert«, sagte der Hungerkünstler. »Wir bewundern es auch«, sagte der Aufseher entgegenkommend. »Ihr solltet es aber nicht bewundern«, sagte der Hungerkünstler. »Nun, dann bewundern wir es also nicht«, sagte der Aufseher, »warum sollen wir es denn nicht bewundern?« »Weil ich hungern muß, ich kann nicht anders«, sagte der Hungerkünstler.[3]

Kafkas einstige Geliebte und tschechische Übersetzerin Milena Jesenská hatte einmal an Brod geschrieben: »Und seine Askese ist durchaus unheroisch – hierdurch allerdings um so größer und höher.«[4]

Jahre zuvor hatte Kafka Brod einmal anvertraut, dass er seine Lungentuberkulose als Bestrafung und gleichzeitig als Befreiung empfinde. »Jedenfalls verhalte ich mich heute zu der Tuberkulose, wie ein Kind zu den Rockfalten der Mutter, an die es sich hält.« Brod schrieb in seinem Tagebuch über Kafkas Haltung zur Krankheit: »Er stellt sie als psychisch dar, gleichsam Rettung vor der Heirat. Er nennt sie: seine endgültige Niederlage! Doch schläft er seither gut. Befreit? – Gequälte Seele.« Im Oktober 1917 schrieb er an Kafka: »Du bist in deinem Unglück glücklich.« Brod konsultierte hinter Kafkas Rücken Ärzte, die dazu rieten, Laryngologen hinzuzuziehen, und begleitete ihn auch in die Klinik. Indirekt hatte Kafka ihm seine Todesangst eingestanden, wenn auch in der dritten Person: »Erstens hat er schreckliche Angst zu sterben, weil er noch nicht gelebt hat.«[5]

Kafka, der bis zu seinem Tod von der Unzulänglichkeit seiner schriftstellerischen Arbeit überzeugt war, fehlte die Zeit, alles zu sagen, was er in sich trug. Er starb kurz vor seinem 41. Geburtstag im Sanatorium Hoffmann in Klosterneuburg bei Wien, einer kleinen Einrichtung mit nur zwölf Zimmern. Eine Woche später, am 11. Juni 1924 um 16 Uhr, wurde er in einer bescheidenen Zeremonie auf dem Alten jüdischen Friedhof von Prag beigesetzt.

Schon im Leben hatte ihn wohl ein Hauch des Postumen umgeben. In seinen Tagebüchern beschäftigte er sich immer wieder mit dem Tod und der »Selbstabschüttelung«. Der in Prag geborene Dichter Franz Werfel bescheinigte ihm im November 1915: »Lieber Kafka, Sie sind so rein, neu, unabhängig, und vollendet, daß man eigentlich mit Ihnen verkehren müßte, als wären Sie schon tot und unsterblich.« Milena Jesenská beschrieb ihn in ihrem Nachruf als einen, »der die Welt in einer so überdeutlichen Helle erschaute, dass er es nicht zu ertragen vermochte und sterben musste«.[6]

Seine Prosa hatte Kafka keinen Ruhm und keine Literaturpreise eingebracht. Die öffentliche Anerkennung war ihm versagt geblieben, und er ging wohl auch nicht davon aus, dass die Nachwelt mehr Wertschätzung aufbringen würde als seine Zeitgenossen. Er hatte nicht einen einzigen Roman vollendet. Das Wenige, das gedruckt worden war, fand wenig Beifall. So erwähnte nur ein einziger Rezensent seinen zweiten Erzählband *Ein Landarzt* (veröffentlicht von Kurt Wolff im Jahr 1920). Zum Verdruss seines Verlegers und seines Impresarios Max Brod bemühte sich Kafka auch nicht sonderlich, daran etwas zu ändern. Im November 1921 schrieb Kurt Wolff an Kafka:

> Keiner der Autoren, mit denen wir in Verbindung stehen, tritt so selten mit Wünschen und Fragen an uns heran wie Sie und bei keinem haben wir das Gefühl, daß ihm das äußere Schicksal der veröffentlichten Bücher so gleichgültig sei wie Ihnen. […] Wenn im Laufe der Zeit Sie neben Sammlungen kurzer Prosastücke uns einmal eine große zusammenhängende Erzählung oder einen Roman übergeben könnten – ich weiß ja von Ihnen selbst und von Max Brod, wieviel Manuskripte dieser Art fast beendet oder gar ganz beendet sind – so würden wir das mit besonderer Dankbarkeit begrüßen.[7]

Von Kafka kam nie eine Antwort.

Für Brod war Kafkas frühzeitiger Tod eine »Katastrophe«. Die 22 Jahre währende Freundschaft glich für ihn einem »Diesseitswunder«, war »das eigentliche Rückgrat meiner ganzen geistigen Existenz« gewesen. Am Grab pries er Kafka als Propheten, in dem »der Glanz der ›Schechina‹ [der Gegenwart Gottes] ruhte«. Auf der Rückkehr vom Begräbnis in die Stadt, so berichtete Brod später, »sahen wir, daß die große Rathausuhr um vier Uhr stehengeblieben war und daß ihre Zeiger immer noch diese Stunde zeigten«.[8]

Nach der Beerdigung baten Hermann und Julie Kafka Max Brod in ihre Wohnung im Obergeschoss des Oppelthauses, damit er den Schreibtischinhalt ihres Sohns sichtete. Hermann Kafka unterzeichnete »einen Vertrag, der Max Brod zum Herausgeber des Nachlasses bestimmte«, so Kafka-Biograf Reiner Stach.[9] Neben abgebrochenen Bleistiften, Knöpfen und einem Briefbeschwerer aus Karlsbad fand Brod eine umfangreiche Sammlung unveröffentlichter Notizbücher, Entwürfe und Tagebücher.

Als er die Schubladen leerte, stieß Brod auch auf zwei undatierte Notizen, die eine mit Tinte, die andere mit Bleistift geschrieben, in denen er angewiesen wurde, Kafkas verbleibende Papiere zu verbrennen. Die erste Notiz lautet:

Liebster Max, meine letzte Bitte: alles was sich in meinem Nachlaß [...] an Tagebüchern, Manuscripten, Briefen, fremden und eigenen, Gezeichnetem und so weiter findet, restlos und ungelesen zu verbrennen, ebenso alles Geschriebene oder Gezeichnete, das Du oder Andre, die Du in meinem Namen darum bitten sollst, haben. Briefe, die man Dir nicht übergeben will, soll man wenigstens selbst zu verbrennen sich verpflichten.

Dein Franz Kafka.[10]

Die, wie Brod annahm, ältere Bleistiftnotiz lautet:

Lieber Max,

vielleicht stehe ich diesmal doch nicht mehr auf, das Kommen der Lungenentzündung ist nach dem Monat Lungenfieber genug wahrscheinlich und nicht einmal daß ich es niederschreibe wird sie abwehren, trotzdem es eine gewisse Macht hat.

Für diesen Fall also mein letzter Wille hinsichtlich alles von mir Geschriebenen:

Von Allem was ich geschrieben habe, gelten nur die Bücher: Urteil, Heizer, Verwandlung, Strafkolonie, Landarzt und die Erzählung: Hungerkünstler. [...]

Dagegen ist Alles, was sonst an Geschriebenem von mir vorliegt [...], ausnahmslos zu verbrennen, und dies möglichst bald zu tun bitte ich Dich

Franz[11]

Brod überraschte diese Anweisung nicht sonderlich. Er wusste nur zu gut, dass Kafka seinem »Kritzeln« keine Wertschätzung entgegengebracht hatte. Kafkas Tagebücher sind einerseits voll mit Gedanken über sein »Schriftstellersein« und triefen andererseits von Selbstanklagen über seine »schwache litterarische Arbeit«.[12] Nehmen wir den Eintrag vom 13. März 1915:

Appetitlosigkeit, Angst vor der Rückkehr spät am Abend, vor allem aber der Gedanke daran, daß ich gestern nichts geschrieben habe, mich immer mehr davon entferne und in Gefahr bin, alles im letzten ½ Jahr mühselig erworbene zu verlieren. Den Beweis dafür geliefert, indem ich 1½ elende Seiten einer neuen und schon endgiltig verworfenen Geschichte schrieb [...].[13]

So urteilte Kafka über das Ende von »Die Verwandlung«: »Unvollkommen fast bis in den Grund.« Die »ungeheuere Welt, die ich im Kopfe habe«, war ihm bewusst, aber: »Die innere Welt läßt sich nur leben, nicht beschreiben.« An Milena schrieb er 1920, »ich suche nur immerfort etwas Nicht-Mitteilbares mitzuteilen«, und schon 1910 hatte er in seinem Tagebuch beklagt: »Kein Wort fast das ich schreibe paßt zum andern [...]. Meine Zweifel stehn um jedes Wort im Kreis herum«.[14]

Auf Max Brods Bitte, ihm 1917 für eine Lesung in Frankfurt Texte zur Verfügung zu stellen, antwortete er: »Die Stücke, die ich schicken könnte, bedeuten für mich wesentlich gar nichts, ich respektiere nur den Augenblick, in dem ich sie geschrieben habe«.

Und als Brods Frau Elsa im Jahr darauf dasselbe Ansinnen äußerte, schrieb Kafka: »Warum die alten Anstrengungen aufrühren? Nur deshalb weil ich sie bisher nicht verbrannt habe? [...] Worin liegt der Sinn des Aufhebens solcher ›sogar‹ künstlerisch mißlungener Arbeiten?«[15]

»Um seine Seele von diesen ›Gespenstern‹ zu befreien«, so berichtete Dora Diamant über die letzten Monate seines Lebens, »wollte er alles verbrennen, was er geschrieben hatte. Ich achtete seinen Willen, und als er krank im Bett lag, verbrannte ich einige seiner Arbeiten vor seinen Augen.«[16]

Wir können hier nur spekulieren: Lässt sich Kafkas letzte Anweisung an Brod als typische Geste eines Literaten verstehen, der sein Leben als Schuldspruch gegen sich selbst empfand? Als Selbstverurteilung, mit Kafka als Richter und Angeklagtem?

Am Schluss von *Der Prozess* ist Josef K. versucht, »das Messer, als es von Hand zu Hand über ihm schwebte, selbst zu fassen und sich einzubohren«. Doch er bringt es nicht über sich, seine eigene Hinrichtung zu vollstrecken. »Vollständig konnte er sich nicht bewähren, alle Arbeit den Behörden nicht abnehmen, die Verantwortung für diesen letzten Fehler trug der, der ihm den Rest der dazu nötigen Kraft versagt hatte.«[17] Wie Josef K. fehlte auch Kafka die Kraft, das letzte Urteil gegen sich selbst zu vollstrecken: seine Schriften zu zerstören, die persönlichen (Briefe und Tagebücher) und die literarischen (unvollendete Erzählungen). Auch in der Selbstentäußerung, so scheint es, wurde Kafka noch von Unschlüssigkeit geplagt. So überließ er die Vollstreckung ausgerechnet Brod, der von Anbeginn ihrer Freundschaft Kafkas Selbstverachtung als völlig überzogen empfunden hatte.[18]

Brod stand nicht als Erster und auch nicht als Letzter vor einem solchen Dilemma. So war der römische Dichter Vergil der

Überlieferung nach so unzufrieden mit seiner *Aeneis*, dass er im Jahr 19 v. Chr. auf dem Sterbebett die Verbrennung des Manuskripts anordnete. Seine Anweisung wurde selbstredend nicht befolgt. Samuel Langhorne Clemens, besser bekannt unter seinem Pseudonym Mark Twain, schrieb im Oktober 1865, noch vor der Veröffentlichung seiner ersten Kurzgeschichten, seinem Bruder Orion und seiner Schwägerin Mollie als Postskriptum zu einem Brief: »Schiebt den hier besser in den Ofen, denn wenn es gut läuft, will ich nicht, dass, wenn ich erst unter der Erde bin, absurde ›literarische Hinterlassenschaften‹ und ›unveröffentlichte Briefe Mark Twains‹ veröffentlicht werden.«[19] Der englische Dichter Philip Larkin trug seiner Sekretärin 1985 drei Tage vor seinem Tod auf, sämtliche Tagebücher zu verbrennen, so geschehen im Heizungskeller der Universität Hull. Als Vladimir Nabokov 1977 starb, hinterließ er seinen Erben die Weisung, die 138 handschriftlichen Karteikarten zu verbrennen, die den Rohentwurf seines unvollendeten Romans *Das Modell für Laura* enthielten. Nabokovs Frau Vera ertrug es nicht, das letzte Werk ihres Mannes zu vernichten. Dreißig Jahre später erlaubte der letzte lebende Erbe Dimitri Nabokov die Veröffentlichung des Romans. Und auch der Dramatiker Edward Albee, der unter anderem mit *Wer hat Angst vor Virginia Woolf* bekannt wurde, verfügte vor seinem Tod 2016 in seinem Testament: »Sollte ich zum Zeitpunkt meines Todes unvollendete Manuskripte hinterlassen, weise ich hiermit meine Nachlassverwalter an, diese Manuskripte zu zerstören.«[20]

Anders als diese Nachlassverwalter nahm es Brod mit der Frage nach Kafkas »wahrem Willen« auf. In einem Brief hatte Kafka überlegt, ob »etwas zu verbergen« nicht vielleicht sein »Lebensberuf« sei; seiner Lieblingsschwester Ottla hatte er 1914 geschrieben: »Ich schreibe anders als ich rede, ich rede anders als ich denke, ich denke anders als ich denken soll und so geht es weiter bis ins tiefste Dunkel.« Dass Brod Kafkas Wunsch nicht nachkam, rechtfertigte er damit, dass Kafka unverhältnismäßig hohen Druck auf sein Werk ausgeübt habe – Kafka sprach vom »Schreiben als Form des Gebetes« –, seine Kunst unerreichbaren Kriterien unterworfen, nämlich »den höchsten religiösen Maßstab« angelegt habe und über die Maßen selbstkritisch gewesen sei. Brod interpretierte Kafkas Notizen nicht als verbindliche letzte Verfügung, sondern als Ausdruck einer »vorübergehenden Niedergeschlagenheit«.[21]

> Mein Entschluß, den Nachlaß zu veröffentlichen, wird übrigens durch die Erinnerung an all die erbitterten Kämpfe erleichtert, mit denen ich jede einzelne Veröffentlichung von Kafka erzwungen und oft genug erbettelt habe. Und dennoch war er nachträglich mit diesen Veröffentlichungen ausgesöhnt und relativ zufrieden.[22]

Brod nahm an, dass Kafka die Veröffentlichung seiner Werke nicht deshalb widerstrebte, weil er sie geheimhalten wollte, sondern weil er fest davon ausging, dass sie unvollkommen waren, dass zwischen dem, was er erreicht und was er nicht erreicht hatte, ein tiefer Graben klaffte. Nach Kafkas Tod veröffentlichte Brod dann auch als Erstes die beiden Notizen, in denen ihm sein Freund die Veröffentlichung seiner Werke untersagt hatte. Brod wollte so seine wahre Loyalität gegenüber Kafka unter Beweis stellen: Er veröffentlichte sein Werk, aber auch Kafkas Anordnung, es nicht zu tun.[23]

Als Kafka 1921 zum ersten Mal den Wunsch äußerte, alles zu verbrennen, so Brod, habe er ihm zur Antwort gegeben: »Falls Du mir im Ernste so etwas zumuten solltest, so sage ich Dir schon jetzt, daß ich Deine Bitte nicht erfüllen werde.« Und er fährt fort: »Von dem Ernst meiner Ablehnung überzeugt, hätte Franz einen anderen Testamentsexekutor bestimmen müssen, wenn ihm seine eigene Verfügung unbedingter und letzter Ernst gewesen wäre.«[24]

Warum übertrug Kafka ausgerechnet Brod die Vollstreckung seines Letzten Willens? Vielleicht wollte er doch, dass sein unvollendetes Werk das Licht der Welt erblickte, wenn auch nicht mit seinem Imprimatur. Oder vielleicht war es noch viel einfacher: Nur Brod hatte Zugang zu den Papieren, die Kafka den Flammen überantworten wollte. Brod war der Einzige, der sie, neben den Manuskripten, die er bereits in seinem Besitz hatte, von Kafkas Familie und Briefpartnern beschaffen konnte.

Am Ende trat Brod doch lieber als Nachlassverwalter auf denn als Scharfrichter. Seinen Verrat an Kafka rechtfertigte er mit dem Hinweis auf eine doppelte Verpflichtung: gegenüber der literarischen Nachwelt und Kafkas wahren Wünschen.

Unmittelbar nach Kafkas Tod spürte Brod »das Bedürfnis, den Unvergleichlichen in Form einer lebendigen Dichtung [...] also als epische Gestalt sichtbar zu machen; vor allem mir selbst auf diese neue Art sichtbar«, und so ließ er ihn in einem Roman wieder auferstehen. »Solange ich in diesem Buch, in der Arbeit lebte, war er nicht gestorben, er lebte nochmals mit mir«.[25]

In seinem Schlüsselroman *Zauberreich der Liebe* (1928) tritt Kafka in der Gestalt des Richard Garta auf, eines großgewachsenen, feinfühligen Mannes, der »in vollendeter Reinheit leben« wollte.[26] Garta umwehte »ein erlesen feiner Samthauch von Traurigkeit«, aber es ging auch »eine machtvoll unaufdringliche, doch unwiderstehliche Strahlung« von ihm aus, erinnert sich Brods Erzähler. »Sprach nicht zu Schülern, zum Volke wie Buddha, Jesus,

Moses. So sprach er nicht. Aber vielleicht kam das daher, weil er das Grundgeheimnis noch tiefer sah als diese drei?«[27]

Garta, ein »Heiliger unserer Zeit«, ist an Schwindsucht gestorben, ehe die Handlung des Romans einsetzt. Doch er bleibt präsent in der Erinnerung seines Freundes, des 34 Jahre alten Erzählers Christof Nowy. Dieser Nowy ist ein Mann, der es als »Art von Erlösung« erlebt, wenn er eine Frau in den Armen hat. Als Studenten pflegten Garta und Nowy in »freudigem Ernst« einen intensiven Austausch, »ein holdes gegenseitiges Belehren, jeder Anhauch von Eitelkeit und Schein ist fern«. Sie hatten keine Geheimnisse voreinander, »alles vertrauten sie einander an«. Garta sei »das Genie und Christof die Mittelmäßigkeit«, wurde in ihren Kreisen gemunkelt. »Das ist freilich ein Satz, mit dem Christof sich sehr einverstanden erklärt; nur versteht er nicht, warum er mit seinem Freunde verglichen, ihm, den er selbst so liebt und bewundert, entgegengesetzt werden muss.« Trotz seiner »Spottlust« war Garta für Nowy ein Quell der Beständigkeit und des Trostes: »Bei ihm ist Ruhe, zu ihm flüchtet Christof immer wieder.« Nowy schwärmt: »[S]ein ganzes Benehmen selbst im Kleinsten, selbst wenn man ihn nur dabei beobachtet, wie er seine Haare bürstet, ist danach eingerichtet, daß es zur stillschweigenden Voraussetzung eine ganz feste Überzeugung von einer richtigen tüchtigen reinen, unumstößlich natürlichen Lebensweise hat.«[28]

Mit Gartas Tod kann sich der Freund nicht abfinden. »Mit purer Reinheit, so wundervoll sie ist, trieb er eben doch nur ins Nichts«, so Nowy. »Ich warnte, ich kämpfte um ihn. Kein Zweifel, er ging unter, weil er die allerletzte Vollendung wollte, in allem.« Nowy übernimmt die Verantwortung für den literarischen Nachlass, »von Garta hierzu beauftragt, allerdings mit dem seltsamen Zusatze, der ganze Nachlass sei zu vernichten«. Der Freund

widersetzt sich dieser Vorgabe »im Hinblick auf den unermeß-
lichen Wert, den er Gartas Schriften zubilligte«. Nowy sagt von
Garta: »Das Äußerste verlangte er von sich; da es nicht gelungen
war, hatten die Schriften (arme Vorstufen zu dieser letzten Höhe)
keinen Wert für ihn. Er selbst hatte wohl das Recht, sie so ge-
ringzuachten, aber nur er allein.« Nowy beschließt, die Papiere in
seinem »Panzerfach« zu verwahren, denn er ist zu dem Schluss
gelangt, »dass sich in unserer Zeit das Heilige vielleicht anders
gar nicht mehr offenbaren könne als in dieser unvollendeten Gestalt«.[29]

Da Nowy seinen Freund zu Lebzeiten nicht retten konnte,
versucht er die Rettung im Tode und stürzt sich in einen »Kampf
um das geistige Erbe des toten Freundes«. Er geht an Bord eines
Dampfschiffes nach Palästina, um Gartas jüngeren Bruder Erich
aufzusuchen, der als Pionier in einer kommunistischen Siedlung
in der Jesreelebene nahe des Berges Gilboa lebt. Nach anfäng-
licher Skepsis erkennt Nowy, der Nichtjude: »Hier sind nicht
Phantasten am Werk – hier wächst wirklich und aus starken Wurzeln das, was Richard Garta sein ganzes mühevolles Leben lang
zu erleben nicht gelang, was ihm aber sternbildklar vorgeschwebt
ist.« (Über Kafka schrieb Brod an anderer Stelle: »Seine Gesin-
nung war die des Chaluz, des Pioniers.« Franz Kafka hatte 1918
in »Die besitzlose Arbeiterschaft« seine Vision vom bescheidenen Leben im sozialistischen Kibbuz bei Brot, Wasser und Datteln
skizziert: »Mitgebrachten Besitz dem Staat schenken zur Errich-
tung von Krankenhäusern, Heimen.«)[30]

Am Schluss des Romans berichtet Erich Garta, sein Bruder
habe nicht nur den Wunsch geäußert, nach Palästina überzusie-
deln (ein Zionist, der es leibhaftig nie nach Zion schaffte), sondern auch zahlreiche Schriften auf Hebräisch hinterlassen, sein
»hebräischer Nachlaß ist nicht weniger umfangreich als sein deut-

scher«.[31] Nowy beschließt, nach Europa zurückzukehren und die nachgelassenen Schriften seines Freundes zu veröffentlichen.

Mit schlechtem Gewissen bat Brod in seinem Roman Kafka für dieses Vorhaben um seinen Segen aus dem Jenseits.

9 Kafkas Schöpfer

Reichsministerium für Volksaufklärung und Propaganda,
Wilhelmplatz, Berlin, 22. Juli 1935

Der Aufstieg des Nationalsozialismus setzte der ergiebigen
deutsch-jüdischen literarischen Symbiose, die beide Kulturen so
nachhaltig geprägt hatte, und der langen und lebhaften Liebes-
beziehung zwischen den Juden und der deutschen Sprache ein
Ende. Am 22. Juli 1935 wandte sich die Reichsschrifttumskammer
unter Leitung des späteren SS-Gruppenführers Hanns Johst an
die Gestapo: Ihr sei zur Kenntnis gelangt, dass der jüdische Schocken Verlag in Berlin Franz Kafkas gesammelte Werke, herausgegeben von Max Brod, vertreibe, obwohl beide auf der im April
veröffentlichten schwarzen Liste des Dritten Reichs stünden. Die
Kammer, das »amtliche Hurenhaus ›arischer Kultur‹«, wie der Literaturkritiker George Steiner sie nannte, empfahl, sämtliche Bücher der beiden jüdischen Autoren zu konfiszieren.[1]

In den vorangegangenen elf Jahren hatte sich Brod, entgegen Kafkas letztem Wunsch, mit großer Hingabe der Aufgabe gewidmet, die Manuskripte zu retten und Kafka vor dem Vergessen
zu bewahren, und wurde so zum wohl bekanntesten Herausgeber postum veröffentlichter Schriften des 20. Jahrhunderts. Im
Grunde behauptete Brod ein Monopol; mittels literarischer Heiligsprechung ließ er Kafka in den literarischen Kanon eingehen
(und verlieh ihm eine Größe, die er zu Lebzeiten nie genossen
hatte), verwandelte ihn in eine Ikone, ein Objekt der Dichterver-
ehrung. »Die Kategorie der Heiligkeit (nicht etwa die der Literatur) ist überhaupt die einzig richtige, unter der Kafkas Leben und

Schaffen betrachtet werden kann«, schrieb Brod 1937 in der Biografie über seinen Freund.[2]

Spätere Leser warfen Brod genau das vor. In seiner Vorlesung über »Die Verwandlung« räumte Vladimir Nabokov zwar ein: »Solche Dichter wie Rilke oder solche Romanautoren wie Thomas Mann sind Zwerge oder Gips-Heilige im Vergleich mit ihm [Kafka].« Doch mit Kafkas Heiligsprechung kann er nichts anfangen: »Ganz und gar lehne ich Max Brods Behauptung ab, Kafkas Schaffen dürfe ausschließlich unter der Kategorie der Heiligkeit (und nicht etwa der Literatur) betrachtet werden. Kafka war vor allem Künstler, und wenn man auch behaupten kann, jeder Künstler habe etwas vom Heiligen (eine Ansicht, die sich durchaus mit der meinigen deckt), glaube ich nicht, daß sich in Kafkas Genie Religiöses hineinlesen lässt.« Wie Nabokov haben später auch viele andere Kritiker Brod vorgehalten, als postumer Herausgeber Kafkas Werke nur oberflächlich erfasst oder gar völlig verkannt zu haben; als sei Kafkas Kunst dem Mann, der sich ihr so selbstlos verschrieben hatte, in Teilen fremd geblieben. (Der Romancier J. M. Coetzee beispielsweise bezeichnete Kafka als einen, »den Brod verehrte, jedoch überhaupt nicht verstand«.)[3]

Da Kafkas Ansehen auch auf Texten beruht, die er selbst weder zu Ende brachte noch für gut befand, ist der Kafka, den wir kennen, eine Schöpfung Brods, ja, seine höchste und beständigste Schöpfung. Indem Brod Kafkas Wunsch missachtete, rettete er dessen Erbe gleich zweimal: erst vor physischer Zerstörung und dann vor dem Vergessen. Kafkas Nachruhm war Brod zu verdanken. Ohne Judas, heißt es, gäbe es keine Kreuzigung. Und ohne Brod gäbe es keinen Kafka. Wir hören, bewusst oder unbewusst, Kafkas Stimme zwingend durch Brod: »Kafka lesen wir brodisch«, formulierte es die englische Romanautorin und Essayistin Zadie Smith.[4]

Ist an die Schöpfung auch Besitz geknüpft? Brod wird bisweilen vorgeworfen, Kafka dem Bild seines eigenen Jüdischseins angepasst zu haben. Kafka-Biograf Reiner Stach zum Beispiel spricht von der »Kluft zwischen Kafkas Ethik der Wahrhaftigkeit und Brods Identitätspolitik« und fügt an anderer Stelle hinzu: »Vielleicht darum unterlag Brod immer wieder der Täuschung, Kafka zu ›kennen‹.« Ritchie Robertson, Germanist in Oxford und Ko-Direktor des Oxford Kafka Research Centre, beklagt, Brod habe »Kafkas Verhältnis zur zionistischen Bewegung simplifiziert«, bei der »Interpretation von Kafkas Werken zu sehr seinen eigenen Steckenpferden gefrönt« und Kafkas Texte dazu zweckentfremdet, »das moderne Judentum in Verbindung mit dem Zionismus mit neuem Leben zu füllen«. Dem New Yorker Literaturwissenschaftler Irving Howe zufolge enthielt auch Brods Kafka-Biografie »zu viel Brod und nicht genug Kafka«. Und der Mitherausgeber der *Partisan Review* William Phillips mokierte sich 1947 über Brod schludrigen Versuch, »aus Kafka eine jüdische Überseele herauszupressen«.[5]

Als Kafka 1924 starb, befand sich Brod im Zenit seiner literarischen Schaffenskraft. Für seinen Roman über einen falschen Messias aus dem 16. Jahrhundert, *Rëubeni, Fürst der Juden* (1925), wurde er mit dem Tschechischen Staatspreis ausgezeichnet, eine Ehre, die er sehr zu schätzen wusste.[6] Seine einflussreiche Heinrich-Heine-Biografie erhielt breite Anerkennung, und Stefan Zweig pries die pointillistischen Porträts seiner frühen Prosa und nannte ihn einen »der erlesensten Kleinkünstler deutscher Sprache«.[7]

Doch ohne seine Rolle als Verwalter, Lektor und Herausgeber von Kafkas Werken – als Kurator für Kafkas postumen Ruhm – wäre Brod schon längst aus dem öffentlichen Gedächtnis verschwunden. Mit Ausnahme der 1937 erschienenen Kafka-Biografie sind Brods eigene Werke weitgehend in Vergessenheit geraten, wobei zumindest in Deutschland kürzlich eine zwölfbändige Ausgabe seiner *Ausgewählten Werke* (Wallstein Verlag) abgeschlossen wurde. Auf Englisch ist bis heute keine Biografie über ihn erschienen, seine Autobiografie *Streitbares Leben* wurde nicht ins Englische übersetzt und ist auch auf Deutsch nur noch antiquarisch erhältlich. In Israel sind die wenigen ins Hebräische übertragenen Bücher Brods schon seit langem vergriffen. »Selbst unter ernsthaften Lesern«, so der in Deutschland geborene Heinz Kuehn, »blieb sein Name nur dank seiner Rolle als Kafkas Alter Ego lebendig.«[8]

Kafkas Tod bestärkte Brod in seiner Entschlossenheit, die Schriften seines Freundes zu publizieren und bekannt zu machen. Georg (Jiří) Langer berichtete 1941, mit welcher Hingabe Brod rund fünfzehn Jahre zuvor ans Werk gegangen war:

> Unnötig zu sagen, daß er mit diesen Schriften vertrauenswürdig umging, sie hoch schätzte und sie wie seinen Augapfel hütete. Und siehe, eines Abends besuchte ihn ein bekannter Schriftsteller, und Brod wollte ihm die Handschriften Kafkas zeigen, in die er niemandem so leicht Einblick gewährte, außer diesem Mann, einfach weil das Anschauen ihnen Schaden zufügen könne. Er war bereits dabei, die Schriften aus ihren Mappen zu holen und wollte sie gerade dem Gast zeigen. Doch in diesem Moment verlosch das Licht im ganzen Haus und ebenso in den Nachbarhäusern aufgrund eines Zwischenfalls in der Stromversorgung, und der ehrenwerte Gast ging enttäuscht nach Hause; er hatte auch nicht einen Buchstaben gesehen.[9]

Lange mussten sich die Leser nicht gedulden. In den drei Jahren nach Kafkas Tod ordnete Brod, mittlerweile ein führender Kulturkritiker für das *Prager Abendblatt* und das *Prager Tagblatt*, die Papiere, die er aus dem Schreibtisch seines verstorbenen Freundes geborgen hatte, flickte die drei unvollendeten Romane zusammen und veröffentlichte sie in rascher Folge. »Heute wird einem jedes Wort von Kafka aus der Hand gerissen«, schrieb er später in seiner Autobiografie. »Wie schwer es aber anfangs (d. h. nach Kafkas Tod) für mich war, eine Gesamtausgabe zu erzielen, sieht man ja daraus, daß jeder Band des Nachlasses zunächst in einem anderen Verlag erscheinen mußte.« 1925 brachte Brod den erst vier Jahre zuvor gegründeten Berliner Avantgarde-Verlag Die Schmiede dazu, den Roman *Der Prozess* zu veröffentlichen, den er aus Kafkas unvollendetem Manuskript publikationsfertig gemacht hatte. Ein Jahr später beschwatzte er den Münchner Verleger Kurt Wolff, den von Kafka ebenfalls nicht vollendeten Roman *Das Schloss* herauszubringen. Wolff beschwerte sich später, dass er von den 1500 Druckexemplaren des Romans nur sehr wenige verkauft habe. Trotzdem konnte Brod ihn im darauffolgenden Jahr dazu überreden, auch Kafkas ersten Roman zu veröffentlichen. Kafka hatte 1912 unter dem Arbeitstitel *Der Verschollene* mit dem Schreiben begonnen, doch Brod, dem zufolge Kafka oft von seinem »amerikanischen Roman« sprach, benannte ihn in *Amerika* um. Im Nachwort brachte er seine Hoffnung zum Ausdruck, dass »gerade dieser Roman einen neuen Weg zum Verständnis Kafkas zeigen wird«.[10]

Im Vertrauen darauf, der Aufgabe gewachsen zu sein, stellte Brod anschließend zwei Bände mit Kafkas unveröffentlichten Erzählungen zusammen: *Beim Bau der chinesischen Mauer* und *Beschreibung eines Kampfes*. Es folgten Auszüge aus Kafkas Tagebüchern, Briefe und Aphorismen.

Lässt sich mit Gewissheit sagen, wo Kafka aufhört und wo Brod anfängt? Brod betitelte Texte, denen Kafka keinen Titel gegeben, legte eine Reihenfolge für Kapitel fest, die Kafka lose und unnummeriert hinterlassen hatte.[11] Ihm kam es nie in den Sinn, dass Kafkas Texte unveränderbar oder unrevidierbar wären, sondern er aggregierte und korrigierte im Kleinen wie im Großen. Er stellte Sätze um, glättete Kafkas schludrige Interpunktion und orthografische Eigenheiten, bereinigte, wie er es nannte, »Sprachunrichtigkeiten« und umgangssprachliche Prager Ausdrücke, bastelte an Absätzen und Notizen für die Schriftsetzer herum und schrieb mit roter Tinte in die Manuskripte hinein. Er zensierte sexuelle, pikante oder wenig schmeichelhafte Stellen in Kafkas Tagebüchern und tilgte Hinweise auf noch lebende Personen. Manchmal, etwa in Kafkas Erzählung »Beschreibung eines Kampfes«, führt Brod zwei Manuskriptversionen zu einer zusammen. In einem seiner Oktavhefte strich Kafka den Entwurf einer Erzählung vollständig durch. Brod gab ihr den Titel »Prometheus« und veröffentlichte sie.[12] »Brod mochte ein Retter gewesen sein«, kommentiert Cynthia Ozick, »doch er manipulierte auch, was er in die Hände bekam.«[13]

Der Autor Milan Kundera vertritt die Ansicht, dass Brod nicht nur Verrat an Kafka beging, indem er den Mythos vom modernen Märtyrer verbreitete, sondern auch, indem er Kafkas unvollendete Werke und Tagebücher, den nicht zugestellten Brief an den Vater und seine Liebesbriefe unterschiedslos veröffentlichte. Mit dieser Indiskretion, so Kundera, »hat Brod das nachahmenswerte Beispiel des Ungehorsams toten Freunden gegenüber geschaffen; eine Rechtsprechung für die, die über den Letzten Willen eines Autors hinwegsehen [...] wollen.«[14]

Doch hätte Brod dem Letzten Willen des Autors entsprochen und seine Manuskripte den Flammen übergeben, wäre ein Großteil von Kafkas Schriften verloren. Wir – und Eva Hoffe – verdanken unseren Kafka Brods Ungehorsam.

Max Brod war enttäuscht, als die Veröffentlichung der drei un-vollendeten Romane Kafkas keine größere Resonanz auslöste. Ab 1931 versuchte er vergeblich, den Berliner Verleger Gustav Kie-penheuer für den Rest von Kafkas literarischem Nachlass zu in-teressieren. Die Machtübernahme der Nationalsozialisten im Jahr 1933 vereitelte das Projekt. Unterdessen eröffnete der herri-sche Autodidakt und Kaufhausbesitzer Salman Schocken einen Verlag in der Berliner Jerusalemstraße. (Brod kannte Schocken mindestens seit 1915, als dieser mit Martin Buber die zionistische Zeitschrift *Der Jude* gegründet hatte.) Im Jahr 1934 trug Brod Schocken die Weltrechte für Kafkas Werke an.

Das Angebot stieß bei Cheflektor Lambert Schneider zu-nächst auf Ablehnung. Arthur Samuelson, der später das Lektorat von Schocken Books in New York leitete, berichtet in einer eng-lischsprachigen Kafka-Ausgabe 1998, Schneider habe seine Mei-nung nur widerstrebend geändert. »Einer seiner Lektoren, Moritz Spitzer, legte ihm nahe, in Kafka doch eine exemplarische ›jüdi-sche‹ Stimme zu erkennen, die dem deutschen Judentum in seiner veränderten Lage einen Sinn geben und die zentrale Bedeutung der Juden für die deutsche Kultur hervorheben würde.«[15]

Der damals 34 Jahre alte Spitzer hatte Kafka Jahre zuvor auf einer Versammlung der zionistisch-pazifistischen Bewegung Ha-Poel Ha-Zair im Prager Lucerna Palais kennengelernt. Als im Frühjahr 1920 der Gründer dieser Bewegung Aharon David Gor-don Prag besuchte, stellte Spitzer den schüchternen Kafka dem angesehenen Zionistenführer vor. Seit Spitzer in *Der Jude* die ers-ten beiden Erzählungen Kafkas gelesen hatte, wollte er alles in die Hände bekommen, was Kafka veröffentlichte.

Unter Brods Vermittlung unterzeichnete Kafkas Mutter, seit 1931 verwitwet, am 22. Februar 1934 einen Vertrag mit Schocken, in dem sie dem Verlag die Weltrechte für Kafkas Schriften übertrug. Dank Schocken erreichte Kafka noch vor dem Zweiten Weltkrieg eine größere Leserschaft in Deutschland. In einer Anzeige für die Kafka-Anthologie *Vor dem Gesetz*, die 1934 in der Reihe *Bücherei des Schocken Verlags* erschien, wird Hermann Hesse mit den Worten zitiert: »Kafka war ein Leser und jüngerer Bruder von Pascal und von Kierkegaard, und er war ein Prophet.«[16]

Doch als sich die Schlinge des NS-Staates langsam zuzog, durften »arische« Verleger in Deutschland keine jüdischen Autoren, jüdische Verleger keine nichtjüdischen Autoren mehr publizieren.[17] Mit Ausnahme von *Tycho Brahe* landeten 1933 sämtliche Bücher Brods auf der schwarzen Liste. Kafkas Werke dagegen waren nicht bekannt genug, als dass das Regime sie verboten hätte, galten aber als »jüdisch« genug, um für »arische« Verleger tabu zu sein.

Das änderte sich mit den Anweisungen an die Gestapo vom Juli 1935. Ausgelöst wurde der Sinneswandel möglicherweise durch ein überschwängliches Lob für die ersten vier Bände der Kafka-Gesamtausgabe bei Schocken, das in jenem Monat erschien. Klaus Mann schrieb in der Exilzeitschrift *Die Sammlung*: »Die Gesamtausgabe der Werke Franz Kafkas, die der Schocken-Verlag, Berlin, anbietet, ist die edelste und bedeutendste Publikation, die heute aus Deutschland kommt. [...] Eines der reinsten und merkwürdigsten Dichterwerke der Epoche wird uns hier endlich in seiner Gesamtheit dargeboten«. Die Veröffentlichung »vollzieht sich in einer vollkommenen ›splendid isolation‹, ganz ›abseits‹ von der Reichskulturkammer‹, in einem Ghetto, das sich seiner Abgesondertheit vom neudeutschen ›Kultur‹-Betrieb wahrhaftig nicht zu schämen braucht«, so Mann.[18]

Im Herbst 1936 umging Moritz Spitzer das Verbot, indem er mit Hilfe des Anwalts Josef Schlesinger die Rechte für Kafkas Werke auf den Heinrich Mercy Verlag in Prag übertrug (den Vertrieb übernahm Julius Kittl Nachf., Keller & Co.). Der Vertrag sah vor, dass Schocken sämtliche Verluste abdecken und die Rechte auf Wunsch an Schocken zurückgehen würden. Der Mercy Verlag brachte die Bände fünf und sechs der Kafka-Gesamtausgabe heraus. Dieses Arrangement hatte bis zur Besetzung Prags durch die Deutschen und die Zwangsliquidation des Schocken Verlags im Jahr 1939 Bestand. Spitzer floh im März 1939 nach Jerusalem.[19]

1935 gelang es Salman Schocken, seine Bibliothek von Berlin nach Jerusalem zu schmuggeln. Die Sammlung enthielt mehrere Hundert hebräische Manuskripte, mehr als 4500 Seiten aus den Manuskripten und Briefen Heinrich Heines, fast alle Manuskripte der philosophischen Schriften von Novalis, Autographen und Manuskripte von Schopenhauer, Beethoven und Schubert sowie mehr als 60 000 seltene Bücher (Erstausgaben von Goethe, Hölderlin, Lessing, Kleist, Schiller, Hofmannsthal, Rilke und anderen).[20] Fünf Jahre später, im Jahr 1940, wollte Schocken die gedruckten Kafka-Werke und andere Verlagsprodukte aus dem tschechischen Lagerhaus nach Palästina bringen lassen. Da Großbritannien die Tschechoslowakei jedoch als Feindesland einstufte, verweigerten die britischen Behörden in Palästina die Genehmigung. Schocken wusste nicht, dass der gesamte Bestand, einschließlich der Kafka-Druckauflage, bereits zerstört worden war, als die Gestapo im Sommer 1939 die Firma Julius Kittl Nachf. liquidierte. Schocken hatte somit die Druckwerke verloren, behielt aber die Rechte.[21]

Gershom Scholem lobte im Jahr 1937 in einem Brief zu Schockens 60. Geburtstag dessen Entscheidung, Kafkas Werke zu veröffentlichen. Er sprach von der »säkularisierte[n] Darstellung kabbalistischen Weltgefühls in einem heutigen Gemüt«.[22]

Eine Darstellung, die ihre Leserschaft jedoch fehlerbehaftet erreichte. Im Juni 1937 beschwerte sich Moritz Spitzer bei Scholem über Brods nachlässiges Lektorat: »Natürlich schludert Brod [...] Mit der richtigen Kafka-Ausgabe wird man – dies unter uns – wohl warten müssen, bis Brod nicht mehr auf den Manuskripten sitzt.«[23]

10 Der letzte Zug:
Von Prag nach Palästina

Mährisch-Ostrau an der tschechisch-polnischen Grenze,
im Morgengrauen des 15. März 1939

Wen einmal Kafkas Räder überfuhren, dem ist der Friede
mit der Welt ebenso verloren wie die Möglichkeit, bei dem
Urteil sich zu bescheiden, der Weltlauf sei schlecht.
THEODOR W. ADORNO, »Engagement«, 1962[1]

Am Dienstag, dem 14. März 1939 um 21 Uhr, fünfzehn Jahre nach
Kafkas Tod, standen Max Brod, 54, und seine Frau Elsa am Gleis2
des Prager Wilson-Bahnhofs. Der heutige Hauptbahnhof war
nach dem früheren US-Präsidenten Woodrow Wilson benannt,
dessen Statue gegenüber vom Bahnhof auf einem hohen Sockel
stand. Es war ein ereignisreicher Tag gewesen: Am Morgen war
die NS-Jugend in Viererreihen mit »Sieg Heil«-Rufen durch die
Hauptstraßen Prags marschiert. Am Abend hatte Hitler den
Präsidenten der Tschechoslowakei Emil Hácha in die Berliner
Reichskanzlei beordert.

Die Brods hatten zwar britische Einwanderungsvisa für Palästina in der Manteltasche, doch als sie den Zug bestiegen, wussten sie nicht, ob sie die tschechisch-polnische Grenze überhaupt
passieren durften. Drei Männer hatten die Flucht tschechischer
Juden in letzter Minute organisiert und sie auch zum Bahnhof begleitet, so Brod in seiner Autobiografie: Jacob Edelstein (»Leiter
des Prager Palästinaamtes«), Fritz Ullmann (Zionistenführer und

»Vorsitzender des Hilfskomitees«) und Robert J. Stopford (Verbindungsoffizier des britischen Finanzministeriums in Prag, verantwortlich für »Finanzfragen der Auswanderung«).[2]

Nach seinen Erfahrungen aus der Zeit des Ersten Weltkriegs wusste Max Brod nicht nur um die labile Stellung der Prager Juden, sondern ihm war auch klar, dass man Politik nicht einfach ignorieren kann. Damals hatte Brod beklagt, die hochgesinnten Intellektuellen und »Geistigen« hätten sich und ihre schönen Gedanken gefährlich weit von den politischen Realitäten entfernt. »Wir [...] waren die verwöhnte Generation«, so Brod in seiner Autobiografie. »Der Streit um Richard Wagners Musik, um die Grundlagen von Judentum und Christentum, um impressionistische Malerei etc. war viel wichtiger für uns. Und nun hatte diese Friedenszeit plötzlich ihr Ende gefunden, über Nacht. Nie ist eine Generation so brutal von den Tatsachen überrannt worden.« Bis dahin war der Krieg »ein Atavismus« gewesen, »geradezu mittelalterlich [...], mit einem Beigeschmack von Lächerlichkeit und Ritterrüstung«. In seinem Mammutwerk *Heidentum, Christentum, Judentum* schreibt er: »Unter der blutdunstenden Augustsonne der ersten Kriegstage verschärfte sich in mir die (schon vorgebildete) Idee: daß wir Dichter zu wenig getan, uns um die Mächte der Wirklichkeit zu wenig gekümmert hätten, – und so [...] hätten uns die Dämonen überrascht«.[3]

Diesmal wollte er sich nicht vom Auseinanderbrechen der Gesellschaft überrumpeln lassen. Fünf Jahre zuvor hatte er das Pamphlet *Rassentheorie und Judentum* verfasst, in dem er die neue deutsche Rassentheorie angriff. Doch Antisemitismus und Rassismus nahmen nur weiter zu. Ende September 1938, kurz nachdem das Münchner Abkommen dem NS-Regime die Annexion von Teilen der Tschechoslowakei ermöglicht hatte, entschloss sich Brod zur Ausreise. Die Germanistin Gaëlle Vassogne,

Autorin der Studie *Max Brod in Prag*, erklärte in einem Interview: »Er fühlte sich abgewiesen von der Kultur, die er liebte – der deutschen Kultur.«[4]

Ein Exilant, heißt es oft, ist ein Flüchtling mit Bibliothek. Brod war, wie er da auf dem Bahnsteig stand, ein Flüchtling mit einem wuchtigen, rissigen Lederkoffer, vollgestopft mit losen Bündeln und einzelnen Blättern von Kafkas Manuskripten: Tagebücher, Reisenotizen, Rohentwürfe, Reinschriften, Skizzen, Hunderte von Briefen und kleine schwarze Hefte, in denen Kafka mit großer Ernsthaftigkeit sein Hebräisch geübt hatte. (Seine eigenen Manuskripte ließ Brod in einem Schrankkoffer zurück, der ihm nachgeschickt werden sollte.) Brod hatte sämtliche Fragmente bis auf den kleinsten Schnipsel sorgfältig gesammelt. Shakespeare, so der englische Dramatiker und Dichter Ben Jonson, habe »nie eine Zeile durchgestrichen«. Ganz anders Kafka. Die Papiere in dem Koffer zeugten von intensiver Bearbeitung durch seine Hand: kühne Linien, mit denen ganze Absätze durchgestrichen waren, Kritzeleien, eingestreute Stenografiezeichen, Korrekturen, Überarbeitungen.

Kafka werden gern Weitblick oder gar prophetische Fähigkeiten nachgesagt. Milena Jesenská schrieb in ihrem Nachruf: »Er war ein Mensch und Künstler von so skrupulösem Gewissen, dass er auch dort noch wachsam blieb, wo die anderen, die Tauben, sich bereits sicher fühlten.« Die Wahrheit habe ihn verfolgt, mehr als er sie. Kafkas Name wurde zu einem Schlagwort für die Entmenschlichung durch eine gesichtslose Bürokratie, die auf den öffentlichen wie auch den privaten Raum übergreift. In seinen Texten, heißt es, raubt die irrationale Staatsmacht dem Individuum jegliche Bedeutung, der Mensch wird vom Subjekt zum Objekt, das Grauen zur alltäglichen Banalität. »Der Augenblick des Einstands aber, auf den alles bei ihm abzielt, ist der, da die Menschen dessen innewerden, daß sie kein Selbst – daß sie selbst Dinge sind«, so Theodor W. Adorno.[5]

Nach dieser Auffassung sah oder ahnte Kafka die Korrosion der individuellen Freiheit unter dem Totalitarismus voraus, die Groteske willkürlicher Verhaftungen, Schauprozesse, Selbstanklagen, unerklärliche Tribunale, Folter zum Zwecke der Erbauung und Bestrafung, die vor dem Verbrechen erfolgt, kurz: Justizgewalt.

Schon einige seiner ersten Leser verstanden das Grauen in Kafkas Schriften als Prophezeiung des faschistischen Machtapparats. In seinem Buch *Der Prager Zirkel* schreibt Brod: »Wo Angst aus Franzens Briefen und Tagebüchern spricht, ist sie *begründete* Angst. Die Angst eines Schwerkranken, der sich in jungen Jahren unheilbar, verloren weiß – die Angst vor den kommenden Greueln des Hitlerismus, die er in einer Art von spirituellem Hellsehen vorauswußte und sogar vorausbeschrieb.«[6] Hatte Kafka also Vorahnungen? Bertolt Brecht beantwortete die Frage mit einem klaren Ja: »Kafka schilderte mit großartiger Phantasie die kommenden Konzentrationslager, die kommende Rechtsunsicherheit, die kommende Verabsolutierung des Staatsapparats, das dumpfe, von unzulänglichen Kräften gelenkte Leben der vielen einzelnen. Alles erschien wie in einem Alpdruck und mit der Wirrheit und Unzulänglichkeit des Alpdrucks.«[7]

Im Juni 1938, ein knappes Jahr vor Brods Flucht aus Prag, schrieb Walter Benjamin an Gershom Scholem, »daß Kafkas vielfach so heitere und von Engeln durchwirkte Welt das genaue Komplement seiner Epoche ist, die sich anschickt, die Bewohner dieses Planeten in erheblichen Massen abzuschaffen. Die Erfahrung, die der des Privatmanns Kafka entspricht, dürfte von großen Massen wohl erst gelegentlich dieser ihrer Abschaffung zu erwarten sein.«[8]

Kafkas Texte, die manch einer als Vorausnahme der totalitären Verwerfungen des 20. Jahrhunderts verstand, waren nun ihrerseits von diesen Verwerfungen bedroht. Und Brod wollte verhindern, dass der NS-Staat Kafkas Letzten Willen doch noch erfüllte und seine Schriften auf dem Scheiterhaufen aus jüdischen Büchern den Flammen überantwortete.

Der Zug des Ehepaars Brod verließ den Wilson-Bahnhof um 23 Uhr, ratterte durch die soeben von der Wehrmacht besetzte tschechische Provinz und fuhr am 15. März um vier Uhr morgens im Bahnhof von Mährisch-Ostrau an der tschechisch-polnischen Grenze ein. Als der Zug zum Stehen kam, blickte Brod aus dem Abteilfenster und sah auf dem Bahnsteig einen deutschen Soldaten stehen. Er wirkte auf ihn wie die »Statue eines römischen Legionärs, eigentlich sehr schön«, schrieb Brod später. Ihm fiel auf, dass sein Legionär nicht allein war: Im Bahnhof wimmelte es nur so von Wehrmachtssoldaten. »Es ist schwer zu erklären, warum dieser Anblick mich nicht in Schrecken versetzte. Ich glaube, weil ich so müde, so traumhaft unausgeschlafen – und weil der mir zunächststehende junge Soldat ein so schönes Menschenexemplar war. Das ist mein alter Fehler: Schönheit in jeder Form hat immer mein Entzücken geweckt und mich mehr als einmal in meinem Leben der völligen Vernichtung nahegebracht.«[9]

Felix Weltsch und seine Frau Irma teilten das Zugabteil mit den Brods. Weltsch, der Max Brod seit der Schulzeit kannte, fiel auf, dass sein Freund immer wieder den vollgepackten Koffer ansah. Brod mochte an den jungen Karl Rossmann in Kafkas erstem Roman *Amerika* gedacht haben, der auf der Reise in die Neue Welt »den Koffer während der Fahrt so aufmerksam bewacht hatte, daß ihm die Wache fast den Schlaf gekostet hatte«, nur um ihn vor der Ankunft im New Yorker Hafen doch noch zu verlieren.[10] Vielleicht maß er dem Inhalt seines Koffers auch schon magische Kräfte zu und hoffte, er möge ihn vor dem unglücklichen Schicksal derer, die er zurückließ, beschützen.[11]

Es war der letzte Zug, der die tschechisch-polnische Grenze überquerte, ehe die Deutschen sie schlossen. Als der Zug eine Stunde später im polnischen Krakau einfuhr, meldeten polnische Zeitungen, dass »die tschechische Republik ihr Ende gefunden« habe.[12] Das Land, das Brod so am Herzen lag, in dem er Freude und Trauer erlebt hatte, war untergegangen, und sein Verlust ließ ihn taumeln.

Am Nachmittag des 17. März erreichten die Brods gemeinsam mit 160 weiteren Flüchtlingsfamilien aus der Tschechoslowakei den rumänischen Hafen Constanța am Schwarzen Meer. Der Zug brachte sie direkt zum Anleger, wo das alte Passagierschiff *Bessarabia* auf sie wartete. Brod hatte Kabine 228 gebucht, und mit Zwischenhalten in Istanbul, Athen, Kreta und Alexandria ging es nach Tel Aviv.

Brod hatte Palästina bereits 1928 kennengelernt, als er auf einer sechswöchigen Reise den Kibbuz Beit Alfa und den angrenzenden Kibbuz Heftziba besuchte (beide 1922 von Einwanderern aus der Tschechoslowakei, Deutschland und Polen gegründet[13]). Einige seiner Bücher waren vor dem Krieg auf Hebräisch erschienen, *Tycho Brahe* 1935 in der Übersetzung des Dichters und gebürtigen Polen Mordechai Temkin.

Damals hatte Brod eine Alija, die Übersiedelung nach Palästina, nicht in Erwägung gezogen. Er war der Überzeugung gewesen, dass »die Diaspora ohnedies bleibt. Palästina faßt optimal nur ein Achtel der Judenheit.« In seinem Buch *Sternenhimmel* äußerte Brod 1923 »Herzensvorbehalte gegen Palästina, d. h. gegen die Ausschließlichkeit der Palästinarettung des Juden«. (Als Brod den Beitrag 1966 noch einmal veröffentlichte, redigierte er, ganz der Lektor, diese Passage heraus.) Brod sei, so der Literaturwissenschaftler Mark Gelber, entschlossen gewesen, »sein Leben weiter als jüdischer Nationalist in der Diaspora zu leben«. Jahrzehnte später, im Jahr 1957, schrieb Brod seinem Freund Fritz Bondy, einem in Prag geborenen Übersetzer, der unter dem Pseudonym N. O. Scarpi veröffentlichte, der Staat Israel könne ohne die Juden in der Diaspora ebenso wenig existieren wie die Diaspora ohne den Staat Israel.[14]

Auch am Vorabend des Zweiten Weltkriegs war Palästina nicht Brods erste Wahl gewesen. In seiner Autobiografie schreibt er, »daß mich gerade die besten Freunde, die ich in Palästina besaß, gewarnt hatten, ins Land einzuwandern. Leute mit intellektuellen Berufen, noch dazu solche, die ein gewisses Alter überschritten hätten (ich zählte bei der Einwanderung 55 Jahre), seien hier nicht gerade gesucht. Was man brauche, seien kräftige junge Menschen, Pioniere, Männer der Tat, Ingenieure, Traktoristen, Hühnerzüchter, Baumfäller, Hirten.« Anfang 1939 hatte Brod, der die drohende Katastrophe ahnte, im Ton der Verzweiflung seinem alten Bekannten Thomas Mann, der selbst seit Februar 1938 in den USA lebte, brieflich mitgeteilt, er sei entschlossen, nach Amerika auszuwandern, solange noch Zeit dafür sei. Er erwähnte einen Angriff auf ihn in der nationalsozialistischen Tageszeitung *Völkischer Beobachter*; Anlass für solche Attacken »bieten einige erotische Stellen aus meinen vor Jahrzehnten geschriebenen Jugendwerken«, so Brod.[15]

Die exklusive Gruppe jüdischer Emigranten aus Europa, die trotz der knappen Einreisekontingente in weiser Voraussicht in die Vereinigten Staaten geflohen waren, kannte Brod natürlich: Albert Einstein, Hannah Arendt, Leo Strauss, Herbert Marcuse, Theodor W. Adorno und Max Horkheimer, ganz zu schweigen von Musikern, Malern und Bildhauern, die für die amerikanische

Kultur der Nachkriegszeit von unschätzbarem Wert sein sollten. Brod bat nun Thomas Mann darum, ihm eine Einladung an eine amerikanische Universität zu verschaffen. (Mann selbst war eine Gastprofessur in Princeton vermittelt worden.) Brod führte auf, was er einer amerikanischen Universität zu bieten hätte: Kurse über tschechische Politiker, Zionismus und Musik, nicht zu vergessen einen Schatz von einzigartigem Wert: »Ich würde den gesamten, noch unveröffentlichten Nachlaß von Franz Kafka mitbringen, dort editieren und ein Kafka-Archiv einrichten.«[16]

Brods Bitte erreichte Thomas Mann, als der gerade die Arbeit an seinem Roman *Lotte in Weimar* abschloss. Darin lässt er Goethe davor warnen, dass die Deutschen »sich jedem verzückten Schurken gläubig hingeben, der ihr Niedrigstes aufruft, sie in ihren Lastern bestärkt und sie lehrt, Nationalität als Isolierung und Roheit zu begreifen«.[17] Mann, der sich der neuen Brutalität des NS-Regimes nur zu bewusst war, versuchte Brod mit der New York Public Library zusammenzubringen. In einem Brief vom 27. Februar 1939 wandte er sich (in englischer Sprache) an den Bibliotheksdirektor Harry M. Lydenberg und bat ihn, Brod als »*non-quota alien*«, also außerhalb des offiziellen Kontingents, in die USA zu holen:

Ich kenne und bewundere Dr. Brod seit vielen Jahren. Es ist jetzt vierundfünfzig Jahre alt. In den letzten zwanzig Jahren hat er für sein Land gearbeitet, nicht nur als Schriftsteller, sondern auch als Beamter und als Redakteur des Tagblatts. Er ist ein kundiger und gebildeter Mann und darf jetzt, da er Jude ist, nicht mehr schreiben, was er denkt und woran er glaubt, und wird von der deutschen Presse verhöhnt und verunglimpft.

Brod sei bereit, so Thomas Mann weiter,

seine Sammlung von Büchern und Manuskripten von Franz Kafka jeder angesehenen Institution zu übereignen, die sie annehmen und ihm dafür eine Stellung bieten würde, in der er als Assistent oder Kurator der Sammlung tätig sein könnte, und die auf diese Weise seine Einreise in dieses Land ermöglichte. […] Vielleicht stimmen Sie mit mir darin überein, dass die Möglichkeit, die Manuskripte und Bücher eines so bekannten Schriftstellers wie Franz Kafka zu erwerben, eine Gelegenheit ist, die Erwägung verdient, einmal abgesehen von der menschlichen Tragödie des Individuums, für das die Sammlung die einzige wirkliche Chance darstellt, einer unerträglichen Situation zu entfliehen.[18]

In seiner Autobiografie stellt Brod die Episode ein wenig anders dar: »Als später die Gefahr des Hitlerismus anstieg und ein Verbleiben in Prag Qualen und Tod bedeutete, hat sich Thomas Mann meiner angenommen, ohne daß ich ihn darum hätte ersuchen müssen. Eine Tat von Noblesse. Durch Manns Intervention war alles so geschickt gefügt, daß eine Professorenstelle für mich an einem amerikanischen College wartete. Ich zog es vor, dem Genius meines Lebens zu folgen und nach Palästina zu gehen.«[19] Tatsächlich gelang es Thomas Mann, Brod ein Angebot des Hebrew Union College in Cincinnati zu beschaffen, doch die Ernennungsurkunde erreichte ihn nicht mehr, weil er Prag bereits verlassen hatte. Wie Gaëlle Vassogne in ihrem Buch *Max Brod in Prag* aufzeigt, bemühte sich Brod auch noch nach seiner Ankunft in Tel Aviv, eine Anstellung an einer amerikanischen Universität zu finden.

Da Brods Versuch, die Amerikaner mit den Kafka-Manuskripten zu ködern, scheiterte, schnappte er sich also seinen Koffer und machte sich mit Elsa nach Tel Aviv auf. Als er endlich in

Palästina eintraf, hatte er, wie er später in einem Beitrag für die Zeitung *Dawar* erklärte, »nur einen Plan: die Erinnerung meines Freundes Franz Kafka in diesem Land, das er nie erreichte, wach zu halten«.[20]

Was hatte Brod im Gelobten Land mit den Reliquien des von ihm heiliggesprochenen Kafka vor?

Am 5. Mai 1940 – Deutschland stand kurz davor, in Belgien, Luxemburg und den Niederlanden einzumarschieren – schrieb Brod von Tel Aviv aus an den Rektor der Hebräischen Universität in Jerusalem:

> Die turbulenten Zeiten, in denen wir leben, veranlassen mich, mich mit einer dringenden Bitte an Sie zu wenden. Wäre es Ihnen möglich, einen Koffer von mir mit sehr wichtigen Manuskripten aufzubewahren? In diesem Koffer befinden sich der Nachlass von Franz Kafka, meine Kompositionen und meine unveröffentlichten Tagebücher. Sie werden verstehen, dass dieser Koffer, der mir kostbar ist, in diesen Zeiten an einem privaten Ort nicht sicher sein kann. Ich würde ihn gern bei Ihnen sichern, wenn heutzutage überhaupt etwas sicher sein kann.[21]

Doch die Verhandlungen zwischen Brod und der Universität wurden jäh unterbrochen: Am 9. September 1940 bombardierte die italienische Luftwaffe Wohngebiete in Tel Aviv, 137 Menschen, unter ihnen 53 Kinder, wurden getötet. Brod beschloss daraufhin, seine Schätze weder an einer amerikanischen noch an der Hebräischen Universität, sondern in einem feuerfesten Panzerfach der Schocken-Bibliothek in der Jerusalemer Balfour-Straße zu deponieren.[22] In einem Dokument vom 6. Dezember 1940 bestätigte Salman Schocken, dass Kafkas Manuskripte in einem Safe im Verlag hinterlegt worden seien und nur Brod einen Schlüssel besitzen solle.

Wie es sich herausstellte, hielt er letzteres Versprechen nicht ein. Offenbar ließ sich Schocken einen Schlüssel nachmachen und die Kafka-Materialien ohne Brods Einwilligung eilig abfotografieren. In einem Brief vom 22. Februar 1951 beschuldigte Brod Schocken, einen zweiten Schlüssel zum Safe zu besitzen. Als er die Rückgabe der Manuskripte forderte, spielte Schocken auf Zeit. »Er hoffte, wenn er Max lange genug hinhielte«, erzählte mir Eva Hoffe, »würde er irgendwann aufgeben.«

Am 26. April 1951 schrieb Brod in einem Brief an Kafkas Nichte Marianne Steiner, die im April 1939 mit Mann und Sohn nach London geflohen war, Schocken habe sein Versprechen gebrochen und besitze einen Zweitschlüssel zum Safe. Ein knappes Jahr später, am 2. April 1952, teilte ihr Brod in einem weiteren Brief mit, dass er den Safe in Anwesenheit eines Schocken-Mitarbeiters geöffnet und alles intakt vorgefunden habe. Laut Brods Bestandsaufnahme enthielt das Konvolut die Manuskripte der drei unvollendeten Romane *Der Prozess*, *Das Schloss* und *Amerika*; Entwürfe mehrerer Erzählungen, unter anderen »Beschreibung eines Kampfes«, »Der Bau«, »Ein Hungerkünstler«. »Eine kleine Frau«, »Blumfeld« und »Josefine, die Sängerin oder Das Volk der Mäuse«; Kafkas Tagebücher (dreizehn Quarthefte) und Reisetagebücher; Kafkas blaue Oktavhefte (acht Notizhefte mit Aphorismen und Erzählungen); das Original-Typoskript von Kafkas Brief an seinen Vater; Kafkas Hebräisch-Übungen und seine Briefe an Max Brod. Kafkas Brief an den Vater sowie die Manuskripte von *Der Prozess* und »Beschreibung eines Kampfes«, so fügte Brod hinzu, seien sein Eigentum. Kafkas Briefe an Brod seien nicht Bestandteil des Kafka-Nachlasses, alles Übrige aber gehöre Kafkas Erben.

Im August 2015, einen Monat nach dem Urteil des Bezirksgerichts in Tel Aviv, schrieb Marianne Steiners Sohn Michael, langjähriger Partner in einer renommierten Londoner Anwaltskanzlei, den israelischen Anwälten im Fall Hoffe in seiner Eigenschaft als Nachlassverwalter für das Erbe seiner Mutter und als Vertreter des »Kafka Estate« in London. Zu Brods Ansprüchen aus dem Jahr 1952 schrieb Steiner:

Meine Mutter akzeptierte diese Ansprüche zeitlebens, und der Kafka Estate vertritt dieselbe Position. [...] An dieser Stelle möchte ich klarstellen, dass die Familie Max Brod immer dankbar war für alles, was er für das literarische Ansehen Kafkas getan hat, für sein selbstloses Verhalten nach Kafkas Tod und für die Ratschläge, die er der Familie insbesondere in den Verhandlungen mit dem Schocken Verlag gegeben hat. [...] Im Jahr 2010 [gab ich] Meir Heller [dem Anwalt der Nationalbibliothek] alle Informationen, die ich hatte, erklärte ihm, welche Ziele der Estate in der Vergangenheit verfolgt hatte, und bat um eine Kopie der gerichtlich bestellten Inventarliste, damit ich sie mit Brods Brief vom April 1952 abgleichen konnte. Außerdem machte ich deutlich, dass sich der Estate als Eigentümer aller Stücke betrachte, die Brod nicht für sich reklamierte, möglicherweise auch nicht in dem Brief aufgelistete Manuskripte Kafkas, deren Existenz Brod aus irgendeinem Grund nicht aufgeführt hatte. Die Inventarliste wurde mir nie zur Verfügung gestellt. Meiner Ansicht nach sollte das jetzt geschehen.[23]

In demselben Brief erwähnt Michael Steiner auch, dass Schocken 1956 »die Manuskripte in ein Tresorfach in der Schweiz brachte, ohne meine Mutter oder Max Brod darüber zu informieren. Bevor das geschah, hatte Brod die Manuskripte, die er in dem Brief vom April 1952 für sich beansprucht hatte, offenbar an sich genommen, neben einigen anderen Stücken, die er möglicherweise für seine Herausgebertätigkeit brauchte.« Mehr als sechs Jahrzehnte später konnte sich Eva Hoffe glasklar an die Episode erinnern. Die Familie Schocken sei »abscheulich«, erklärte sie mir.

Im April 1961 wurden jene Manuskripte, die Brod zufolge zum Kafka-Nachlass gehörten und in einem Schweizer Schließfach lagen, im Auftrag des Londoner Kafka Estate von Sir Malcolm Pasley abgeholt und in die Bodleian Library in Oxford gebracht. Pasley transportierte die Manuskripte in seinem kleinen Privatauto aus der Schweiz nach Oxford.[24]

11 Der letzte Seiltänzer: Kafka in Deutschland

Antiquariat Theodor Ackermann, Ludwigstraße 7, München,
November 1982

*Im ganzen Organismus der Menschheit gibt es keine zwei
Völker, die sich mehr anziehen und abstossen, als das deutsche Volk und das jüdische […].*

MOSES HESS, 1862

*Sie [die Juden] haben seit jeher Deutschland Dinge auf-
gedrängt, zu denen es vielleicht langsam und auf seine Art
gekommen wäre, denen gegenüber es sich aber in Opposition
gestellt hat, weil sie von Fremden kamen.*

FRANZ KAFKA, 1920[1]

Im November 1982, fast hundert Jahre nach Kafkas Geburt, erhielt Werner Fritsch, Geschäftsführer des angesehenen, 1865 gegründeten Münchner Antiquariats Theodor Ackermann, ein un-
gewöhnliches Angebot. Ein Mann, dessen Namen Fritsch nicht
nennen will, teilte ihm mit, Kafkas persönliche Bibliothek mit
279 Titeln habe – anders als seine Familie – das NS-Regime mehr
oder weniger intakt überstanden. Die Sammlung versprach ein
Licht auf eine bis dahin ungelöste Frage zu werfen: Wer leistete
Kafka intellektuell Gesellschaft? Nachdem sich Fritsch von dem
Germanisten Jürgen Born die Authentizität der Bibliothek hatte
bestätigen lassen, verkaufte er sie für eine nicht genannte Summe

an Borns Forschungsstelle für Prager Deutsche Literatur an der Universität Wuppertal.

Der Schwerpunkt der Bibliothek lag auf den deutschen Klassikern: Goethe, Schiller, Schopenhauer (Kafka besaß neun Bände seiner *Gesammelten Werke*) und Friedrich Hebbel. Daneben enthielt sie Weltklassiker in deutscher Übersetzung: neun Bände Shakespeare und mehrere Romane von Dostojewski.[2] Der jüdische Teil der Bibliothek erwies sich als eher mager; vertreten waren unter anderem Theodor Herzls Tagebücher, einige Bände jüdischer Folklore, gesammelt von Micha Josef Berdyczewski, Richard Lichtheims *Das Programm des Zionismus* (ein Geschenk Brods), Moses Raths *Lehrbuch der Hebräischen Sprache* (1917), eine von der jüdischen Studentenvereinigung Bar Kochba herausgegebene Anthologie und auch Max Brods Buch *Heidentum, Christentum, Judentum* mit der Widmung: »Meinem Franz zur Genesung! Max.«[3]

Die Zusammensetzung der Bibliothek stützt die Ansicht, die das Marbacher Literaturarchiv im Prozess um den Brod-Nachlass in Israel vertrat: Deutsche Literatur, nicht die jüdische Tradition, beherrschte Kafkas Kulturkanon. Während das Judentum für Kafka einen fremden Bezugsrahmen darstellte, den er sich erst aneignen musste, war die deutsche Literatur sein natürliches Zuhause. Er verehrte den lutherischen Autor alemannischer Gedichte Johann Peter Hebel,[4] Heinrich von Kleist (besonders *Michael Kohlhaas* und *Die Marquise von O ...*) und den Wiener Franz Grillparzer (vor allem dessen Tagebücher und seine Novelle *Der arme Spielmann*). Unter den zeitgenössischen Schriftstellern bewunderte Kafka Hugo von Hofmannsthal, Robert Walser und Thomas Mann.

Über allen anderen habe er den größten Klassiker Goethe geschätzt, so Marthe Robert, die an der Kritischen Kafka-Ausgabe beteiligt war. »Sein gelobtes Land sucht er in Weimar und im Werk Goethes, seiner Bibel.«

Im Sommer 1912 verbrachten Kafka und Brod sechs Tage in Weimar und erwiesen dem Dichter, der mehr als ein halbes Jahrhundert dort gelebt hatte, ihre Reverenz. »Kafka mit Andacht über Goethe sprechen zu hören, – das war etwas ganz Besonderes; es war, als spreche ein Kind von seinem Ahnherrn, der in glücklicheren, reineren Zeiten und in unmittelbarer Berührung mit dem Göttlichen gelebt habe«, schrieb Brod später.[5]

Allerdings machte sich Kafka auch über die göttergleiche Verehrung Goethes durch die Deutschen lustig. Als sein Freund Oskar Pollak 1902 in das Goethe-Nationalmuseum in Weimar pilgerte, schrieb ihm Kafka in einem Brief, »›National‹ scheint mir noch besser [...] als feinste wunderfeinste Ironie«. Auf Pollaks Erwähnung von Goethes Arbeitszimmer, seines Allerheiligsten, erwiderte Kafka, »das Allerheiligste eines Fremden können wir niemals haben, nur das eigene«, und fügte hinzu: »Weißt du aber, was das Allerheiligste ist, das wir überhaupt von Goethe haben können, als Andenken ... die Fußspuren seiner einsamen Gänge durch das Land ... die wären es.«[6]

Kafka besuchte eine deutsche Universität, studierte deutsches Recht und vertiefte sich in deutsche Literatur. Wichtiger noch: Die strenge Musikalität seiner Sprachkunst war mit der deutschen Sprache untrennbar verbunden, ja, sie wurde erst durch sie ermöglicht. In der Wucht und Dynamik seiner meisterlich austarierten Sätze formte Kafka aus dieser Wechselbeziehung eine makellos unprätentiöse Prosa, präzise, sparsam und luzide, ein unerbittliches Deutsch bar jeder Redundanz, jeder Ungenauigkeit. (Selbst Kellnerinnen und Bauern sprechen bei ihm ein tadelloses Hochdeutsch ohne Dialekteinschlag.) Seine fein justierte Sprache bezeichnete Hannah Arendt einmal als »die reinste deutsche Prosa des Jahrhunderts«. Brod lobte, Kafkas Sprache sei »Feuer, das aber keinen Ruß hinterläßt«.[7]

Ist Kafka nur auf Deutsch überhaupt möglich? Wiederholt wies der Anwalt des Marbacher Literaturarchivs darauf hin, dass Kafka deutsch sei, weil seine Sprache Deutsch sei und seine Kunst nur auf Deutsch ihren Ausdruck fände. Sie waren nicht die ersten und auch nicht die entschiedensten Verfechter dieser Ansicht. »Seine Sprache war Deutsch«, schrieb Cynthia Ozick 1999, »und darauf kommt es vermutlich an. Dass Kafka – in Prag, dieser deutschfeindlichen Stadt – auf Deutsch atmete, dachte, strebte und litt, könnte als die ultimative Exegese aller seiner Schriften herhalten. Als er entschieden, ja triumphierend erklärte, dass er nichts sei ›als Litteratur und nichts anderes sein kann und will‹, konnte er damit nur das deutsche Idiom und Wesen meinen, deutsche Wurzeln und Verwurzelung, die ihn geprägt und die sich seiner bemächtigt hatten.«[8]

Ob er sich auch *ihrer* bemächtigte, ist eine völlig andere Frage. In einem Brief an Brod bezeichnet Kafka jüdische Prosa auf Deutsch als »eine von allen Seiten unmögliche Literatur, eine Zigeunerliteratur, die das deutsche Kind aus der Wiege gestohlen und in großer Eile irgendwie zugerichtet hatte, weil doch irgendjemand auf dem Seil tanzen muß«. Kafkas meisterlicher Umgang mit der deutschen Sprache ist untrennbar verbunden mit seiner Angst, von diesem schrecklichen Seil zu fallen.[9]

Warum bemühte sich das Deutsche Literaturarchiv um Kafkas literarische Hinterlassenschaften und stand acht Jahre juristischen Ringens durch? Hatte es mit der Rolle zu tun, die Kafka für die Vergangenheitsbewältigung der Deutschen spielte?

Kafka war »der Stolz und der Rückhalt« bewusst, »den die Nation durch eine Litteratur für sich und gegenüber der feindlichen

Umwelt erhält«.[10] Ein nationales Literaturarchiv, ob in Marbach, in Jerusalem oder sonstwo, ist kein neutraler Aufbewahrungsort, keine willkürliche Ansammlung von Texten: Es ist ein Schrein für das nationale Gedächtnis und den Fortbestand dieses Gedächtnisses. Wie eine Kirche durch Reliquien und eine Synagoge durch den Thoraschrein geheiligt wird, so befriedigt das Archiv als eine Art Reliquiar das Bedürfnis einer Nation, sich von anderen zu unterscheiden. Das Archiv ist ein Tabernakel, das seine Legitimierung aus dem ableitet, was es aufbewahrt. Deshalb flüstern wir in Bibliotheken und Archiven, wie wir in Kirchen flüstern.

Im Archiv verwandelt sich der Dichter in einen Heiligen, das Private verschmilzt mit dem Öffentlichen, unbelebte literarische Nachlässe werden mit kollektiver symbolischer Bedeutung aufgeladen. (Und wie alles Materielle kann auch eine literarische Reliquie einer Person oder einer Gruppe gehören, unter Ausschluss einer anderen.) Sosehr sich die Verwalter zurücknehmen mögen, sind sie nicht nur Wächter und Bewahrer, sondern auch privilegierte Interpreten, die aufnehmen und ausschließen, Authentizität bescheinigen, Verehrung autorisieren. Sie entscheiden, *welches* Material archiviert, *wie* es geordnet und *wem* es zugänglich gemacht wird. Schon das Wort »Archiv« deutet in diese Richtung, denn es leitet sich aus dem griechischen *archç* ab, »Anfang, Ursprung, erster Ort«. Die Herrschaft über das Archiv ist eine Form von Macht.

Das gilt besonders für Deutschland, wo es vor 1871, als Bismarcks Preußen die vielen Kleinstaaten zum Deutschen Reich zusammenführte, kein Volk gab, das den Namen »Deutsche« für sich hätte beanspruchen können. Es gab Sachsen, Bayern, Württemberger, Preußen und so weiter. Die deutsche Identität, so wird bekanntlich gern gewitzelt, ist die Suche nach Identität. Doch heißt es oft, das deutsche Volk habe sich trotz aller politischen

Divergenzen in seiner Literatur gefunden. Im Land der Dichter und Denker – das mit der nicht zu beantwortenden Frage beschäftigt ist, was es heißt, deutsch zu sein – vergewisserte man sich der nationalen Identität mit Hilfe der deutschen Literatur. (Wenngleich ihre Ideen nicht unbedingt auch umgesetzt wurden, wie Heinrich Mann 1910 in seinem Essay »Geist und Tat« beklagt: »Niemand hat gesehn, daß hier, wo so viel gedacht wird, die Kraft der Nation je gesammelt worden wäre, um Erkenntnisse zur Tat zu machen.«[11])

Sprache und Literatur dienten nicht nur als Vehikel für die Kommunikation, sondern auch als Schmelztiegel für den nationalen Zusammenhalt, in dem eine »deutsche« Identität geformt und die Zugehörigkeit zu der imaginären Gemeinschaft namens Deutschland definiert wurde. Die deutsche Literatur war viel älter als der geeinte deutsche Staat (wie auch die jüdische Literatur lange vor dem jüdischen Staat entstand). Die Gründungsdokumente Deutschlands (und später Israels) sind nicht etwa jene, in denen die Geburt des Staates festgehalten wird (wie etwa die Verfassung und die Unabhängigkeitserklärung der Vereinigten Staaten), sondern lange vor dieser Geburt verfasste Werke von Luther, Goethe, Schiller, Kleist oder Heine.[12]

Im Januar 1889 rief der Philosoph Wilhelm Dilthey den deutschen Staat dazu auf, ein Literaturarchiv zur »Pflege unseres nationalen Bewußtseins« zu gründen und zu finanzieren.[13] Die Zeit war reif. Im selben Jahr hatte man Schillers Nachlass in das vier Jahre zuvor gegründete Goethe-Archiv aufgenommen. Seither trägt die Literatur in einem andernorts unvorstellbaren Maß dazu bei, dass die Deutschen mit ihrem »Volksgeist« ins Reine kommen.

Genau aus diesem Grund reklamierten die Nationalsozialisten einerseits die deutschsprachige Literatur für sich und stellten sie andererseits infrage.[14] Der Untergang des Dritten Reichs wiederum löste mehr als nur eine politische Krise aus, galt es doch auch, das Zusammenspiel von Geist und Macht, Literatur und Machtpolitik neu zu bewerten. Im Schatten der Kriegsruinen wurde deutschen Schriftstellern bewusst, dass die Literatur in die Irre gegangen war und einer Neuausrichtung bedurfte. (Die deutsche Sprache, so Paul Celan, »musste hindurch gehen durch ihre eigene Antwortlosigkeit«.) So forderte die Gruppe 47, jener lose Kreis profilierter linksintellektueller Apostel der Nachkriegsliteratur, einen radikalen Traditionsbruch. Auf keinen Fall wollten sie einfach weitermachen, als wäre nichts geschehen oder als hätte deutschlandfeindliche Propaganda die Gräuel gar aufgebauscht, vielmehr sollte die Literatur dabei helfen, sich den Traumata, die ihr Land verursacht hatte, zu stellen.[15]

Zwischen 1947 und 1967 konzentrierten sich die bekanntesten Schriftsteller der Bundesrepublik – Heinrich Böll, Günter Grass, Martin Walser – auf eine Vergangenheit, die nicht verschwinden würde. Grass zufolge war oberstes Ziel nicht nur seiner eigenen Texte, sondern der deutschen Literatur insgesamt die Vergangenheitsbewältigung.

In diesem geistigen Umfeld entstand 1955 am Rande des Städtchens Marbach, dem Geburtsort Friedrich Schillers, das Deutsche Literaturarchiv. (Anlässlich Schillers 175. Geburtstag hatten am 21. Juni 1934 noch mehrere Tausend Hitlerjungen mit einem Marsch durch Marbach dem Dichter als Standartenträger des Nationalsozialismus und des »ewigen deutschen Geistes« gehuldigt.)[16] Das Archiv liegt hoch über dem Neckar in einem Platanenwäldchen auf der Schillerhöhe. Auf dem Campus bietet das Collegienhaus mit dreißig Wohnungen Gästen eine Unterkunft. Das Archiv wurde neben dem Schiller-Nationalmuseum errichtet, einem Bau mit zentraler Kuppel, der 1903 eröffnet und 1934 erweitert wurde. Dort sind unter anderem die Totenmaske, eine Weste, Handschuhe und Socken des Dichters ausgestellt. Über eine Grünfläche gelangt man in das Literaturmuseum der Moderne (LiMo), in dessen klimatisierten Räumen in gedämpftem künstlichem Licht Stücke aus den Sammlungen des Archivs zu sehen sind. Die Dauerausstellung, die nicht nach Autoren, sondern nach Jahren geordnet ist, enthält unter anderem Franz Kafkas Abiturzeugnis (1901), Manuskriptblätter von *Der Prozess* (1914–1915), die unvollendete Erzählung »Der Dorfschullehrer«, einen Brief an Max Brod (1917), drei Briefe (1920) und eine Postkarte (1923) an Milena Jesenská und sogar einen seiner Löffel. Hier wurde die Verehrung klassischer Dichter wie Schiller und Goethe auf moderne Schriftsteller wie Kafka übertragen.

Und hier prallten Kafkas Vergangenheit und die deutsche Gegenwart aufeinander.

Im Juni 2017 besuchte ich den damaligen Direktor des Marbacher Literaturarchivs Ulrich Raulff. Vor seiner Ernennung hatte Raulff als Feuilletonchef der *Frankfurter Allgemeinen Zeitung* und als Leitender Redakteur im Feuilleton der *Süddeutschen Zeitung* gearbeitet. Er war Mitherausgeber des Bandes *Heidegger und die Literatur* und verfasste ein preisgekröntes Buch über den deutschen Dichter Stefan George, den einige Nationalsozialisten als wichtigen Einfluss für sich reklamiert hatten. Als Raulff im November 2004 nach Marbach kam, setzte er sich das Ziel, das Profil des Archivs in der Öffentlichkeit zu schärfen. (Ende 2018 ist Raulff als Direktor des Archivs ausgeschieden, seit Januar 2019 leitet die Stuttgarter Germanistin Sandra Richter das Haus.)

Raulff begrüßte mich mit einem Lächeln, das ein wenig finster wirkte. »Also«, scherzte er, »was kann ich gegen Sie tun?«

In den Gerichtsverfahren in Israel, erzählte er mir, habe er von Anfang an auf Neutralität gesetzt und seinen Anwalt Sa'ar Plinner angewiesen, lediglich als Beobachter aufzutreten. Er zeigte sich als jemand, den man gegen seinen Willen ins Rampenlicht gezerrt habe, als sei er, ohne es zu wollen, in die Auseinandersetzung hineingezogen worden.

Endgültig gescheitert sei die Neutralitätstrategie 2010. Die schlechte Presse, die das Archiv zuerst in Israel, dann international erhielt, habe ihm Sorge bereitet, so Raulff, die Kontroverse habe ihn überrascht. »Vielleicht hatte sich das Empfinden der Israelis verändert«, sagte er, »und in Israel war ein neues Bewusstsein für das kulturelle Erbe entstanden.«

Raulff reiste daraufhin nach Israel, wo er sich mit Eva Hoffe und mit Vertretern der Nationalbibliothek traf. Um die Israelis zu besänftigen, schlug er für den Brod-Nachlass eine gemeinsame Eigentümerschaft vor. Vorbild war das Arrangement, das die Marbacher für die hundert Briefe und Postkarten, die Kafka zwischen September 1909 und Januar 1924 seiner Schwester Ottla geschrieben hatte, mit der Bodleian Library in Oxford planten; die beiden Institutionen hatten die Briefe für eine nicht genannte Summe im April 2011 gemeinsam erworben. Gemeinsame Katalogisierungsprojekte des Marbacher Archivs und der Nationalbibliothek in Jerusalem waren bereits im Gange.[17] Doch Raulffs Entgegenkommen wurde nicht erwidert, der Kompromissversuch scheiterte.

Kurze Zeit später, erzählte mir Raulff, löste der Prozess noch eine andere unangenehme Überraschung aus. Das Literaturarchiv hatte einen großzügigen Zuschuss der Alfried Krupp von Bohlen und Halbach-Stiftung in Aussicht, einer der größten Stiftungen Deutschlands. Zwischen 2001 und 2008 hatten die Marbacher dank einer Zuwendung über 169 000 Euro bereits sämtliche im Archiv befindlichen Kafka-Manuskripte fotografieren und digitalisieren können. Im Umfeld des Kafka-Prozesses jedoch scheiterte eine neuerliche Spende an der schwierigen Vergangenheit der Stiftung. Im Zweiten Weltkrieg hatte die SS ihrem Gründer, dem Industriellen und Waffenfabrikanten Alfried Krupp, Zwangsarbeiter aus Konzentrationslagern vermittelt, die unter schrecklichen Bedingungen in seinen Werken arbeiteten. In Nürnberg hatte ihn ein US-Militärgericht 1948 wegen Verbrechen gegen die Menschlichkeit verurteilt. Ohne jede Vorwarnung, so Raulff, widerrief die Krupp-Stiftung plötzlich die angekündigte Spende mit dem Hinweis, man müsse Namen und Ansehen der Einrichtung vor dem direkten oder indirekten Vorwurf schützen, sich in Israel am Raub von Kulturerbe zu beteiligen.

Im Jahr 2012 war Raulff so weit, dass er sein Engagement bereute, und wies Plinner an, sich aus dem Verfahren zurückzuziehen. Ihm lag an einer langfristigen Partnerschaft und guten Zusammenarbeit mit der Israelischen Nationalbibliothek mehr als an kurzfristigen Erfolgen, »die Logik der Forschung« ging über »die Logik der Sammlung«.[18] Seine Interessen, wenn überhaupt, hätten nationale Grenzen überstiegen, so Raulff. Ich fragte ihn, warum Plinner 2016 dann vor dem Obersten Gericht noch im Namen des Marbacher Archivs aufgetreten sei. Hätte Plinner ihn gefragt, antwortete Raulff, so »hätte ich ihn angewiesen, nicht vor dem Obersten Gericht zu erscheinen«.

Ich spürte einen tiefen Zwiespalt: Einerseits wollte Raulff als einer der wichtigsten Verwalter der literarischen Republik, der den Wert von literarischem Kapital und Prestige einzuschätzen vermag und genau weiß, wie Literatur in der »Kulturindustrie« zur Ware wird, eine einmalige Gelegenheit für das Archiv nutzen. (Schon Goethe hatte einst von einem »Freihandel der Begriffe und Gefühle« gesprochen.)[19] Mit ihren – hehren oder verwerflichen – Bemühungen, sich Kafka einzuverleiben, zielten die

Deutschen wie die Israelis darauf ab, seine Werke in nutzbare Güter zu verwandeln.

Andererseits musste Raulff den Eindruck vermeiden, dem jüdischen Staat Kulturerbe entreißen zu wollen. »Hätte Eva Hoffe gewonnen und sich an uns gewandt«, sagte Raulff, »wäre das für uns eine Katastrophe gewesen.« Ich fragte, was er gemacht hätte, wenn sie ihm Brods Nachlass angeboten hätte. »Ich hätte schlaflose Nächte gehabt«, erwiderte Raulff.

In unserem Gespräch hörte ich immer wieder die Überzeugung heraus, nur die Israelis hätten eigene Interessen vertreten, wohingegen das Marbacher Literaturarchiv als uneigennütziger, neutraler, ja passiver Beobachter aufgetreten sei; er klang, als sei Deutschland die wahre Heimat des menschlichen Geistes. Diese Haltung spiegelt eine Position der Stärke, der Mehrheitskultur wider: Nur wer seine eigenen Interessen bereits durchgesetzt hat, kann »uneigennützig« auftreten, nur wer literarisches Kapital angehäuft hat, kann sich den Luxus erlauben, die zweckfreie und zeitlose Universalität der Literatur zu betonen. Es ist durchaus möglich, etwas zu wollen, ohne sich einzugestehen, dass man es will. Bleibt festzuhalten, dass es, milde ausgedrückt, höchst ungewöhnlich gewesen wäre, wenn Plinner vor dem Obersten Gericht erschienen, Anträge eingereicht und seine Argumente formuliert hätte, ohne dass Raulff es gewusst oder autorisiert hätte.

Wollte auch der deutsche Staat als frei von eigenen Interessen dastehen? Wenn Politik, insbesondere Kulturpolitik, eine Form von Ästhetik ist, dann ist Uneigennützigkeit ein Ausdruck des guten Geschmacks. Die generelle Zurückhaltung Nachkriegs-Deutschlands, Eigeninteresse anzumelden, könnte mit der zwiespältigen Haltung gegenüber der Staatsmacht und ihrem möglichen Missbrauch zusammenhängen. In der Bundesrepublik hielt man sich, anders als in anderen Staaten, auffallend damit zurück, offen nationale Interessen zu verfolgen, als sei, sobald man solche heutzutage anmeldete, schon das Stakkato marschierender Knobelbecher zu fürchten.

In der gerichtlichen Auseinandersetzung präsentierte sich die deutsche Partei als aufrechte Mittlerin, die nicht Deutschland, sondern die Literatur per se repräsentierte, ja den europäischen Universalismus gegen israelischen Partikularismus vertrat, das ewige Licht, in dem sich andere Kulturen spiegeln. In dem Dokumentarfilm über den Prozess *Kafka's Last Story* (Regie Sagi Bornstein, 2011) antwortete Ulrich Raulff auf die Frage nach Kafkas Heimat: »Nirgendwo ist er zu Hause. Und überall.«

Aber Marbach ist natürlich nicht »überall«. Es liegt in einem Deutschland, das sich nach dem Krieg der Vergangenheitsbewältigung verschrieb, um all die alten Lügen hinter sich zu lassen: Juden könnten die deutsche Sprache nicht authentisch beherrschen, auch wenn sie sie fehlerlos schrieben; auf dem fruchtbaren Boden deutscher Prosa seien sie Wilderer oder bestenfalls geduldete Gäste; die von Juden gesprochene deutsche Mundart entspringe einer Aneignung fremden Eigentums. Diesen Klischees zufolge konnte ein – grundsätzlich unkreativer – jüdischer Autor die Sprache Kants, Schillers und Goethes allenfalls nachäffen. (Nicht zufällig handelt Kafkas Erzählung »Ein Bericht für eine Akademie« von einem sprechenden Affen.)[20] »Der Jude spricht die Sprache der Nation, unter welcher er von Geschlecht zu Geschlecht lebt, aber er spricht sie immer als Ausländer«, schreibt Richard Wagner in seinem berühmt-berüchtigten Aufsatz »Das Judenthum in der Musik« (1850). »In dieser Sprache, dieser Kunst kann der Jude nur nachsprechen, nachkünsteln, nicht wirklich redend dichten oder Kunstwerke schaffen.« Auch der deutsche Historiker Eduard Meyer stellt in seinem Buch *Die Entstehung des Judentums*

(1896) der arischen Kreativität die Nachahmung durch die Semiten gegenüber.[21] Juden galten als anders, weil sie eine andere Sprache (Hebräisch, Jiddisch) oder Deutsch mit »jüdischem« Akzent sprachen. So gut sie die Nachahmung auch beherrschten, war die Reinheit der deutschen Sprache und des deutschen Geistes für sie angeblich unerreichbar.

Auch einige jüdische Schriftsteller hatten den Mythos von der Nachahmung verinnerlicht. In seinem Aufsatz »Imitation und Assimilation« wies der Zionist Achad Haʼam darauf hin, dass »die Juden nicht nur einen Hang zur Imitation haben, sondern eine echte Begabung. Was immer sie imitieren, imitieren sie gut.« Der deutsch-jüdische Philosoph Franz Rosenzweig schrieb 1921 in *Der Stern der Erlösung*, dass »das ewige Volk« seine Sprache verloren habe und »überall die Sprache seiner äußern Schicksale spricht, die Sprache des Volkes, bei dem es etwa zu Gast wohnt«. Hebräisch wiederum, ihre »heilige Sprache«, gehöre nur Gott allein.[22]

Sofern Juden nicht Nachahmung vorgeworfen wurde, galten sie, manchmal auch in der eigenen Wahrnehmung, als bloße Verwalter der deutschen Literatur und Sprache. Der zionistische Literaturwissenschaftler Moritz Goldstein veröffentlichte 1912 in der angesehenen Zeitschrift *Der Kunstwart* den Aufsatz »Deutsch-Jüdischer Parnaß«, der eine heftige Kontroverse auslöste. »Wir Juden verwalten den geistigen Besitz eines Volkes, das uns die Berechtigung und die Fähigkeit dazu abspricht«, behauptete Goldstein.[23] Max Brod äußerte sich ähnlich; in einem Brief an Martin Buber schrieb er im Januar 1917:

Wir Juden behandeln doch das Deutsche ganz anders als ein wirklicher Deutscher, z. B. Gerhart Hauptmann, Robert Walser, ja selbst als eine Mittelmäßigkeit wie Hesse. Uns ist die Sprache nur anvertraut, daher sind wir im rein Sprachlichen unschöpfe-risch […].[24]

Vor dem Zweiten Weltkrieg spielte Kafkas Judentum für die Deu-tung seiner Werke eine wichtige Rolle, von der Darstellung Kaf-kas als überzeugtem Zionisten (Brod) bis hin zur Interpretation seines Werks im Lichte des jüdischen Messianismus (Walter Ben-jamin). Hans-Joachim Schoeps regte 1937 gar eine Werkausgabe an, in der Kafkas Texte nach talmudischem Vorbild in der Mitte der Seite mit umlaufenden Kommentaren abgedruckt werden sollten.[25]

In der Kafka-Rezeption nach dem Krieg herrschte dagegen ein merkwürdiges Schweigen, was Kafkas Judentum anging. Kaf-ka-Bewunderer im Deutschland der Nachkriegszeit wussten na-türlich darum, auf ihre Interpretationen aber nahm es keinen Einfluss.

»Die inflationäre Kafka-Rezeption im Deutschland der fünf-ziger Jahre wurde natürlich maßgeblich von der unglücklichen Lesart Max Brods begünstigt, der Kafka ausschließlich als me-taphysisch-religiösen Seher darstellte«, schreibt Helmut Böttiger in seinem Buch über die Gruppe 47. »Hier fühlte sich der ›un-behauste Mensch‹ gern zu Hause.«[26] Zwar hat Brod Kafka nicht allgemein als religiösen Seher, sondern durchaus als *jüdischen* porträtiert. Doch das von Brod unterstrichene Judentum Kafkas wurde offenbar weder im Rahmen der Gruppe 47 noch in der Öf-fentlichkeit zum Gegenstand der Diskussion.

Diese deutsche Nachkriegskonstellation – das Werk eines jüdischen Schriftstellers gewinnt rasant an Popularität, wäh-rend sein Judentum weitgehend übersehen wird – schien eini-gen Beobachtern erklärungsbedürftig zu sein. Laut Alena Wag-nerová wirkte die leidenschaftliche Beschäftigung mit Kafka in

Deutschland wie »ein raffinierter Verdrängungsmechanismus«.[27] Der Philosoph Günther Anders, Hannah Arendts erster Ehemann, kritisierte »die glühende Neugierde, die nach 1950 unter den Deutschen ausbrach«, mit noch deutlicheren Worten:

> Die nach den maßlosen Verbrechen des Hitler-Regimes Schuldigen und Mitschuldigen, die zwar sehr gut wußten, was sie getan hatten, die aber nicht nur nicht angeklagt oder gar bestraft worden waren, sondern, bis auf wenige Ausnahmen, selbstgerecht und selbstgefällig weiterlebten, die waren vermutlich dankbar, daß man ihnen eine *antipodische Figur* lieferte. [...] *Durch die Vergötterung Kafkas löschte man die Tatsache, daß man dessen Millionen-Familie umgebracht hatte, wieder aus.*[28]

Falls es zutrifft, dass die Deutschen Kafka nach dem Krieg für ihre Absolution, für ihr Wohlbefinden instrumentalisierten, mag das indirekt auch den Stellenwert deutsch-jüdischer Studien in Marbach erklären. Mark Gelber von der Ben-Gurion-Universität berichtete 2004 in einem Vortrag in Tel Aviv:

> Wissenschaftler, die das Archiv besuchen, tragen täglich beim Eintreffen im Gästebuch Heimatstadt, Herkunftsland, Datum und Forschungsthema ein. Wer möchte, hat als Besucher also eine Vorstellung davon, welche anderen Kollegen da sind und worüber sie forschen, was Gespräche in der Kaffeepause und bei anderen Gelegenheiten erleichtert. Bei einem längeren Forschungsaufenthalt in Marbach 2003–2004 sprang mir die verhältnismäßig hohe Anzahl von Forschern ins Auge, die auf dem Gebiet der deutsch-jüdischen Literatur tätig sind. Ich habe zwar nicht genau Buch geführt, und es mag auf den ersten Blick aberwitzig klingen, aber ich würde sagen, dass ein Drittel bis die

Hälfte der Gäste in diesem Zeitraum über die Lyrik Paul Celans oder ein anderes Thema forschte, das mit deutscher Literatur und der Schoah in Zusammenhang stand. Etwa ein weiteres Viertel erforschte wichtige Vertreter oder Themen der deutsch-jüdischen Literatur- oder Kulturgeschichte; so sind offenbar Kafka und Walter Benjamin im Moment sehr beliebt. [...] Das Studium der deutschen Literatur war, so schien es, auf dem Altar eines seiner wichtigsten Tempel durch deutsch-jüdische Studien ersetzt worden.

Im Prozess in Israel stellten die Deutschen die Israelis in der Kafka-Forschung als Nachzügler dar. Dabei hatten die Deutschen zumindest auf diesem einen Gebiet lange Zeit selbst etwas nachzuholen: Die erste Konferenz in Deutschland, die sich mit Kafkas Judentum beschäftigte, wurde 1986 von Karl Erich Grözinger, Stéphane Mosès und Hans Dieter Zimmermann in Frankfurt organisiert. Der 1942 in Stuttgart geborene Grözinger gelangte, wie er später in seinem Buch *Kafka und die Kabbala* schrieb, zu dem Schluss, dass »da, wo Kafka – zumindest in *Der Proceß* und den genannten weiteren Stücken – über Gericht, Schuld, Sühne und Rechtfertigung spricht, er aus einem unmittelbaren Kontext jüdischer Gerichts- und Sündentheologie herkommt, also aus einem religiösen Kontext.«[29] Wie ich von Grözinger erfuhr, sagten damals viele renommierte deutsche Literaturwissenschaftler, unter ihnen Hartmut Binder, die Teilnahme an der bahnbrechenden Konferenz ab. Diejenigen, die teilnahmen, waren bestürzt über das, was sie hörten. Sie hätten nicht gewusst, wie sie Kafkas Judentum interpretieren sollten, so Grözinger. »Sie wehrten sich dagegen, dass ihnen der große deutsche Dichter aus den Händen gerissen würde.« Als fürchteten sie eine »Judaisierung« Kafkas.[30]

Die deutsche Literaturkritik arbeitet seit langem beharrlich daran, Kafka einzugemeinden und für sich zu reklamieren. Kafka habe das »klassische Erbe des deutschen Humanismus, das [er] zeit seines Lebens hoch verehrt und geliebt hat«, poetisch erneuert, schrieb etwa Wilhelm Emrich. Der von Paul Raabe herausgegebene Band *Sämtliche Erzählungen* erreichte in Deutschland seit 1970 eine Millionenauflage.[31] In einer Übersicht über die »Geschichte der deutschen Literatur« für Schülerinnen und Schüler listet *Die Zeit* die üblichen Epochen auf: Literatur des Mittelalters, Barock, Aufklärung, Sturm und Drang, Klassik, Romantik, Biedermeier und so weiter. Nur ein Schriftsteller erhält im deutschen Literaturkanon seine eigene Kategorie, zwischen Moderne und Expressionismus: Franz Kafka.[32]

»Juden und Deutsche haben vieles gemeinsam«, soll Kafka Gustav Janouch zufolge einmal gesagt haben. »Sie sind strebsam, tüchtig, fleißig und gründlich verhaßt bei den anderen. Juden und Deutsche sind Ausgestoßene.« Trotzdem schreibt Kafka in seinen Briefen und Tagebüchern so gut wie nie über Deutschland, und wenn, dann mit großer Gleichgültigkeit. Zwar lebte er vorübergehend mit Dora Diamant in Berlin, und auch seine Verlage residierten in Deutschland, doch war Kafka weder Deutscher noch Nicht-Deutscher. »[I]ch habe niemals unter deutschem Volk gelebt«, schrieb er an Milena Jesenská. »Kafka schrieb natürlich auf Deutsch«, so Philip Roth, »aber er war keinesfalls Deutscher. Er war bis ins Mark ein deutschsprachiger Bürger Prags und ein Sohn Prager Juden.«[3334]

Zu Lebzeiten wie auch im Nachleben wurde Kafka gern simplifizierend dargestellt, die Vielschichtigkeit seines Selbstbildes übersehen. In den letzten Monaten seines Lebens schrieb Kafka von Berlin aus an seine Schwester Elli:

Letzthin hatte ich ein Liebesabenteuer: Ich sass in der Sonne im Botanischen Garten … als eine Mädchenschule vorüberkam. Unter den Mädchen war eine hübsche lange blonde, jungenhafte, die mich kokett anlächelte, das Mäulchen aufstülpte und mir irgendetwas zurief. Ich lächelte natürlich überfreundlich zurück, auch als sie sich später mit ihren Freundinnen noch öfters nach mir umdrehte, bis mir allmählich aufging, was sie mir eigentlich gesagt hatte. »Jud« hatte sie mir gesagt.[35]

Dieser Jude saß gewissermaßen zwischen allen Stühlen. Jüdische Schriftsteller, schrieb Kafka einmal an Max Brod, »lebten zwischen drei Unmöglichkeiten [...]: der Unmöglichkeit, nicht zu schreiben, der Unmöglichkeit, deutsch zu schreiben, der Unmöglichkeit, anders zu schreiben, fast könnte man eine vierte Unmöglichkeit hinzufügen, die Unmöglichkeit zu schreiben«. Weder beabsichtigte Kafka noch behauptete er, diesen Wust von Unmöglichkeiten entwirren zu können.[36]

12 Laurel und Hardy

Hotel König Salomon, Tel Aviv, März 1939

Dort vergiengen [...] Stunden, in denen K. immerfort das
Gefühl hatte, er verirre sich oder er sei soweit in der Fremde,
wie vor ihm noch kein Mensch, eine Fremde, in der selbst
die Luft keinen Bestandteil der Heimatluft habe, in der man
vor Fremdheit ersticken müsse [...].

FRANZ KAFKA, *Das Schloss*[1]

Kurz nach seiner Ankunft in Tel Aviv empfing Max Brod im Hotel
König Salomon diverse Besucher. Als Erstes suchte ihn eine Delegation hebräischsprachiger Schriftsteller auf. Einer von ihnen,
der 63 Jahre alte Dichter Saul Tschernichowsky, ein gebürtiger
Russe, nahm Brod zur Seite. »Reden haben Sie jetzt genug gehört,
aber vielleicht brauchen Sie etwas Geld?« Tatsächlich mussten die
Brods zunächst von geliehenem Geld leben, solange sein »›Transfer‹ (Geldübertragung über London)« noch nicht eingetroffen
war. Bücher, Noten, Möbel und das geliebte Klavier kamen in zwei
»großen Lifts« aus Prag, ließen aber auf sich warten.[2]

Die zweite Delegation wurde vom renommierten Habima-
Theater entsandt, das sich, 1917 in Moskau gegründet, 1931 in Tel
Aviv niedergelassen hatte. 1958 wurde es offiziell als israelisches
Nationaltheater anerkannt. Brod war schon Jahre zuvor in Prag
durch die hervorragende Aufführung von Solomon An-Skis *Der
Dibbuk* auf das Habima aufmerksam geworden. Nun boten ihm
Abgesandte des Theaters Arbeit an.[3]

Brod war Mitte fünfzig, als er nach Tel Aviv übersiedelte. In seinem dreiteiligen Anzug, den er mit einer gewissen altmodischen Würde trug, fiel der bekannteste Vertreter der letzten Generation jüdischer Autoren aus Prag in den Straßen der Stadt auf. Brod, der in Tel Aviv in Sicherheit war, seiner verlorenen Welt jedoch nachtrauerte, legte ein Erinnerungsstück aus seiner Jugend an, das schwarz-rot-goldene Band der Lese- und Redehalle deutscher Studenten in Prag, in der er Kafka einst kennengelernt hatte. Prag, mittlerweile in blindem Nationalismus versunken, war tief in seinem Herzen verwurzelt.

Brods Alltag war von den hehren zionistischen Zielen, die er in Prag unterstützt hatte, weit entfernt. Er beklagte die sengende Sonne und die schwüle Hitze in der Stadt und spürte, dass sein mitteleuropäisches Temperament auch nicht ins literarische Klima Tel Avivs passte. In Prag hatte er sich leicht Ansehen erarbeiten können, hier dagegen tat er sich schwer mit der hebräischen Sprache und fand auch keine Anknüpfungspunkte zwischen Mitteleuropa und dem Nahen Osten. In den literarischen Zirkeln von Tel Aviv war er daher weniger präsent. Zwar lernte Brod, der begnadete Strippenzieher, die hellsten Sterne am hebräischen Firmament kennen: S. J. Agnon, Nathan Alterman, Chajim Hasas. Er freundete sich mit dem Dichter Schin Schalom (ein Pseudonym für Schalom Joseph Schapira) und dem Autor Aharon Megged an (Literaturredakteur bei der Zeitung *Dawar*). Er hielt den Kontakt zu Martin Buber, den er sogar als israelischen Außenminister vorschlug. Doch wie andere Schriftsteller, die in Israel lebten, aber auf Deutsch schrieben (unter ihnen Werner Kraft, Ilana Schmueli, Ludwig Strauss und Schalom Ben-Chorin), fand er zur etablierten Kultur keinen Zugang. Seine alte Rolle als öffentlich wirksamer Intellektueller konnte er nicht neu ausfüllen. Die Akustik hatte sich verändert.

In seinem Gedicht »Exorcism« schreibt der US-amerikanische Lyriker Robert Lowell: »Du kannst dein Talent nicht wie einen Koffer mit dir herumtragen.«[4] In Prag hatte sich Brods Talent daran gewöhnt, in den höchsten Tönen gelobt zu werden. In Tel Aviv stießen die meisten seiner Bücher auf Desinteresse. Einige historische Romane, etwa *Tycho Brahes Weg zu Gott*, waren vor seiner Auswanderung nach Palästina auf Hebräisch erschienen. Doch keins seiner philosophischen und religiösen Bücher, die ihm besonders am Herzen lagen, waren übersetzt worden. Im Jahr 1942 antwortete Brod dem israelischen Kritiker und Übersetzer Dov Sadan auf dessen Frage, warum er seine Bücher *Heidentum, Christentum, Judentum* und *Diesseits und Jenseits* nicht ins Hebräische habe übersetzen lassen, dass er bei den hebräischen Verlagen alle Hebel in Bewegung gesetzt, aber nichts erreicht habe.[5]

In einem Brief an Schin Schalom klagte Brod 1948, die Universitäten in Zürich und Basel hätten ihn zu Vorträgen über Kafka eingeladen, von der Jerusalemer Universität jedoch höre er nichts. So freundlich man ihn persönlich aufnehme, hatte er dem Freund bereits drei Jahre zuvor geschrieben, als Autor werde er von den hebräischen Literaten mit frostiger Distanz behandelt: »Nur wenn ich nichts mache, z. B. zum 60. Geburtstag, ist man von mir entzückt.«[6]

Die hebräische Literatur stand damals noch unter dem romantischen Einfluss Josef Chaim Brenners und Micha Josef Berdyczewskis und hatte den Anschluss an die europäische Literatur verloren, die die Romantik schon lange hinter sich gelassen hatte. Erst viel später, Mitte der 1960er Jahre, berief der Jerusalemer Bürgermeister Teddy Kollek Max Brod in die Jury des Jerusalem International Book Fair Prize (gemeinsam mit dem hebräischen

Dichter Abraham Schlonsky und dem jüdisch-elsässischen Dichter Claude Vigée). Doch alles in allem zeigte die israelische Gelehrtenrepublik wenig Interesse an jüdischen Schriftstellern wie Max Brod, die nicht auf Hebräisch schrieben. Brod sei in Israel ein Fremder gewesen, so Aharon Appelfeld.

Verschärft wurde die Situation dadurch, dass Brod mit der Sprache zu kämpfen hatte.[7] Er fand es einfacher, berichtet er in seiner Autobiografie, auf Hebräisch über Literatur zu referieren, als in der alten neuen Sprache Gemüse einzukaufen. Bis an sein Lebensende transkribierte Brod seine hebräischen Texte in lateinische Buchstaben. In einer handschriftlichen Notiz an Herrn Cohen vom Staatsarchiv schreibt Brod beispielsweise: »Ledaavoni hagadol, hineni assuk joter midaj. Bilti-efshari li leharzot al Kafka.« (Zu meinem großen Bedauern habe ich viel zu tun. Es ist mir unmöglich, einen Vortrag über Kafka zu halten.) So ging er auch vor, wenn er kleine Gedichte für Ester Hoffes Töchter verfasste oder wenn er Notizen für seine hebräischen Vorträge anfertigte. Die Schauspielerin Chana Rowina, die als Grand Dame des hebräischen Theaters galt, sprach Max Brod in Haifa nach einer gemeinsamen Veranstaltung an, auf der sie aus Stefan Zweigs Werk gelesen hatten: »Ihre Abhandlung war ausgezeichnet. Ihr Hebräisch ist schön. Nur eines stört: Man sieht, wie Ihre Augen von links nach rechts wandern.«[8]

Doch Brod ließ sich nicht zu einem Relikt der Vergangenheit abstempeln. Der selbsterklärte »jüdische Dichter deutscher Zunge« betrachtete weder in Prag noch in Tel Aviv das Hebräische als die einzige adäquate Sprache für jüdische Literatur.[9]

Manche Schriftsteller werden durch Emigration und Exil als »Fremdlinge in einem fremden Land« (Apostelgeschichte 7:6) geradezu gelähmt. Andere finden in der Kluft zwischen hier und dort erst ihren Takt. Dantes *Göttliche Komödie*, Voltaires *Candide*,

Victor Hugos *Les Misérables* und Heinrich Heines *Deutschland. Ein Wintermärchen* entstanden allesamt im Exil. »Durch den Verlust einer Harmonie mit dem umgebenden Raum«, schreibt der polnische Dichter Czesław Miłosz, »durch die Unmöglichkeit, sich in der Welt zu Hause zu fühlen, die für den Exilanten, Flüchtling, Emigranten so bedrückend ist, wird er paradoxerweise in die zeitgenössische Gesellschaft eingegliedert und, so er Künstler ist, von allen verstanden.«[10]

Brods ungeheure Produktivität setzte sich im neuen Land ungehindert fort. Er adaptierte seinen Roman *Rëubeni* für die Bühne und führte bei der Uraufführung im Habima-Theater am 1. Juni 1940 Regie. 1942 schrieb er eine Tragödie in vier Akten über den biblischen König Saul (eine mit Schin Schalom überarbeitete Fassung erschien 1944). In Zusammenarbeit mit dem Komponisten Marc Lawry und Schin Schalom verfasste er das Libretto zur ersten hebräischen Oper der Geschichte, *Dan der Wächter*, die 1945 uraufgeführt wurde. Er schrieb einen historischen Roman über die verzweifelte Liebe des Judas zu Jesus Christus (*Der Meister*, erschienen 1951 auf Deutsch, 1956 auf Hebräisch) sowie ein zweibändiges philosophisches Werk (*Diesseits und Jenseits*, 1947).[11] Und 1951 erschien *Die Musik Israels*, die erste umfassende Studie dieser Art.[12]

In der hebräischen Gewerkschaftszeitung *Dawar* hatte Brod eine regelmäßige Kolumne über Kunst und Kultur (*Pinkas Katan*, Notizbüchlein), in der er hebräische Shakespeare-Produktionen rezensierte und auch seine anhaltende Verehrung für Kafkas Vermächtnis zum Ausdruck brachte. In der Kolumne vom 14. November 1941 schrieb er: »Ich wollte ein Kafka-Archiv einrichten und zusätzlich einen Freundeskreis für Franz Kafkas Werk gründen, der sich für die Verbreitung seiner Schriften einsetzt, zum Verständnis seiner Werke beiträgt und die noch unveröffentlichten Manuskripte veröffentlicht. Keiner dieser Pläne hat bisher Früchte getragen, natürlich wegen des Krieges.«

Die angebotene Stelle als Dramaturg am Habima-Theater nahm Brod gern an. Sein bescheidenes Anfangsgehalt betrug 15 Palästinensische Pfund im Monat. Die Arbeit umfasste vor allem die Prüfung eingereichter Theaterstücke und das Verfassen von Ablehnungen. So schrieb er im April 1945 dem Theaterkritiker und Dramatiker Gerschon K. Gerschuni: »Mit großem Interesse habe ich Ihr Stück *Banner des Aufstands [Nes Ha-Mered]* gelesen, doch eine Produktion ist, fürchte ich, ausgeschlossen; diese schrecklichen Ereignisse sind für uns noch viel zu nah, wir haben nicht den nötigen zeitlichen Abstand. Aus diesem Grund hat das Theater prinzipiell beschlossen, Stücke über das Warschauer Ghetto vorerst nicht aufzuführen.« Offenbar wurde Brod von unaufgefordert eingeschickten Theaterstücken mit biblischer Thematik geradezu überschwemmt: »Nachdem ich fünf ›Moses‹, zehn ›König Ahab‹ und zwölf ›Esra‹ abgelehnt hatte, hätte ich am liebsten ein Schild an meiner Tür anbringen lassen, demzufolge man lieber die Originalbibel lese als ihre Bearbeitungen auf der Bühne bewundere.«[13]

Gegen den Widerstand der Theaterleitung erweiterte Brod in den Nachkriegsjahren das Spektrum des Theaters, das sich bis dahin auf volkstümliche Stücke jüdischer Schriftsteller wie Aharon Aschman, Scholem Alejchem und Salomon An-Ski konzentriert hatte. Ehe Brod für das Habima tätig wurde, hatte das Theater lediglich zwei Shakespeare-Dramen im Repertoire gehabt: *Der Kaufmann von Venedig* und *Wie es euch gefällt*. Brod lud den Regisseur Julius Gellner aus London ein, der Shakespeares *Sommernachtstraum* (1949) und *König Lear* (1955) auf die Bühne brachte.[14] Der britische Regisseur Peter Coe folgte 1961 mit *Julius Caesar*,

Tyrone Guthrie, ein Landsmann, inszenierte Sophokles' *Oedipus Rex* (1947), der österreichisch-schweizerische Regisseur Leopold Lindtberg Brechts *Mutter Courage* (1951).

»Er nahm eine recht angenehme, wenn auch nicht sehr einflussreiche Position als Mittler zwischen in- und ausländischen Schriftstellern und dem Theater ein«, so Freddie Rokem, Professor für Theaterwissenschaft an der Universität Tel Aviv. Seine Entscheidung, »im Stabe der Habima zu arbeiten, war unbedingt die richtige gewesen«, schrieb Brod in seiner Autobiografie. »Daran habe ich, auch in den Zeiten arger Krisen der führenden hebräischen Bühne, nie gezweifelt. Ich bin der Habima treu geblieben – und sie mir.«[15]

Ob das Theater seine Loyalität wirklich erwiderte, steht auf einem anderen Blatt. Eva Hoffe fand, das Habima habe sich Brods internationaler Beziehungen bedient, ohne ihm die Anerkennung zu geben, die er verdient hätte. So erhielt er beispielsweise nie ein Stimmrecht in dem Kollektiv, das über das Programm entschied, und auch seine Empfehlungen wurden mitunter überstimmt. »Er war von diesem Land so enttäuscht«, sagte Eva Hoffe. »Er hatte enorme Erwartungen, als er hier ankam, und was hat er für eine Ohrfeige bekommen.« Als weiteres Indiz für die fehlende Anerkennung ließe sich das Schicksal von Brods Habima-Archiv anführen. Wenn dem Theater Stücke angeboten wurden, formulierte Brod (in deutscher Sprache) auf Karteikarten eine Beurteilung darüber, ob das Theater sie produzieren sollte. Nach Brods Tod warf das Habima im Zuge einer Renovierung Brods Zettelkästen mit fast vierhundert Karten offenbar einfach weg. Lange galten sie als verschollen, bis sie Ende 2016 von Professor Tom Lewy von der Universität Tel Aviv wiederentdeckt wurden. Lewy erzählte mir, der rumänischstämmige Schauspieler Schimon Lew-Ari, der die Geschichte des hebräischen Theaters erforscht und das Israeli Center for the Documentation of the Performing Arts an der Universität Tel Aviv gegründet hatte, habe damals das Müllauto mit den Zettelkästen aufgehalten und Brods Karten gerettet. Danach schlummerten sie jahrelang in unbeschrifteten Kisten an der Universität Tel Aviv.[16]

Auf einer Abendgesellschaft in Jerusalem lernte ich einmal einen deutschen Doktoranden der Hebräischen Universität kennen, der die Ansicht vertrat, die Marbacher Archivare könnten Brods Nachlass besser verwalten als die Nationalbibliothek. Ich fragte ihn, warum. Er habe, erwiderte er, 2013 in der Universitätsbibliothek auf dem Berg Skopus im Regal für ausgemusterte Bücher zufällig ein hochinteressantes Buch gefunden: Max Brods Handexemplar seiner Heinrich-Heine-Biografie aus dem Jahr 1934. Darin fand der erstaunte Student mehr als hundert Kommentare und Korrekturen in Brods Handschrift. Der Bibliothekar konnte ihm nicht erklären, warum man das Buch wegwerfen wollte. Ein anderer Gast erzählte, er habe 2014 in der Nationalbibliothek ebenfalls unter den aussortierten Büchern Erstausgaben von mehreren Romanen Brods entdeckt.

Brod blieb seinem Versprechen, das Andenken Kafkas im neuen Land wach zu halten, immer treu. Zwei Tage in der Woche arbeitete er am Theater, die restliche Zeit verbrachte er nicht zuletzt damit, Kafkas Manuskripte abzutippen, zu redigieren und zu veröffentlichen. Brods Name wurde in diesen Jahren immer wieder in einem Atemzug mit Kafkas genannt. »In den Augen der Welt ist er zu einer Figur im Kafka-Mythos geworden; seine unabhängige Existenz hat er eingebüßt«, schrieb der New Yorker Literaturkritiker Irving Howe 1947.[17]

In einem Brief an Salman Schocken äußerte Brod 1951 den Wunsch, sein Buch *Franz Kafka: Eine Biographie* auch in Deutschland verfügbar zu machen. Unterdessen verfasste er in Tel Aviv noch drei weitere Kafka-Studien, alle auf Deutsch. Milan Kundera nannte die Trilogie, die Brod innerhalb von zwölf Jahren herausbrachte, »eine regelrechte Kanoniersoffensive«.[18]

Aharon Appelfeld berichtete später, wie Brod aus Tel Aviv in den Jerusalemer Stadtteil Rechavia kam, um vor einem Studienkreis zu sprechen. Brod habe an diesem Abend erklärt, Kafka sei

> ein jüdischer Schriftsteller nicht nur deshalb gewesen, weil seine Eltern und seine besten Freunde Juden waren, und auch nicht nur, weil er sich stark zur jüdischen Kreativität hingezogen fühlte und ein Gefühl für das Jiddische hatte, für jiddische Lyrik und jiddisches Theater, für die hebräische Sprache und für jüdisches Gedankengut. Auch das Wesen seiner Werke zeichne ihn als jüdischen Dichter aus. Denn wer war diese Person in *Der Prozess*, die angeklagt wurde, aber kein Verbrechen begangen hatte, diese angstgeplagte Person, die von einem Gerichtssaal zum anderen geschoben wurde, wer war diese Person, wenn nicht der verfolgte Jude?[19]

Die universitäre Elite des jungen Landes rümpfte unterdessen die Nase darüber, dass Brod Kafka als modernen Heiligen darstellte. Der prominente Literaturkritiker Baruch Kurzweil von der Bar-Ilan-Universität tadelte die »pseudo-religiösen Interpretationen«, die aus Kafka »einen Propheten der Erlösung und des Zionismus« machten. Anders als Brod urteilte Kurzweil, dass Kafka ein Jude sei, »für den das Judentum keinerlei Bedeutung hat«. Gershom Scholem, damals angesehener Lehrstuhlinhaber an der Hebräischen Universität, tat wie sein Freund Walter Benjamin Brods Kafka-Biografie aus dem Jahr 1937 als seichte und sentimentale Heiligenverehrung ab, die wegen der dilettantischen

Distanzlosigkeit und selbstgefälligen Geistlosigkeit ihres Autors wenig Aussagekraft habe. Benjamin, der Kafkas Werke seit Mitte der 1920er Jahre studierte, fühlte sich dem Autor eng verbunden. »Seine Freundschaft mit Brod«, schrieb er an Scholem, »ist für mich vor allem ein Fragezeichen, das er an den Rand seiner Tage hat malen wollen.« In einem anderen Brief versuchte er es 1939 mit einer Antwort: »Und was die Freundschaft mit Brod betrifft, so habe ich das Gefühl, der Wahrheit auf der Spur zu sein, wenn ich sage: Kafka als Laurel fühlte die lästige Verpflichtung, sich seinen Hardy zu suchen – und der war Brod.« Kafkas Los sei es gewesen, »überall auf Leute zu stoßen, die aus dem Humor eine Profession machten: auf Klowns«.[20]

Trotz aller Schwierigkeiten mit der Sprache, dem literarischen Klima und der Kulturelite seiner neuen Heimat kam eine Rückkehr nach Europa nach der Katastrophe für Brod, wie er seinem alten Freund Hans-Joachim Schoeps erklärte, nicht infrage. Schoeps, deutsch-jüdischer Religionshistoriker, hatte in den dreißiger Jahren mehrere wichtige Aufsätze über die jüdisch-theologische Bedeutung Kafkas verfasst. Kurzzeitig hatte er an der Herausgabe der ersten postum erschienenen Sammlung von Kafkas Erzählungen mitgearbeitet (*Beim Bau der chinesischen Mauer*, 1931). Obwohl sich Brod und Schoeps in der jüdisch-theologischen Interpretation von Kafkas Werk einig waren, gingen ihre Ansichten in der Frage des Zionismus auseinander. Im August 1932 schrieb Schoeps an Brod:

Und was den Zionismus anlangt, werden wir wohl zu keiner Verständigung kommen können. Die Erlebnisinhalte, die man haben muß, um Zionist zu werden, sind mir nie zuteil geworden und das, was mir völkische Verwurzelung gibt, liegt Ihnen fern.

[…] Allerdings muß ich darüber hinaus mit gutem Grund bezweifeln, daß der Zionismus objektiv die Rückkehr des Judentums zu sich selbst darstellt. Ich kann bei bestem Willen nichts anderes sehen, als eine Spätblüte des westeuropäischen Imperialismus, der selber wieder säkularisierter abendländischer Reichsgedanke ist. Der Zionismus ist keine religiöse Bewegung; die Konzeption des jüdischen Volkes säkularisiert sogar das Religiöse, macht aus dem Gottesvolk ein weltliches Volk und entstellt so die jüdische Wirklichkeit.

Knapp zwei Jahre später resümierte Brod:

Ich bedauere sehr, daß eine so ungeheure sachliche Differenz zwischen uns klafft, die es mir nur schwer ermöglicht, die guten Gefühle, die ich anfangs für Sie hatte, zu bewahren.

Was die Kafka-Edition anlangt, so möchte ich Sie bitten, die noch in Ihrem Besitz befindlichen Kafka-Manuskripte an Herrn Dr. M. Spitzer zu übergeben und sich von ihm die Rückstellung bestätigen zu lassen. Ich werde nämlich im Verlag Schocken eine Gesamtausgabe Kafkas herausgeben. Soweit sie [sic] bisher an der Edition mitgearbeitet haben, wird selbstverständlich auch in der neuen Ausgabe Ihr Anteil an der Arbeit hervorgehoben werden.[21]

Der preußische Patriot Schoeps hatte die Kriegsjahre in Schweden überlebt. Obwohl seine Mutter in Auschwitz und sein Vater in Theresienstadt ermordet worden waren, kehrte er 1945 nach Deutschland zurück und lehrte Theologie an der Universität Erlangen. Im Juni 1946 schrieb Brod an Schoeps:

Es ist das größte Verbrechen der Weltgeschichte, daß die deutsche Nation diese Mordbande a.) zur Macht kommen ließ b.) ihnen Millionen von Helfershelfern stellte. Dieses Verbrechen kann nie gesühnt werden, es hat metaphysische Tiefen erreicht. Ich verstehe daher nicht, wie Sie Lust haben können, inmitten dieses verruchten Volkes leben und lehren zu wollen.[22]

Am 15. Mai 1948 marschierten die Armeen des Iraks, Ägyptens, Jordaniens, Libanons und Syriens in den Staat ein, den David Ben-Gurion soeben ausgerufen hatte. Der Israelische Unabhängigkeitskrieg überraschte Brod in Genua auf der Rückreise aus der Schweiz, wohin ihn sein erster Besuch in Europa seit seiner Flucht 1939 geführt hatte. Aus Angst vor einer drohenden Invasion und »Vernichtung« durch die arabischen Streitkräfte schrieb er am 22. Mai an Hermann Hesse. Er appellierte an den damals fast 71 Jahre alten Nobelpreisträger, sein internationales Ansehen einzusetzen, »die Stimme in dieser tragischen Stunde der jüdischen Geschichte« zu erheben und »das Gewissen der Menschheit aus dem Tiefschlaf zu wecken«. Nicht nur Menschen, fügte Brod hinzu, sondern auch Kulturschätze wie Kafkas Manuskripte seien vom Krieg bedroht. Am 25. Mai 1948 antwortete ihm Hesse aus der Schweiz. »Nein, so schön und edel Ihre Absicht ist, ich kann Ihre Auffassung nicht teilen«, erwiderte er. »Ich halte im Gegenteil jede ›geistige‹ Scheinaktion, jedes Mahnen, Bitten, Predigen oder gar Drohen der Intellektuellen den Herren der Erde gegenüber für falsch, für eine weitere Schädigung und Herabwürdigung des Geistes [...]. Wir haben weder zu predigen noch zu befehlen noch zu bitten, wir haben inmitten der Höllen und Teufel standzuhalten«.[23]

Noch während des Unabhängigkeitskriegs und in den Monaten danach verarbeitete Brod seine Ängste in dem Roman *Un-*

ambo, der 1949 auf Deutsch erschien. Darin bietet ein merkwürdiger Mann, »der Dicke«, dem liebenswerten Protagonisten mit dem sprechenden Namen Helfin einen Teufelspakt an: Mittels einer »Verdoppelungsmaschine« könne er zwei Leben »zu gleicher Zeit« leben, als Pionier und Soldat in Palästina sowie als Filmproduzent in Europa. (Brod bildete den Titel seines Romans und die Bezeichnung der Apparatur aus den lateinischen Wörtern *uno* (eins) und *ambo* (beide).) Die Entscheidung, die der Autor treffen musste, wird Helfin erspart.[24]

Brod entschied sich für Tel Aviv. Im Juli 1949 schrieb er an seinen alten Freund, den in Stockholm im Exil lebenden deutsch-jüdischen Literaturkritiker Walter Berendsohn, es sei gut, »daß wir uns auf eigene Füße gestellt haben und nicht mehr nach Urteilen anderer über jüdisches Wesen, jüdische Eigenart schielen müssen«.[25]

Zwar blieb für Brod im neuen Land die Anerkennung weitgehend aus, doch 1948, zehn Jahre nach seiner Übersiedelung, wurde ihm der Bialik-Preis für schöne Literatur und Wissenschaft des Judentums zugesprochen. Der nach dem Dichter Chaim Nachman Bialik benannte Preis war der erste hebräische Literaturpreis und in Israel die angesehenste literarische Auszeichnung. Genau genommen wurde nicht Brod geehrt, sondern sein achthundert Seiten starker historischer Roman *Galilei in Gefangenschaft*. Das Buch sei »vom jüdischen Geist und vom immerwährenden Ideal des Volkes Israel durchdrungen«, so die Jury-Begründung. Brods Roman war von Dov Sadan aus dem Deutschen ins Hebräische übersetzt worden, der damals in der Programmleitung des Verlags Am Oved arbeitete; 1965 wurde Sadan Knesset-Abgeordneter, und Jahrzehnte später (1980) erhielt auch er den Bialik-Preis.

Bei der Preisverleihung am 11. Januar 1949 bedankte sich Brod auf Hebräisch und bekundete seine Hoffnung, mit diesem Preis in die Reihen der hebräischen Schriftsteller aufgenommen zu sein. Doch die Kollegen sollten diese Hoffnung nicht einmütig erfüllen. David Schimoni, Vorsitzender des Hebräischen Schriftstellerverbandes und später Präsident der 1953 gegründeten Akademie für die Hebräische Sprache, erhob acht Tage nach der Preisverleihung Einspruch gegen die Entscheidung der Jury. Ein auf Deutsch geschriebenes Werk komme unter keinen Umständen für einen Preis infrage, der originär hebräischer Literatur vorbehalten sei, so Schimoni. Für ihn und die Mitglieder seines Verbands war *Galilei in Gefangenschaft* eher ein Corpus Delicti als ein preiswürdiger Roman.

Zwar enthielt sich Schimoni direkter Kritik an Brod, doch die öffentliche Kontroverse setzte sich fort. Im Februar verurteilte der Übersetzer Isaac Loeb Baruch in der rechtskonservativen Tageszeitung *Herut* Sadans Übersetzung des Romans aus dem Deutschen als »sprachlichen Müll«. Sollte Brods Auszeichnung Bestand haben, sei eine Abwärtsspirale zu befürchten, an deren Ende womöglich ein jiddischsprachiger Autor den Preis für sich beanspruchen könnte – eine grauenhafte Vorstellung.

Natürlich wurde Brods Würdigung auch verteidigt und als Beispiel dafür gewertet, dass jüdische Literatur in einer nicht-jüdischen Sprache durchaus möglich sei. Verfechter dieser Ansicht plädierten dafür, den Bialik-Preis für alle Sprachen zu öffnen, um der hebräischen Literatur, die in provinzieller Gleichförmigkeit zu erstarren drohe, frischen Wind einzuhauchen.

Doch der Schaden ließ sich nicht mehr rückgängig machen. Brod äußerte sich öffentlich nie zu der Kontroverse und erwähnt den Preis bezeichnenderweise auch in seiner Autobiografie mit keiner Silbe.

Nach dem Eklat um den Bialik-Preis flogen Brod und Ester Hoffe gut zehn Jahre lang immer wieder nach Deutschland, wo Brod in vollbesetzten Hörsälen vor deutschen Studierenden sprach. Entweder referierte er über Kafka (so 1954 an dessen 30. Todestag in Berlin), oder er plädierte für eine klare Trennung zwischen der deutschen Kultur und Sprache einerseits und den Verbrechen des Dritten Reichs andererseits. In den Jahren, in denen er sich ohne jeden Zweifel der deutschen Literatur zugehörig gefühlt habe, habe er voller Dankbarkeit Goethes und Hölderlins Lyrik gelesen, so Brod. Immer wieder appellierte er an die jungen Leute, die sich noch an die Kriegsjahre erinnerten, sie mögen den Unterschied zwischen Nationalsozialismus und Deutschtum erkennen und begreifen, dass die deutsche Literatur nicht für die NS-Verbrechen verantwortlich gemacht werden dürfe.

Im Jahr 1964 erschien anlässlich Brods 80. Geburtstag in der israelischen Zeitung *Ma'ariv* ein Interview, in dem der Journalist Refael Baschan das Thema noch einmal ansprach.

»Die meisten Ihrer Bücher sind zunächst auf Deutsch erschienen, Sie gehen auf Vortragsreisen nach Deutschland, Sie treten dort im Radio und im Fernsehen auf. Glauben Sie an ein ›anderes Deutschland‹?«

»Mein Herr«, erwiderte Brod, »ich habe mit Deutschland eine ganz besondere Rechnung offen. Zu meinem fünfzigsten Geburtstag machte mir Propagandaminister Joseph Goebbels ein Geschenk: ein offizielles Manifest, das dazu aufrief, meine Bücher auf dem Scheiterhaufen zu verbrennen! [...] Die Deutschen ermordeten auch meinen geliebten Bruder Dr. Otto Brod. [...] Was soll ich also dazu sagen? Dass ich die Deutschen nicht kenne? Aber ich habe auch Anständige unter ihnen gefunden, und wenn ein Deutscher anständig ist, dann ist er sehr anständig!«[26]

In seinen letzten Lebensjahren begab sich Brod in seinen Texten wieder auf vertrautes Terrain. Er schrieb Vorworte und Nachworte für hebräische Ausgaben etwa von Heinrich von Kleist oder Oskar Baum und protegierte deutschsprachige Autoren in Israel. Seine Bühnenbearbeitung von Kafkas *Das Schloss* wurde 1954 am Cameri-Theater in Tel Aviv aufgeführt. (Wie Eva Hoffe mir erzählte, traf es Brod schwer, dass sein eigenes Habima-Theater das Stück nicht aufführen wollte. Es sei dann aber ein »unvergesslicher Erfolg« gewesen.)[27] In Romanen wie *Jugend im Nebel* (1959) und *Die Rosenkoralle* (1961), einem Roman über seine Gymnasialzeit, kehrte Brod aus weiter Ferne in die sorglose Prager Jugend zurück. Anfang der sechziger Jahre verfasste er *Der Prager Kreis*, ein autobiografisch gefärbtes Porträt der Schriftsteller, die die Stadt an der Moldau in den letzten Jahren des Habsburger Reichs zu einem kulturellen Mekka gemacht hatten, unter ihnen Felix Weltsch, Hugo Bergmann und Franz Werfel. Brod wollte einen solchen Kreis auch in Tel Aviv ins Leben rufen und nahm deshalb am literarischen Salon für deutschsprachige Juden teil, den seine Schwägerin Nadja Taussig in ihrer Wohnung in der Mapu-Straße betrieb. (Im März 2018 wurden siebzig Briefe Brods an Taussig im Auktionshaus Kedem in Jerusalem versteigert.)

Die ganze Zeit aber trieb Brod das tiefe Verlangen, in Israel verstanden zu werden. In dem Interview für *Ma'ariv* wurde er nach seinen Plänen gefragt. »Pläne? Was für Pläne kann ein Mann mit achtzig noch haben? Ich träume davon, dass meine Autobiografie, die bereits in aller Welt erschienen ist, auch ins Hebräische übersetzt wird. Das ist mein großer Traum. Ich wünschte mir so sehr, dass mich die israelische Jugend besser kennenlernte!«[28]

13 Brods letzte Liebe

Max Brods Wohnung, Ha-Jarden-Straße 16,
Tel Aviv, 2. April 1952

Amalia lächelte, und dieses Lächeln, trotzdem es traurig war,
erhellte das düster zusammengezogene Gesicht, machte die
Stummheit sprechend, machte die Fremdheit vertraut [...].
KAFKA, *Das Schloß*[1]

Im Jahr 1942 musste Max Brod drei schwere Verluste verkraften.
Ende Februar erfuhr er vom Selbstmord seines alten Freundes
Stefan Zweig in Brasilien. Die Nachricht führte ihm erneut vor
Augen, welch gewaltige kulturelle Katastrophe die jüdischen Exi-
lanten ereilte, die nicht das Glück gehabt hatten, nach Palästina
zu gelangen. In seinem Buch *Prophets without Honor* bittet Frede-
ric V. Grunfeld, der 1938 mit seiner Familie von Deutschland nach
New York geflohen war, sich vorzustellen,

> dass T. S. Eliot in Peru im Exil gestorben wäre, dass der greise
> Bernard Shaw auf einem Schiff nach Amerika Selbstmord be-
> gangen hätte, dass Hemingway und Fitzgerald wie auch Rodgers
> und Hammerstein ihre letzten Tage in einem kleinen Dorf in
> Guatemala hätten verbringen müssen [...], dass William Faulk-
> ner Spanisch gelernt hätte, um an einer Schule in Caracas zu
> unterrichten.[2]

Diese Vorstellung vermittelt eine Ahnung von Brods Bestürzung, als das Land Goethes und Schillers seine jüdischen Kolleginnen und Kollegen (unabhängig davon, wie viel sie zur deutschen Kultur beigetragen hatten) verbannte und die letzten Hüter des mitteleuropäischen Humanismus in alle Winde zerstreute.

Im März 1933, fast zehn Jahre zuvor, hatte der ebenfalls im Exil lebende Joseph Roth seinem Gönner Stefan Zweig geschrieben: »Wir kommen eher aus der ›Emanzipation‹, aus der Humanität, aus dem ›Humanen‹ überhaupt, als aus Ägypten. Unsere Ahnen sind Goethe Lessing Herder nicht minder als Abraham Isaac und Jacob.«[3] Roth starb sechs Jahre später verarmt in Paris, kurz nachdem er erfahren hatte, dass sich der Dramatiker Ernst Toller in New York erhängt hatte. Auch ihre Schicksale bedrückten Brod, der Roths Aufsätze im *Prager Tagblatt* veröffentlicht und ihn mit dem Paul Zsolnay Verlag zusammengebracht hatte.

Der zweite Verlust des Jahres 1942: Im August starb Brods Frau Elsa in Tel Aviv einen Tag vor ihrem 59. Geburtstag. Elsa und Max waren 29 Jahre verheiratet gewesen. Schon in Prag hatte die Ehe unter Brods Schürzenjägerei gelitten. So schreibt der Kafka-Biograf Ernst Pawel über Brod, »offiziell blieb er verheiratet, inoffiziell ging er [...] seinen amourösen Abenteuern nach.«[4] Brod hatte Kafka viele außereheliche Affären gebeichtet, etwa mit einer verheirateten Frau in Brünn oder dem katholischen Zimmermädchen Emmy Salveter in Berlin (später als Schauspielerin unter dem Namen Änne Markgraf bekannt). Kafka übernahm den Part des taktvollen Beraters, wenn wieder einmal eine Liebschaft Brods Ehe in Gefahr brachte.

Ende des Jahres erlitt Brod, wie er seinem Freund Schin Schalom schrieb, die bitterste Enttäuschung: Die aufstrebende Habima-Schauspielerin Ella Berglass, eine gebürtige Tschechin, die Schalom als atemberaubend schön beschrieb, beendete ihre

Affäre ohne Vorwarnung.[5] Brod befürchtete, sie könnte ihn ausgenutzt haben, um ihre Karriere voranzubringen, nannte sie egoistisch und berechnend. Sein Hass war so groß, dass er Schalom das Versprechen abnahm, sie auch nach Brods Tod nie wiederzusehen.

Brod stürzte in eine Krise:

> Es war eine langdauernde und tiefaufwühlende Revolution in mir, namentlich seit dem Tode meiner Frau. Die große Frage »Ist die Seele unsterblich […]?« schrie nach Antwort. – Nach dem Ende des Krieges, als ich die Nachricht erhielt, daß man meinen Bruder in Auschwitz vernichtet hatte, trat eine weitere, ebenso uralte Frage mit der gleichen Dringlichkeit hervor: »Wie läßt sich das Leiden der Welt mit dem Glauben an einen allmächtigen und allgütigen Gott vereinbaren?«[6]

Trost kam von unerwarteter Seite. Kafkas ständige Präsenz und seine Manuskripte brachten Brod mit einer Frau zusammen, die 22 Jahre jünger war als er und ihm fortan 26 Jahre lang als Sekretärin und Vertraute dienen sollte.

Ilse Hoffe wurde 1906 als Tochter von Josef und Hedwig Reich in Opava (Troppau) geboren. Troppau war die Hauptstadt des damaligen Kronlandes Schlesien, aber auch ein Zentrum des »großdeutschen« Antisemitismus unter Führung des ultrarechten Politikers Georg Ritter von Schönerer. Kurz nach der Geburt der beiden Töchter Ilse und Marion zog die Familie Reich nach Prag in eine Wohnung am Havlíčkovo-Platz im Arbeiterviertel Žižkov, zu Fuß etwa fünfundzwanzig Minuten von dem Friedhof entfernt, auf dem Kafka 1924 beerdigt wurde. In Prag lernte Ilse ihren zukünftigen Ehemann Otto Hoffe kennen.

Otto, einundzwanzig Jahre älter als Ilse, war in dem Dorf Myslkovice (Miskowitz) zur Welt gekommen, knapp 250 Kilometer westlich von Troppau und eineinhalb Fahrstunden südlich von Prag gelegen. Nachdem er mit vierzehn Jahren seine Eltern verloren hatte, war er von der Familie des tschechisch-jüdischen Großindustriellen Jindřich Waldes aufgenommen worden. Nach der Hochzeit mit Ilse 1930 fand er eine Anstellung als Betriebsleiter in der von Waldes gegründeten Koh-i-noor-Fabrik im Prager Viertel Vršovice. Anfang der dreißiger Jahre kamen die beiden Kinder Ruth und Eva auf die Welt. (Nach dem Krieg kümmerten sich Mitglieder der Familie Waldes, die nach Amerika geflüchtet waren, um Ottos Pension.)

Anfang der vierziger Jahre erhielten die Hoffes durch Ilse die Genehmigung der deutschen Besatzungsbehörden, einen zweiwöchigen Urlaub in Deutschland zu verbringen. Am Vorabend der Abreise durchsuchten Gestapo-Leute die Wohnung, um sich zu vergewissern, dass die Familie nur für einen Urlaub gepackt hatte. Im Nachtzug verschwiegen Ilse und Otto ihren Töchtern, dass sie nicht nach Prag zurückkehren würden. Eva erzählte mir, sie erinnere sich noch daran, zum gleichmäßigen Rattern der Eisenbahn Lieder vor sich hin gesummt zu haben.[7]

Von Deutschland aus floh die Familie Hoffe ins Vichy-Frankreich. Otto wurde in ein Internierungslager bei Paris gebracht. Eva und Ruth fanden in Villard-de-Lans nahe Grenoble Zuflucht. Mehrere Monate lang reiste Ilse ständig hin und her, im verzweifelten Bemühen, gleichzeitig ihre Mädchen zu schützen und ihren Ehemann zu befreien. Mit Hilfe von Verwandten in den Vereinigten Staaten erhielt sie schließlich die Einreisegenehmigung für Palästina. Die Familie erwarb bei der Reederei *Messageries maritimes* Schiffskarten nach Haifa und ging in Marseille an Bord des französischen Passagierschiffs *SS Patria*.

Eva Hoffe erzählte, ihr Vater habe zeitlebens kein Wort über seine Internierung verloren. »Er hüllte sich in Schweigen«, sagte sie. Ilse, die unter Menschen auflebte, lachte viel und gern. (»Wenn wir ins Café gingen, drehten sich alle nach uns um«, erzählte Eva.) Doch innerlich quälte sie der Verlust der Heimat. Ihre Mutter habe in ihrer Wohnung in Tel Aviv manchmal mit den Fäusten gegen die Wände getrommelt, als könnten sie ihren Schmerz schlucken, so Eva Hoffe.

Nachdem sie wohlbehalten in Palästina eingetroffen waren, zogen die Hoffes in eine Dreizimmerwohnung in der Spinoza-Straße von Tel Aviv, die sie sich mit zwei weiteren Familien teilten. Otto Hoffe fand Arbeit als Buchhalter in einer Fabrik für Stoff-farben im nahe gelegenen Ramat Gan. Sein Schreibtisch stand zwischen großen brodelnden Farbbottichen.

Als Otto Hoffe 1942 einen Hebräischkurs (*ulpan*) besuchte, lernte er dort seinen Landsmann Max Brod kennen. Wenige Tage später stellte er Brod seiner Frau Ilse vor. In ihrem ersten Gespräch erzählte ihr Brod, dass er in Prag ihre Mutter Hedwig Reich kennengelernt habe. Sie hatten zehn Jahre zuvor als Freiwillige bei einer Hilfsaktion für das wirtschaftlich desolate Erzgebirge an der Grenze zwischen Sachsen und Böhmen zusammengearbeitet.[8]

Die drei Flüchtlinge fanden beieinander, was sie in ihrer neuen Umgebung vermissten. »Meine Eltern und Max waren keine Israelis«, erzählte mir Eva Hoffe. »Sie verstanden die israe-lische Kultur nicht. Von ihrem Denken her waren sie Internatio-nalisten.« Brod, der noch unter dem Tod seiner Frau Elsa und dem Verlust seiner Geliebten Ella litt, aß fortan am Sabbat bei Familie Hoffe zu Abend. Bei ihnen fühlte er sich zu Hause. Er lud die Hoffes zu klassischen Konzerten in der Israelischen Philhar-monie und zu Premieren im Habima-Theater ein. Sie wiederum baten ihn zu sich, um gemeinsam Radio zu hören.

Im Dezember 1958 gab der Pianist Glenn Gould in Tel Aviv ein Konzert. Danach, so erinnert er sich, kam Brod

mit einer Dame hinter die Bühne, die ich für seine Sekretärin hielt, und gab einige freundliche Laute von sich, und diese Dame, deren Namen ich nicht mitbekam, kam zu mir – bedenken Sie, daß ich gerade Beethovens *Zweites* gespielt hatte – und sagte mit einem ziemlich starken deutschen Akzent (verschwörerischer Flüsterton): »Herr Gould, wir haben schon mehrere Konzerte von Ihnen in Tel Aviv besucht, doch heute abend war es irgendwie ganz anders, Sie waren nicht ganz unter uns, Sie waren – Sie waren – ihr Wesen war *entrückt*.« Ich verbeugte mich tief und sagte: »Danke schön, gnädige Frau«, und begriff, daß sie in der Tat auf etwas zu Unheimliches gekommen war, um überhaupt davon zu sprechen, und ich begriff auch, daß es mir bei ihrem offensichtlich begrenzten Englisch unmöglich sein würde zu erklären, was ich wirklich gemacht hatte.[9]

Schon bald verbrachten Brod und die Hoffes die Sommerurlaube gemeinsam im Schweizer Kurort Flims. »Meinen Vater habe ich nur lachen sehen, wenn er mit seinem besten Freund Max zusammen war«, so Eva Hoffe.

Die Hoffe-Mädchen Eva und Ruth liebten Brod, der keine eigenen Kinder hatte, wie »einen zweiten Vater«, so Eva. (Kinderlosigkeit durchzieht diese Geschichte wie ein roter Faden: Kafka, Brod, Eva Hoffe.) Brod schenkte Eva ihr erstes Klavier und bescheinigte ihr, über ein besseres musikalisches Gehör zu verfügen als er selbst. Er nahm sie mit in klassische Konzerte und zeigte ihr, die Partitur auf dem Schoß, wo sich die Musiker gerade befanden. Er schickte die kleine Eva als Kurier zu Schimon Finkel, Schauspieler und künstlerischer Leiter des Habima-Theaters (der als erster

Schauspieler auf einer israelischen Bühne den Hamlet gab). »Brod war ihr Mentor, er interpretierte die Welt für sie«, wird Eva Hoffes langjährige Freundin Joella Har-Schefi während des Prozesses in der Zeitung *Haaretz* zitiert. »Sie identifiziert sich vollständig mit ihm. Ihr Verhalten über die Jahre leitet sich aus ihrer Wahrnehmung ab, die Autorität ihrer Mutter geerbt zu haben. Das kam bei ihr aus dem Herzen. Es ging bei ihr immer um die Seele, nie um den Geldbeutel.« Eva Hoffe sei »der altruistischste Mensch« gewesen, den sie je gekannt habe, sagte sie im Gespräch mit mir.

Dass Ilse Hoffe den hebräischen Namen Ester annahm, geschah auf Vorschlag Max Brods, und er drängte auch darauf, dass sie ihm beim Transkribieren und Ordnen der Papiere aus dem Koffer half, den er aus seiner Heimatstadt gerettet hatte. Sie konnte nachvollziehen, dass die Manuskripte für ihn eine Verbindung zwischen der Gegenwart und der vergangenen Welt seines früheren Lebens herstellten.

Jeden Morgen kam Ester Hoffe zu ihm in die Wohnung im obersten Stockwerk eines bescheidenen vierstöckigen Wohnhauses in der Ha-Jarden-Straße 16, zwei Straßen vom Strand entfernt, und brachte eine Tüte Croissants mit. Am Nachmittag setzte sie, ehe sie ging, den Samowar in Gang. Weil Brods Gehör immer schlechter wurde, ließ er sich von Ester Dinge wiederholen, die er am Telefon nicht richtig verstanden hatte. In seiner Autobiografie nennt er Ester »meine schöpferische Mitarbeiterin, meine strengste Kritikerin, Helferin, Verbündete«, der er zutiefst verpflichtet sei.[10] Seinem Freund Schin Schalom schrieb er, sie sei wie ein Rettungsengel in sein Leben getreten. (Hin und wieder fügte Ester in einem Brief an Schalom in einem Postskriptum Grüße auf Deutsch oder Hebräisch hinzu. Manchmal unterzeichneten sie auch beide: »Ester und Max«.)

Ester Hoffe sorgte sich stets um Max Brods Wohl; im April

1951 schrieb sie an Dora Diamant: »Max ist sehr überanstrengt. Die ›Habimah‹ hält ihn mit immer neuen Premièren und Gast-regisseuren in Atem, mit Repertoirsitzungen [sic], Vorlesungen etc. Dazu kamen in den letzten Wochen eine unmenge [sic] Kaf-ka-Korrekturbogen, die Max gelesen und ausgebessert hat, und zwar, um die Herausgabe nicht aufzuhalten«. Im Gegenzug unter-stützte Brod Ester Hoffe bei der Veröffentlichung eines schma-len, knapp fünfzigseitigen deutschen Lyrikbändchens, *Gedichte aus Israel*. »Die drei hielten zusammen wie Pech und Schwefel«, erzählte Eva Hoffe, die allerdings darauf beharrt, dass die Liebe ihrer Mutter zu Brod »nicht körperlicher, sondern geistiger Art war.«[11]

Kafkas Manuskripte, die in Prag so eng mit Brods Glanzzeit verknüpft gewesen waren, schweißten ihn nun mit Ester Hoffe zusammen; gewissermaßen waren sie die Währung ihrer Bezie-hung. Eva Hoffe zufolge erhielt Ester kein reguläres Gehalt für ihre jahrelange Arbeit für Brod. Stattdessen übergab Brod all seine Kafka-Papiere als Schenkung an Ester.

Nach zehn Jahren enger Freundschaft und Zusammenarbeit bat Max Brod Ester Hoffe im Frühjahr 1952 eines Morgens in sein Arbeitszimmer, das von oben bis unten voller Bücher war. Er zog ein Blatt Papier aus der Schublade und nahm den Füller zur Hand. Brod wollte seine Wünsche in Bezug auf das Schicksal der Kaf-ka-Manuskripte nicht nur testamentarisch, sondern auch mittels eines Schenkungsbriefs verfügen.

»Liebe Esther, bereits im Jahre 1945 habe ich Dir alle Manu-skripte und Briefe Kafkas, die mir gehören, geschenkt«, schrieb Max Brod im April 1952.

Die Schenkung, die nicht erst nach seinem Tod, sondern so-fort wirksam sei, so führte Brod aus, umfasse Folgendes: Kafkas

Briefe an Brod und seine verstorbene Frau Elsa, Kafkas Originalhandschriften von *Der Prozess*, »Beschreibung eines Kampfes« und »Hochzeitsvorbereitungen auf dem Lande«, Kafkas Ori-
ginal-Schreibmaschinenmanuskript des Briefs an seinen Vater,
weitere Manuskripte, darunter vier Mappen mit Zeichnungen
und Manuskripten, Fotografien und gemeinsamen Tagebüchern,
sowie einige lose Blätter von Kafka. Brod erwähnte auch, dass er
und Ester Hoffe das Material 1948 gemeinsam in einem Schließfach deponiert hätten.

An den Rand schrieb Ester Hoffe auf Deutsch: »Ich nehme
dieses Geschenk an.«[12]

Brod wollte keinerlei Zweifel aufkommen lassen. Fünf Jahre
zuvor, am 22. April 1947, hatte er bereits eine andere Notiz unterzeichnet, der zufolge Kafkas Briefe an ihn Eigentum Ester Hoffes
sei.

Etwa sechzig Jahre später untersuchte der gerichtlich bestellte
Handschriftenexperte Amnon Bezaleli Brods Briefe und befand
sie für authentisch. (Im Jahr 1987 hatte Bezaleli als Leiter des
polizeilichen Urkundenlabors auch das wichtigste Beweisstück
der israelischen Staatsanwaltschaft gegen den mutmaßlichen
KZ-Wächter John Demjanjuk, »Iwan den Schrecklichen«, verifi-
ziert.) Für manche waren diese Schriftstücke eine Überraschung.
»Meine Mutter und ich erfuhren erst lange nach Beginn des israelischen Gerichtsverfahrens von der Existenz dieser Briefe«, so
Michael Steiner, der Sohn von Kafkas Nichte.[13]

Als Brod im Dezember 1968 im Beilinson-Hospital im Sterben
lag – das Krankenhaus im Tel Aviver Vorort Petach Tikwa war
nach dem Mitbegründer der Zeitung *Dawar* benannt, in der Brod
seine Kolumnen veröffentlicht hatte –, wechselten sich Ester und
Eva an seinem Bett ab. Ester war von 7 bis 19 Uhr dort, Eva von 19

bis 7 Uhr. Von ihrer Wohnung in der Spinoza-Straße brauchten sie mit dem Bus eine Dreiviertelstunde.

Als Eva an einem der letzten Abende im Krankenhaus eintraf, musste sie feststellen, dass die Schwestern Brod an den Handgelenken ans Bett gebunden hatten, damit er sich die Infusion nicht herausriss. »Wenn du mich je geliebt hast«, habe Brod gesagt, »bindest du mich los.« Sie tat es und hielt ihm die Hand, während er, das Kinn auf der Brust, einschlief.

Max Brod starb am 20. Dezember 1968, mit 84 Jahren. Zu Ester hatte er einmal gesagt, er wolle nicht länger leben als Goethe, der in seinem 83. Lebensjahr verschieden war. Bis zum Schluss hatte er gearbeitet: an einem Vorwort zur englischen Ausgabe seiner philosophischen Abhandlung *Heidentum, Christentum, Judentum* und an einer erweiterten Ausgabe seiner Autobiografie *Streitbares Leben*. Einen Monat zuvor hatte er seinem alten Freund Robert Weltsch geschrieben: »Man muss immer wieder von vorn anfangen.«[14]

Zu Brods Beerdigung auf dem Trumpeldor-Friedhof in Tel Aviv, der letzten Ruhestätte des israelischen Nationaldichters Chaim Nachman Bialik und des visionären Kulturzionisten Achad Ha'am, kamen nur wenige Trauergäste. Eva besuchte bis zu ihrem Tod sein Grab zweimal im Jahr: an seinem Geburtstag im Mai und am Todestag im Dezember.

In seinem ersten Testament vom 24. März 1948 benannte Brod Ester Hoffe als Alleinerbin und Nachlassverwalterin und brachte seinen Wunsch zum Ausdruck, dass sie seinen literarischen Nachlass einer Bibliothek oder einem Archiv in Palästina übergebe. Die Kafka-Manuskripte blieben unerwähnt.

In seinem Letzten Willen vom 7. Juni 1961, verfasst auf Deutsch und ins Hebräische übersetzt von seinem Anwalt Simon Fritz Haas, verfügte Brod zweierlei: Zum einen ernannte er Ester Hoffe zur alleinigen Verwalterin seines Nachlasses und vermachte ihr all sein Hab und Gut. Zum anderen legte er fest, dass nach ihrem Tod der literarische Nachlass »der Bibliothek der Hebräischen Universität Jerusalem oder der Städtischen Bibliothek Tel Aviv oder einem anderen öffentlichen Archiv im Inland oder Ausland zur Aufbewahrung übergeben werden sollen [...], falls Frau Ilse Ester Hoffe zu ihren Lebzeiten nicht anderweitig über sie verfügt hat«. Wieder ist von Kafkas Manuskripten nicht die Rede. In Zusammenhang mit diesem Satz, in dem Brod Ester erlaubt, nach Belieben mit dem Nachlass zu verfahren, gleichzeitig aber die Erben verpflichtet, den gesamten Nachlass einem geeigneten Archiv zu übergeben, spricht der Kafka-Biograf Reiner Stach von einer »unberatenen Vagheit«. Zur persönlichen Korrespondenz zwischen Brod und Hoffe bestimmte Brod in Absatz 13 seines Testaments, sie dürfe erst fünfundzwanzig Jahre nach dem Tode des Letztversterbenden veröffentlicht werden, es sei denn, Ester Hoffe verfüge etwas anderes.[15]

Am 22. April 1969 genehmigte das Bezirksgericht Tel Aviv die Testamentseröffnung und bestellte Ester Hoffe zur Nachlassverwalterin. Die Manuskripte, die Brod aus Prag gerettet hatte, hütete sie nun in ihrer Wohnung in der Spinoza-Straße, die sie mit ihrer Tochter Eva teilte, und in zehn Tresorfächern: sechs in einer Bank in Tel Aviv und vier bei der UBS-Bank in Zürich. Dank Brod hatte Ester Hoffe im buchstäblichen Sinne die Schlüssel zu einem Teil von Kafkas Erbe in der Hand, des Mannes, der sich selbst als »schwer erträglicher, in sich vergrabener, mit fremdem Schlüssel in sich versperrter Mensch« bezeichnet hatte.[16]

Im Jahr 1973, fünf Jahre nach Brods Tod, klagte der Staat Israel auf Herausgabe der Kafka-Manuskripte, weil er fürchtete, Ester könnte sie ins Ausland verkaufen. Der Fall wurde wie erwähnt

unter dem Vorsitz Richter Jitzchak Schilos am Tel Aviver Bezirksgericht verhandelt.[17]

Kafkas Nichte Marianne Steiner, die 1973 dem Prozess auf
Einladung beiwohnte, lehnte es ab, Ester Hoffe die Manuskripte
streitig zu machen. Mariannes Sohn Michael Steiner, Jahrgang
1938 und heute Verwalter des Kafka-Nachlasses, teilte mir aus
London brieflich mit, warum:

Meine Mutter wurde 1973 vom israelischen Generalstaatsanwalt
um Hilfe gebeten und erhielt sogar eine postalische Vorladung
für das Gerichtsverfahren gegen Frau [Ester] Hoffe. Meine Mutter dachte, in dem Prozess gehe es um Brods Testament, in dem
sie unserer Ansicht nach keine Prozessführungsbefugnis hatte
und auch keine eigene Rechtsauffassung vertrat, und meine
Mutter war nicht bereit, die möglicherweise hohen Kosten zu
tragen, die durch die Rechtsberatung in dem Verfahren entstanden wären. Gleichermaßen ausschlaggebend für ihre Entscheidung war ihr Wunsch, Wissenschaftlern sämtliche Manuskripte,
die Frau Hoffe in ihrem Besitz hatte, zugänglich zu machen, weshalb sie in dem Verfahren zwischen dem Generalstaatsanwalt
und Frau Hoffe keine eigene Position einnehmen wollte. Meiner
Mutter lag damals keine Inventarliste darüber vor, welche Manuskripte sich in Frau Hoffes Besitz befanden, und sie ging davon
aus, dass es sich nur um die Papiere handelte, die Franz Kafka
Brod nach dessen Aussage zu Lebzeiten geschenkt und die Brod
in einem Brief an meine Mutter im April 1952 entsprechend spezifiziert hatte.[18]

Der Antrag des Staates wurde am 13. Januar 1974 abgelehnt. Richter Schilo urteilte, dass Brods Letzter Wille »Frau Hoffe erlaubt,
mit dem Nachlass zu ihren Lebzeiten nach Belieben zu verfahren.

[...] Die Weisungen diesbezüglich sind eindeutig, mir scheint, sie lassen eine andere Auslegung nicht zu.«

Am 8. Februar 1974 bestätigte der in Deutschland geborene Paul Alsberg, 1971 bis 1990 israelischer Staatsarchivar, in einem Brief an Ester Hoffe das Urteil:

> Ich habe zur Kenntnis genommen, daß sich die Manuskripte Kafkas nicht im Nachlaß des Schriftstellers Max Brod befunden haben, sondern Ihnen schon viele Jahre vor dessen Ableben zum Geschenk gemacht wurden. Ich habe daher im Hauptbuch der Archive in Privatbesitz die Manuskripte Kafkas gesondert protokolliert.[19]

Alsberg bezog sich auf den entscheidenden Unterschied zwischen einer Schenkung (durch eine lebende Person) und einem Erbe, das nach dem Tod erfolgt. Eine Schenkung bleibt in künftigen Erbstreitigkeiten unberücksichtigt.

Der Staat legte keine Berufung gegen Richter Schilos Urteil ein, doch die Behörden behielten Ester Hoffe im Blick. Nach dem israelischen Archivgesetz aus dem Jahr 1955 kann der Staatsarchivar das Verbringen von in Privatbesitz befindlichen Dokumenten ins Ausland verhindern, wenn sie von »nationalem« Wert sind und »unabhängig davon, wo sie sich befinden, für die Erforschung der Landesgeschichte, des Volkes, des Staates und der Gesellschaft Relevanz« haben.[20] Das Gesetz stellt es auch unter Strafe, Archivmaterial ohne Genehmigung des Staatsarchivars aus dem Land zu schaffen. Am 23. Juli 1974 wurde Ester Hoffe am Flughafen von Tel Aviv festgenommen, weil man sie verdächtigte, handschriftliche Dokumente ins Ausland schmuggeln zu wollen. Bei einer Durchsuchung ihres Gepäcks wurden sechs Umschläge mit Fotokopien von Kafka-Briefen gefunden, aber keine Originale.

Damals kursierte in bestimmten israelischen Kreisen ein Witz: Was ist das Schlimmste, was du sagen kannst, wenn dich ein Sicherheitsbeamter am Flughafen von Tel Aviv fragt, ob du den Koffer selbst gepackt hast? »Nein, Ester Hoffe hat mir geholfen.«

Am 14. Januar 1975 unterzeichnete Ester Hoffe eine Vereinbarung mit dem Staatsarchivar: Ihr wurde gestattet, Archivmaterial aus Israel auszuführen, wenn sie es zuließ, dass der Staatsarchivar das Material vorab prüfte und nach eigenem Ermessen Kopien anfertigte. Der Staat wiederum verpflichtete sich, das Material fünfzig Jahre lang nur mit ausdrücklicher Zustimmung Hoffes und ihrer Erben öffentlich zugänglich zu machen.

Im ersten Teil des 2012 am Tel Aviver Bezirksgericht begonnenen Prozesses hatte Schmulik Cassouto, der gerichtlich bestellte Verwalter des Hoffe-Nachlasses, der Nationalbibliothek vorgeworfen, sie könne, nachdem sie in dem Verfahren vor Richter Schilo 1973 ja nicht als Prozesspartei aufgetreten war, nicht erklären, warum sie vierzig Jahre gewartet hatte, bis sie Hoffes Eigentumsrecht auf die ihr von Brod geschenkten Manuskripte anfocht.

Michael Steiner schrieb dazu: »2010 wurde ich von der Nationalbibliothek um Informationen gebeten und gefragt, ob sich der Kafka Estate am anstehenden Prozess beteiligen wolle. Mir war unverständlich, warum Richter Schilos Auslegung von Max Brods Testament nach so vielen Jahren erneut verhandelt werden konnte.«[21]

Juristisch war die Bibliothek allerdings im Recht. Paragraf 72 des israelischen Erbschaftsgesetzes erlaubt es einer interessierten Partei, aufgrund von Fakten oder Ansprüchen, die nach Erteilung des Erbscheins bekannt werden, nachträglich eine Änderung zu verlangen. Das gilt auch für Parteien, die sich nach Veröffentlichung des sogenannten Antrags auf Testamentsbestätigungsbeschluss (umgangssprachlich Erbschein) zunächst nicht zu Wort gemeldet haben.

Doch Cassouto argumentierte, die Nationalbibliothek habe gegenüber dem Prozess von 1973 keine neuen Fakten vorgebracht. Außerdem habe die Nationalbibliothek ihre Ansprüche mittels einer Anfechtung von Ester Hoffes Testament geltend gemacht und nicht, wie es richtig gewesen wäre, über die Anfechtung von *Brods* Testament und dessen Auslegung durch Richter Schilo. Stattdessen habe die Bibliothek Ester Hoffes Tod abgewartet und gegen die Umsetzung ihres Letzten Willens Einspruch eingelegt. Doch nachdem Richter Schilo die Ansprüche nicht habe gelten lassen, so Cassouto, könne ihnen nun, vierzig Jahre später, nicht plötzlich stattgegeben werden. »Wenn die Nationalbibliothek der Ansicht war, ihr stünden Kafkas Manuskripte ›umsonst‹ zu, wie sie es heute behauptet, warum erhob sie den Anspruch nicht schon in den 1970er Jahren?«, fragte Cassouto. »Dass sie es nicht getan hat, spricht für sich, und jetzt, vierzig Jahre später, darf die Erteilung des Erbscheins nicht einfach wieder zurückgenommen werden.« Cassouto deutete an, die Nationalbibliothek habe abgewartet, bis weder Brod noch Hoffe für sich sprechen konnten. »Nun, da die Hauptakteure verstorben sind, ist es für die Nationalbibliothek ein Leichtes, die Grenzen der Fantasie zu sprengen und sich als Dr. Brods wahre Erbin auszugeben.«

14 Die letzte Erbin: Ausverkauf Kafkas

Sotheby's, New Bond Street, London, 17. November 1988

Kafka kannte [Ester] Hoffe nicht, sprach nie mit ihr, lernte sie nie kennen. Sie lag ihm nicht am Herzen. Es bestand keine familiäre Beziehung. Er kannte ihre Töchter nicht. Kafka und Hoffe lebten und starben in unterschiedlichen Ländern. [...] Stellen wir uns aus Kafkas Perspektive vor, seine persönlichen Schriften – eben die Schriften, deren Zerstörung er anordnete – würden von der Sekretärin seines Freundes und ihren Töchtern in einer öffentlichen Auktion an den Meistbietenden verkauft. Wäre das gerecht?

Bezirksgericht Tel Aviv, Richterspruch, Juni 2015

Wenn jemand einen Picasso erbt und ihn verkaufen will, kann man ihm das dann verbieten, weil er Picasso nicht kannte?

EVA HOFFE, Februar 2017

Am 17. November 1988, zwanzig Jahre nach Max Brods Tod, brachte Ester Hoffe die 316 Seiten starke Originalhandschrift von Kafkas *Der Prozess* aus dem Jahr 1914 im Auktionshaus Sotheby's im Londoner Stadtteil Mayfair zur Versteigerung. Kafka hatte das Werk kurz nach der Auflösung seiner ersten Verlobung mit Felice Bauer in zehn Heften niedergeschrieben. Im September 1914 las er Brod das erste Kapitel vor. Nachdem er zu dem Schluss gelangt war, dass der Roman missraten sei, trennte er die Seiten aus dem

Heft heraus und stopfte die losen Blätter in sechzehn Bündeln in seinen Schreibtisch. Im Jahr 1920 schenkte er sie Brod, der sie wiederum an Ester weiterverschenkte.

Die Versteigerung der Handschrift »war eine sehr riskante Aktion«, so Mark Anderson, angesehener Kafka-Experte an der Columbia University in New York. »Sie hätte im Safe eines Internet-Milliardärs oder eines japanischen Bankers landen können, der schon eine Weinsammlung besitzt und sich noch ein Kafka-Manuskript wünschte. Dann wäre sie bis in alle Ewigkeit verschwunden und hätte der Fachwelt nie zur Verfügung gestanden.«[1]

Auch Klaus Wagenbach war entsetzt, weil Ester Hoffe mit der Versteigerung das Risiko einging, dass das Manuskript an einen Privatsammler versteigert wurde, der es erneut wegschließen könnte. »Zweifellos hat Max Brod die Manuskripte Kafkas nicht unter Lebensgefahr vor den Nazis gerettet, damit sie nun von Ester Hoffe unter Missachtung jeglicher literarischer Verpflichtung verscherbelt werden«, empörte sich Wagenbach.[2] »Nach dem Sotheby's-Verkauf waren viele böse auf meine Mutter«, erzählte mir Eva Hoffe. »Sie erhielt nachts um zwei Uhr Drohanrufe.«

Zu Brods Lebzeiten hatte Ester Hoffe nie versucht, ein Kafka-Manuskript zu verkaufen. Doch nach seinem Tod änderte sie den Kurs. So wurden 1974 zweiundzwanzig Briefe und zehn Postkarten Kafkas an Brod sowie weitere Dokumente für 90 000 Mark versteigert. 1981 bot Ester Hoffe dem Deutschen Literaturarchiv in Marbach ein handsigniertes Exemplar von Kafkas Erzählung »Hochzeitsvorbereitungen auf dem Lande« für die hohe Summe von 350 000 Mark an. Die Marbacher lehnten ab.

Im selben Jahr reiste auch der damalige Leiter des Carl Hanser Verlags Michael Krüger von München nach Tel Aviv und bat Ester Hoffe, seinem Verlag die Rechte für die Veröffentlichung von Kafkas Skizzen zu verkaufen. Hoffe ließ ihn nicht in ihre Wohnung und sprach im Treppenhaus mit ihm. Sie verwies Krüger an den Zürcher Anwalt Elio Fröhlich (der auch Robert Walsers Nachlass verwaltete), der von Krüger allein schon für einen Blick auf die Skizzen 100 000 Mark haben wollte. Krüger lehnte ab.[3]

Noch vor der Sotheby's-Auktion 1988 schloss Ester Hoffe einen Vertrag mit dem Schweizer Verlag Artemis & Winkler ab und übertrug ihm gegen eine fünfstellige Summe die Rechte für die Veröffentlichung von Max Brods Tagebüchern. Sie erhielt auch einen Vorschuss, gab aber die Tagebücher nie heraus. Eva Koralnik von der in Zürich ansässigen Literaturagentur Liepman vermittelte das Geschäft. »Jahrelang versuchten wir sie zur Einhaltung des Vertrags zu überreden, aber sie weigerte sich hartnäckig«, sagte Koralnik der Tageszeitung *Haaretz*. Am Ende klagte Artemis & Winkler wegen Vertragsbruchs. »Ich fuhr persönlich in die Schweiz und traf mich mit dem Verlagsleiter«, so Eva Hoffe in einem *Haaretz*-Interview. »Ich erklärte ihm, wir stellten nur die Forderung, dass Passagen mit Bezug zur Familie Hoffe nicht veröffentlicht werden. Er war einverstanden und erlaubte uns, die Tagebücher danach durchzugehen und ihm dann eins nach dem anderen zu schicken. Die Klage gegen uns wurde zurückgezogen, und wir hatten vor, das Material wie vereinbart weiterzugeben. Allerdings wurden die Augen meiner Mutter immer schlechter, sie konnte kaum lesen, und alles verzögerte sich.«

Unterdessen meldete Artemis & Winkler Konkurs an. Ester Hoffe zahlte den Vorschuss nie zurück. »Als wir hörten, dass der Verlag in Konkurs gegangen war«, so Eva Hoffe, »besprachen wir mit Anwalt Mibi Moser, was zu tun sei und wem wir den Vorschuss zurückerstatten sollten. Er sagte, wenn es keinen Verlag gebe, könne man das Geld auch niemandem zurückgeben.«

Ob nach den diversen Fehlschlägen die Versteigerung bei Sotheby's Erfolg bringen würde?

In den Wochen vor der Auktion stellte Sotheby's, um den Anreiz zu erhöhen, Kafkas unvollendetes *Prozess*-Manuskript in New York, Tokio und Hongkong aus.

Am Nachmittag der Auktion entbrannte zwischen den Bietern ein wahres Wettrennen. Sie waren aus New York, Ottawa, Paris, Brüssel, Amsterdam, Berlin, Rom, Zürich, Budapest, Moskau, Warschau, Istanbul und sogar Tokio angereist; aus Jerusalem war niemand vertreten. Der damalige Direktor des Marbacher Literaturarchivs Ulrich Ott saß in der Mitte des Saals. Er wollte die Handschrift der schon bestehenden Kafka-Sammlung in Marbach hinzufügen, die aus Kafkas Briefen an Milena Jesenská (von den Schocken-Erben 1981 an die Bundesrepublik Deutschland verkauft, die sie als Dauerleihgabe nach Marbach gab) und dem Manuskript von Kafkas Erzählung »Der Dorfschullehrer« bestand (1956 ersteigert in einer Auktion in Berlin).

Diese Erzählung hatte Max Brod Hans-Joachim Schoeps geschenkt, der die Handschrift in der Berliner Galerie Gerd Rosen (1945 gegründet von einem jüdischen Buchhändler) zur Versteigerung anbot. Der Käufer war damals Otts Vorgänger und Gründungsdirektor des Marbacher Literaturarchivs Bernhard Zeller, der das Manuskript als »Urzelle« der Marbacher Kafka-Sammlung bezeichnete und die Herausgabe eines Faksimiles plante. Salman Schocken erwirkte daraufhin eine einstweilige Verfügung, weil die Veröffentlichung der Kurzgeschichte durch die Marbacher seine Rechte an Kafkas Werken verletzte. Zeller konnte sich einen internationalen Urheberrechtsstreit um Kafka ausgerechnet mit einem jüdischen Verleger schlecht leisten, obwohl er glaubte, dass Marbach ihn gewinnen würde. Am Ende veröffentlichten die Marbacher 1958 den Text (aber kein vollständiges Faksimile) mit dem dezidierten Hinweis auf Schockens Verwertungsrecht.

Als Ott nun die Gelegenheit erhielt, das *Prozess*-Manuskript zu erwerben, zögerte er zunächst, und dafür gab es zwei Gründe: erstens den Schätzpreis von einer Million Pfund. Zweitens fand Ott, die Bodleian Library in Oxford, in der schon die Handschriften der anderen beiden unvollendeten Kafka-Romane lagen, sei für *Der Prozess* die passendere Heimat. Dort bereitete Malcolm Pasley gerade die Kritische Ausgabe des Romans vor. »Pasley versuchte tatsächlich auch, die Erwerbung für Oxford zustande zu bringen«, teilte mir Ott per E-Mail mit, »ließ uns aber wissen, dass er damit gescheitert sei (es war die Zeit von Margaret Thatcher, die in kulturellen Dingen sehr geizig war) und dass er und Kafkas Nichte Marianne Steiner uns dringend bitten würden, alles zu tun, dass das Manuskript nach Marbach komme, damit verhindert werde, dass es in Privatbesitz gelange und für die Kritische Edition dann möglicherweise nicht mehr zur Verfügung stünde.« Just in dieser Zeit rief Frank Schirrmacher, der seine Doktorarbeit über Kafka verfasst hatte, in der *Frankfurter Allgemeinen Zeitung* dazu auf, das Manuskript zu erwerben und der Wissenschaft zur Verfügung zu stellen. »Da kurz zuvor die Kulturstiftung der Länder [...] gegründet worden war«, schrieb Ott, »zeichnete sich durch ein finanzielles Zusammenwirken der Bundesregierung der BRD, dieser Kulturstiftung der Länder und des Landes Baden-Württemberg sowie von privaten Stiftern die Möglichkeit ab, bei der Auktion mitzubieten und die Erwerbung zu versuchen.«

Ott hatte einen Plan. Da allgemein bekannt war, dass Marbach großes Interesse am Ankauf des Kafka-Manuskripts hatte, wollte er ab 900 000 Pfund nicht mehr mitbieten, sondern Heribert Tenschert das Feld überlassen, einem wenig bekannten deutschen Antiquar, der 1977 sein Geschäft im bayerischen Rotthalmünster gegründet hatte. »[D]ass er im Auftrag Marbachs handelte, wusste ja niemand«, so Ott.

Der Plan ging auf. In Anwesenheit Ulrich Otts, Marianne Steiners und Malcolm Pasleys hob Tenschert seine grün-weiße Karte und brachte den Kauf für das Literaturarchiv Marbach für eine Million Pfund Sterling (etwa 3,5 Millionen Mark) unter Dach und Fach. Tenschert sagte, das sei »ein billiger Preis«, immerhin handle es sich »hier um das wichtigste Werk der deutschen Literatur des 20. Jahrhunderts. Und Deutschland musste es besitzen.« Trotzdem war es der höchste Betrag, der je für ein modernes Manuskript bezahlt worden war, wenn auch nur die Hälfte dessen, was sich Sotheby's und die Hoffes ausgemalt hatten. (Den Auktionsrekord für ein literarisches Werk hatte bis dahin ebenfalls ein Kafka-Konvolut gehalten: Im Juni 1987 waren bei Sotheby's in New York fünfhundert Briefe an Felice Bauer aus den Jahren 1912 bis 1917 für 605 000 Dollar versteigert worden.)[4]

Ester Hoffe war erfreut, dass *Der Prozess* in Deutschland ein Zuhause gefunden hatte. Mit dem Marbacher Archiv war sie schon lange im Gespräch gewesen, nachdem sie es 1965 gemeinsam mit Brod erstmals besucht hatte. Auch Marianne Steiner, Kafkas damals 75 Jahre alte Nichte, zeigte sich zufrieden mit dem Verkauf des Manuskripts. »Ich bin sehr glücklich, dass es nicht unter Verschluss in einer Schublade landet«, sagte sie.[5]

Ester Hoffe starb am 2. September 2007 im Alter von 101 Jahren. In dem am 17. Juni 1988 auf Deutsch verfassten Testament verwies sie darauf, dass sie die Kafka-Manuskripte, die Brod ihr geschenkt hatte, 1970 zu gleichen Teilen ihren Töchtern Eva und Ruth geschenkt habe. Auch Brods Kafka-Ausgaben sollten im Besitz ihrer Töchter bleiben. In dem entsprechenden Brief vom 25. August 1970 hieß es:

An meine Töchter Ruth Wiesler und Eva (Dorit) Hoffe:

Um jeden Zweifel auszuräumen, erkläre ich hiermit, dass ich euch zu gleichen Teilen die Briefe, Manuskripte und Zeichnungen Kafkas sowie andere Dinge, die Max Brod mir 1947 und 1952 schenkte, zum Geschenk gemacht habe. [...] Die oben erwähnten Manuskripte Kafkas sowie die Sammlung von Papieren, die Max Brod von Kafka hatte, sind – wie ich ausdrücklich erkläre – nicht Teil von Brods Nachlass. [...]

Solange ich lebe, behalte ich mir das Recht vor, über die Veröffentlichung von Kafkas Manuskripten, Briefen, Zeichnungen und so weiter zu entscheiden oder, wenn nötig, einige von ihnen zu verkaufen.[6]

Am 5. Juli 1978 unterzeichneten Eva und Ruth eine Vollmacht, nach der sich ihre Mutter um die Veröffentlichung der weitergeschenkten Kafka-Manuskripte und um alle ihr diesbezüglich notwendig erscheinenden Verfügungen kümmern sollte. In der Vollmacht wurde Ester Hoffe außerdem ein Drittel der Einnahmen aus Manuskriptverkäufen übertragen, Eva und Ruth sollten ebenfalls jeweils ein Drittel erhalten.

Brods veröffentlichten oder unveröffentlichten literarischen und musikalischen Nachlass, so verfügte Ester Hoffe 1988 in Absatz 5 ihres Testaments, sollten ihre Töchter vollständig der Nationalbibliothek Jerusalem, einer Bibliothek in Tel Aviv oder dem Deutschen Literaturarchiv in Marbach übergeben. Sie ergänzte (auf Hebräisch) mehrere Bedingungen:

Zu jeder Publikation der Papiere ist die Zustimmung meiner Töchter einzuholen. Tantiemen und andere Zahlungen sind direkt an sie zu überweisen. [...] Die Überstellung von Archivmaterialien an eine der oben genannten Bibliotheken hängt von der Bereitschaft der betreffenden Institution ab, auf Kosten der Bibliothek ein Max-Brod-Stipendium und alle zwei Jahre einen Max-Brod-Preis für literarische Leistungen auszuschreiben und von Zeit zu Zeit ein Symposium zum Gedenken an Max Brod auszurichten. Die Institution, die das Brod-Archiv erhält, ist verpflichtet, sich um die Publikation des Nachlasses zu bemühen und sowohl unveröffentlichte Schriften als auch Neuausgaben von bereits erschienenen Büchern herauszubringen.

15 Das letzte Urteil

Oberster Gerichtshof Israels, Jerusalem, 7. August 2016

Da brachten [die Römer den Rabbi Chanina ben Teradjon]
mit, wickelten ihn in eine Torarolle und umgaben ihn mit
Bündeln von Zweigen, die sie anzündeten. [...] Da fragten
ihn seine Schüler: Rabbi, was siehst du? Er sagte ihnen: Das
Pergament verbrennt und die Buchstaben fliegen davon.
Talmud, Aboda Zara 18a[1]

Als Eva Hoffe im August 2016 eines Morgens aus unruhigen
Träumen erwachte, fand sie sich zu einer enterbten Frau verwandelt. Sechs Wochen nach der Verhandlung ihres Falls sprach
das Oberste Gericht Israels sein Urteil, gegen das keine Berufung
möglich war. Das dreiköpfige Richtergremium hielt einstimmig
die Urteile der untergeordneten Gerichte aufrecht und entschied,
dass Eva Hoffe den gesamten Brod-Nachlass einschließlich Kafkas Manuskripten der Israelischen Nationalbibliothek übergeben
müsse, ohne dass sie auch nur einen Schekel Entschädigung dafür erhielt.

Die zwanzigseitige Urteilsbegründung stammte von Richter
El-jakim Rubinstein. Mit dem Hinweis auf die Aufforderung im
Talmud, den Letzten Willen der Verstorbenen zu erfüllen (Trak-
tat Gittin 14b), erklärte er, Max Brod habe zweifelsfrei von Es-
ter Hoffe erwartet, dass sie für seinen Nachlass ein öffentliches
Archiv ausfindig machte, für ihre Töchter habe er lediglich die
Tantiemen aus seinem literarischen Nachlass vorgesehen. Rubin-

stein verfügte, sämtliche Tantiemen sollten an Eva Hoffe fließen, doch die Nationalbibliothek dürfe darüber entscheiden, was veröffentlicht werde.

Nach israelischem Erbrecht, so Rubinstein, sei Ester Hoffe verpflichtet gewesen, Max Brods Willen in einem vertretbaren Zeitraum nachzukommen. »Vierzig Jahre lang hat Hoffe die Umsetzung von Brods Verfügung verschleppt, und dieser Zeitraum ist eindeutig unvertretbar.« Daher, fügte er hinzu, »ist das Gericht befugt, die Institution auszuwählen, in die Brods Nachlass zu verbringen ist«. Dass Brods Letzter Wille die Nationalbibliothek als Ersten der möglichen Nachlassempfänger nenne, deute darauf hin, dass »er dieser Möglichkeit den Vorzug gab«.

Das Oberste Gericht hatte aber auch noch andere Erwägungen angestellt. Obwohl Brod, »eine der großen und berühmten kulturellen Persönlichkeiten des 20. Jahrhunderts«, aus der deutschsprachigen Kultur hervorgegangen sei, so Rubinstein, »schlug er doch unzweifelhaft seine Zelte in Israel auf und betrieb seine Unternehmungen von hier aus; diesem Umstand ist große Bedeutung beizumessen.« (Wie Rubinstein mir später erzählte, hatte er Brods Romane nicht gelesen.)

Sa'ar Plinners Argumentation folgend unterschied Rubinstein zwischen den Manuskripten, die Kafka Brod zu Lebzeiten geschenkt, und denen, die Brod nach Kafkas Tod aus dessen Schreibtisch genommen hatte. Letztere, so der Richter, seien in Brods Besitz, nicht aber sein Eigentum gewesen. Daher seien sie auch nicht Bestandteil seines literarischen Nachlasses. »Doch aus praktischen Gründen und aufgrund fehlender Ansprüche von Seiten der Kafka-Erben müssen sie gemeinsam mit den anderen Materialien der Nationalbibliothek übergeben werden.« Das habe bis zum 15. Dezember 2016 zu erfolgen.

Rubinstein schloss seine Urteilsbegründung mit einem Ver-

weis auf Gottes Beschreibung des biblischen Josua: Brod sei ein
Mann, »in dem der Geist ist« (4. Mose 27:18). Er hoffe daher, die
Nationalbibliothek werde infolge des Urteils Brod fünfzig Jahre
nach seinem Tod endlich zu einer »angemessenen literarischen
Wiederauferstehung« verhelfen.

Die Reaktionen auf das Urteil kamen schnell und waren wider-
sprüchlich. »Das ist ein Festtag für alle Kulturfreunde in Israel
und auf der ganzen Welt«, so David Blumberg, Vorstandsvorsit-
zender der Nationalbibliothek. »Das Oberste Gericht hat die Nationalbibliothek aufgefordert, nach Kräften dafür zu sorgen, dass
Brods Nachlass an die Öffentlichkeit gelangt. Die Nationalbibliothek wird dem Urteil des Gerichtes folgen und die Kulturgüter
bewahren, indem sie sie im Lande behält und der Öffentlichkeit
zugänglich macht.«
     In Kafkas fiktionaler Welt ist das Gesetz für uns gemacht,
und doch bleiben uns seine Mechanismen unverständlich. »Dieses Gesetz kenne ich nicht«, sagt Josef K. in *Der Prozess*. »Desto
schlimmer für Sie«, erwidert der Wächter. Später erklärt ihm der
Maler Titorelli, das Gericht sei »für Beweisgründe unzugänglich«.
Es ist so allgegenwärtig wie abstrus, es ist überall und nirgends.[2]
     In seiner Parabel »Zur Frage der Gesetze« schreibt Kafka:

> Unsere Gesetze sind nicht allgemein bekannt, sie sind Geheim-
> nis der kleinen Adelsgruppe, welche uns beherrscht. Wir sind
> davon überzeugt, daß diese alten Gesetze genau eingehalten wer-
> den, aber es ist doch etwas äußerst Quälendes nach Gesetzen be-
> herrscht zu werden, die man nicht kennt.[3]

Wie der Mann vom Lande in Kafkas Türhüterparabel strandete
Eva Hoffe verstört vor der Tür des Gesetzes. Die erlösende Offen-

barung blieb aus. Das Gesetz und die Feinheiten juristischer Beweisführung verstand sie nicht, aber sie verstand das Urteil. Ihr Erbe war der Prozess. Paradoxerweise hatte sie ihre Enterbung geerbt, die Unmöglichkeit, den Willen ihrer Mutter umzusetzen. Sie konnte nur ihre Enteignung ihr Eigen nennen.

Ein Testament bekräftigt normalerweise die Identität der Erbin, indem es die Kontinuität wahrt und rechtlich anerkennt, was sie als das Ihre betrachten kann. Das Testament bestätigt der Erbin ihren Platz in der Generationenordnung. Eva Hoffe beharrte darauf, dass die strittigen Manuskripte sie ebenso mit Brod verbanden wie mit ihrer Mutter. »Sie müssen begreifen, dass Max ein Mitglied unserer Familie war«, sagte sie zu mir.

Nach dem Urteil war sie »mehr als verzweifelt«, sie hatte das Gefühl, »vergewaltigt worden zu sein«. So gedemütigt, so beschämt sei sie gewesen, dass sie nicht einmal mehr donnerstags ihre Freundinnen zum Kaffeeklatsch traf. Stattdessen kümmerte sie sich um ihre Katzen und besuchte hier und da eine Kino-Matinee, »um mir die Zeit zu vertreiben«. Weil ihr die meisten Zähne herausgefallen seien, sie sich den Zahnersatz aber nicht habe leisten können, habe sie sich von Suppe und Brot mit Tahini oder Marmelade ernährt. Als wir uns in einem Café in der Dubnow-Straße trafen, stocherte sie in ihrem Kartoffelbrei herum.

In ihr gewann offenbar so etwas wie Masochismus oder unterdrückter Selbsthass die Oberhand. Sie hatte ihre Friseurin gebeten, ihr den Schädel zu rasieren. War es ein Aufbäumen der Trauer? Eine Verpflichtung gegenüber den Toten? Der Wunsch, sich zur Märtyrerin zu stilisieren? »Wenn ich in den Hungerstreik ginge«, sagte sie, »würden sie mich ja nur zwangsernähren.«

Bei unserem nächsten Treffen war ihr Haar wieder etwas gewachsen, doch über ihren blauen Augen lag ein zarter melancholischer Schleier. Offenbar begriff sie sich als die Summe ihrer juristischen Niederlagen, denn sie verglich die endlosen Vertagungen und Verzögerungen in ihrem Fall mit Josef K.s Erfahrungen in *Der Prozess*. Nach ihrem Empfinden hatte sich in beiden Fällen ein System der Willkür in den öffentlichen und privaten Bereich eingeschlichen – »Es gehört ja alles zum Gericht«, erklärt der Maler Titorelli Josef K.[4] »Ich kam mir in dem Prozess von Anfang an vor wie ein Tier, das zur Schlachtbank geführt wird«, sagte Eva Hoffe.

Das Urteil des Obersten Gerichtes, davon war Eva Hoffe felsenfest überzeugt, belegte den »Willen, Besitz zu ergreifen, nicht Recht zu sprechen«. Dennoch war sie der Meinung, Brods Schenkung an ihre Mutter und deren Schenkung an sie sei nicht widerrufen, nicht verloren. Sie klammerte sich an die schwache Hoffnung, das Gericht werde sich noch besinnen und einsehen, dass es Brods Letzten Willen und ihre Privatsphäre verletzt hatte. Weil in dem Urteil nicht zwischen Brods Nachlass und Ester Hoffes persönlicher Korrespondenz differenziert wurde, wollte Eva Hoffe der Nationalbibliothek nicht alles unterschiedslos aushändigen.

Unser Gespräch rief mir die vielen Eingriffe in die Privatsphäre in Erinnerung, die diese Geschichte durchzogen: Josef K. wurde zu Beginn von *Der Prozess* in seinem Schlafzimmer verhaftet; Brod entschied, Kafkas Tagebücher und Briefe zu veröffentlichen (auch den »Brief an den Vater«); Ester Hoffe ließ Kafkas Manuskripte öffentlich versteigern; und nun hatte ein Prozess Eva Hoffe in die Öffentlichkeit gezerrt.

Ich erzählte Awiad Stollman, dem leitenden Kurator der Nationalbibliothek, von Eva Hoffes Kummer. »Aus rechtlichen und moralischen Gründen«, erwiderte er, habe die Bibliothek nicht vor, persönliche Schriften zu veröffentlichen, und sehe sich »in der Pflicht, Hoffe sämtliche persönlichen Materialien aus dem Nachlass zurückzugeben«. Die Nationalbibliothek, so Stollman, habe Erfahrung mit Empfindlichkeiten im Umgang mit den Vorlässen lebender israelischer Schriftsteller, Abraham B. Jehoschua etwa oder David Grossman. Die Bibliothek betreibe auch gemeinsame Projekte, darunter die Veröffentlichung von Materialien aus dem Nachlass Gershom Scholems mit dem Suhrkamp Verlag oder die Erschließung des Nachlasses von Chaim Grade mit dem New Yorker YIVO-Institut. (Das heutige Institute for Jewish Research wurde 1925 unter dem Namen *Yidisher visnshaftlekher institut* gegründet).[5]

Solche Beschwichtigungen konnten Eva Hoffe, deren Stimmung mit jedem Tag düsterer wurde, nicht trösten. Sie fürchtete, die Behörden würden in ihre Wohnung einbrechen, um die Papiere unter Einsatz von Gewalt abzuholen. Wenn das geschehe, sagte sie zu mir, werde sie sich umbringen.

Mehrere Tage nach dem Urteil sah sie im Schaufenster der Green-Brothers-Buchhandlung in der Frischman-Straße unweit ihrer Wohnung eine Buchausgabe von *J'accuse*, dem offenen Brief Émile Zolas, erschienen im Januar 1898 in der Zeitung *L'Aurore*, in dem der Autor die französische Regierung wegen der Verfolgung des angeblichen Verräters Alfred Dreyfus des Antisemitismus bezichtigte. Eva kaufte das Buch. »Zola richtete sich nicht an das Gericht«, sagte sie, »sondern an den Präsidenten der Republik. Vielleicht sollte ich das auch tun.« Sie hoffte auf Entlastung, besser spät als nie.

Dan Miron, eine Autorität auf dem Gebiet der hebräischen Literatur, kritisierte in *Ha'aretz*, mit dem Urteil des Obersten Gerichts würden völlig unangebracht »nationalistisches Denken und lokale Interessen über die universellen und objektiven Interessen der literarischen Kultur« gestellt. In dem halben Jahrhundert seit Brods Tod habe sich keine israelische Institution die Mühe gemacht, seine gesammelten Werke zu veröffentlichen.

Dafür brauche es Experten für deutsche Literatur und Ressourcen, die der Nationalbibliothek fehlten. Es sei unrealistisch, »dass die Israelische Nationalbibliothek, die es zu gegebener Zeit versäumt hat, die relativ bescheidenen Mittel aufzubringen und zu verhindern, dass Jehuda Amichais literarischer Nachlass von Jerusalem in die Beinicke Library in Yale überstellt wird, nun in die Übersetzung von Brods Werken ins Hebräische investieren oder sich um die Materialien seines Nachlasses kümmern sollte.« Die Nationalbibliothek habe ihr Interesse an Brod nur vorgeschoben, meinte Miron, um an den wahren Schatz zu gelangen: die Kafka-Manuskripte, die angeblich vom Brod-Nachlass nicht zu trennen waren. Und der Oberste Gerichtshof sei darauf hereingefallen.

»Was soll ich mit Kafka?«, sagte Eva Hoffe. »Vor vielen Jahren bat ich Michael Steiner [den Sohn von Kafkas Nichte], sich in der Sache zu engagieren. Wenn jemand die restlichen Kafka-Papiere bekommen sollte, dann er und nicht die Nationalbibliothek. Er interessierte sich nicht dafür. Für mich ist Kafka eine Katastrophe. Man hat Kafka mit dem Brod-Nachlass vermengt, um mir alles wegzunehmen.« Sie sei »absolut überzeugt«, dass die Nationalbibliothek, sobald das öffentliche Interesse nachlasse, Kafkas Manuskripte aus dem Brod-Nachlass heimlich nach Marbach verkaufen würde.

Reiner Stach warf in der *Zeit* israelischen Medien vor, sie hätten den Namen Kafka »lediglich als Brandbeschleuniger« benutzt, um die Kontroverse anzufeuern. »So fabulierte der Prozessbeobachter Ofer Aderet in der liberalen Tageszeitung *Haaretz* von einer ›beträchtlichen Menge‹ unveröffentlichter Werke Kafkas, die Eva Hoffe verborgen halte«, empörte sich Stach. Aderet habe seiner Leserschaft zudem verschwiegen, »dass der weitaus größte Teil von Kafkas Manuskripten seit Jahrzehnten in der Bodleian

Library in Oxford liegt«, so Stach, der Aderet und andere der »medialen Desinformation« bezichtigte.

Stach nahm das Urteil in Jerusalem durchaus erleichtert auf, nachdem den Hoffes »ein halbes Jahrhundert lang nichts eingefallen war, um ihrer kulturellen Verantwortung gerecht zu werden«. Wie manch andere äußerte er aber die Ansicht, »dass Marbach mit seinen mustergültig erschlossenen deutsch-jüdischen Nachlässen die sinnvollere Lösung gewesen wäre«. Immerhin könne man sich damit trösten, dass die »Frage des Standorts ohnehin an Relevanz verloren hat«, da sich die Nationalbibliothek verpflichtet habe, das Material zu digitalisieren und online verfügbar zu machen.[6]

»Das Hier und Jetzt des Originals macht den Begriff seiner Echtheit aus«, schrieb einst Walter Benjamin. Sagt der Prozess in Israel womöglich etwas über den Wert geistigen Eigentums im digitalen Zeitalter aus? Ist die »Aura« des Originals heute hinfällig? Oder werden Originalmanuskripte umso höher geschätzt, werden sie gar zum Fetisch, wenn man sie grenzenlos reproduzieren kann? Zerstört die moderne Technologie die Aura des Authentischen, steigert aber gleichzeitig das Verlangen danach?[7]

»Mir wäre es lieber, wenn die Papiere – für Wissenschaftler gut zugänglich – im Deutschen Literaturarchiv in Marbach aufbewahrt würden«, schrieb mir Stanley Corngold, Professor Emeritus in Princeton und Doyen der amerikanischen Kafkalogen. »Aber das ist praktisch unmöglich.« Er fuhr fort:

Dort liegt ja das Manuskript von *Der Prozess*. Es wäre gut, wenn alle Manuskripte Kafkas an einem Ort wären, prinzipiell jedenfalls. Was die anderen Papiere angeht, kann ich Stachs Worten, die Sie zitieren, nur zustimmen. Man muss einfach enorm erleichtert sein, dass sie sich nicht mehr in den Händen Frau Hoffes befinden, erleichtert, dass die Nationalbibliothek versprochen hat, sie bald zu digitalisieren und zugänglich zu machen. In diesem Fall ist das praktische Ergebnis wichtiger als die zahllosen internationalen Haarspaltereien über die Feinheiten von Kafkas Philosophie des Nicht-Ankommens. [...] Hätte die Bibliothek nicht eingegriffen, so hätten viele Dokumente – es ist ja nur Papier – die fragwürdige Aufbewahrung durch Frau Hoffe möglicherweise nicht überstanden oder nie das Licht der Welt erblickt.

Karl Erich Grözinger schrieb mir, von wissenschaftlichen Erwägungen einmal abgesehen gehörten die Manuskripte aus moralischer Sicht nach Israel. Nur dem Zionismus und dem *Jischuw* (der jüdischen Gemeinde in Palästina vor der Staatsgründung 1948) sei es zu verdanken, dass Brod die Manuskripte habe retten können, so Grözinger.

Andere bezweifelten, dass sich Kafkas Erbe, so unergründlich und rätselhaft wie eh und je, überhaupt auf einer irdischen Karte verorten lasse. »Aus meiner Sicht«, so die Tel Aviver Dichterin Lali Michaeli, »gehören Kafkas Manuskripte auf den Mond.«

Eva Hoffe blieb noch eine Chance: Ab dem Tag der Urteilsverkündung hatte sie fünfzehn Tage Zeit, eine weitere Verhandlung vor dem Obersten Gerichtshof zu beantragen. Obwohl sich ihr Anwalt Eli Sohar bemühte, wegen der nächsten Schritte mit ihr in Kontakt zu treten, war sie niedergeschlagen und fühlte sich alleingelassen. In ihrer Verzweiflung engagierte sie noch einmal Jeschajahu Etgar (einen Freund des Obersten Richters Rubinstein), den sie in einem früheren Prozessstadium beauftragt, dann aber entlassen hatte. Am 15. Tag, dem 22. August 2016, beantragten Etgar und Eva Hoffe ein neues Verfahren. Sie machten geltend, die Nationalbibliothek habe formal nicht existiert, als Brod sein Testament verfasste (in der Originalversion 1948 wie auch in der letzten Version 1961), sondern habe ihren gesetzlichen Status als Institution erst 2007 erhalten. Da Ester Hoffe ihren Töchtern die Kafka-Manuskripte ausdrücklich geschenkt habe – mit dem förmlichen Brief vom 25. August 1970 –, gehörten sie weder zu Brods noch zu Ester Hoffes Nachlass und dürften daher nicht Bestandteil des Urteils sein. Am 13. Dezember 2016 lehnte Salim Jubran, der erste auf Dauer an den Israelischen Obersten Gerichtshof berufene arabische Richter, den Antrag ab.

In einem verzweifelten letzten Manöver ging Eva Hoffe auf Anraten Etgars in die Offensive und verklagte das Justizministerium wegen Fahrlässigkeit und Fehlverhaltens in dem Fall. Eine gute Freundin Eva Hoffes beschrieb die Berg- und Talfahrt ihrer Gefühle in jener Woche mit den geflügelten Worten aus Goethes *Egmont* »himmelhoch jauchzend, zu Tode betrübt«.

Am 15. Dezember wurde, wie vom Gericht verfügt, die erste rotbraune Schließfachkassette aus der Leumi-Bank in Tel Aviv mit einem Panzerfahrzeug nach Jerusalem in die Nationalbibliothek gebracht. Am 20. Dezember wurden die Boxen erstmals geöffnet. Ich war dabei, als unter den Augen eines bewaffneten Wachmanns sechs Kassetten auf einem Rollwagen in den Holtzman-Konferenzraum der Bibliothek neben der Cafeteria gefahren wurden.

Mir kam der Gedanke, dass man die Manuskripte darin vielleicht mit einem Netz vergleichen konnte, dessen Fäden über die Jahre hauchdünn geworden waren. Es hatte Kafka mit Brod verbunden, Brod im Tel Aviver Exil mit seiner Glanzzeit in Prag und in seiner zweiten Lebenshälfte mit seiner Gefährtin und Vertrauten Ester Hoffe, Hoffe mit den ihr ergebenen Töchtern, und schließlich war auch Deutschland im rechtlichen Gezerre mit Israel darin eingewoben. Die Worte bleiben unverändert, die Bedeutung der losen Blätter und Bögen aber hatte immer wieder eine Verwandlung durchgemacht.

Im Konferenzraum stand ein langer Tisch. An der einen Seite saßen Stefan Litt (ein gebürtiger Berliner, der seit 1995 in Israel lebt und seit 2010 an der Nationalbibliothek arbeitet) und Paul Maurer (in Riga geboren, Fachmann für das deutsch-jüdische Material an der Nationalbibliothek, der 2002 auch in Marbach forschte), die unverzüglich damit beginnen wollten, die Tausenden von Seiten zu durchforsten und mit Itta Schedletzkys Inventarliste abzugleichen. Ihnen gegenüber beaufsichtigten Matan Barzilai, Leiter der Archivabteilung der Bibliothek, und Janiw Lewi-Korem, Leiter der technischen Abteilung, die Arbeit. Keiner von ihnen wusste, was sie genau erwartete. Am Kopfende des Tisches standen Videokameras, die das Ereignis festhalten sollten.

In den ersten Tagen fanden Litt und Maurer zunächst private Korrespondenz zwischen Max Brod und Ester Hoffe, aus der die Innigkeit ihrer Beziehung hervorging. Sie entdeckten Briefwechsel zwischen Kafka und Mitgliedern seiner Familie und drei bis dahin unbekannte Aphorismen in Kafkas Handschrift, verfasst im Ersten Weltkrieg für ein Buch, das nie erschienen war. Zu den weiteren Funden gehörten eine Mappe mit fünfundzwanzig Partituren Max Brods, dicke Bündel mit handschriftlichen Entwürfen seiner Romane und umfangreiche Korrespondenz (»ein Who is Who der mitteleuropäischen Literaturszene«, so Maurer). Auf vielen Blättern hatten verrostete Büroklammern Flecken hinterlassen. Und wieder einmal offenbarte sich Brods Instinkt, Erinnerungsstücke aller Art aufzuheben, etwa Eintrittskarten für das Wiener Casino de Paris um 1905 oder illustrierte Postkarten der 1903 gegründeten Wiener Werkstätte.

Unter anderem hatten die beiden Bibliothekare die Aufgabe, die Papiere, die zu Ester Hoffes Nachlass gehörten (etwa Brods Briefe an sie), von denen zu trennen, die zu Brods Nachlass zählten (Ester Hoffes Briefe an ihn). Erstere sollten an Eva Hoffe zurückgegeben werden. Unterdessen kämpften Eva Hoffe und Jeschajahu Etgar gegen die »Auslieferung« der Materialien aus Zürich.[8]

Eva Hoffes beste Freundinnen fürchteten, sie könnte aus Verzweiflung etwas Überstürztes tun. In einem unserer Gespräche erwähnte Eva Hoffe beiläufig, dass die österreichische Autorin Ingeborg Bachmann 1973 ihr Schlafzimmer angeblich mit einer Zigarette in Brand gesetzt hatte. Bachmann sei drei Wochen später im Krankenhaus gestorben. Ich sah die alptraumhafte Szene vor meinem inneren Auge: Nach ihrer letzten Niederlage verbrennt Eva Hoffe aus Trotz die noch in der Spinoza-Straße befindlichen Manuskripte – womit sie zugleich Kafkas letztem Wunsch entsprechen, ihren wertvollsten Besitz opfern (wie Abraham, der bereit ist, Isaak zu opfern, und wie die Opferungen auf dem Altar des Tempels von Jerusalem) und zudem, wenn auch spät, eingestehen würde, dass Kafka niemandem gehört.

Im Frühjahr 2018 wurde bei Eva Hoffe Krebs diagnostiziert. Als sie sich noch von der operativen Entfernung des Tumors erholte, stürzte sie und brach sich die Hüfte. Ihr Lebenswille war dahin, sie aß nichts mehr. Am 4. August 2018 verstarb sie im Alter von 84 Jahren. Einen Tag später wurde sie auf dem Kirjat-Schaul-Friedhof von Tel Aviv beigesetzt. Da sie keine eigene Grabstätte besaß, wurde sie über ihrer Mutter bestattet. »Ihre Mutter verschlang sie, im Leben wie im Tod«, kommentierte eine ihrer Freundinnen.

Mitte September 2018 durften Anwalt Meir Heller, Archivar Stefan Litt und andere Mitarbeiter der Israelischen Nationalbibliothek endlich Eva Hoffes Wohnung in der Spinoza-Straße betreten. Sie waren entsetzt von den Zuständen. Heller sprach von einer »Biogefährdung«. Litt schilderte mir später die »katastrophalen Bedingungen«: »Da tummelten sich noch mehr Kakerlaken als Katzen«, sagte er. Die Mitarbeiter sicherten sechzig Kisten mit Papieren. Fünfundzwanzig wurden als persönliche Unterlagen der Familie Hoffe eingeordnet, die anderen fünfunddreißig in die Nationalbibliothek gebracht, damit Litt sie durchsehen konnte; er rechnete mit mehreren Monaten Arbeit.

Einen Monat später präsentierte Litt einige der ersten Funde aus dem Hoffe-Nachlass. Darunter waren eine Postkarte mit einem Foto von Goethes Schlafzimmer, die Kafka seiner Familie aus Weimar geschickt hatte, als er sich im Sommer 1912 mit Brod dort aufhielt; handschriftliche Seiten von Kafkas Prosafragment »Unter meinen Mitschülern« (1909); eine Rezension Kafkas von Franz Bleis Buch *Die Puderquaste: Ein Damenbrevier* (1909), getippt auf die Rückseite der Einladung für ein Tischtennisturnier in Prag im Dezember 1908; mehrere Bände von Brods Tagebüchern; Brods handschriftlicher Entwurf zu seinem Buch *Der Prager Kreis* (1966); ein handschriftlicher Entwurf zu Brods Aufsatz »Jüdische Volksmelodien«, der in der von Martin Buber herausgegebenen Zeitschrift *Der Jude* erscheinen sollte (1916–1917), und ein Brief Walter Benjamins (Paris 1930), in dem er Brod für die Übersendung eines seiner Bücher dankt und verspricht, es zu lesen.

»Kunst gehört niemandem, weder den Mäzenen noch auch nur den Künstlern selbst«, schrieb Joseph Brodsky einmal. Der Prozess entlarvte die Begierde, das künstlerische Erbe eines Menschen zu besitzen, dem Besitz nichts bedeutete. Reiner Stach schrieb über Kafka: »Keine einzige Episode ist aus seinem Leben überliefert, in der er Freude am Eigentum gezeigt hätte«. Ganz anders Kafkas Möchtegernerben in Israel und Deutschland, die vergaßen, dass ihnen Kafka nicht gehört – allenfalls sie ihm.[9]

Der Prozess zeigte auch, wie sehr diese Erben von dem, was sie zu besitzen suchten, erschüttert wurden. Der latenten Macht gewahr, die Kafkas Vorstellungskraft innewohnt, wollten sie nicht nur besitzen, sondern auch kontrollieren und klassifizieren. Denn natürlich macht es einen Unterschied, ob an einen Autor künstlerische oder nationale Maßstäbe angelegt werden. In seiner Nobelpreisrede sagte Brodsky 1987: »Wenn die Literatur den Staat verabscheut, sich über ihn lustig macht oder ihm die kalte Schulter zeigt, so ist dies wesentlich eine Reaktion des Überzeitlichen, vielleicht sogar des Unendlichen gegen das zeitlich Gebundene.«[10] Letzteres gehört in die Domäne der Archivare. Aber was ist flüchtiger: Worte oder Staaten?

Wenn der Prozess die ängstliche Gegenreaktion des zeitlich Gebundenen (Staatsinteressen) gegen das Überzeitliche (Literatur) abbildet, dann erscheint das deutsche Wort »Prozess« selbst umso passender: ein laufender Vorgang mit offenem Ende. »Nur unser Zeitbegriff läßt uns das Jüngste Gericht so nennen, eigentlich ist es ein Standrecht«, heißt es in Kafkas »Zürauer Aphorismen«.[11] Die Richter in Jerusalem mögen ihr Urteil gesprochen haben, doch der symbolische Prozess über Kafkas Erbe ist einstweilen vertagt.

Epilog

Wie ein Weg im Herbst: kaum ist er rein gekehrt, bedeckt er sich wieder mit den trockenen Blättern.

FRANZ KAFKA, »Zürauer Aphorismen«[1]

Im Frühjahr 2018 wurde bei Eva Hoffe Darmkrebs diagnostiziert. Während sie sich noch von der operativen Entfernung des Tumors erholte, stürzte sie und brach sich die Hüfte. Ihr Lebenswille schwand, sie aß nichts mehr. Am 4. August 2018 verstarb sie im Alter von vierundachtzig Jahren. Einen Tag später wurde sie auf dem Kirjat-Schaul-Friedhof in Tel Aviv beigesetzt. (Ihr Anwalt Eli Sohar starb achtzigjährig im Januar 2020.) Wie Kafka hatte Eva Hoffe nie geheiratet; sie hinterließ zwei Nichten. Da sie sich offenbar aus Geldmangel keine eigene Grabstätte hatte kaufen können, wurde sie über ihrer Mutter bestattet. »Ihre Mutter verschlang Eva, im Leben wie im Tod«, kommentierte eine der Trauernden.

Einen Monat nach ihrem Tod durften Anwalt Meir Heller, Archivar Stefan Litt und weitere Mitarbeiter der Israelischen Nationalbibliothek endlich Eva Hoffes Wohnung in der Spinoza-Straße betreten. Sie waren entsetzt von dem, was sie vorfanden. Heller sprach von einer »Biogefährdung«, Litt von »katastrophalen Zuständen«: »Da tummelten sich noch mehr Kakerlaken als Katzen«, erzählte er mir später. Die Mitarbeiter sicherten sechzig Kisten mit Papieren, die zum Teil in einem ausgeschalteten Kühlschrank lagerten. Fünfundzwanzig Kisten wurden als persönlicher Besitz der Familie Hoffe klassifiziert, fünfunddreißig in die Nationalbibliothek gebracht, wo man den Inhalt begaste und in säurefreien Mappen ablegte.

Einen Monat später präsentierte Litt einige der ersten Funde aus dem Brod-Nachlass. Darunter waren drei verschiedene Entwürfe der Kafka-Erzählung »Hochzeitsvorbereitungen auf dem Lande«, handschriftliche Seiten von Kafkas Prosafragment »Unter meinen Mitschülern« (1909); eine Postkarte mit einer Fotografie von Goethes Schlafzimmer, die Kafka seiner Familie im Sommer 1912 von seiner Weimar-Reise mit Brod geschickt hatte; eine Rezension Kafkas von Franz Bleis Buch *Die Puderquaste: Ein Damenbrevier* (1909), getippt auf die Rückseite der Einladung für ein Tischtennisturnier in Prag im Dezember 1908 sowie bis dahin unbekannte Tagebücher Brods aus mehr als vierzig Jahren, die neue Erkenntnisse über die Freundschaft der beiden Männer versprachen. Im Februar 2019 war ich dabei, als israelische Nachfahren Dora Diamants und ihre Biografin Kathi Diamant in der Nationalbibliothek mit tränenerfüllten Augen Brods Tagebucheinträge über seine Begegnungen mit Kafka und Diamant lasen und ein Foto Dora Diamants betrachteten, das diese genau neunzig Jahre vorher ihrer Freundin Lise Weltsch gewidmet hatte.

Nun blieb noch das Problem mit den vier Schließfächern im Tresorraum der UBS Zürich. Nach Schweizer Recht muss das Bundesamt für Kultur die Ausfuhr von Kulturgütern genehmigen. Voraussetzung ist ein Abkommen über den Schutz von Kulturgütern zwischen der Schweiz und dem Land, an das sie übergeben oder restituiert werden sollen. Da ein solches Abkommen zwischen der Schweiz und Israel nicht existierte, versuchte Ehud Sol zunächst vergeblich, in der Schweiz eine gerichtliche Anerkennung des israelischen Urteils aus dem Jahr 2016 zu erwirken. Erst im April 2019 bestätigte ein Bezirksgericht in Zürich das Urteil des Obersten Gerichts und genehmigte die Ausfuhr der von

Brod deponierten Papiere nach Jerusalem. Jeschajahu Etgar, einer von Eva Hoffes Anwälten, beklagte gegenüber der Associated Press, das Schweizer Urteil reihe sich in Machenschaften ein, mit deren Hilfe »individuelle Eigentumsrechte ohne jede juristische Rechtfertigung« außer Kraft gesetzt würden. Er bezeichnete die Beschlagnahmung von Hoffes Erbe als »vorsätzlichen Raub«.

Im Mai 2019, einen Monat nach dem Schweizer Urteil, übergab das deutsche Bundeskriminalamt dem israelischen Botschafter in Deutschland Jeremy Issacharoff fast fünftausend bis dahin unbekannte Manuskriptseiten aus Brods Nachlass. Die Polizei hatte die Schriften, die offenbar aus Hoffes Wohnung in Tel Aviv gestohlen worden waren, in einer Lagerhalle in Wiesbaden beschlagnahmt, wo sie in mehreren Koffern zwischen gefälschter Avantgarde-Kunst versteckt waren. Ein Gericht in Wiesbaden urteilte, dass sie zum Brod-Nachlass gehörten und daher an die Nationalbibliothek in Jerusalem zu überstellen seien. Issacharoff pries die Rückgabe der Dokumente – darunter Dramenentwürfe, Brods Notizbücher aus dem Gymnasium und Briefe zwischen Brod und seiner Frau Elsa – als Akt »historischer Gerechtigkeit«. »Ich glaube, ihn [Kafka] würde das sehr amüsieren«, fügte Stefan Litt hinzu. »Er hätte sich keine bessere Handlung ausdenken können.«

Vier Tage nach der Übergabe wurden in einem Kieler Auktionshaus mehrere zuvor unveröffentlichte Briefe Max Brods an Felix Weltsch versteigert. Die Korrespondenz aus den Jahren 1947 bis 1955 hatte sich im Besitz eines ungenannten Privatsammlers befunden. Brod erklärt in einem der Briefe, warum er eine Einladung nach Prag abgelehnt hatte. »6 Wochen Tschechoslowakei mit Reden … (in tschechischer Sprache!) würden mich umbringen!« In anderen Briefen aus der Kieler Sammlung schreibt Brod, Salman Schocken sei »ein alter Zyniker«, beklagt die Augusthitze

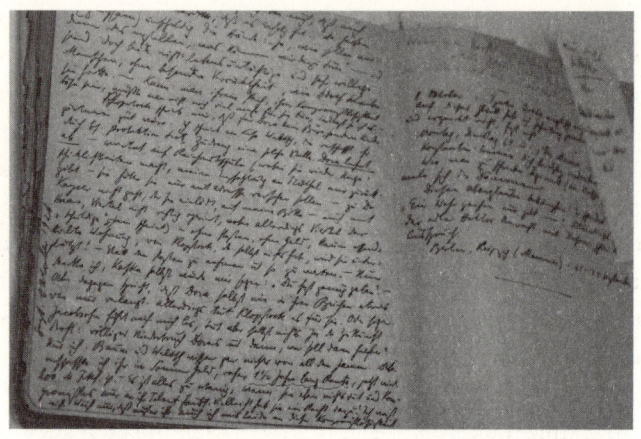

Eine Seite aus Brods Tagebüchern, die sich heute in der
Israelischen Nationalbibliothek befinden. Hier erzählt er
von einem Treffen mit Kafkas letzter Lebensgefährtin Dora
Diamant (Foto: Benjamin Balint).

Jeremy Issacharoff, israelischer Botschafter in Deutschland,
zeigt Dokumente aus Max Brods Nachlass, 21. Mai 2019
(Foto: AP / Michael Sohn).

in Tel Aviv und erwähnt seine Dramatisierung von Kafkas *Das Schloss*, die im Mai 1953 im Schlosspark Theater in Berlin Premiere hatte. Außerdem berichtet er, er habe Briefe Kafkas an eine befreundete Studentin namens Minze Eisner gefunden (die achtzehn Jahre jünger war als Kafka). In diesen Briefen (aus den Jahren 1920 bis 1922), so Brod an Weltsch, führe Kafka »das Mädchen zum Judentum, zum Zionismus … und flößt ihr neuen Lebensmut ein«.[2] Die meisten Briefe aus der Auktion erwarb die Nationalbibliothek in Jerusalem, die sie den zahlreichen Briefen aus Hoffes Wohnung hinzufügte.

Nach Abschluss der Konservierung, Katalogisierung und Digitalisierung (durch den Fotografen Ardon Bar-Hama) stellte die Nationalbibliothek ihre Kafka-Sammlung im Mai 2021 online.

Unter den veröffentlichten Schätzen, die fast ein Jahrhundert nach Kafkas Tod wie aus einer Genisa geborgen wurden, befinden sich auch zahlreiche Zeichnungen des Dichters.

»Wie soll ich es also nur beschreiben, wie wir im Traum gegangen sind!«, schreibt Kafka 1913 an Felice Bauer und fährt fort:

Während beim bloßen Einhängen sich die Arme nur an zwei Stellen berühren und jeder einzelne seine Selbstständigkeit behält, berührten sich unsere Schultern und die Arme lagen der ganzen Länge nach aneinander. Aber warte, ich zeichne es auf. Eingehängtsein ist so [Zeichnung]. Aber wir giengen so: [Zeichnung]. Wie gefällt dir mein Zeichnen? Du, ich war einmal ein großer Zeichner, nur habe ich dann bei einer schlechten Malerin schulmäßiges Zeichnen zu lernen angefangen und mein ganzes Talent verdorben. Denk nur! Aber warte, ich werde Dir nächstens paar alte Zeichnungen schicken, damit Du etwas zum

Lachen hast. Jene Zeichnungen haben mich zu seiner Zeit, es ist schon Jahre her, mehr befriedigt, als irgendwas.[3]

Kafka nahm die Kunst sehr ernst. Er belegte Kunstgeschichtskurse, abonnierte Kunstzeitschriften und besaß Bücher des jüdischen Kunsthistorikers Oskar Bie, die er mit Notizen versah. Auch lernte er den österreichischen Künstler Alfred Kubin kennen, der später Kafkas Erzählung *Ein Landarzt* illustrierte. Gemeinsam mit Brod besuchte Kafka Museen in Prag und Paris. Im Louvre fertigte er eine versierte Zeichnung nach Leonardo da Vinci und zwei Skizzen von der antiken Statue des Borghesischen Fechters.

Kafka zeichnete zeitlebens von seiner Studentenzeit an der Karls-Universität über seine Jahre bei der Arbeiter-Unfall-Versicherung bis zu seinen letzten tuberkulosegeplagten Monaten, in denen er nicht mehr sprechen konnte. In seinem Buch *Gespräche mit Kafka* berichtet Gustav Janouch, dass er Kafka mehr als einmal zeichnend antraf und der Dichter sein Blatt jeweils zerriss. Einmal aber ließ er ihn einen Blick darauf werfen. »Das brauchten Sie vor mir ja wirklich nicht zu verstecken«, sagte Janouch. »Das sind ja ganz harmlose Zeichnungen.« Doch Kafka erwiderte: »O nein! Die sind nicht so harmlos, wie sie erscheinen. Die Zeichnungen sind Spuren einer alten, tief verankerten Leidenschaft.«[4]

Allerdings unterdrückte Kafka diese Leidenschaft in der ihm eigenen Deutung des biblischen Verbotes, Götzenbilder anzufertigen. Seinen Verleger Kurt Wolff, mit dem Brod ihn bekannt gemacht hatte, bekniete er, seine berühmteste Schöpfung niemals abzubilden. »Das Insekt selbst kann nicht gezeichnet werden«, ermahnte er Wolff 1915 in Hinblick auf den Umschlagentwurf für »Die Verwandlung«. »Es kann aber nicht einmal von der Ferne aus gezeigt werden.«[5]

Kafka, der um die Möglichkeiten und Unzulänglichkeiten

des Schreibens ebenso wusste wie um den Unterschied zwischen Sagen und Sehen, fügte am Rand seiner Manuskripte und Tagebücher, auf dem Innenumschlag eines hebräischen Vokabelhefts und in den Briefen an seine jeweilige Partnerin Zeichnungen und Skizzen ein. Er fertigte Bleistiftporträts seiner Mutter Julie, seiner lesenden Cousine Martha Löwy und seiner letzten Lebensgefährtin Dora Diamant (auf der letzten Seite seiner letzten Erzählung »Josefine, die Sängerin oder Das Volk der Mäuse«).

Vor dem Prozess in Jerusalem lagen nur vierzig Kafka-Skizzen vor. Weil sie sporadisch und willkürlich wie zufällige Anhängsel zu seinen Texten daherkamen, galten sie als Kuriositäten und blieben vonseiten der Kafka-Exegeten weitgehend unbeachtet. Die übrigen schlummerten jahrzehntelang in einem zweiundfünfzigseitigen Zeichnungsheft und in neunzehn Archivmappen.

Der Band *Die Zeichnungen* (2021) enthält hundertfünfzig Seiten mit etwa zweihundertvierzig Einzelzeichnungen, zum Teil aus den neu entdeckten Materialien in Jerusalem, dazu Pavel Schmidts Werkverzeichnis mit hervorragend recherchierten Beschreibungen. Der Herausgeber, der Schweizer Literaturwissenschaftler Andreas Kilcher, bezeichnet das wiederentdeckte Konvolut als »die letzte große Unbekannte von Kafkas Schaffen«.[6]

Unter den Zeichnungen befinden sich eine fast chaplineske Figur mit Gehstock, springende und hüpfende Fechter und Tänzer, ein Akrobat in einem schwindelerregenden Balanceakt auf einer Leiter, die nicht etwa auf dem Boden steht, sondern auf den Füßen eines liegenden Akrobaten ruht, eine Figur in Rodins klassischer Denkerpose, die den Buchstaben »K« bildet, ein Mann, der verloren auf einem riesigen Bett sitzt, darunter ein Paar Hausschuhe und ein Nachttopf, ein Trinker, der mit grimmigem Gesicht sein Glas anstarrt, ein Mann, der mit Händen und Füßen an vier Stangen einer Folterapparatur gefesselt ist (man denkt unwillkürlich an Kafkas erschütterndste Erzählung »In der Straf-kolonie«), ein Reiter, der in einer fast schon kubistischen Dar-stellung auf seinem gepeinigten Springpferd die Gerte schwingt, mehrere Figuren, die vor einem imposanten Tor Einlass begeh-ren, ein komisch abgeflachtes Selbstporträt.

Je länger man Kafkas Zeichnungen betrachtet, desto kalligra-phischer wirken sie, wie handschriftliche Notizen, Hieroglyphen oder Buchstaben einer unlesbaren Sprache, die in Auflösung be-griffen sind. (»Kafka, der mit Kennern der jüdischen Tradition wie Hugo Bergmann, Felix Weltsch und Max Brod verkehrte«, schrieb die verstorbene Literaturwissenschaftlerin Jacqueline Su-daka-Bénazéraf, »wusste ohne Zweifel um die Vorstellung des Zo-har, derzufolge Gott die Welt mit den Buchstaben des Alphabets erschuf.«) Andere Skizzen bestehen aus zackigen, nur angedeute-ten Linien – kantige gestikulierende Strichmännchen mit karika-turesk verlängerten Gliedmaßen, flache Silhouetten ohne Boden unter den Füßen. In seiner Kafka-Biografie bezeichnet Brod diese Figuren als »schwarze Marionetten an unsichtbaren Fäden«.[7] Ich denke eher an fantastische Darstellungen frei flottierender Luft-menschen.

Kafka fertigte beide Typen von Zeichnungen spontan und mit schnellen Strichen. Sie folgen einer Grammatik bildlicher Einfachheit – und parodistischen Humors. Wie seine Erzählun-gen und Parabeln sind die Zeichnungen typisch Kafka: knapp, rätselhaft, unvollständig und vor allem fragmentarisch, so als en-deten sie, ehe sie ankommen, oder als könnten sie nur in einer Sackgasse enden, in dem, was die Griechen als *aporia* bezeichne-ten. Kafkas Zeichnungen nähern sich diesem unlösbaren Wider-spruch mit derselben Klarheit, derselben Intensität des Ausdrucks wie die Texte.

Laut Peter Filkins, Professor am Bard College, hatte Brod, als er am 15. März 1939 mit dem letzten Zug aus Prag floh, das Prager Telefonbuch des Jahres 1938 bei sich. »Angeblich lag es noch auf seinem Schreibtisch, als er dreißig Jahre später in Tel Aviv starb.«[8] Hätte Brod nach dem Krieg die Nummern seiner alten Freunde in Prag gewählt, so hätte er sie nicht erreicht. Das Telefonbuch verzeichnete Nummern von Menschen, die keine Botschaften mehr empfangen konnten. Für sie wären Brods Warnungen zu spät gekommen.

Einer meiner Lehrer bezeichnete die Möglichkeit der Überlieferung als die erste Tatsache jüdischer Literatur. »Mosche empfing die Torah am Sinai«, heißt es in der Mischna, und die Überlieferung ging weiter »auf Jehoschua und von Jehoschua auf die Ältesten und von den Ältesten an die Propheten und von den Propheten auf die Männer der Großen Ratsversammlung« und so weiter, vierzig Generationen bis Rav Aschi, der den babylonischen Talmud zusammenstellte. Doch die Überlieferung ist auch die letzte Tatsache jüdischer Literatur, das letzte Element der Tradition, das ins Wanken gerät.

In Kafkas Schriften, so könnte man etwas pauschal sagen, scheitert die Verständigung häufig daran, dass Botschaften verloren gehen, missverstanden werden, ihre Weitergabe immer wieder verzögert oder (was auf dasselbe hinauslaufen kann) ihr Inhalt verstümmelt wird. Wenn überhaupt, kommen sie zu spät an. In Kafkas Roman *Der Prozess* – in sich eine unvollendete Botschaft – wird einem zunehmend ratlosen Mann ein Prozess gemacht, dessen Gesetzesgrundlage hinter einem Schleier der Unbegreiflichkeit verborgen bleibt. Am Ende wird der Angeklagte hingerichtet, ohne dass er hätte in Erfahrung bringen können, was ihm eigentlich zur Last gelegt wurde.

In der Türhüterparabel (»Vor dem Gesetz«), Bestandteil von

Der Prozess, erhält der Bittsteller vom Lande die entscheidende Nachricht – dass das Tor zum Gesetz, vor dem er seit Jahren ausharrt, nur für ihn bestimmt war – erst kurz vor seinem Tod, als es keine Rolle mehr spielt. Der Zugang zur leuchtenden Offenbarung hinter dem Tor bleibt ihm verwehrt.

In *Das Schloss* teilt der Dorfvorsteher K. mit, man habe Jahre zuvor im Schloss einen Landvermesser angefordert. Als sich die Anfrage erübrigte, habe man die erste mit einer zweiten Nachricht zurückgenommen. Diese zweite Nachricht aber ging unerklärlicherweise verloren und taucht just wieder auf, als K. eintrifft. (Die Frage, ob der Landvermesser überhaupt bestellt wurde, lässt Kafka offen.)

In der Erzählung »Der Heizer«, die Brod zum ersten Kapitel von Kafkas unvollendetem Roman *Amerika* machte, will der junge Protagonist gerade von Bord des Schiffes gehen, das ihn über den Ozean gebracht hat, als er dem Heizer begegnet. Der Mann, der für die Befeuerung des Schiffes zuständig ist, hat eine dringliche Geschichte zu erzählen, und wir sind drauf und dran, sie zu hören, was jedoch nie geschieht. Vielleicht ist sie einfach nicht mitteilbar.

In Kafkas verstörendster Erzählung »In der Strafkolonie« sticht ein »Apparat« Verurteilten mit Nadeln einen Satz in den Rücken, eine quälend langsame Hinrichtung gleichsam durch Exegese. Der Besucher kann das Zeichenlabyrinth, das der grausame Apparat verwendet, nicht entziffern. Die makabre Botschaft – jenes »Gebot«, das der Verurteilte übertreten hat – erschließt sich nur dem Gepeinigten selbst und auch das erst im Augenblick seines Todes.

In Kafkas Parabel »Eine kaiserliche Botschaft« flüstert der Kaiser, der Inbegriff väterlicher Autorität, auf dem Sterbebett einem Boten etwas ins Ohr, doch Bote und Botschaft verlieren sich in den nicht enden wollenden Gemächern, den inneren und äußeren Palästen. »Niemand dringt hier durch und gar mit der Botschaft eines Toten.«[9]

Nehmen wir schließlich noch eines seiner Fragmente:

> Es wurde ihnen die Wahl gestellt Könige oder der Könige Kuriere zu werden. Nach Art der Kinder wollten alle Kuriere sein. Deshalb gibt es lauter Kuriere, sie jagen durch die Welt und rufen da es keine Könige gibt, einander selbst die sinnlos gewordenen Meldungen zu. Gerne würden sie ihrem elenden Leben ein Ende machen, aber sie wagen es nicht wegen des Diensteides.[10]

Vielleicht lässt sich auch unsere Geschichte am besten als eine Abfolge von Botschaften begreifen, die verlorengingen, aufgeschoben wurden, keine Beachtung fanden oder zu spät eintrafen: Kafkas Brief an den Vater, die von Kafka nicht erhörten Lockrufe aus dem Gelobten Land, seine letzte Anweisung an Brod, die Einladung Brods in die Vereinigten Staaten kurz vor Kriegsausbruch, Brods Letzte Wille. Ester Hoffes Letzter Wille.

Nach Kafkas Vorstellung werden Botschaften erst begreiflich, wenn der Messias kommt. Doch auch er trifft zu spät ein: »Der Messias wird erst kommen, wenn er nicht mehr nötig sein wird«.[11]

Was geschieht ohne Gesetzgeber mit dem Gesetz? Ein refrainartig wiederkehrendes Motiv bei Kafka ist das Gesetz, leuchtend, aber unzugänglich, bewacht von fehlbaren, kleingeistigen, ja gewissenlosen Türhütern: zwielichtigen Richtern, Anwälten, Amtsträgern, Priestern, Bürokraten. Die Wächter, so treu ergeben sie auch sein mögen, begreifen nicht immer, was sie da bewachen. Kafkas Studenten, schrieb Walter Benjamin, seien »Schüler, denen die Schrift abhanden kam«.[12] Oder zumindest lasen sie die Heilige Schrift gegen den Strich.

Manchmal sind wir versucht, in literarischen Texten juristische Inhalte zu suchen und Literatur als Zeugenberichte zu lesen, die rechtliche Beweismittel untermauern oder ergänzen (so geschehen in den zahlreichen Romanen über die Teilung Britisch-Indiens ab 1947 in Indien, Pakistan und Bangladesch). Im vorliegenden Buch habe ich das Gegenteil versucht: Gerichtsurteile zu lesen, als seien sie literarische Texte (Texte also, die eine Vielzahl von Interpretationen in sich tragen). Verstehen wir die israelischen Richter als die jüngsten von Kafkas Wächtern über die Interpretation, so lässt sich auch ihr Urteil als vielsagende Deutung oder Fehldeutung lesen, das vorerst letzte Kapitel in einer langen Geschichte der Inanspruchnahme und Instrumentalisierung von Kafkas literarischem Nachleben durch jene, die behaupten, seine Erben zu sein.

Rechtsgelehrte, die sich der Vermischung von juristischen und literarischen Zeugnissen besonders entschieden widersetzen, ziehen auch eine klare Linie zwischen Recht und Geschichte. Louise Arbour, ehemalige UN-Hochkommissarin für Menschenrechte und frühere Richterin am Obersten Gerichtshof von Kanada, formulierte das so:

Die Historie lässt Raum für Zweifel. Sie ist ein fließendes Projekt, sie ist in Bewegung, und sie strebt nach einer Rekonstruktion der Vergangenheit, die von der Gegenwart und sogar der Zukunft her beeinflusst, begriffen und somit revidiert wird. Die Justiz dagegen zieht irreversible Schlüsse. Sie bindet sich an eine dauerhafte und offizielle Interpretation von Fakten, der häufig irreversibel harte Konsequenzen folgen.[13]

Doch auch wenn sich die Justiz bisweilen als ahistorisch versteht, werden seit den Nürnberger Prozessen, dem Eichmann-Verfahren und den Kriegsverbrechertribunalen für Ruanda und das ehemalige Jugoslawien (die jeweils die Grenzen eines einfachen Prozesses oder einer schlichten Faktenfeststellung sprengten) die kulturell bedeutsamsten Prozesse heute als Dialoge mit der Geschichte durchgeführt, mit einer Vergangenheit, die nicht vergangen ist.

Als das Gericht in Jerusalem um die Frage kreiste, wer denn nun Kafkas wahre Erben seien, zeigte sich, wie sehr Israel und Deutschland bis heute auf jeweils unterschiedliche Weise mit den Brüchen ihrer Vergangenheit belastet sind und wie stark sich der Erinnerungswortschatz der beiden Länder unterscheidet. Beide Seiten bemühten sich, mit Kafkas Namen ein nationales »Wir« zu verknüpfen. So betrachtet, illustrierte der Prozess durch das Heraufbeschwören von Narrativen privater und kollektiver Traumata, dass der Anspruch der Nachkriegsbundesrepublik auf den Dichter, dessen Familie im Holocaust dezimiert wurde, mit den Bemühungen, die eigene schändliche Vergangenheit zu überwinden, in Konflikt gerät. Und wie wir gesehen haben, kochte im Prozess nicht nur die langjährige Debatte über Kafkas zwiespältige Haltung zum Judentum und zu den Perspektiven eines jüdischen Staates wieder auf, sondern auch die ambivalente israelische Haltung zu Kafka und zur Kultur der Diaspora. Der Prozess behandelte somit nolens volens auch die Frage, inwieweit heute lebende Israelis mit der Erfahrungskette toter europäischer Jüdinnen und Juden verbunden sind.

Lange vor den Prozessen in Israel unternahmen Heerscharen von Gelehrten den Versuch, Kafka für sich zu reklamieren. Was hat dieser Dichter, dessen Name als Adjektiv zum Klischee wurde, an sich, dass so viele Interpreten sein Erbe an sich reißen und zweckentfremden?[14]

Kafkas Dichtung, gleichermaßen klar und dunkel, präzise und rätselhaft, fordert Interpretation und entzieht sich ihr im selben Moment, schwirrt in einem Wirbel der Ambiguität. Theodor W. Adorno spricht von einer »Parabolik, zu der der Schlüssel entwendet ward«.[15] Kafka selbst stellte diesen Schlüssel nie zur Verfügung. »Ein Erzähler kann nicht über das Erzählen sprechen«, soll er gesagt haben. »Er erzählt oder er schweigt.«[16]

Max Brod zufolge, der als Erster einen Interpretationsschlüssel zur Verfügung stellte, erkannte Kafka, dass das Menschliche mit dem Göttlichen, das göttliche Gesetz mit der menschlichen Bestimmung unvereinbar sei. Seine Motive – Offenbarung und Erlösung, Gesetz und Gebot, Schuld und Opfer – zementierten, so Brod, Kafkas Stellung als »Heiliger unserer Zeit«.[17]

Nach Interpretationen der psychoanalytischen Schule erfasst Kafka das Entsetzliche, das Unverständliche und Unergründliche hinter dem Prosaischen; er sei ein Vorbote von Freuds Vorstellung des Unheimlichen, also des Vertrauten, das uns im unvertrauten Gewand begegnet. Oder es heißt, sein Minderwertigkeitskomplex habe Kafka gelähmt, in seiner unschlüssigen Introvertiertheit habe er nicht weiter sehen können als bis zu seinen eigenen Neurosen. Kafkas Visionen, so der Literaturkritiker Edmund Wilson, seien »das halb unterdrückte Röcheln einer mit Füßen getretenen, in Selbstzweifeln versinkenden Seele«.[18]

Für wieder andere ist Kafka der Vorreiter angstgeplagter Existenzialisten, eine Art jüdischer Kierkegaard, der nach dem Tod Gottes in einen Abgrund aus Amoralität, Absurdität und verstörender Sinnleere schaute. »Kafka sprach zu uns über uns selbst«, so Simone de Beauvoir. »Er offenbarte uns unsere eigenen Probleme in einer Welt ohne Gott, und in welcher doch unsere

Erlösung im Spiel war.« In diesem Sinne heißt es oft, Kafka habe unser Verständnis von der Krise traditioneller Werte im 20. Jahrhundert geformt. (»Wenn man mich fragt, welcher Dichter im Sinne der Beziehung Dantes, Shakespeares, Goethes zu ihrer Zeit der unsrigen am nächsten steht«, erklärte der Dichter W. H. Auden im Jahr 1941, »muß man in erster Linie Kafka nennen.«)[19]

Im sich stetig ausdehnenden Universum der Kafka-Interpretationen nutzen vermeintliche Erben seine Werke gern als Wegweiser im Labyrinth ihrer eigenen Verwirrung. In Philip Roths Roman *Die Prager Orgie* teilt ein tschechischer Schriftsteller Roths Alter Ego Nathan Zuckerman mit: »Als ich Kafka studierte, schien mir das Geschick seiner Bücher in den Händen der Kafkologen noch grotesker zu sein als das Geschick Josef K.s.«[20]

Wer diese Klippen umschiffen will, wirft am besten einen Blick in Schimon Sandbanks »Karte der Fehlinterpretationen«. Die häufig widersprüchlichen Deutungen – Versuche, für Kafkas Musik eine Notation zu entwickeln – seien in Wahrheit verkappte Selbstinterpretationen, so Sandbank, einer der besten hebräischen Übersetzer und Interpreten Kafkas. Sandbank zitiert in diesem Zusammenhang T. S. Eliots Worte über Shakespeare: »Einen Menschen von Shakespeares Rang werden wir wahrscheinlich niemals richtig beurteilen können, und wenn wir niemals recht haben können, so ist es besser, wenn wir von Zeit zu Zeit wenigstens auf neuartige Weise im Unrecht sind.« Sandbank fügt hinzu: »Kafka ist, meine ich, so großartig, dass diese Worte auch auf ihn zutreffen, so großartig, dass wir niemals recht haben können.«[21]

In seiner nur fünf Absätze kurzen rätselhaften Erzählung »Die Sorge des Hausvaters« schildert Kafka die Begegnung des Hausvaters mit einem merkwürdigen umherwandernden Wesen namens Odradek, das »außerordentlich beweglich und nicht zu fangen ist«. Der Vater fragt den ungebetenen Gast, wo er lebe. »›Unbestimmter Wohnsitz‹, sagt er und lacht; es ist aber nur ein Lachen, wie man es ohne Lungen hervorbringen kann. Es klingt etwa so, wie das Rascheln in gefallenen Blättern.«[22]

Eine der vielen ironischen Brechungen in diesem Fall birgt die besitzergreifende Haltung gegenüber einem Schriftsteller, der so intensiv damit beschäftigt ist, einem festen Wohnsitz aus dem Weg zu gehen. Kafkas Marginalität, Entwurzelung und Welt-fremdheit sind das A und O seines Schaffens. Mit dem amerika-nischen Dichter John Ashbery könnte man sagen, dass Kafka von außen in die Welt hinausblickte und sich von denen, die drinnen waren, nicht rekrutieren ließ.

Kafka schreibt in seinem Tagebuch, er habe ein »unendliches Verlangen nach Selbständigkeit Unabhängigkeit, Freiheit nach allen Seiten«.[23] Im Leben und in der Literatur brachte ihn diese Sehnsucht dazu, sich in der Heimatlosigkeit, der Unzugehörigkeit stur einzurichten. Nicht nur bleiben die Orte seiner Texte namen-los (erkennbar sind lediglich innere Landschaften). Er löste sich und sein Werk auch von den trostreichen Ankern einer nationa-len oder religiösen Zugehörigkeit.

Gehört Kafkas betörendes Werk zur deutschen Literatur, oder gehört es zu dem Staat, der sich als Stellvertreter der Juden in aller Welt betrachtet? Ist Kafka ein deutschsprachiger Schrift-steller, der zufällig Jude war? Oder entwickelte er als zutiefst jüdi-scher Schriftsteller das Deutsche zu einer neuen jüdischen Spra-che weiter, die jüdischem Denken in einer Welt ohne Gott und ohne Offenbarung gerecht wird? Oder wirkt Kafkas Werk jenseits jedes nationalen Kanons, »mehr eigenen Gesetzen der Bewegung folgend«, wie er es selbst formulierte?[24]

Kafka hatte wohl eine Vorahnung von den widersprüchlichen Vereinnahmungsversuchen. In einem Brief an Felice Bauer vergleicht er im Oktober 1916 zwei Rezensionen seines Werkes, die eine stammt von Max Brod:

> Willst du mir übrigens auch nicht sagen, was ich eigentlich bin. In der letzten Neuen Rundschau wird die »Verwandlung« erwähnt [...] und dann heißt es etwa: »K's Erzählkunst besitzt etwas Urdeutsches.« In Maxens Aufsatz dagegen: »K's Erzählungen gehören zu den jüdischsten Dokumenten unserer Zeit.«

»Ein schwerer Fall«, fährt er fort. »Bin ich ein Circusreiter auf 2 Pferden? Leider bin ich kein Reiter sondern liege am Boden.«[25]

Franz Kafka mag nun schon lange unter der Erde ruhen, der Tumult in den Gerichtssälen mag verstummt sein, doch wo immer die gefallenen Blätter und losen Bögen seiner Schriften zur Ruhe kommen: Wir hören sie rascheln, vom Ungesagten künden.

Anmerkungen

1 Das letzte Rechtsmittel

1 Kafka, »Zürauer Aphorismen«, in: *Nachgelassene Schriften und Fragmente 2*, S. 123.

2 »Jerusalemer Bibliothek zeigt Nachlass von Max Brod«, dpa-Artikel, 9. November 2018 (veröffentlicht unter anderem im Hamburger Abendblatt).

3 Ester Hoffe an Dora Diamant, 20. Juni 1950, Brief liegt dem Autor in Kopie vor.

4 Scharon zitiert in: Uri Dan, *Ariel Sharon. An Intimate Portrait*, London 2006, S. 22. Avnery zitiert in: »Cafe Society«, in: *Ha'aretz*, 26. Mai 2010.

5 Kafka, *Der Proceß. In der Fassung der Handschrift*. Frankfurt a. M. 2006, S. 101.

6 Der Erwerb der Jehuda-Amichai-Sammlung durch die Beinecke Rare Book and Manuscript Library in Yale, die der Leiter des Israelischen Staatsarchivs Ewiatar Friesel 1998 genehmigt hatte, löste in Israel einen Sturm der Entrüstung aus, als der Verkauf nach Amichais Tod im Jahr 2000 bekannt wurde. »Welches Volk der Welt kann Kulturgüter dieser Art einfach hergeben?«, fragte der Dichter Natan Jonatan. Rafi Weiser, damals Direktor der Manuskriptabteilung der Nationalbibliothek in Jerusalem, erklärte: »Wir hätten das Geschäft wahrscheinlich unterbinden können, wenn wir Amichais Absicht an die Medien durchgestochen hätten. Der öffentliche Druck hätte den Verkauf bestimmt verhindert. Aber wir haben entschieden, seinen Wunsch zu respektieren und Stillschweigen zu wahren.«

7 Zachary Leader, »Kingsley Amis: A Man of Alarming Energies and Appetites«, in: *The Telegraph*, 6. Mai 2016.

8 Das Ransom Center an der University of Texas in Austin, das auch Papiere der britischen Autoren Doris Lessing und Graham Greene besitzt, erwarb 2014 das Archiv des britischen Man-Booker-Preisträgers Ian McEwan für 2 Millionen Dollar.

9 Gesetzestext siehe: http://www.gesetze-im-internet.de/kgsg/BJNR 191410016.html#BJNR191410016BJNG000200000. Zitate Grütters: »Grütters legt neuen Entwurf für Schutz von Kulturgut vor«, in: *Berliner Morgenpost*, 16. September 2015; »Monika Grütters weist Kritik zurück«, dpa-Meldung, u. a. in: *Der Tagesspiegel*, 15. Juli 2015.

10 *Raschis Pentateuchkommentar*, hrsg. von Selig Bamberger, Frankfurt a. M. ³1935, S. 173.

11 Brod, *Franz Kafka. Eine Biographie*, Frankfurt a. M. 1964, S. 80 f. Elias Canetti, *Nachträge aus Hampstead*, München 1994, S. 110.

2 »Fanatische Verehrung«: Der Erste, der Kafkas Faszination erlag

1 Kafka an Oskar Pollak, 27. Januar 1904, in: *Briefe 1*, S. 34.

2 Brod, *Heidentum, Christentum, Judentum, Ein Bekenntnisbuch,* München 1921, Bd. 2, S. 344.

3 Brod, *Streitbares Leben. 1884–1968*, München u. a. 1969, S. 160.

4 Ebd., S. 128.

5 Stefan Zweig, Vorwort zu Brod, *Tycho Brahes Weg zu Gott*, Göttingen 2013, S. 7 f.

6 Brod, *Kafka. Eine Biographie*, S. 49.

7 Arthur Schopenhauer, *Die Welt als Wille und Vorstellung*, Bd. 1, Leipzig 1873, S. 218 f. Brod, *Über Franz Kafka*, Frankfurt a. M. 1974, S. 338.

8 Brod, *Kafka. Eine Biographie*, S. 56, 72. Zitate *Streitbares Leben*, S. 162, 188. Kafka an Brod, 17. März 1906, in: *Briefe 1*, S. 44.

9 Brod, *Streitbares Leben*, S. 11, 23.

10 Reiner Stach, *Kafka. Die frühen Jahre*, Frankfurt a. M. 2014, S. 489. Brod, *Kafka. Eine Biographie*, S. 125; *Max Brod / Franz Kafka, Eine Freundschaft. Reiseaufzeichnungen*, hrsg. von Malcolm Pasley, Frankfurt a. M. 1987, S. 189. Brod schrieb ein Gedicht über die gemeinsame Zeit Anfang September 1911 in Lugano, das er später mit der Widmung »Für meinen Freund Franz Kafka« veröffentlichte.

11 Brod, Tagebucheintrag, zitiert in: Stach, *Kafka. Die frühen Jahre*, S. 506; Brod, *Kafka. Eine Biographie*, S. 105.

12 Brod, *Kafka. Eine Biographie*, S. 105. Reiner Stach, *Kafka. Die Jahre der Entscheidungen*, Frankfurt a. M. 2002, S. 75.

13 Zitiert in: Stach, *Kafka. Die frühen Jahre*, S. 247.

14 Kafka, 3. Januar 1912, in: *Tagebücher*, S. 341; 6. August 1914, S. 546; Kafka an Felice, 14. August 1913, in: *Briefe 2*, S. 261.

15 Stefan Zweig zitiert in: Berndt W. Wessling, *Max Brod. Ein Portrait*, Stuttgart u. a. 1969. S. 30. Zitat Botstein: Michael Beckerman (Hrsg.): *Janáček and His World*, Princeton 2011, S. 32.

16 Kafka, 13. Dezember 1911, in: *Tagebücher*, S. 291.

17 »Die Verwandlung«, Kafka, »Die Verwandlung«, in: *Drucke zu Lebzeiten*, S. 185 f.

18 Gustav Janouch, *Gespräche mit Kafka*, Frankfurt a. M. 1968, S. 186 f.

19 Stach, *Kafka. Die frühen Jahre*, S. 358. Kafka, 13. Dezember 1911, in: *Tagebücher*, S. 291. Brod an Kafka, 19. Januar 1921, in: *Max Brod. Franz Kafka. Eine Freundschaft*, hrsg. von Malcolm Pasley, Bd. 2: *Briefwechsel*, S. 301. Brod, *Streitbares Leben*, S. 186. Kafka, Brief an Milena Pollack, 20. Juni 1920, in: *Briefe 4*, S. 189.

20 Brod, *Heidentum, Christentum, Judentum*, München 1921, Bd. 1, S. 34; Bd. 2, S. 11.

21 Pavel Eisner, *Kafka and Prague*, New York 1950, S. 23 f.; Brod, *Streitbares Leben*, S. 222. Mit Verweis auf Lieger, dessen kurzlebige Zeitschrift *Hyperion* als erste Arbeiten des jungen Franz Kafka abdruckte, erklärte der österreichische Satiriker Karl Kraus, Brod sei der »erotische Wurmfortsatz« Franz Bleis; siehe Paul Raabe, »Franz Kafka und Franz Blei«, in: *Kafka. Ein Symposion. Datierung, Funde, Materialien*, hrsg. von Jürgen Born, Berlin 1965, S. 7–20.

22 Kafka, 18. Januar 1922, in: *Tagebücher*, S. 879. Brod an Kafka, 14. September 1922, in: *Brod / Kafka. Briefwechsel*, S. 420.

23 Kafka an Felice Bauer, 10. / 11. Januar 1913, in: *Briefe 2*, S. 33; 15. / 16. Dezember 1912, in: *Briefe 1*, S. 336.

24 Brod, *Streitbares Leben*, S. 9 f. Anthony Grafton, »Prague. The Glorious Moment«, in: *The New York Review of Books*, 15. Dezember 2005. Faktor zitiert in: *Brennpunkt Berlin. Prager Schriftsteller in der deutschen Metropole*, hrsg. von Hartmut Binder und Peter Mast, Bonn 1995, S. 22. Emil Faktor rezensierte in der Tageszeitung *Bohemia* auch Brods ersten Roman *Schloß Nornepygge* (3. Dezember 1908).

25 Egon Erwin Kisch, *Gesammelte Werke in Einzelausgaben*, Bd. 5, Berlin 1972, S. 260.

26 Brod, *Streitbares Leben*, S. 9.

27 Brod, *Kafka. Eine Biographie*, S. 67. Brod, Tagebucheintrag 10. April 1915 zitiert in: Steffen Höhne u. a. (Hrsg.), *Max Brod (1884–1968).* *Die Erfindung des Prager Kreises*, Köln u. a. 2016, S. 20. Max Brod, »Franz Kafkas Nachlaß«, in: *Die Weltbühne* 20, Nr. 29 (17. Juli 1924), S. 106–109, S. 108. Brod, *Streitbares Leben*, S. 43.

28 Kafka an Brod, vermutlich 29. / 30. Juli 1908, in: *Briefe 1*, S. 87.

29 Kafka, 17. Januar 1911, in: *Tagebücher*, S. 145.

30 Am 26. Mai 2018 wurde die sechsseitige handschriftliche Einleitung zu dem Roman, seit 1983 im Besitz eines Schweizer Privatsammlers, im Auktionshaus Christian Hesse in Hamburg für 150 000 Euro versteigert. Das Manuskript landete über Umwege im Deutschen Literaturarchiv in Marbach.

31 Kafka, 19. November 1911, in: *Tagebücher*, S. 258. Kafka an Felice Bauer, 20. April 1914, in: *Briefe 3*, S. 37.

32 In seinem Kommentar zu Denis Diderots Roman *Rameaus Neffe* legte der italienische Philosoph Giorgio Agamben die, wie er es nennt, »Kluft zwischen Geschmack und Genie« dar; siehe *Der Mensch ohne Inhalt*, übers. von Anton Schütz, Berlin 2002.

33 Stach, *Kafka. Die Jahre der Entscheidungen*, S. 29.

34 Brod, *Arnold Beer. Das Schicksal eines Juden. Roman und andere Prosa aus den Jahren 1909–1913*, Göttingen 2013, S. 53. Kafka an Brod, 7. Mai 1912, in: *Briefe 1*, S. 153.

35 Brod, *Tycho Brahes Weg zu Gott*, Leipzig / Wien 1915, S. 334, 236. Kafka an Brod, 6. Februar 1914, in: *Briefe 2*, S. 325. *Tycho Brahes Weg zu Gott* »lässt sich als halb unterdrückte Reflexion dessen lesen, was seinem eigenen literarischen Erbe widerfahren würde, wenn Kafka ihn überlebte«, schreibt Peter Fenves, Literaturprofessor an der Northwestern University. (Peter Fenves, »Introduction to the New Edition«, in: Brod, *Tycho Brahe's Path to God*, Evanston 2007.) Die *New York Times* bezeichnete den Roman als »eindringliche Studie zweier gegensätzlicher Genies, historischen Quellen entlehnt und zu einem Roman von einer Tiefe und Differenziertheit verarbeitet, die ihm einen bisweilen klassischen Anstrich verleihen«. Albert Einstein kommentierte: »Es ist interessant geschrieben von einem Mann, der die Klippen der menschlichen Seele kennt.« (Albrecht Fölsing, *Albert Einstein. Eine Biographie*, Frankfurt a. M. 1993, S. 324.) Brod schreibt im November 1913 in einem Brief an Martin Buber zur Bedeutung des Romans: »Mir schwebt eigentlich seit Beginn meiner Entwicklung irgend eine Versöhnung von Ratio und Irrationalem vor. Natürlich keine Vermengung; wohl aber ein Zusammentreffen im beiderseitigen, zu Ende geführten Ideal!« (Brod an Buber, 26. November 1913, in: Martin Buber, *Briefwechsel aus sieben Jahrzehnten*, Bd. 1: *1897–1918*, hrsg. von Grete Schaeder, Heidelberg 1972, S. 348 f.)

36 Brod, *Kafka. Eine Biographie*, S. 109.

37 Kafka an Brod, 17. Dezember 1910, in: *Briefe 1*, S. 131.

38 Kafka an Oskar Baum, Stempel 5. Juli 1922, in: *Briefe 1902–1924*, S. 382. Brod an Buber, 21. Juni 1916, zitiert in: Reiner Stach, *Kafka. Die Jahre der Erkenntnis*, Frankfurt a. M. 2008, S. 141.

39 Kurt Wolff, *Autoren, Bücher, Abenteuer. Beobachtungen und Erinnerungen eines Verlegers*, Berlin 2004, S. 79. *Franz Kafka. Kritik und Rezeption zu seinen Lebzeiten, 1912–1924*, hrsg. von Jürgen Born, Frankfurt a. M. 1979, S. 16. Kafkas erstes Buch verkaufte sich nicht gut. »Elf Bücher wurden bei André abgesetzt«, so Kafka. »Zehn habe ich selbst gekauft. Ich möchte nur wissen, wer das elfte hat.« (Rudolf Fuchs, »Erinnerungen an Franz Kafka«, in: Brod, *Kafka. Eine Biographie*, S. 285.)

40 Brod, »Das Ereignis eines Buches«, in: *März*, 15. Februar 1913, abgedruckt in: Born, *Kafka. Kritik und Rezeption zu seinen Lebzeiten, 1912–1924*, S. 24–27; S. 24 f., 26.

41 Kafka an Felice Bauer, 14. / 15. Februar 1913, in: *Briefe 2*, S. 92 f.

42 Brod hatte das bei Kurt Wolff erschienene *Arkadia* als Jahrbuch angelegt. Der Ausbruch des Ersten Weltkriegs durchkreuzte seine Pläne, und die Ausgabe 1913 mit 23 Beiträgen auf 241 Seiten war die erste und letzte. Unter den Beiträgern waren Robert Walser, Franz Werfel, Oskar Baum, Kurt Tucholsky und Brod selbst mit zwei Texten.

43 Brod, »Der Dichter Franz Kafka«, abgedruckt in: Gustav Krojanker (Hrsg.), *Juden in der deutschen Literatur. Essays über zeitgenössische Schriftsteller*, Berlin 1922, S. 55–62.

44 Brod, *Kafka. Eine Biographie*, S. 110.

3 Der erste Prozess

1 Kafka, »Zürauer Aphorismen«, in: *Nachgelassene Schriften und Fragmente 2*, S. 133.

2 Brods Testament zitiert in: Andreas B. Kilcher, »Kafka im Betrieb.

Eine kritische Analyse des Streits um Kafkas Nachlass«, in: Philipp Theisohn und Christine Weder, *Literaturbetrieb. Zur Poetik einer Produktionsgemeinschaft*, Paderborn 2013, S. 213–235, S. 218.

3 Briefe Paul Raabe: Herzog August Bibliothek Wolfenbüttel: Bibliotheksarchiv, Briefe von Paul Raabe an Ilse Ester Hoffe, 1. Juni 1983 und 28. Juni 1983.

4 Nach dem Vertrag sollte Unseld das Geld auf die Bankkonten von Ester Hoffe und ihren beiden Töchtern überweisen; jede erhielt ein Drittel. Unseld verpflichtete sich auch, das Manuskript den Herausgebern der Kritischen Kafka-Ausgabe zugänglich zu machen.

5 Stach, *Kafka. Die Jahre der Entscheidungen*, S. XXVI.

6 Reiner Stach, E-Mail-Korrespondenz mit dem Autor (auf Englisch).

7 Zitiert in: Christoph Schult, »Die Erbschaft«, in: *Der Spiegel*, Nr. 40 (26. September 2009), S. 152–154.

8 Unter anderen sind das die Nachlässe (vollständige Sammlungen oder Teilnachlässe) von Hannah Arendt, Else Lasker-Schüler, Heinrich Mann, Joseph Roth, Nelly Sachs und Stefan Zweig. Stefan Zweigs Nachlass ist heute über die gesamte Welt verstreut, unter anderem auf die Nationalbibliothek in Jerusalem, die British Library in London, die Reed Library der State University of New York und das Literaturarchiv in Marbach. In Marbach befinden sich zudem unter anderem die Papiere von Martin Heidegger (den Ankauf ermöglichten 1969 Hannah Arendt und Heideggers Sohn Hermann), Erich Auerbach, Hans-Georg Gadamer, Karl Jaspers und Marcel Reich-Ranicki, Sammlungen von Verlegern (unter anderem Samuel Fischer und Ernst Rowohlt) und Archive von Verlagen (darunter Suhrkamp und Piper) sowie die privaten Bibliotheken von Gottfried Benn, Paul Celan, Siegfried Kracauer, Martin Heidegger, Hermann Hesse und W. G. Sebald.

9 Im April 2011 erwarben die Bodleian Library in Oxford und das Marbacher Literaturarchiv gemeinsam mehr als 100 Briefe und Postkarten Kafkas und seiner Lieblingsschwester Ottla. Von Kafka befinden sich in Marbach unter anderem die Originalhandschriften von *Der Prozess*, »Der Dorfschullehrer«, »Der Heizer« und »Die Abweisung«, der fast vollständige Original-Schreibmaschinenentwurf von Kafkas Brief an seinen Vater (eine Dauerleihgabe des Verlags Hoffmann und Campe in Hamburg, der ihn 1982 in einer Auktion erwarb), zwei Dutzend Briefe an Grete Bloch und mehrere Briefe an Max Brod,

Felice Bauer und Milena Jesenská. Marbach besitzt zudem mehr als 120 Briefe von Max Brod an verschiedene Briefpartner, unter anderem Kafka, Arthur Schnitzler, Felix Weltsch, Stefan Zweig und das Literaturarchiv selbst (zwei Briefe aus dem Jahr 1961 und 1967), sowie ein 240 Seiten starkes handschriftliches Manuskript von Brods erstem Erzählband *Tod den Toten!* (1906).

10 Zitiert in: Florian Illies und Stefan Koldehoff, »Wem gehört Kafka?«, in: *Die Zeit*, Nr. 48 (19. November 2009).

11 Marcel Lepper, »Against Cultural Nationalism. Reply to Zachary Leader«, in: *Critical Inquiry* 41, Nr. 1 (Herbst 2014), S. 153–159, S. 155 f.

12 Stefan Koldehoff, Interview mit Eva Hoffe, in: *Die Zeit*, Nr. 48 (19. November 2009).

13 Michael Steiner, Korrespondenz mit dem Autor.

14 Peter von Becker, Interview mit Reiner Stach, in: *Der Tagesspiegel*, 26. Januar 2010.

15 Siehe Rachel Misrati, »48 Years of Personal Archives. A Historical User Study in the Jewish National and University Library's Archives Department«, Magisterarbeit, Bar-Ilan-Universität, Ramat Gan, 2009. Mordechai Nadavs eigener Nachlass wurde im Januar 2013 vom Auktionshaus Winner's Auctions and Exhibitions in Jerusalem versteigert.

16 Zitate Kulka: Ofer Aderet, »Professors Call for Max Brod's Archive, Including Unpublished Kafka Manuscripts, to Stay in Israel«, in: *Ha'aretz*, 8. Februar 2010; Elif Batuman, »Kafka's Last Trial«, in: *New York Times Magazine*, 22. September 2010.

17 Offener Brief: Otto Dov Kulka u. a., »Wir verlangen, dass das Archiv von Max Brod in Israel bleibe!«, 9. Februar 2010, http://www.hagalil. com/2010/02/brod-archiv/. Zu den Unterzeichnern zählten unter anderem die Professoren Mark Gelber, Jehuda Bauer, Dimitri Schumsky, Sohar Maor, Sergio DellaPergola und David Bankier (Leiter des International Institute for Holocaust Research, Yad Vashem).

18 Nurit Pagi, »Brod und Kafkas Nachlass – und unsere Zukunft in Israel«, in: *Yakinton* 249 (2011), zitiert in: Kilcher, »Kafka im Betrieb«, S. 228 f.

19 Kilcher, »Kafka im Betrieb«, S. 228.

4 Flirt mit dem Gelobten Land

1 Kafka an Brod, 26. oder 27. März 1918, in: *Briefe 4*, S. 33.

2 In seiner Zeit als Bibliothekar in der Prager Universitätsbibliothek verfasste Felix Weltsch mit Brod die philosophische Abhandlung *Anschauung und Begriff* (1913); 1919 bis 1939 gab er die zionistische Zeitung *Selbstwehr* heraus. Im März 1939 emigrierten Weltsch, seine Frau und seine Tochter gemeinsam mit den Brods nach Palästina, wo Weltsch eine Anstellung in der Nationalbibliothek von Jerusalem fand. Er starb 1964 im Alter von 80 Jahren in Jerusalem. Siehe Weltsch, *Religion und Humor im Leben und Werk Franz Kafkas*, Berlin 1957 sowie Carsten Schmidts Biografie *Kafkas fast unbekannter Freund. Das Leben und Werk von Felix Weltsch (1884 bis 1964)*, Würzburg 2010.

3 Bubers Vorträge erschienen erstmals 1911 unter dem Titel *Drei Reden über das Judentum* bei Rütten & Loening in Frankfurt.

4 Lia Rosen spielte später am Wiener Burgtheater, im Reinhardt-Ensemble Berlin und im jiddischen Theater in New York. In dem deutschen Film *Der Shylock von Krakau* (1913) übernahm sie die Hauptrolle. 1928 emigrierte sie nach Palästina. Sie starb im September 1972 in Tel Aviv und wurde auf dem Trumpeldor-Friedhof nicht weit von Max Brod beigesetzt. Der Großteil ihres Nachlasses (Fotografien, Drehbücher und Briefe) werden heute in der Jerusalemer Nationalbibliothek aufbewahrt (Arc. MS. Var. 465).

5 Buber, *Drei Reden über das Judentum*, Frankfurt 1920, S. 11 f.

6 Brod, *Streitbares Leben*, S. 48. Brod, *Im Kampf um das Judentum*, Wien / Berlin 1920. Robert Weltsch, *Max Brod and His Age*, New York 1970, S. 20, 5. Siehe auch das Kapitel, »The Prague Bar Kochbans and the ›Speeches on Judaism‹« in Maurice Friedmans Studie *Martin Buber's Life and Work, Bd. 1: The Early Years, 1878–1923*, New York 1981.

7 Pavel Eisner, *Franz Kafka and Prague*, New York 1950, S. 36 f.

8 Gershom Scholem, *Briefe*, Bd. 1, München 1994, S. 63.

9 Brod, *Streitbares Leben*, S. 50 f.

10 Ebd., S. 49.

11 Kafka, »Josefine, die Sängerin oder Das Volk der Mäuse«, in: *Drucke zu Lebzeiten*, S. 376.

12 Brod, »Der Zionismus«, in: *Selbstwehr*, 13. September 1918, zitiert in: Scott Spector, »Die Konstruktion einer jüdischen Nationalität –

die Prager Wochenschrift ›Selbstwehr‹«, in: *Brücken. Germanistisches Jahrbuch* (1991), S. 37–44, S. 43.

13 Brod, *Der Prager Kreis*, Frankfurt a. M. 1979, S. 54.

14 Brod, *Im Kampf um das Judentum*, Wien 1920, S. 60.

15 Brod, »Erfahrungen im ostjüdischen Schulwerk«, in: *Der Jude* 1, Nr. 1 (April 1916), S. 32–36, S. 34, Brod, »Brief an eine Schülerin nach Galizien«, in: *Der Jude* 1, Nr. 2 (Mai 1916), S. 124.

16 Brod, *Heidentum, Christentum, Judentum*, Bd. 2, S. 15. Robert Weltsch, *Max Brod and His Age*, S. 24.

17 Brod, *Heidentum, Christentum, Judentum*, Bd. 2, S. 326, 291.

18 Kafka, 20. August 1912, in: *Tagebücher*, S. 432.

19 Kafka an Felice Bauer, 27. Oktober 1912, in: *Briefe 1*, S. 194.

20 Richard Lichtheim gab 1911 bis 1913 das Zentralorgan der Zionistischen Weltorganisation *Haolam* (Die Welt) heraus. Er vertrat zudem die Zionistische Weltorganisation in Konstantinopel (1913–1917) und Genf (1939–1946) und schrieb mehrere Bücher über die Geschichte der zionistischen Bewegung in Deutschland.

21 Kafka an Grete Bloch, 11. Juni 1914, in: *Briefe 3*, S. 84. Eva Bloch Turner, die Witwe von Gretes Neffen Jochanan Bloch, erzählte mir:
Nach dem Krieg waren die 28 Originalbriefe, die Kafka an Grete Bloch geschrieben und die sie bis zu ihrer Deportation [nach Auschwitz im Jahr 1944] bei sich aufbewahrt hatte, in den Händen von Professor Ernst Heinitz. Er und seine Frau Mia erklärten, Grete habe sie ihm vor ihrer Verhaftung in Italien übergeben – zur sicheren Verwahrung oder als Geschenk. Heinitz kehrte in den 1950er Jahren nach Berlin zurück und wurde Rektor der Freien Universität. Er muss von Jochanan Bloch gehört oder ihn gekannt haben, kontaktierte ihn jedoch nie und informierte ihn nicht über die Briefe, die er von Grete Bloch erhalten hatte. Nach Heinitz' Tod »erbten« seine Tochter Ruth Sieveking und ihr Sohn diese Kafka-Briefe. Mit diesen »Erben« mussten wir uns auseinandersetzen. Sie erklärten, bei ihnen hätten sich »Grete Blochs Erben nie gemeldet«.

Professor Jürgen Born hatte Heinitz in den 1960er Jahren besucht und darum gebeten, sich Kopien machen zu dürfen. Später fragte Born Heinitz, ob er ihm die Originalbriefe Kafkas für sein Archiv an der Universität Wuppertal überlassen würde. Heinitz kam dieser Bitte nach. Wie sich herausstellte, gab es in Wuppertal kein Archiv, und Born wollte die Original-Briefe selbst haben. Um Born unter Druck zu setzen, schrieb Heinitz an den Rektor der Universität Wuppertal, beschwerte sich über Borns Täuschung und bat ihn, sich einzuschalten. Dieser Druck wirkte, und Born gab die Originalbriefe zurück. Damals und auch schon Jahrzehnte zuvor wusste Born von Jochanan Bloch und dass er Grete Blochs Erbe war. Warum informierte er Jochanan nie über Gretes Papiere?

Im August 2007 teilte mir Jürgen Born mit, dass es Briefe von Grete Bloch gebe, die eigentlich in unseren Händen sein sollten. Im September desselben Jahres schickte er mir einen Umschlag mit Briefen, die Grete geschrieben und erhalten hatte; sie stammten alle aus dem Krieg und belegten ihre verzweifelten Versuche, ein Visum für England zu erhalten. Ich fragte ihn: »Und wo sind Kafkas Briefe?« Er erklärte mir, dass sie sich in den Händen der Familie Sieveking / Heinitz in Berlin befänden.

Um diese Zeit kontaktierte die Familie Sieveking / Heinitz das Archiv in Marbach und bot Kafkas Briefe an Grete zum Verkauf an. Am 20. Februar 2008 erhielt meine Tochter Asnat Bloch eine E-Mail von Ulrich von Bülow aus dem Marbacher Archiv. Ich übernahm die Korrespondenz und stellte mich ihm im März 2008 per E-Mail vor. Dr. von Bülow schickte mir einen vertraulichen Bericht vom Anwalt des Archivs. Auch bat er eindringlich, mit dem Fall nicht an die Öffentlichkeit zu gehen, weil die Familie Heinitz hoch angesehen sei und dies die Verhandlungen nur erschweren könne.

Im Juni 2008 besprachen wir die Aufteilung des Erlöses aus dem Verkauf der Kafka-Briefe nach Marbach. Frau Sieveking schlug ein Drittel für sich, ein Drittel für ihren Bruder und ein Drittel für uns vor. Ich erwiderte, dass dies für uns inakzeptabel sei. Ich musste mir einen eigenen Anwalt nehmen, und am Ende wurden die Erlöse durch zwei geteilt. Diesen Betrag habe ich wiederum zu gleichen Teilen an meine drei Töchter weitergegeben.

22 Kafka an Felice Bauer, 20. September 1912, in: *Briefe 1*, S. 170.
23 Judith Butler, »Who Owns Kafka?«, in: *London Review of Books* 33, Nr. 5 (3. März 2011). Kafka an Felice Bauer, 27. / 28. Februar 1913, in: *Briefe 2*, S. 113.
24 Im Juli 1922, ein Jahr ehe Kafka »Der Bau« verfasste, schrieb er an

Brod: »Liebster Max, eben laufe ich herum oder sitze versteinert, so wie es ein verzweifeltes Tier in seinem Bau tun müßte, überall Feinde«. Kafka an Brod, Stempel 12. Juli 1922, in: *Briefe 1902–1924*, S. 390.

25 Kafka, »Der Bau«, in: *Nachgelassene Schriften und Fragmente 2*, S. 592.

26 Kafka an Brod, 8. Februar 1919, in: *Briefe 4*, S. 71. In »Die dritte Phase des Zionismus« aus dem Jahr 1917 setzt Brod Achad Ha'ams kurz zuvor neu aufgelegten Aufsatz »Am Scheidewege« aus dem Jahr 1895 in Bezug zu Martin Bubers *Die jüdische Bewegung*, eine 1916 erschienene Sammlung zionistischer Reden und Aufsätze.

27 Kafka an Felice Bauer, 2. August 1916, in: *Briefe 3*, S. 194.

28 Hugo Bergmann an Franz Kafka, Prag 1902, in: Kafka, *Briefe 1*, S. 605.

29 Brod, *Streitbares Leben*, S. 238. Brod, *Über Franz Kafka*, S. 279.

30 Stach, *Kafka. Die Jahre der Entscheidungen*, S. 56.

31 Zur Rezeption und Restaurierung des Films siehe J. Hoberman, »For Czarist Russia's Jews, a Look at a Promised Land«, in: *New York Times*, 27. Februar 2000. Acht Jahre später, 1921, besuchte Kafka eine Vorführung des Stummfilms *Schiwat Zion* (Rückkehr nach Zion), der ebenfalls Pioniere und zionistische Führungspersönlichkeiten in Palästina vorstellte.

32 Kafka an Brod, 16. September 1913, in: *Briefe 2*, S. 283. Kafka, 12. September 1912, in: *Tagebücher*, S. 437.

33 Herzl, »Die Juden Prags zwischen den Nationen« (1897), in: *Das jüdische Prag*, hrsg. von der Redaktion der *Selbstwehr*, Prag 1917, Nachdruck Kronberg 1978, S. 7.

34 Stach, *Kafka. Die Jahre der Erkenntnis*, S. 247.

35 Brod, *Adolf Schreiber. Ein Musikerschicksal*, Berlin 1921, S. 29.

36 Zur Beilis-Affäre siehe Arnold J. Band, »Kafka and the Beilis Affair«, in: *Comparative Literature 32, Nr. 2* (Frühjahr 1980), S. 168–183. Kafka an Felice Bauer, 28. Oktober 1916, in: *Briefe 3*, S. 269.

37 Hans Blüher, *Secessio Judaica. Philosophische Grundlegung der historischen Situation des Judentums und der antisemitischen Bewegung*, Berlin 1922. Blüher, einer der Vordenker der Wandervogelbewegung, lehnte eine deutsch-jüdische Symbiose ab und erklärte, der »korruptive Gedankengang der Juden« sei unvereinbar mit dem »deutschen Wesen« (S. 22, S. 48). Kafka kommentiert Blühers Buch in seinen Tagebucheinträgen vom 16. und 30. Juni 1922. Kafkas und Brods Freund Felix Weltsch erwähnte *Secessio Judaica* in einem Brief an Hugo Bergmann. Da der Antisemitismus vom unverhältnismäßigen Einfluss der Juden auf die deutsche Gesellschaft befeuert werde, so Weltsch, sei eine Trennung wünschenswert. (Hugo Gold [Hrsg.], *Max Brod. Ein Gedenkbuch 1884–1968*, Tel Aviv 1969, S. 102.) Siehe auch die Korrespondenz zwischen Blüher und Hans-Joachim Schoeps in: *Streit um Israel: Ein jüdisch-christliches Gespräch*, Hamburg 1933.

38 Kafka an Brod, Ankunftsstempel 29. Juni 1922, in: *Briefe, 1902–1924*, S. 378.

39 Kafka an Milena Pollak, 17. November 1920, in: *Briefe 4*, S. 370 f.

40 Kafka an Felice Bauer, 16. September 1916, in: *Briefe 3*, S. 226. Vgl. Hugo Bergmann, »Über die Bedeutung des Hebräischen für die jüdischen Studenten«, in: *Unsere Hoffnung* 1, Nr. 3 (Juni 1904), S. 85–88, S. 86.

41 Moses Rath, *Lehrbuch der Hebräischen Sprache für Schul- und Selbstunterricht*, Wien 1920. Thieberger, Sohn eines Rabbiners, schrieb für die zionistischen Zeitungen *Der Jude* und *Selbstwehr* und engagierte sich im Studentenverein Bar Kochba. Im Jahr 1939 floh er von Prag nach Jerusalem. Thieberger wie auch Langer hinterließen ihre persönlichen Papiere der Israelischen Nationalbibliothek.

42 »Georg Langers Erinnerungen an Kafka«, in: *Ist das Kafka? 99 Fundstücke*, hrsg. von Reiner Stach, Frankfurt a. M. 2012, S. 259–263, S. 260. Langer brachte Kafka auch das chassidische Leben und die Führung der Chassidim nahe. Im September 1915 stellte er Kafka und Brod dem Grodeker Rebbe vor, und im darauffolgenden Juli brachte er Kafka mit dem Rebbe von Belz in Marienbad zusammen. Shaun J. Halper schrieb in seiner Dissertation über Langer: »Nach Langers Tod ging sein Nachlass an Max Brod, der seine kleine Büchersammlung der Stadtbücherei von Tel Aviv schenkte, der heutigen Beit Ariella (in der Bücherei ist die Schenkung allerdings weder verzeichnet, noch gibt es dort nähere Informationen darüber).« Brod habe nach dessen Tod auch an der Herausgabe von Langers Gedichtband mitgewirkt (*Me'at Tzori* [Etwas Trost], Tel Aviv 1943). Siehe auch Shaun J. Halper, *Mordechai Langer (1894–1943) and the Birth of the Modern Jewish Homosexual*, Berkeley 2013 und Milan Tvrdík »Franz Kafka und Jiří (Georg) Langer. Zur Problematik des Verhältnisses Kafkas zur tschechischen Kultur«, in: *Mo-*

derne in der deutschen und der tschechischen Literatur, hrsg. von Klaus Schenk, Tübingen 2000, S. 189–200.

43 Brod, *Streitbares Leben*, S. 301.

44 Brod, *Das gelobte Land. Ein Buch der Schmerzen und Hoffnungen*, Leipzig 1917, S. 23.

45 Brod, *Kafka. Eine Biographie*, S. 208.

46 Zitiert in: Stach, *Kafka. Die Jahre der Erkenntnis*, S. 531.

47 Zitiert in: Ernst Pawel, *Das Leben Franz Kafkas*, München 1986, S. 481.

48 Puah Menczel-Ben-Tovim, »Ich war Kafkas Hebräischlehrerin«, in: *Als Kafka mir entgegenkam. Erinnerungen an Franz Kafka*, hrsg. von Hans-Gerd Koch, Berlin 2005, S. 177–179, S. 178. Pawel, *Das Leben Franz Kafkas*, S. 482. Im Mai 1983 hielt der französische Philosoph Jacques Derrida im Rahmen des ersten seiner fünf Besuche in Israel am Van Leer Institute in Jerusalem einen Vortrag über Kafkas Parabel »Vor dem Gesetz«. Puah Menczel-Ben-Tovim, achtzig Jahre alt und schon seit dreißig Jahren verwitwet, suchte, obwohl sie nur mit großer Mühe laufen konnte, die Vorlesung auf und setzte sich in die letzte Reihe.

49 Vivian Liska, »Neighbors, Foes, and Other Communities: Kafka and Zionism«, in: *The Yale Journal of Criticism* 13, Nr. 2 (2000), S. 343–360, S. 344. Hans Dieter Zimmermann, »Franz Kafka und das Judentum«, in: *Juden und Judentum in der Literatur*, hrsg. von Herbert A. Strauss und Christhard Hoffmann, München 1985, S. 237–253, S. 239.

50 Brod an Buber, 21. Juni 1916, zitiert in: Stach, *Kafka. Die Jahre der Erkenntnis*, S. 137. Paul Mendes-Flohr, ehemaliger Direktor des Franz Rosenzweig Research Center für deutsch-jüdische Literatur und Kulturgeschichte an der Hebräischen Universität, schreibt, dass »unter Bubers geschickter Leitung *Der Jude* nicht nur zur anspruchsvollsten Zeitschrift der jüdischen Gemeinde wurde, sondern eins der beliebtesten Journale der Weimarer Republik.« (Mendes-Flohr, *Divided Passions. Jewish Intellectuals and the Experience of Modernity*, Detroit 1991, S. 211.)

51 Kafka an Brod, Ankunftsstempel 31. Juli 1922, in: *Briefe 1902–1924*, S. 403 f.

52 Kafka an Robert Klopstock, 19. Dezember 1923, in: *Briefe 1902–1924*, S. 470.

53 Kafka an Brod, Ankunftsstempel 25. März 1923, in: *Briefe 1902–1924*, S. 453. Brod, *Kafka. Eine Biographie*, S. 220. Kafka an Robert Klopstock, 19. Dezember 1923, in: *Briefe 1902–1924*, S. 470.

54 Zitat zu Brenner: Ruth R. Wisse, *The Modern Jewish Canon. A Journey Through Language and Culture*, New York 2000, S. 89. Brenner schrieb seinen Roman 1913 bis 1914 in Palästina. Er erschien 1920, ein Jahr ehe der Autor am Stadtrand von Jaffa von arabischen Aufständischen getötet wurde. Beigesetzt wurde er in einem Massengrab auf dem Trumpeldor-Friedhof von Tel Aviv, nur wenige Schritte von der Stelle, an der Max Brod 48 Jahre später seine letzte Ruhestätte fand. Hillel Halkins hervorragende englische Übersetzung erschien unter dem Titel *Breakdown and Bereavement* (Ithaca 1971; Neuausg. New York 2004). »Ohne zu wissen, dass Kafka je Hebräisch gelesen hatte«, so die Harvard-Professorin Ruth Wisse, »bezeichnete der hebräische Kritiker Baruch Kurzweil *Breakdown and Bereavement* als erschreckendes Gegenstück zu Kafkas *Der Prozess*.« (*The Modern Jewish Canon*, S. 89.) Siehe dazu Kurzweils Einführung zur hebräischen Neuausgabe des Romans 1972. Kafka an Brod, 25. Oktober 1923, in: *Briefe 1902–1924*, S. 453.

55 Brod, *Kafka. Eine Biographie*, S. 214.

56 Kafka an Else Bergmann, Juli 1923, in: *Briefe 1902–1924*, S. 438.

57 Kafka, 23. Januar 1922, in: *Tagebücher*, S. 887. Kafka an Brod, Mitte April 1921, in: *Briefe 1902–1924*, S. 317.

58 Nicole Krauss, *Waldes Dunkel*, übers. von Grete Osterwald, Reinbek 2018. Siehe dazu auch mein Interview mit Nicole Krauss im jährlich erscheinenden Literaturmagazin des Jewish Book Council *Paper Brigade* (2018). Wie Krauss hatte schon Philip Roth in »Looking at Kafka« den Gedanken weitergesponnen, dass Kafka seine Tuberkulose und die Schoah überlebt hatte. Roth lässt den Dichter nicht nach Palästina, sondern nach New Jersey reisen, »die Ankunft eines jüdischen Flüchtlings 1938 in Amerika … ein gebrechlicher Bücherwurm und Junggeselle von 55 Jahren«. Sein Kafka findet eine Anstellung als Lehrer in einer hebräischen Schule, unterrichtet den neunjährigen Philip Roth und ist mit Philips Tante Rhoda liiert, mit der er sich auf Jiddisch über das Gärtnern unterhält. Siehe Philip Roth, »›I Always Wanted You to Admire My Fasting‹ or, Looking at Kafka«, in: *American Review*, 17. Mai 1973. Harold Bloom bezeichnete »Looking at Kafka« als Roths »beste und aufschlussreiche Kritikerleistung«. Siehe auch Peter

Demetz, »Mit Franz Kafka in den Straßen von Newark«, in: *Frankfurter Allgemeine Zeitung*, 23. März 2002. Eine fiktionale Verarbeitung Kafkas findet sich auch in dem Roman *Kafka macskái* (Kafkas Katzen) des ungarischen Schriftstellers Gábor T. Szántó, in dem ein Budapester Professor wie ein Besessener nach Kafkas verschollenen Manuskripten sucht. Zwei Kapitel des Romans erschienen in der englischen Übersetzung von Ivan Sanders in *Moment* (Juli / August 2016) und *Tablet* (März 2016).

5 Erstes und zweites Urteil

1 Harold Bloom, »Master Critic Harold Bloom Likes This Poet. A Lot.«, in: *Tablet*, 21. Januar 2014.

2 Kafka an Brod, Ankunftsstempel 11. September 1922, in: *Briefe 1902–1924*, S. 415.

3 Itta Schedletzkys Aufzeichnungen, per E-Mail.

4 So bat der Jerusalemer Kunsthändler Meir Urbach, Sohn des bedeutenden Gelehrten Ephraim Elimelech Urbach von der Hebräischen Universität, 2011 Schedletzky in ein Hotel in Wiesbaden, damit sie mehrere Ephemera Brods bewertete – von Schulheften bis hin zu Einkaufslisten –, die Ester offenbar 1982 verkauft hatte.

5 Reiner Stach, einer der wenigen Wissenschaftler, der diese Tagebücher bisher gelesen hat, spricht ihnen jede literarische Bedeutung ab: »Was Brod produzierte, war kaum mehr als eine Abfolge von Erinnerungskürzeln, verfasst in einer Ansichtskarten-Sprache, die weder Formwillen noch literarische Autorschaft vermuten lässt.« Kafka dagegen habe sich in seinen Tagebüchern sozusagen warmgelaufen und eine Vorstufe zu seiner Literatur geschaffen. Stach, *Kafka. Die frühen Jahre*, S. 420.

6 Um das Jahr 1980 hatte Ester Hoffe Siegfried Unseld mitgeteilt, sie habe fünfzig unveröffentlichte Skizzen und Zeichnungen Kafkas. Die französische Forscherin Jacqueline Sudaka-Bénazéraf hat nach eigener Aussage in Hoffes Wohnung in Tel Aviv fünfzig Zeichnungen gesehen, von denen mittlerweile 26 veröffentlicht wurden, 24 aber nicht. Zwei von Kafkas Skizzen sind seit 1952 im Albertina-Museum in Wien untergebracht; wie sie dorthin gelangten, ist unklar. Zu diesen Zeichnungen siehe auch Frederike Fellner, *Kafkas Zeichnungen*, Paderborn 2014.

7 Kafka, *Der Proceß. Roman in der Fassung der Handschrift*, S. 166 f.

8 Nach Artikel 846 der Mecelle ist eine Schenkung gültig, wenn der Empfänger die Annahme der Schenkung erklärt hat. Das derzeitige israelische Schenkungsrecht, das am 1. Oktober 1968 im Zuge der Bemühungen in Kraft trat, das osmanische Recht nach und nach abzulösen, sieht dagegen vor, dass eine Schenkung dem Empfänger auch, wenn sie nicht vollständig durchgeführt oder vollzogen wurde, nach dem Tod des Schenkenden zugutekommt. Absatz 6 des Schenkungsgesetzes, das schriftliche Schenkungen zulässt, war in dem ersten Entwurf, der der Knesset zur Beratung vorgelegt wurde, nicht enthalten. Er wurde erst in der zweiten Lesung der Gesetzesvorlage eingefügt, damit sie besser mit den zivilgesetzlichen Vorgaben des jüdischen Rechts (Mischpat Iwri) vereinbar war.

9 Gerti Kaufmann [geb. Hermann], »Erinnerungen an meinen Onkel«, in: *Als Kafka mir entgegenkam*, erw. Neuausg. 2005, S. 223–226, S. 223. Ottla Kafka engagierte sich gemeinsam mit Max Brods Frau Elsa im zionistischen Klub jüdischer Frauen und Mädchen in Prag, der 1912 gegründet worden war. Am Fuß von Kafkas Grabstein in Prag lehnt eine Gedenktafel mit der (tschechischen) Inschrift: »Zum Gedenken an die Schwestern des berühmten jüdischen Dichters Franz Kafka aus Prag, die während der nationalsozialistischen Besatzung 1942 bis 1943 ermordet wur-den.« (Hélène Zylberberg, »Das tragische Ende der drei Schwestern Kafkas«, in: *Wort und Tat* 2 (September 1946), S. 137.) Hélène Zylberberg traf Ende 1936 mit Kafkas Schwestern zusammen; ihr zufolge hatte sich Ottla »nicht an den Gedanken gewöhnt, Kafkas Werke indiskreterweise vor die Öffentlichkeit gezogen zu sehen: Franz hatte ein Testament hinterlassen; man hätte seinen tiefsten und heiligsten Wunsch respektieren müssen, nämlich alles zu verbrennen, was er geschrieben hatte. Sie war deshalb Max Brod böse.« Zylberberg übersetzte später Brods Kafka-Biografie ins Französische (Gallimard 1945).

10 Zitiert in: Kilcher, »Kafka im Betrieb«, S. 218.

11 Nicht zum ersten Mal folgte ein israelisches Berufungsgericht diesem Prinzip: Im November 2015 verhinderte das Jerusalemer Bezirksgericht den Verkauf von zwölf handschriftlichen Seiten eines Entwurfs der israelischen Unabhängigkeitserklärung, die im Auktionshaus Kedem in Jerusalem versteigert werden sollten. Die Richter wollten nach eigener Aussage »sicherstellen, dass die unveräußerlichen Werte Israels in öffentlicher Hand bleiben und nicht ohne staatliche Zustimmung aus dem Land geschafft werden«. (»Es ist doch merkwürdig, dass der Staat diesen unveräußerlichen Wert 67 Jahre lang unbeachtet ließ und sich auch nicht die Mühe machte, ihn einzufordern, obwohl Medien und Studien mehrmals auf seine Existenz hinwiesen«, lautete die Reaktion des Auktionshauses. »Dem Staat fielen die Entwürfe erst wieder ein, als sie öffentlich zur Versteigerung gebracht wurden.«)

12 Zitiert in: »Brod and Kafka Papers to be Deposited at the NLI«, http:// web.nli.org.il/sites/NLI/English/collections/personalsites/Pages/ Brod-Kafka.aspx

13 Israelitische Kultusgemeinde Wien gegen das Zentralarchiv für die Geschichte des jüdischen Volkes, Aktenzeichen 9366 / 12.

6 Letzter Sohn der Diaspora: Kafkas jüdisches Nachleben

1 Kafka, 25. Februar 1918, in: *Nachgelassene Schriften und Fragmente 2*, S. 98.

2 Felix Weltsch, »Gedenkblatt für Franz Kafka«, in: *Selbstwehr* 4, Nr. 20 (6. Juni 1924), S. 5.

3 Felix Weltsch, »Freiheit und Schuld in Franz Kafkas Roman ›Der Prozeß‹«, abgedruckt in: *Franz Kafka. Kritik und Rezeption, 1924–1938*, hrsg. von Jürgen Born, Frankfurt a. M. 1983, S. 122–128, S. 122. Siehe auch folgenden Aufsatz, den Weltsch dreißig Jahre später verfasste: »The Rise and Fall of the Jewish-German Symbiosis. The Case of Franz Kafka«, in: *Leo Baeck Institute Yearbook* 1 (1956), S. 255–276.

4 W. H. Auden, »The Wandering Jew: *Amerika*, by Franz Kafka«, in: *The New Republic*, 10. Februar 1941, S. 185. Hannah Arendt, *Die verborgene Tradition. Acht Essays*, Frankfurt a. M. 1976, S. 100, 71. In seiner Kafka-Biografie erzählt Brod, er werde »nie vergessen, mit welch tiefer Bewegung« ihm Kafka die Stelle aus Flauberts *Souvenirs intimes* vorgelesen habe, in der Flaubert nach dem Besuch einer einfachen, ganz normalen Familie bemerkte: »*Ils sont dans le vrai* [Sie haben Recht]«, einen Satz, den »Kafka oft zitiert« (Brod, *Kafka. Eine Biographie*, S. 103 f.) »Aus dieser Erkenntnis entsprang Kafkas Neigung zum Zionismus«, so Hannah Arendt. »Er schloß sich derjenigen Bewegung an, welche die Ausnahmestellung des jüdischen Volkes liquidieren, welche es zu einem ›Volk wie alle Völker‹ machen wollte. […] Nur innerhalb eines Volkes kann ein Mensch unter Menschen leben – wenn er nicht vor Entkräftung sterben will.«

In der arabischen Welt sahen das Kafkas Leser freilich völlig anders. Im kurzen Damaszener Frühling des Jahres 2000 schrieb beispielsweise der syrische Schriftsteller Niroz Malek den Roman *Kafkas Blumen* (nicht auf Deutsch erschienen). Der Protagonist Jamal al-Halabi wird nach Paris entsandt, wo er sich so intensiv mit Kafkas Werken befasst, dass er schließlich Zwiesprache mit einer Kafka-Statue hält. »Die Bronzestatue lächelte: ›Es tut mir leid, ich habe mich nicht vorgestellt; ich heiße Franz Kafka.‹

Ich blieb verblüfft stehen. Ich glaubte der Statue nicht. […] Natürlich, das war Kafka oder jedenfalls jemand, der ihm sehr ähnlich sah und seine Persönlichkeit angenommen hatte. Ich widersprach: ›Aber Kafka ist seit 65 Jahren tot. Außerdem kann Kafka kein Arabisch.‹

Die Kafka-Statue lächelte zurück. ›Vergib mir, aber ich bitte dich, sprich nicht vom Tod. Was die arabische Sprache angeht, in der ich dich angesprochen habe, die habe ich erst kürzlich gelernt, und ich musste sie lernen, weil mir einige arabische Kritiker in ihrem erbitterten Kampf gegen den Zionismus unterstellen, ich sei Zionist und ein Dichter, der der zionistischen Ideologie diene. Ich musste Arabisch lernen, um ihnen mitzuteilen, dass ich das Gegenteil von dem vertrete, was sie denken. Ich leugne nicht, dass ich ans Judentum glaube und Jude bin, auch wenn mein Verhältnis zur Religion und zu Gott nie damit vereinbar war. Die Zionismus-Vorwürfe sind aber völlig haltlos.‹« Jamal kehrt am Ende nach Hause zurück und begibt sich unter dem Namen Kafka in eine Irrenanstalt. Zur arabischen Kafka-Rezeption seit 1939 siehe Atef Botros, *Kafka. Ein jüdischer Schriftsteller aus arabischer Sicht*, Wiesbaden 2009.

5 Frederick R. Karl, *Franz Kafka. Representative Man*, Boston 1991. »Er war die Stimme Europas, lange bevor Europa begann, seine Kafkas in die Ecke zu treiben«, schreibt Karl. Julian Preece, »Introduction«, in: *The Cambridge Companion to Kafka*, Cambridge 2002, S. 1.

6 Kafka, 29. Oktober 1921, in: *Tagebücher*, S. 871.

7 Brod, »Unsere Literaten und die Gemeinschaft«, in: *Der Jude* 1, Nr. 7 (Oktober 1916), S. 457–464, S. 464. Unerwähnt ließ Brod, dass auch das Wort »Gott« in Kafkas Schriften nicht vorkommt. In seiner Dissertation *Kafka's German-Jewish Reception as Mirror of Modernity* (New

York 2014) schreibt Abraham A. Rubin: »Dass Brod Kafkas Schriften für die jüdisch-nationale Sache reklamierte, belegt, wie sehr seine literarische Analyse von politischen und ideologischen Überzeugungen geprägt war. Die Ironie liegt darin, dass Brod seine Sicht der jüdischen Partikularität unmittelbar einer geistigen Tradition entleiht, deren Einfluss er vermutlich abgestritten hätte, nämlich der deutschen Romantik. Seine Auffassung von Kafkas Judentum ist Herders Vorstellung verpflichtet, der zufolge das Werk eines Dichters einen für die Nation, der er angehört, einzigartigen ›Volksgeist‹ ausdrückt. Seine Interpretation stülpt Kafka eine ideologische Geschlossenheit über, die nie da war.« (S. 185)

8 Brod, *Kafka. Eine Biographie*, S. 197. Brod, *Jüdinnen und andere Prosa aus den Jahren 1906–1916*, Göttingen 2013, S. 174, 172. *Kafka, Das Schloß. Originalfassung*, S. 18 f. Brod, *Prager Kreis*, S. 126. Im Mai 1927 schrieb Franz Rosenzweig, der damals mit Martin Buber die Hebräische Bibel ins Deutsche übertrug, an seine Cousine Gertrud Oppenheim: »Die Leute, die die *Bibel* geschrieben haben, haben ja anscheinend von Gott ähnlich gedacht wie Kafka. Ich habe noch nie ein Buch gelesen, das mich so stark an die Bibel erinnert hat, wie sein Roman *Das Schloß*.« (Franz Rosenzweig, *Briefe*, hrsg. von Edith Rosenzweig, Berlin 1935, S. 595.) Die israelische Dichterin Leah Goldberg, die aus Königsberg, dem heutigen Kaliningrad, nach Israel ausgewandert war, machte in einem der ersten hebräischen Aufsätze über Kafka 1953 eine ähnliche Beobachtung: »Kafka wünschte sich, ersehnte sich, Lösung und Befreiung von seinen damaligen Empfindungen und Wahrnehmungen. Das Symbol für diese Befreiung war ein Heimatland. Das Wort ›Heimat‹ wiederholt er [in *Das Schloss*] mehrmals. Damit ist das Land Israel gemeint.« (Leah Goldberg Archive, Jewish National Library, Jerusalem. ARC. 4* 16550228, auf Englisch zitiert in: June Leavitt, »Kafka Reception in Israel«, April 2015, http://www.geisteswissenschaften-in-sachsen.de/kulturraeume/kafka-atlas/laender-artikel/kafka-in-israel). Roberto Calasso, einer der bedeutendsten Schriftsteller Italiens, sieht in *Das Schloss* und *Der Prozess* das Erwähltsein und Verdammtsein der Juden gespiegelt. »Ausersehen sein, verurteilt sein: zwei Modi desselben Verfahrens«, schreibt Calasso. »Kafkas Verhältnis zum Judentum [...] wird besonders in diesem Punkt sichtbar, der die wesentliche Differenz zwischen dem Judentum und dem, was es umgab, bezeichnet.« (Roberto Calasso, *K.*, übers. von Reimar Klein, Berlin 2017, S. 12.) Die gegenteilige Ansicht vertrat Jakob Michalski 1935 in seiner Rezension von *Das Schloss*: »Unfaßbar ist dem Referenten nur, wie eine übersteigerte literarische Propaganda es wagen konnte und fortgesetzt kann, Kafkas Kunst als eine spezifisch ›*jüdische*‹ zu kennzeichnen und ihn als *jüdisches* Genie zu feiern! Sie ist ebenso wenig jüdisch wie es etwa die Romane seines Freundes und Herausgebers Max Brod sind […]. Man mag Kafka als *Künstler* feiern, sein Schaffen hat mit Juden und Judentum nichts zu tun und wir lehnen es ab, in diesem Schaffen einen Ausfluß jüdischen Wesens zu erblicken.« (Jakob Michalski, »›Das Schloß‹. Roman von Franz Kafka«, in: *Kafka. Kritik und Rezeption, 1924–1938*, S. 398.) Als Kafka *Das Schloss* in der ersten Hälfte des Jahres 1922 verfasste, scheint er seine Hebräischkenntnisse eingebracht zu haben. So könnte der Beruf des Protagonisten, Landvermesser, mit der Ähnlichkeit zweier hebräischer Wörter spielen: *maschoah* (Landvermesser) und *maschiach* (Messias). Siehe auch Raschis Kommentar zum Babylonischen Talmud, Traktat Sanhedrin 98b.

9 Dazu drei Beispiele: 1. Der deutsche Kritiker Günther Anders schreibt, in »Der Riesenmaulwurf« (oder »Der Dorfschullehrer«) thematisiere Kafka »dieses Verhältnis zwischen dem, dem Judentum nur noch in problematischer Weise zugehörenden, ›Bildungsjuden‹ und dem orthodoxen Ostjuden«. (Günther Anders, »Kafka, pro und contra. *Die Prozeß-Unterlagen*«, in: *Mensch ohne Welt. Schriften zur Kunst und Literatur*, München 1984, S. 118.) 2. Benjamin Harshav bezeichnete die Erzählung »Forschungen eines Hundes« als »klug verhüllte Allegorie auf das Jüdischsein«. Kafkas Hundefigur reflektiere, wie die Sprache im Lauf von Generationen ihre Wirkung verliere, und beklage den Verlust des »wahren Wortes«. (Benjamin Harshav, *The Meaning of Yiddish*, Berkeley 1990, S. 115 f.) 3. Clement Greenberg zufolge verbirgt sich hinter den »unbekannten Feinden des tierischen Protagonisten in ›Der Bau‹, den (mutmaßlichen) Katzen, die Josefines Mäusevolk jagen« die »Bedrohung der Geschichte für den Juden«. (Clement Greenberg, »The Jewishness of Franz Kafka. Some Sources of his Particular Vision«, in: *Commentary*, 1. April 1955.)

10 Kafka, 16. September 1915, in: *Tagebücher*, S. 753.

11 Gershom Scholem, »Zehn unhistorische Sätze über Kabbala«, in:

Judaica, Bd. 3, Frankfurt a. M. 1973, S. 264–271, S. 271. Siehe auch den Briefwechsel zwischen Scholem und Walter Benjamin. Scholem ist in diesem Punkt mit Walter Benjamin uneins. In einem Brief vom 1. August 1931 über einen Vortrag Benjamins »Franz Kafka: Beim Bau der Chinesischen Mauer« schreibt Scholem: »Wie du als Kritiker es anstellen wolltest, ohne die Lehre, bei Kafka Gesetz genannt, ins Zentrum zu stellen, etwas über die Welt dieses Mannes zu sagen, wäre mir ein Rätsel.« (*Benjamin über Kafka. Texte, Briefzeugnisse, Aufzeichnungen*, hrsg. von Hermann Schweppenhäuser, Frankfurt a. M. 1981, S. 64.) Mehr zu Scholems Würdigung Kafkas siehe Stéphane Moses, »Zur Frage des Gesetzes. Gershom Scholems Kafka-Bild«, in: *Kafka und das Judentum*, hrsg. von K. E. Grözinger, S. Moses und H. D. Zimmermann, Königstein 1987, S. 13–34; Harold Bloom, *Kafka, Freud, Scholem*, übers. von Angelika Schweikhart, Basel / Frankfurt a. M. 1990; David Biale, »Ten Unhistorical Aphorisms on Kabbalah, Text and Commentary«, in: Gershom Scholem: *Modern Critical Views*, hrsg. von Harold Bloom, New York 1987, S. 199–223; Robert Alter, *Necessary Angels. Tradition and Modernity in Kafka. Benjamin and Scholem*, Cambridge, Mass. 1991.

12 Zitiert in: David Biale, *Traditionen der Säkularisierung. Jüdisches Denken von den Anfängen bis in die Moderne*, übers. von Liliane Meilinger, Göttingen 2015, S. 73.

13 Alexander Altmann, »Gershom Scholem, 1897–1982«, in: *Proceedings of the American Academy for Jewish Research* 51 (1984), S. 1–14. Scholem hatte 1916 Kafkas Verlobte Felice Bauer im Jüdischen Volksheim in Berlin kennengelernt, wo beide verkehrten.

14 Margarete Susman, »Das Hiob-Problem bei Franz Kafka« in: *Der Morgen* 5 (1929), Nr. 1; siehe http://www.margaretesusman.com/hiob problemkafka.htm. Auch Max Brod spricht in seiner Kafka-Biografie »die alte Hiobsfrage« an (S. 181). Nach der Lektüre von *Der Prozess* schrieb Gershom Scholem 1926, der Roman arbeite wie das Buch Hiob den verborgenen Prozess heraus, der über das Leben der Menschen herrsche. Kafkas Werk sei damit tief im Judentum verwurzelt. (Gershom Scholem, »Der Prozess von Kafka« (1926), Typoskript aus dem Nachlass, im Besitz der National- und Universitätsbibliothek der Hebräischen Universität Jerusalem, Are 4° 1599 / 277–1, Nr. 58. 26.) In einem Brief an seinen Freund Walter Benjamin riet Scholem am 1. August 1931, bei jeder Untersuchung Kafkas vom Buch Hiob auszugehen, »oder zum mindesten von einer Erörterung über die Möglichkeit des Gottesurteils«. (Abgedruckt in: *Benjamin über Kafka. Texte, Briefzeugnisse, Aufzeichnungen*, S. 64.) Mehr zu Susmans Ausführungen über Hiob und Kafka siehe Mark Larrimore, *The Book of Job. A Biography*, Princeton 2013, S. 236–239.

15 Robert Alter, »Kafka as Kabbalist«, in: *Salmagundi* 98/99 (Frühjahr/Sommer 1993), S. 86–99, S. 94. In seinem Buch *Canon and Creativity* (New Haven/London 2000) führt Alter Kafkas Verarbeitung der Geschichte vom Turmbau zu Babel aus dem ersten Buch Mose als Beleg für seinen geschickten Umgang mit dem Midrasch an. Kafka sei mit Hilfe der beziehungsreichen Motive, Themen und Symbole der Bibel dem Sinn der zeitgenössischen Welt auf den Grund gegangen. (Kafkas Verarbeitung des Turmbaus von Babel schlug sich in den postum erschienenen Erzählungen »Der Bau der chinesischen Mauer« und »Das Stadtwappen« nieder.) In einem früheren Buch *After the Tradition* (Boston 1969) schreibt Alter, die Vorstellungswelt keines anderen jüdischen Dichters, der wesentlich zur europäischen Literatur beigetragen habe, sei so intensiv jüdisch geprägt gewesen wie die Kafkas. Der britische Literaturkritiker John Gross lobt in seiner Rezension des Buches, besonders erhellend seien Alters Ausführungen über »Kritiker, die sich fröhlich über die ›talmudischen‹ Eigenschaften von Kafkas Prosa auslassen, ohne auch nur den Schimmer einer Ahnung von Aleph und Bet zu haben«. (In: *Commentary*, 1. April 1969.) Wie Alter sieht auch George Steiner Kafka in der Tradition jüdischer Lesart und Interpretation. Der wichtigste Schlüssel zu seinen Parabeln sei das biblische und talmudische Erbe. Siehe dazu George Steiner, *Der Garten des Archimedes*, übers. von Michael Müller, München 1997.

16 Saul Bellow, »The Search for Symbols, a Writer Warns, Misses All the Fun and Fact of the Story«, in: *The New York Times*, 15. Februar 1959.

17 Kafka, *Nachgelassene Schrifte und Fragmente 2*, S. 354.

18 Kafka, 28. März 1911, in: *Tagebücher*, S. 35.

19 Brod an Kafka, 11. November 1919, in: *Brod/Kafka. Briefwechsel*, S. 267.

20 Kafka, *Brief an den Vater*, S. 7, S. 15.

21 Ebd., S. 42. Kafka, 31. Oktober 1911, in: *Tagebücher*, S. 132.

22 Brod, *Kafka. Eine Biographie*, S. 28.

23 Franz Kafkas Bar-Mizwa, die 1896 in der Prager Zigeunersynagoge gefeiert wurde, hatten seine Eltern auf der Einladung als »Confirmation« angekündigt. Fünfzehn Jahre später, am Vorabend von Jom Kippur 1911, ging Kafka mit seinem Vater in den Tempel und bemerkte ein paar Sitzreihen weiter den Besitzer des Bordells Salon Suha mit Familie, dessen Etablissement Kafka zwei Tage zuvor besucht hatte.

24 Kafka, *Brief an den Vater*, S. 37 f.

25 Brod, *Streitbares Leben*, S. 222. Kafka an Brod, Juni 1921, in: *Briefe 1902–1924*, S. 337. Zu Kafkas Ansichten über die Psychoanalyse siehe Leena Eilittä, »Kafka's Ambivalence towards Psychoanalysis«, in: *Psychoanalysis and History* 3, Nr. 2 (2001), S. 205–210 sowie Eric Marson und Keith Leopold, »Kafka, Freud, and ›Ein Landarzt‹«, in: *The German Quarterly* 37, Nr. 2 (März 1964), S. 146–160.

26 Kafka, *Brief an den Vater*, S. 33.

27 Ebd., S. 39. Mit der Einschätzung, dass es der ererbten Tradition an Substanz fehlte, stand Kafka in seiner Generation nicht allein. Zwei Jahre bevor Kafka den Brief an seinen Vater verfasste, hatte sein Freund Robert Weltsch 1917 geschrieben, dass »das jüdische Prag in uns weiterlebt, obwohl die jüdische Gemeinschaft nicht mehr lebendig ist, sondern sich selbst aufgelöst und in Lethargie gesenkt hat«. (Robert Weltsch, »Die Jugend des jüdischen Prag«, in: *Das jüdische Prag*, S. 17.)

28 Kafka, *Brief an den Vater*, S. 37, 39. Jean Starobinski, »Kafka's Judaism«, in: *European Judaism: A Journal for the New Europe* 8, Nr. 2 (Sommer 1974), S. 27–29, S. 28.

29 Kafka, 21. Januar 1922, in: *Tagebücher*, S. 884. Kafka an Felice Bauer, 16. September 1916, in: *Briefe 3*, S. 227.

30 Kafka, 8. Januar 1914, in: *Tagebücher*, S. 622.

31 Kafka an Felice Bauer, 16. Januar 1913, in: *Briefe 2*, S. 42. Brod, *Streitbares Leben*, S. 47.

32 *Selbstwehr*, Nr. 38, 29. September 1911, S. 9. Kafka, 5. Oktober 1911, in: *Tagebücher*, S. 59.

33 Ritchie Robertson, »Western Observers and Eastern Jews: Kafka, Buber, Franzos«, in: *The Modern Language Review* 83, Nr. 1 (Januar 1988), S. 87–105, S. 88. Saul Bellow, »Vettern und Cousinen«, in: *Der mit dem Fuß im Fettnäpfchen*, übers. von Walter Hasenclever, München 1990, S. 330.

34 Kafka, 19. Dezember 1911, in: *Tagebücher*, S. 301; 5. November 1911, S. 231; 21. Oktober 1911, S. 95 f.; 7. November 1911, S. 233; 5. November 1911, S. 231.

35 Löwy war ein großer Bewunderer Max Brods, der ihn, wie er 1934 in einem Artikel schrieb, als Erster ermuntert habe, mit Textauszügen, Liedern und Szenen aus der jiddischen Literatur aufzutreten.

36 Kafka, 20. Oktober 1911, in: *Tagebücher*, S. 88 f. Singer zitiert in: Stephen Tree, *Isaac Bashevis Singer*, München 2004, S. 73.

37 Kafka, 31. Oktober 1911, in: *Tagebücher*, S. 214.

38 Kafka, *Brief an den Vater*, S. 13. Kafka, »Die Verwandlung«, in: *Drucke zu Lebzeiten*, S. 115. Kafka, *Brief an den Vater*, S. 41.

39 Kafka, 1. November 1911, in: *Tagebücher*, S. 215; 24. Januar 1912, S. 360; 26. Januar 1912, S. 362.

40 Heinrich Graetz, *Geschichte der Juden*, 11 Bde., Leipzig 1853–1900, Nachdruck Darmstadt 1996–1998, Bd. 11, S. 38.

41 Kafka, 24. Oktober 1911, in: *Tagebücher*, S. 102. Kafka an Brod, vermutlich 7. oder 8. Oktober 1917, in: *Briefe 3*, S. 343. Kafka an Brod, Juni 1921, in: *Briefe 1902–1924*, S. 336. In dem Aufsatz »Der jüdische Dichter deutscher Zunge« aus dem Jahr 1913 beklagte auch Brod, die deutsche Sprache sei für den jüdischen Dichter »nicht das Erbe seiner Ahnen [...], das er verwaltet, sondern fremder Besitz«. (*Vom Judentum. Ein Sammelbuch*, hrsg. vom Verein Jüdischer Hochschüler Bar Kochba in Prag, Leipzig 1913, S. 261–263, S. 262.)

42 Kafka, 13. Dezember 1911, in: *Tagebücher*, S. 88 f.; 8. Februar 1912, in: *Tagebücher*, S. 375.

43 Kafka, »Einleitungsvortrag über Jargon«, in: *Nachgelassene Schriften und Fragmente1*, S. 188, 193. Eine detaillierte Darstellung von Kafkas Begegnung mit dem jiddischen Theater findet sich in Evelyn Torton Becks wegweisender Studie *Kafka and the Yiddish Theater*, Madison 1971. »Kafkas anhaltende Auseinandersetzung mit Themen wie Gerechtigkeit, Autorität und Gesetz und seine Erkundung des Verhältnisses zwischen dem Individuum und dem Absoluten wie auch zwischen dem Individuum und der Gemeinschaft lassen sich als abstrakte Formulierungen von in den jiddischen Theaterstücken aufgeworfenen spezifisch jüdischen Problemen betrachten«, so Becks Resümee. »Die Stücke des jiddischen Theaters hoben seine persönlichen Anliegen hervor, beeinflussten so nachhaltig Kafkas Stil und gaben den

Problemen, die Kafka, den Menschen, quälten, eine Form.« (Beck, S. 257 f.)

44 Kafka, 25. Februar 1912, in: *Tagebücher*, S. 378. Marthe Robert, *Einsam wie Franz Kafka*, übers. von Eva Moldenhauer, Frankfurt a. M. 1985, S. 60.

7 Die letzte Einsammlung: Kafka in Israel

1 Kafka, 15. Oktober 1921, in: *Tagebücher*, S. 863.

2 So geschehen im Fall Bruno Schulz, eines jüdisch-polnischen Schriftstellers und Künstlers ohne jeden Hang zum Zionismus (Schulz hatte mit Józefina Szelińska Kafkas *Der Prozess* ins Polnische übersetzt). Kurz bevor er 1942 auf der Straße von einem SS-Offizier erschossen wurde, hatte Schulz in seinem Dorf Drohobycz (damals polnisch, heute zur Westukraine gehörend) im Kinderzimmer des Privathauses von SS-Hauptscharführer Felix Richard Landau mehrere fantasievolle Wandbilder geschaffen. Nach Kriegsende waren von den 15 000 Mitgliedern der jüdischen Gemeinde nur vierhundert übrig. Im Februar 2001 reiste der deutsche Dokumentarfilmer Benjamin Geissler mit seinem Vater Christian nach Drohobycz und spürte die Bilder auf. Kurze Zeit später begann eine polnisch-ukrainische Kommission unter Leitung von Wojciech Chmurzyński mit der Restaurierung. Im Juni 2001 entfernte ein israelisches Team in einer Nacht-und-Nebel-Aktion die Malereien und brachte sie in die Gedenkstätte Yad Vashem, die ein »moralisches Anrecht« auf die Werke geltend machte. Die polnischen Behörden, denen vorgeworfen wurde, sie seien nicht in der Lage, das polnisch-jüdische Erbe zu verwalten, beschuldigten wiederum die Israelis, den Versöhnungsprozess und die Kunstwerke selbst beschädigt zu haben. (Die meisten der erhaltenen Briefe und Kunstwerke von Bruno Schulz befinden sich in Warschau im Adam-Mickiewicz-Literaturmuseum und im Museum des Jüdischen Historischen Instituts.) Yad Vashem warnte daraufhin die Polen für den Fall einer Rückforderung vor schwerwiegenden Konsequenzen. »Falls Polen Interesse an den Kunstgütern hat, die es für sich reklamiert, muss nach Ansicht von Yad Vashem über Güter – kulturelle und andere –, die dem jüdischen Erbe im Allgemeinen und der Holocaust-Ära im Besonderen zuzurechnen und über Polen verteilt sind, neu diskutiert werden.« Siehe dazu die widerstreitenden offenen Briefe, die in der *New York Review of Books* abgedruckt wurden: »Bruno Schulz's Frescoes«, 29. November 2001 sowie »Bruno Schulz's Wall Paintings«, 23. Mai 2002. Siehe auch Alison B. Hornstein, »A Strange Case of Holocaust Art: The Historical and Cultural Property Debate over Who ›Owns‹ Bruno Schulz«, in: *Columbia Journal of East European Law1*, Nr. 1 (2007), S. 142–187.

3 Die Bücher stammten aus Frankreich (157 000 Bände), der Sowjetunion (64 000 Bände), den Niederlanden (90 000 Bände), Belgien (1124 Bücherkisten) und anderen besetzten Ländern. Simon Wiesenthal besuchte 1947 Schloss Tanzenberg gemeinsam mit drei Rabbis. Wie er später berichtete, hörte er hinter sich plötzlich einen dumpfen Schlag: »Einer der Rabbis lag auf dem Boden und bekam einen Weinkrampf. Er hatte ein Gebetbuch in der Hand und sagte: ›Schaut, das ist ein Gebetbuch aus meinem Haus. Hier ist eine Mitteilung meiner Schwester: Wer immer dieses Gebetbuch in die Hand bekommt, bitte übergeben Sie es meinem geliebten Bruder Rabbi Hoschur Seitmann. Die Mörder sind in unserem Ort. Sie sind im Haus nebenan. In einigen Minuten werden sie hier sein. Bitte, vergesst uns nicht und vergesst unsere Mörder nicht.‹« Zitiert in: Evelyn Adunka, *Der Raub der Bücher. Plünderung in der NS-Zeit und Restitution nach 1945*, Wien 2002, S. 10 f.

4 Siehe Dov Schidorsky, »The Library of the Reich Security Main Office and Its Looted Jewish Book Collections«, in: *Libraries and the Cultural Record* 42, Nr. 1 (2007), S. 21–47. Johannes Pohl, NS-»Judenexperte«, wurde vom Einsatzstab Reichsleiter Rosenberg 1942 nach Wilna abgeordnet, wo er die Plünderung der größten Sammlungen jüdischer Bücher in der Stadt organisieren sollte. Das wertvollste Material wollten Pohl und seine Leute nach Deutschland schicken, den Rest verbrennen. Die Deutschen ließen vierzig Ghettoinsassen die Bücher in Zwangsarbeit sortieren, auswählen, verpacken und transportieren, entweder nach Deutschland oder in Papiermühlen. Herman Kruk, Leiter der Bücherei im Wilnaer Ghetto, wurde mit der »Sammlung und Auswahl« jüdischer Bücher beauftragt. Etwa siebzig Prozent, so berichtete Kruk, sollten als Altpapier in den Müll gehen. Die jüdischen Arbeiter hätten bei der Arbeit buchstäblich weinen müssen, so Kruk: »[Wir] fühlen uns nicht wohl und wissen nicht, ob wir Totengräber oder Retter sind.« Zwischen März 1942 und September 1943 stellte Kruk eine Gruppe zusammen, die unter großem Risiko Tausende jüdischer Bücher und Manuskripte retten konnte (darunter zweihundert Thorarollen, Schriften von Chaim Nachman Bialik und einen Band von Theodor Herzls Tagebüchern). *Hermann Kruk. Bibliothekar und Chronist im Ghetto Wilna*, hrsg. von Maria Kühn-Ludewig, Hannover ²1990, S. 40.) Siehe auch David E. Fishman, *The Book Smugglers. Partisans, Poets, and the Race to Save Jewish Treasures from the Nazis*, Lebanon, NH 2017.

5 Briefe von Judah Magnes an L. G. Pinkerton, American Consul-General in Jerusalem, 28. Januar 1946, Israelische Nationalbibliothek Jerusalem, Arc. 4° 793 / 2891 sowie an Koppel Pinson (leitender Beamter des American Jewish Joint Distribution Committee in Frankfurt), 3. Mai 1946, ebd., Arc. 4° 791 / 2121 / 1946.

6 Siehe Cecil Roth, »The Restoration of Jewish Libraries, Archives, and Museums«, in: *Contemporary Jewish Record* 7, Nr. 3, (1944), S. 253–257; Salo W. Baron, »The Spiritual Reconstruction of European Jewry«, in: *Commentary* 1, Nr. 1 (1945), S. 4; Noam Zadoff, »Reise in die Vergangenheit, Entwurf einer neuen Zukunft. Gershom Scholems Reise nach Deutschland im Jahre 1946«, in: *Münchner Beiträge zur Jüdischen Geschichte und Kultur* 2 (2007), S. 67–80; Elisabeth Gallas, »Locating the Jewish Future. The Restoration of Looted Cultural Property in Early Postwar Europe«, in: *Nahariam* 9, Nr. 1–2 (2015), S. 25–47. Ein Bericht über seine Rettungsmission gibt auch Gershom Scholem: »Zur Frage der geplünderten jüdischen Bibliotheken«, in: *Ha'aretz*, 5. Oktober 1947, S. 5 f. [auf Hebräisch].

7 Im äußersten Nordosten von Tel Aviv gibt es eine schmale Max-Brod-Straße mit unscheinbaren modernen Wohnblöcken; bei der feierlichen Widmung 1999 war Ester Hoffe Ehrengast.

8 Gabriel Moked (geborener Munwes), der das Warschauer Ghetto überlebt hatte und 1946 von Polen nach Tel Aviv ausgewandert war, veröffentlichte 1956 einen ausführlichen hebräischen Kommentar zu »Die Verwandlung«. »Kafkas Stellung als jüdischer Autor«, so Moked, »ist von großer Tragweite, da er eine gewisse Kontinuität geistiger jüdischer Entwicklungen und Gedanken ausdrückt, und das nicht nur als individuelles jüdisches Genie.« Der Literaturkritiker Mordechai Schalew behandelte in drei Aufsätzen für die israelische Tageszeitung *Ha'aretz* (15. Oktober 1997, 10. April 1998 und 29. Mai 1998) die jüdischen Elemente in Kafkas Schriften. Joram Bar David verfasste 1998 ein Buch über Kafka sowie den Aufsatz »Kafka's Paradise. His Hasidic Thought« in: *Kafka's Contextuality*, hrsg. von Alan Udoff, Staten Island 1986, S. 235–286), Nathan Ofek im Jahr 2002. Siehe auch *Kafka. New Perspectives. A Collection of Essays in Hebrew*, hrsg. von Ziwa Schamir, Jochai Ataria und Chaim Nagid, Safra 2013. Das ist natürlich keine vollständige Liste, und einige israelische Kritiker haben Kafkas Arbeit auch untersucht, ohne das Jüdische zu betonen, siehe zum Beispiel Shimon Sandbank, *The Way of Wavering: Forms of Uncertainty in Kafka* [*Derech Ha-Hissus*], Ha-Kibbutz Ha-Meuchad 1974 und Galili Shahar, *Kafka's Wound*, Carmel 2008.

9 Reuven Klingsberg (Hrsg.), *Exhibition Franz Kafka 1883–1924*. Katalog der Jüdischen National- und Universitätsbibliothek, Jerusalem 1969.

10 Im Jahr 1946 erschien der erste englischsprachige Band mit vierzig kritischen Texten zu Kafka, unter anderem von W. H. Auden, Albert Camus und natürlich Max Brod: Angel Flores (Hrsg.), *The Kafka Problem. An Anthology of Criticism about Franz Kafka*, New York 1946. In einem Brief an Willa Muir von 1947 äußerte sich Dora Diamant zu der Frage, wer ein Buch von Kafka ins Englische übersetzen solle – die Muirs oder ein von Max Brod vorgeschlagener Übersetzer: »Es ist ein so schmerzliches Kapitel, diese Meinungsverschiedenheit zwischen mir und Brod. Ich habe, um diese wirklich reine Freundschaft nicht zu trüben, all die Jahre geschwiegen. Aber nun kann ich nicht mehr, und ich weiss nicht was zu tun. Ich bin schon so weit, dass ich gerne mit Dir zusammen etwas über Kafka schreiben würde, nur um der Forderung etwas über Kafka zu erfahren Genüge zu tun. Nötig ist es überhaupt nicht. Zum richtigen, objectiven Verständnis von Kafka ist jede Hineinmischung von privaten Menschen und privatem Leben nur eine Störung und Irreführung.« (National Library of Scotland, MS Acc. 4316.)

11 So wurden 1928 und 1933 »Die Verwandlung« und *Der Prozess* auf Französisch veröffentlicht, übersetzt von Alexandre Vialette, 1930 »Das Urteil«, übersetzt von Pierre Klossowski und Pierre Leyris. *Der Prozess* wurde 1933 von Alberto Spaini (und Jahrzehnte später von Primo Levi) ins Italienische übersetzt, 1936 von Bruno Schulz ins Polnische und 1940 von Koichi Motono ins Japanische. In den 1940er Jahren erschienen die ersten Übersetzungen von Kafkas Erzählungen ins Rumänische (Paul Celan) und ins Persische (Sadegh Hedajat).

12 Schocken beauftragte 1945 Jitzchak Schenhar (Schönberg) mit der Übersetzung von *Amerika* (*Der Verschollene*). Es folgte 1951 *Der Prozess*, übersetzt von Jeschurun Keschet (Jakob Kopelewitz). (Gershom Scholem hielt diese Übersetzung für so schlampig, dass er Schocken von der Veröffentlichung abriet.) Erst 1967 erschien *Das Schloss* in der Übersetzung Shimon Sandbanks. Kafkas Tagebücher wurden 1978–1979 in der Übersetzung von Chaim Isak veröffentlicht. Da sich das Hebräische verändert hatte, mussten die frühen hebräischen Übersetzungen überarbeitet werden. Diese Aufgabe übernahm Abraham Carmel (Kreppel), dessen Kafka-Übersetzungen in den 1990er Jahren erschienen. Ende des Jahrzehnts gab Ilana Hammerman schließlich eine Reihe neuer Kafka-Übersetzungen im Verlag Am Oved heraus. Ihr Sohn Jonathan Nierad übersetzte 2014 Kafkas *Briefe an Milena*, die 1952 auf Deutsch erschienen und 1976 erstmals von Edna Kornfeld ins Hebräische übersetzt worden waren.

13 Siehe Volker Riedel, *Orient. Haifa 1942–1943. Bibliographie einer Zeitschrift*, Berlin 1973. Arnold Zweig schrieb in Palästina den Roman *Das Beil von Wandsbek*, der in der hebräischen Übersetzung von Awigdor Hameiri 1943 erschien. Zu den Nachkriegsautoren, die in Israel lebten, aber auf Deutsch schrieben, gehörten auch Werner Kraft, Ilana Schmueli, Manfred Winkler und Schalom Ben-Chorin.

14 Zitiert in: Ilan Ben-Ami, »Artistic Censorship in Israel: 1949–1991«, in: *Contemporary Jewry* 16, Nr. 1 (1995), S. 3–13, S. 6.

15 Avi Primor, »Peeling Günter Grass' Israeli Onion«, in: *Israel Journal of Foreign Affairs* 6, Nr. 2 (2012), S. 103.

16 Aharon Appelfeld, »First Years, Mother Tongue, and Other Pains«, in: *Ma'ariv*, 18. April 1997 [auf Hebräisch].

17 Gershom Scholem, »Wider den Mythos vom deutschjüdischen Gespräch«, in: *Auf gespaltenem Pfad. Für Margarete Susman*, hrsg. von Manfred Schlösser, Darmstadt 1964, S. 229–233. Siehe auch Abraham Rubin, »The ›German-Jewish Dialogue‹ and its Literary Refractions. The Case of Margarete Susman and Gershom Scholem«, in: *Modern Judaism* 35, Nr. 1 (Februar 2015), S. 1–17.

18 Nicole Krauss, *Waldes Dunkel*, übers. von Grete Osterwald, Reinbek 2018.

19 Englische Ausgabe Mordehai Zeeb Feierberg, *Whither? and other stories*, New Milford 2004.

20 Joseph Klausner, »Erneuerung der alten Nation«, in: *Ausgewählte Geschichten aus Palästina,* hrsg. von Refael Patai und Zwi Samuel Wohlmuth, Jerusalem 1938, S. 17 [auf Hebräisch].

21 Judd Teller, »Modern Hebrew Literature«, in: *Middle East Journal 7,* Nr. 2 (Frühjahr 1953), S. 182–195.

22 Moshe Idel, *Alte Welten, neue Bilder. Jüdische Mystik und die Gedankenwelt des 20. Jahrhunderts,* übers. von Eva-Maria Thimme, Berlin 2012, S. 99. Siehe auch Vivian Liskas Besprechung von Idels Buch: »On Getting It Right«, in: *Jewish Quarterly Review* (Frühjahr 2012), S. 297–301 sowie Idels Überlegungen zu Kafkas Parabel »Vor dem Gesetz« in: Idel, *Kabbala. New Perspectives,* New Haven 1988, S. 271.

23 Kafka, 29. Oktober 1921, in: *Tagebücher,* S. 871.

24 Zitiert in: Boris Fernbacher, *Vom Jerusalemer Tempel nach New York,* Norderstedt 2018, S. 129.

25 Dan Miron, *From Continuity to Contiguity. Toward a New Jewish Literary Thinking,* Stanford 2010, S. 349.

26 Erich Heller, *Enterbter Geist. Essays über modernes Dichten und Denken,* Berlin / Frankfurt a. M. 1954; ders., »Kafka's True Will«, in: *Commentary 55,* Nr. 6 (1. Juni 1973), S. 65–73.

27 Martin Buber, *Drei Reden über das Judentum,* S. 24, 49.

28 Walter Benjamin an Gershom Scholem, 20. Juli 1934, in: *Gesammelte Briefe,* hrsg. von Christoph Gödde und Henri Lonitz, Bd. 4, Frankfurt a. M. 1998, S. 460.

29 Brod, *Zauberreich der Liebe,* S. 399. Philip Roth, *Shop Talk. Ein Schriftsteller, seine Kollegen und ihr Werk,* übers. von Bernhard Robben, München 2004, S. 45.

30 Ilja Ehrenburg, *Die ungewöhnlichen Abenteuer des Julio Jurenito und seiner Jünger,* übers. von Alexander Eliasberg, Frankfurt a. M. 1976, S. 125 f. (Hervorhebungen im Original.)

31 In seinem Buch *The Conflagration of Community* (Chicago 2011) schreibt J. Hillis Miller, Professor an der University of California, Irvine, dass »Kafka die massenweise Vernichtung des jüdischen Volkes vorhersah«. Miller behauptet, Kafkas Schriften prophezeiten die Zukunft nicht nur, sondern formten sie sogar. Weil Kafka fürchtete, seine Schriften könnten »prophetisch wirken oder die Macht haben, das individuelle Leid und die Katastrophen, die sie dramatisieren, herbeizuführen«, habe er Brod gebeten, sie zu zerstören, damit verhindert würde, dass sie »ihre magische, performative Wirkung« tun. Völlig anders sieht das beispielsweise Robert Alter, der den Versuch, aus Kafka einen Holocaust-Propheten zu machen, als »ultimative Obszönität« bezeichnet (Alter, »The Trials«, in: *The New Republic*, 6. März 2006). Zu Gegenargumenten und einer Erklärung darüber, warum »aus auffallenden Parallelen noch kein Prophet wird«, siehe Lawrence L. Langers Aufsatz »Kafka as Holocaust Prophet. A Dissenting View« aus dem Jahr 1986, abgedruckt in: *Admitting the Holocaust. Collected Essays*, Oxford 1995, S. 109–124.

32 George Steiner, *Sprache und Schweigen. Essays über Sprache, Literatur und das Unmenschliche*, übers. von Axel Kaun, Frankfurt a. M. 1969, S. 91 f.

33 Eli Wiesel, »Plädoyer für die Überlebenden«, in: *Jude heute. Erzählungen, Essays, Dialoge*, übers. von Hilde Linnert, Wien 1987, S. 203.

34 In seinem Roman *The Retrospective* (englisch 2013) adaptiert Abraham B. Jehoschua Kafkas fragmentarische Erzählung »In unserer Synagoge« (ins Hebräische übersetzt von Dan Miron 2009) über ein furchtsames Tier, das in einer Synagoge lebt. Die Erzählung von 1922, die Kafka ohne Titel hinterließ, wurde von Max Brod 1937 veröffentlicht. Zu einer Darstellung der »Allgegenwart Kafkas« in Aharon Appelfelds Prosa und den starken Anklängen von Appelfelds hebräischer Sprache an Kafkas Deutsch siehe David Suchoff, »Kafka and the Postmodern Divide. Hebrew and German in Aharon Appelfeld's *The Age of Wonders*«, in: *The Germanic Review* 75, Nr. 2 (2000), S. 149–167.

35 Michael Gluzman, »So Far I have Written the First Third: Interview with Aharon Appelfeld«, in: *Mikan* 1 (2000), S. 150–165, S. 154 [auf Hebräisch].

36 Roth, *Shop Talk*, S. 33–35.

37 Die in Wien geborene Komparatistin Lilian Furst bestätigt das: »Trotz gewisser unbestreitbarer Affinitäten zwischen ihnen sind Kafka und Agnon lediglich miteinander verwandt wie Schwarz und Weiß.« Lilian Furst, »Kafka and Agnon«, in: *European Judaism* 3, Nr. 2 (Winter 1968 / 1969), S. 21–25. Unter den zeitgenössischen israelischen Romanciers räumt David Grossman (geboren 1954) Kafkas Einfluss ein, bestreitet aber, dass der Prager Dichter überhaupt einer nationalen Tradition zugeordnet werden kann. »Ich glaube, Kafka wäre auch Kafka, wenn er in Amerika zur Welt gekommen wäre oder in England oder in Australien«, so Grossman (*The Paris Review Interviews*, Bd. 4, New York 2009, S. 418). Zu einem Vergleich zwischen Kafka und Agnon siehe Hillel Barzel, *Agnon und Kafka. Eine komparative Studie*, Tel Aviv 1972 [auf Hebräisch]; sowie Gershon Shaked, »After the Fall: Nostalgia and the Treatment of Authority in Kafka and Agnon«, in: *The New Tradition. Essays on Modern Hebrew Literature*, Cincinatti 2006. »Kafka und Agnon«, so Shakeds Schlussfolgerung, »wurden beide vom Trauma des Ersten Weltkriegs geprägt. In ihrem Werk sehen sie das folgende, größere Desaster voraus, ebenso wie die Katastrophe, die Europas Juden erwartet, und gleichzeitig reflektieren sie die Verzweiflung der Einwohner im zerfallenden Habsburger Reich, die für den Kaiser / Vater […] keinen brauchbaren Ersatz finden konnten.« Zu Brods Ansichten über Agnon siehe seine Besprechung von *Und das Krumme wird gerade* (übers. von Max Strauß), in der er begeistert zu dem Schluss gelangt, der Autor drücke »das Leben seiner Heimatsphäre« aus, sowie »Zwei jüdische Bücher«, in: *Die neue Rundschau* 29, Nr. 2 (1918), S. 1362–1367, S. 1367.

38 S. J. Agnon, *Only Yesterday*, übers. von Barbara Harshav, Princeton 2000.

39 Mehr dazu siehe Amos Oz, *Israel und Deutschland. Vierzig Jahre nach Aufnahme diplomatischer Beziehungen*, Frankfurt a. M. 2005; Fania Oz-Salzberger, *Israelis in Berlin*, Frankfurt a. M. 2001; Dani Kranz, *Israelis in Berlin. Wie viele sind es und was zieht sie nach Berlin?* München 2015 sowie die Studie des Soziologen Gad Jair über die Migration von Israelis nach Deutschland, *Liebe ist nicht praktisch*, Tel Aviv 2015 [auf Hebräisch]. Der israelische Autor Joram Kanjuk beschreibt seine Begegnungen in Deutschland zwischen 1984 und 2000 in *Der letzte Berliner*, übers. von Felix Roth, München 2002.

40 Kafka an Milena Pollak, 30. Mai 1920, in: *Briefe 4*, S. 150.

41 Butler, »Who Owns Kafka?«.

42 Kafka an Brod, 12. März 1910, in: *Briefe 1*, S. 118 f.

8 Kafkas letzter Wunsch, Brods erster Verrat

1 Kafka, 19. Oktober 1921, in: *Tagebücher*, S. 867.

2 Brod, »Zu den Gesprächsblättern«, in: Kafka, *Briefe 1902–1924*, S. 521.

3 Kafka, »Ein Hungerkünstler«, in: *Drucke zu Lebzeiten*, S. 348.

4 Zitiert in: Brod, *Kafka. Eine Biographie*, S. 243 f.

5 Kafka an Brod, 14. September 1917, in: *Briefe 3*, S. 319. Brod, *Kafka. Eine Biographie*, S. 172. *Brod / Kafka. Briefwechsel*, S. 179. Kafka an Brod, Stempel 5. Juli 1922, in: *Briefe 1902–1924*, S. 385.

6 Kafka, 25. Januar 1922, Oktavheft, in: *Beim Bau der chinesischen Mauer und andere Schriften aus dem Nachlaß in der Fassung der Handschrift*. Frankfurt a. M. ³2004, S. 198. Werfel zitiert in: Stach, *Kafka. Die Jahre der Erkenntnis*, S. 57. »Milenas Nachruf«, in: Stach, *Ist das Kafka?*, S. 295 f., S. 296.

7 Kurt Wolff, »Der Autor Franz Kafka«, in: Koch, *Als Kafka mir entgegenkam*, S. 100 – 107, S. 104.

8 Brod, *Kafka. Eine Biographie*, S. 69. Ders., »Vom Diesseitswunder und der Liebe«, in: *Genius* 1 (1919), S. 313. Ders., »Franz Kafkas Nachlaß«, in: *Die Weltbühne* 20, Nr. 29 (17. Juli 1924), S. 106 – 109, S. 108. Ders., *Kafka. Eine Biographie*, S. 221.

9 Stach, *Ist das Kafka?*, S. 307.

10 Max Brod, »Franz Kafkas Nachlaß«, S. 107.

11 Ebd.

12 Ebd., S. 106; Kafka an Brod, 5. Juli 1922, in: *Briefe 1902–1924*, S. 384; Kafka, 2. Januar 1912, in: *Tagebücher*, S. 336.

13 Kafka, 13. März 1915, in: *Tagebücher*, S. 731.

14 Kafka, 12. Januar 1914, in: *Tagebücher*, S. 624; 21. Juni 1913, S. 562. *Nachgelassene Schriften und Fragmente 2*, S. 32. Kafka an Milena Pollak, 26. November 1920, in: *Briefe 4*, S. 372. Kafka, 15. Dezember 1910, in: *Tagebücher*, S. 130.

15 Kafka an Brod, 6. November 1917, in: *Briefe 3*, S. 358 f. Kafka an Brod, 4. Januar 1918, in: *Briefe 4*, S. 12.

16 Dora Diamant, »Mein Leben mit Franz Kafka«, in: Koch, *Als Kafka mir entgegenkam*, S. 194 – 205, S. 199. Ehe sein schlechter Gesundheitszustand Kafka zwang, Berlin zum letzten Mal zu verlassen, übergab Kafka Dora etwa zwanzig Notizbücher. Diese wurden im März 1933 ebenso wie die etwa 35 Briefe an sie von der Gestapo beschlagnahmt und tauchten nie wieder auf. Ein paar Jahre später bat Brod seinen Freund Camill Hoffmann, tschechisch-jüdischer Dichter und damals Presseattaché an der tschechischen Botschaft in Berlin, nach diesen Unterlagen zu forschen. Die Suche blieb ergebnislos. Hoffmann selbst, ein enger Freund Präsident Masaryks, wurde von der Gestapo verhaftet und kam im Oktober 1944 in Auschwitz um.

17 Kafka, *Der Proceß*, S. 241.

18 In Steven Soderberghs Film *Kafka* (1991) führt der für Brod stehende Steinmetz und Bildhauer Bizzlebek Kafka zu einem Grabmal, unter dem ein Tunnel beginnt. Als Kafka schon halb hinabgestiegen ist, bittet er Bizzlebek um einen Gefallen. »Falls wir uns nicht wiedersehen sollten, würden Sie dann in meine Wohnung gehen und dort all meine Schriften heraussuchen und sie vernichten? Alle meine Manuskripte […]. Sie verbrennen sie einfach«. »Was für ein außergewöhnlicher Wunsch«, erwidert Bizzlebek. »Ein wahrer Freund würde es tun«, erklärt Kafka. »Doch nicht so ohne Weiteres«, sagt Bizzlebek. »Eine Ehefrau würde es tun.« Steven Soderbergh, *Kafka* (1991), 1:07.

19 Zitiert in: Hamlin L. Hill, »Mark Twain's Public Private Correspondence«, in: *South Central Review* 5, Nr. 4 (Winter 1988), S. 22–28, S. 22.

20 Den Fall Albee schildert Michael Paulson, »Edward Albee's Final Wish. Destroy My Unfinished Work«, in: *New York Times*, 4. Juli 2017. Zu Albee und anderen Fälle siehe Kenneth Baker, *On the Burning of Books*, Chicago 2017. »Ich habe oft über Brods Dilemma nachgedacht«, schrieb der amerikanische Literaturkritiker Lionel Trilling 1970, »und immer bin ich zu dem Schluss gelangt, dass seine Entscheidung absolut richtig war. […] Ich glaube, an Brods Stelle hätte ich genauso gehandelt, wenn auch mit einem unguten Gefühl. Brods Vorgehen war natürlich umso berechtigter, weil er die Art und Qualität der literarischen Manuskripte kannte. Bedenklicher finde ich die Bewahrung der privaten Papiere durch Brod. Doch angesichts dessen, was wir heute über die privaten Papiere wissen, glaube ich, dass er richtig lag.« (Lionel Trilling, *Life in Culture: Selected Letters of Lionel Trilling*, hrsg. von Adam Kirsch, New York 2018, S. 385.)

21 Kafka an Brod, 25. Oktober 1923, in: *Briefe 1902–1924*, S. 452. Brief an Ottla Kafka, 10. Juli 1914, in: *Briefe 3*, S. 98. *Nachgelassene Schrifte und Fragmente 2*, S. 354. Brod, »Franz Kafkas Nachlaß«, S. 106. Stach, *Kafka. Die Jahre der Entscheidungen*, S. 168.

22 Brod, »Franz Kafkas Nachlaß«, S. 108.

23 Einer der Ersten, die diese Vorgehensweise rechtfertigten, war Walter Benjamin: »Kavaliersmoral«, in: *Literarische Welt*, 29. Oktober 1929.

24 Brod, »Franz Kafkas Nachlaß«, S. 108.

25 Brod, *Kafka. Eine Biographie*, S. 69 f.

26 Der gebürtige Tscheche Milan Kundera geißelt *Zauberreich der Liebe* als »naiven Roman«, als »Schmarren« mit der »Karikatur einer Romanhandlung, die sich ästhetisch genau am Gegenpol von Kafkas Kunst befindet«. Milan Kundera, *Verratene Vermächtnisse*, übers. von Susanna Roth, München 1994, S. 42.

27 Brod, *Zauberreich der Liebe*, S. 125, 175, 70, 169 f.

28 Ebd., S. 149, 34, 74, 78, 80, 81, 88, 89.

29 Ebd., S. 127, 150, 151, 172, 173.

30 Ebd., S. 171, 409. Brod, »Franz Kafkas Glauben und Lehre«, in: *Über Franz Kafka*, Frankfurt a. M. 1974, S. 221–299, S. 271. Kafka, »Die besitzlose Arbeiterschaft«, in: *Nachgelassene Schriften und Fragmente 2*, S. 107.

31 Brod, *Zauberreich*, S. 398. Dora Diamant bezeichnete nach Kafkas Tod das Deutsche als »eine moderne, zu gegenwärtige Sprache. Die ganze Welt Kafkas sehnt sich nach einer älteren Sprache.« (Zitiert in: Josef Paul Hodin, *Kafka und Goethe. Zur Problematik unseres Zeitalters*, London / Hamburg 1968, S. 33.)

9 Kafkas Schöpfer

1 George Steiner, *Sprache und Schweigen. Essays über Sprache, Literatur und das Unmenschliche*, übers. von Axel Kaun, Frankfurt a. M. 1969, S. 141.

2 Brod, *Kafka. Eine Biographie*, S. 55.

3 Zitat Nabokov: Fredson Bowers (Hrsg.), *Die Kunst des Lesens. Meisterwerke der europäischen Literatur. Jane Austen, Charles Dickens, Gustave Flaubert, Robert Louis Stevenson, Marcel Proust, Franz Kafka, James Joyce*, übers. von Karl A. Klewer, Frankfurt a. M. 1982, S. 319 f. J. M. Coetzee, »Translating Kafka«, in: *Stranger Shores. Essays 1986–1999*, London 2002, S. 74–87.

4 Zadie Smith, »F. Kafka, Everyman«, in: *New York Review of Books*, 17. Juli 2008.

5 Stach, *Kafka. Die Jahre der Erkenntnis*, S. 140, S. 294. Ritchie Robertson, *Kafka. Judaism, Politics, Literature*, Oxford 1985, S. xi. Irving Howe, »Brod on Kafka,« in *The Nation*, 12. Juli 1947, S. 47 f. Ritchie Robertson, »Introduction«, in: Klaus Wagenbach, *Kafka: A Life in Pra-*

gue, übers. von Ewald Osers und Peter Lewis, London 2011. William Philipps, »The Great Wall of China, by Franz Kafka; and The Kafka Problem, edited by Angel Flores«, in: *Commentary*, 1. Juni 1947. Der österreichisch-jüdische Schriftsteller Friedrich Torberg, den Brod protegiert hatte, antwortet darauf: »Offenbar herrscht in der Literaturkritik dieses Landes der Hang, Brods Betonung von Kafkas Judentum als sektiererische Sonderlichkeit abzutun, und besonders ausgeprägt ist das unter jüdischen Kritikern, wohl als fester Bestandteil jener glorreichen jüdischen Haltung, die es ablehnt, ein Problem, und sei es noch so jüdisch, ›lediglich‹ vom jüdischen Standpunkt aus zu betrachten.« (Friedrich Torberg, »Kafka the Jew«, in: *Commentary*, 1. August 1947.)
6 Friedrich Torberg erachtete *Rëubeni* als einen der herausragenden jüdischen Romane der Zeit. Der historische David Reubeni hatte sich als Abgesandter eines arabischen Stammes ausgegeben, dessen Mitglieder angeblich von den biblischen Stämmen des Ruben und des Gad abstammten. In den zwanziger Jahren des 16. Jahrhunderts traf er mit Papst Clemens VII. zusammen. Zehn Jahre später wurde er von der Inquisition der Ketzerei beschuldigt und in Spanien verbrannt. Reubenis Herkunft ist unbekannt, doch Brod siedelt ihn in der jüdischen Gemeinde von Prag an, wo ihm die Vertreibung droht. Brod lässt seinen »Fürsten der Juden« über die Macht nachsinnen: »›Vielleicht sind jene Völker deshalb so mächtig und gottgeliebt‹, zittert Dawids leise Stimme, ›weil sie Gott dienen … auch mit dem bösen Trieb.‹« Als der fiktive Reubeni zum Tod auf dem Scheiterhaufen verurteilt wird, lässt Brods Erzähler Kafkas *Der Prozess* anklingen: »Auch über die Zeugenaussagen, selbst über die Person der Belastungszeugen erfuhren die Angeklagten nichts«. (*Rëubeni, Fürst der Juden. Ein Renaissance-Roman*, Frankfurt a. M. 1979, S. 24, 412.)
7 Stefan Zweig, Nachwort zu Brod, *Tycho Brahes Weg zu Gott*, Göttingen 2013, S. 7.
8 Brod, *Ausgewählte Werke*, hrsg. von Hans-Gerd Koch und Hans Dieter Zimmermann in Zusammenarbeit mit Barbora Šramková und Norbert Miller, Göttingen 2013–2016. Heinz Kuehn, »Max Brod«, in: *American Scholar* 62 (Frühjahr 1993), S. 269–278.
9 »Georg Langers Erinnerungen an Kafka«, übers. von Anne Birkenhauer, in: Stach, *Ist das Kafka?*, S. 261 f.
10 Brod, *Streitbares Leben*, S. 191. Ders., »Nachwort« zu *Amerika*,

Frankfurt a. M. 1953, S. 359. Kurt Wolff hatte seinen Verlag 1912 gegründet. Nach der Flucht in die USA im Jahr 1940 gründeten Wolff und seine Frau Helen 1942 Pantheon Books. In der Beinecke Rare Book and Manuscript Library der Universität Yale befindet sich das Kurt Wolff Archive, 1907–1938, mit Briefen von Kafka, Brod, Rilke, Hermann Hesse, Karl Kraus, Else Lasker-Schüler, Heinrich und Thomas Mann, Franz Werfel und anderen. Eine kenntnisreiche Untersuchung der jüdischen Rezeption von *Amerika* hat Joseph Metz verfasst: »Zion in the West. Cultural Zionism, Diasporic Doubles, and the ›Direction‹ of Jewish Literary Identity in Kafka's *Der Verschollene*«, in: *Deutsche Vierteljahrsschrift* 78, Nr. 4 (2004), S. 646–671.

11 Für die Kritische Ausgabe im S. Fischer Verlag stellte Malcolm Pasley die Kapitelreihenfolge um (vgl. Kafka, *Der Proceß*). Herman Uyttersprot machte 1957 für die Schwierigkeiten bei der Interpretation von *Der Prozess* und *Amerika* Brods mangelnde editorische Sorgfalt verantwortlich: *Eine neue Ordnung der Werke Kafkas?*, Antwerpen 1957. Dem widersprach Ronald Gray, »The Structure of Kafka's Works. A Reply to Professor Uyttersprot«, in: *German Life and Letters* 13 (Oktober 1959), S. 1–17.

12 In seiner Kafka-Biografie untersucht der in Prag geborene Historiker Saul Friedländer die Diskrepanzen zwischen Brods Version der Tagebücher und der neueren Kritischen Ausgabe. Und in einem Leserbrief an die *New York Times* im Oktober 2010 berichtet Professor Zvi Henri Szubin, Professor Emeritus für klassische Sprachen und Komparatistik am City College of New York, von einer anderen Art der Manipulation: »Als ich meine Mutter 1957 bei einem Besuch in Brods Kellerbüro des Habima-Theaters in Tel Aviv begleitete, erzählte er, er habe sich ›wie ein Chirurg auf dem Schlachtfeld nicht den Luxus der Sentimentalität‹ leisten können, als er entscheiden musste, welche Papiere Kafkas er rettete. Meine Mutter, in deren Augen Brod, der geliebte Lehrer und Mentor, bis zu jenem Tag der ›tugendhafteste Mensch der Welt‹ gewesen war, reagierte erstaunt und warf ihm vor, Kafkas langjährige Korrespondenz mit ihrer besten Freundin Regina absichtlich zerstört zu haben. Ich bin daher überzeugt, dass Brod Kafkas Ansehen und Vermächtnis gezielt gemäß dem von ihm selbst geschaffenen Vorbild bewahrte.«

13 Brod, *Streitbares Leben*, S. 150. Saul Friedländer, *Franz Kafka*, übers.

von Martin Pfeiffer, München 2012. Cynthia Ozick, »How Kafka Actually Lived«, in: *The New Republic*, 12. April 2014.

14 Kundera, *Verratene Vermächtnisse*, S. 261 f.

15 »Publisher's Note«, in: *The Trial. A New Translation, Based on the Restored Text*, übers. von Breon Mitchell, New York 1998, S. x.

16 Zitiert in: Johannes Urzdil, »Franz Kafka, ›Der Prozeß‹, ›Das Schloß‹«, abgedruckt in: *Franz Kafka. Kritik und Rezeption, 1924–1938*, hrsg. von Jürgen Born u. a., Frankfurt a. M. 1983, S. 394 f., 394.

17 Der Schocken Verlag konnte 1935 im Rahmen seiner »Bücherei«-Reihe noch ein Buch des österreichischen Schriftstellers Adalbert Stifter aus dem 19. Jahrhundert veröffentlichen; Brod bezeichnete Stifter in seiner Kafka-Biografie als einen der Lieblingsautoren Kafkas. Weil er allerdings kein Jude war, wurde die Schocken-Ausgabe kurz darauf vom Markt genommen.

18 Klaus Mann, »Dank für die Kafka-Ausgabe«, in: *Die Sammlung* 2, Nr. 11 (Juli 1935). Der Schocken Verlag gab 1935 den ersten Band der sechsbändigen Kafka-Gesamtausgabe heraus. Lobende Rezensionen des ersten Bandes erschienen am 17. Mai 1935 in der *Magdeburger Zeitung* und am 31. Mai 1935 im *Schweinfurter Tagblatt*.

19 Moritz Spitzer ließ sich in der Radak-Straße im vornehmen Jerusalemer Viertel Rechavia nieder und gründete den Verlag Tarshish Books, der sich mit innovativer Typografie und hochwertiger Ausstattung einen Namen machte. 1940 bis 1979 veröffentlichte er 119 Titel, darunter Josl Bergners Illustrationen zu Franz Kafka (1959 veröffentlicht auf Englisch, 1970 auf Hebräisch), die Gedichte von Avraham Ben-Jitzchak (Abraham Sonne), S. J. Agnons *Kelew Hutzot* (mit Illustrationen von Awigdor Aricha) sowie *Mein blaues Klavier* von Else Lasker-Schüler. Spitzer brachte auch in hebräischer Übersetzung Samuel Becketts *Warten auf Godot* heraus, Bertolt Brecht (mit Lithographien von Gershon Knispel), Rilkes Gedichte (mit Illustrationen von Awigdor Aricha) und Heinrich von Kleists *Michael Kohlhaas*. Mehr dazu siehe Moshe Spitzer, *Books – Typography – Design* (Katalog zu einer Ausstellung in der Israelischen Nationalbibliothek), Jerusalem 1981; Ada Wardi (Hrsg.), *Spitzer Book*, Haifa 2016; Israel Soifer, »The Pioneer Work of Maurice Spitzer«, in: *Penrose Annual* 63 (1970) sowie Hilit Jeschuruns Interview mit Spitzer, »Unfinished Conversations«, in: *Chadarim* (Winter 1982–1983).

20 David Suchoff, Autor von *Kafka's Jewish Languages* (2012), nennt Heine »den größten, man könnte auch sagen, den universell meist-geliebten deutsch-jüdischen Schriftsteller vor Kafka«. Ende 1966 ver-kaufte Salmans Sohn Gideon Schocken die Heine-Sammlung seiner Familie für einen nicht genannten Preis an die französische Biblio-thèque Nationale. (Zehn Jahre zuvor hatte die Schocken-Bibliothek in Jerusalem einige Stücke der Sammlung ausgestellt.) Präsident Charles de Gaulle persönlich unterstützte die Verhandlungen; die israelischen Behörden erhoben keine Einwände. Als die Manuskripte in Paris ein-trafen, wurden sie von einer französisch-deutschen Wissenschaftler-gruppe unter Leitung von Louis Hay untersucht. Schon 1960 hatte das Auktionshaus Hauswedell Schockens Novalis-Sammlung an das Freie Deutsche Hochstift in Frankfurt am Main verkauft. Ende des Jahr-zehnts wurde das Material als Band2 und 3 der Novalis-Gesamtaus-gabe veröffentlicht. Siehe dazu: »Ernst L. Hauswedell. Ein Arbeitsbe-richt 1927–1981«, in: *Ernst Hauswedell 1901–1983*, hrsg. von Gunnar A. Kaldewey, Hamburg 1987, S. 199 ff.

21 Kurz nach dem Ende des Zweiten Weltkriegs gründete Salman Schocken mit dem für ihn typischen optimistischen Elan in New York den Verlag Schocken Books. Mit seiner Mischung aus Bibliophilie und Geschäftssinn wollte er eine Bibliothek einheitlich gestalteter Grund-satzwerke über das Judentum veröffentlichen. Nach einem holprigen Start – Hannah Arendt nannte ihn den »jüdischen Bismarck«, Gers-hom Scholem beschrieb ihn als einen unglücklichen Menschen, der sich in Amerika viele Feinde gemacht habe (Arendt zitiert in: Barbara Hahn und Marie Luise Knott, *Hannah Arendt. Von den Dichtern er-warten wir Wahrheit*, Berlin 2007, S. 22.) – stellte Schocken Kafka in den Mittelpunkt seines Verlagsprogramms. Eine seiner ersten Unter-nehmungen war dann auch die englischsprachige Ausgabe von Kaf-kas Tagebüchern auf der Grundlage von Max Brods Typoskript, die auf Deutsch noch nicht erschienen waren. 1946 gab Schocken Books die schon existierende Muir-Übersetzung von Kafkas Romanen neu heraus und begründete damit den Kafka-Kult in den USA der Nach-kriegszeit. 1950 verkaufte Salman Schocken die deutschen Rechte an Kafkas Werk an den angesehenen S. Fischer Verlag. Seine Populari-tät habe der Verlag Kafka zu verdanken, so der langjährige Verlagslei-ter Gottfried Bermann Fischer. S. Fischer veröffentlichte auch Reiner

Stachs maßgebliche Kafka-Biografie in drei Bänden: *Kafka. Die Jahre der Entscheidungen* (2002), *Kafka. Die Jahre der Erkenntnis* (2008) und *Kafka. Die frühen Jahre* (2014).

22 Scholem zitiert in: Biale, *Traditionen der Säkularisierung*, S. 73.

23 Spitzer an Scholem, 14. Juni 1937, Israelische Nationalbibliothek, Archivabteilung, ARC * 41599 / 1.

10 Der letzte Zug: Von Prag nach Palästina

1 Theodor W. Adorno, »Engagement«, in: *Noten zur Literatur*, Frankfurt a. M. 1981, S. 409 – 430, S. 426.

2 Brod, *Streitbares Leben*, S. 288. R. J. Stopfords Privatpapiere und Tagebücher, die im Imperial War Museum in London liegen (Katalognummer 12652), werfen ein Licht auf seine heldenhafte Unterstützung der tschechoslowakischen Flüchtlinge.

3 Brod, *Streitbares Leben*, S. 82, 83. Ders., *Heidentum, Christentum, Judentum*, Bd. 1, S. 184 f.

4 Jan Richter, Interview mit Gaëlle Vassogne für Radio Praha, 8. April 2009 (https://www.radio.cz/en/section/czechs/max-brod-bridging-the-gaps-between-pragues-germans-and-czechs).

5 »Milenas Nachruf«, in: Stach, *Ist das Kafka?*, S. 295 f., S. 296. Theodor Adorno, »Aufzeichnungen zu Kafka«, in: *Prismen. Kulturkritik und Gesellschaft*, Frankfurt a. M. 1987, S. 250 – 283, S. 263.

6 Brod, *Prager Kreis*, S. 99 f.

7 Bertolt Brecht, *Werke*, hrsg. von Werner Hecht, Bd. 22, Berlin 1993, S. 38.

8 Walter Benjamin / Gershom Scholem, *Briefwechsel 1933 – 1940*, Frankfurt a. M. 1980, S. 271.

9 Brod, *Streitbares Leben*, S. 290.

10 Leavitt, *Kafka Reception in Israel*. Kafka, »Der Heizer«, in: *Drucke zu Lebzeiten*, S. 74.

11 Später schrieb Brod ein Buch über seinen Klassenkameraden Victor Mathias Freud, der Zionist, frühes Mitglied der Studentenvereinigung Bar Kochba und ein beliebter Schullehrer geworden war (*Beinahe ein Vorzugsschüler*, 1952). Freud, der kein britisches Einreisevisum für Palästina erhielt, wurde im Juli 1943 von Prag nach Theresienstadt deportiert und von dort im Oktober 1944 weiter nach Auschwitz. Auch Brods

Romanfigur glaubt, von heiligen Texten beschützt zu werden. Seine letzten Worte, ehe er den Deportationszug besteigt, lauten: »Es kann mir nicht viel geschehen – ich habe meine Bibel und Goethes Gedichte in der Tasche.« Zitiert in: Höhne u. a. (Hrsg.), *Max Brod (1884–1968)*, S. 119.

12 Brod, *Streitbares Leben*, S. 291.

13 Der tschechische Präsident Tomáš Masaryk hatte Beit Alfa im vorangegangenen April besucht. Es war sein erster Besuch als Staatsoberhaupt im britischen Mandatsgebiet Palästina.

14 Brod, *Heidentum, Christentum, Judentum*, Bd. 2, S. 328. Ders., *Sternenhimmel. Musik- und Theatererlebnisse*, Prag / München 1923, S. 218. Mark Gelber, *Kafka, Zionism and Beyond*, Tübingen 2004, S. 280. Brod an Bondy, 14. Dezember 1957, Gnazim-Archiv.

15 Brod, *Streitbares Leben*, S. 293 f. Brief an Thomas Mann zitiert in: Vassogne, *Max Brod in Prag. Identität und Vermittlung*, Tübingen 2009, S. 237.

16 Brief an Thomas Mann, ebd.

17 Mann, *Lotte in Weimar*, Stockholm 1944, S. 252.

18 Thomas Mann an H. M. Lydenberg, 27. Februar 1939, in: Thomas Mann, *Briefwechsel mit Autoren*, hrsg. von Hans Wysling, Frankfurt a. M. 1988, S. 588 f. [auf Englisch]. Siehe auch Peter F. Neumeyer, »Thomas Mann, Max Brod, and the New York Public Library«, in: *Modern Language Notes* 90, Nr. 3 (April 1975), S. 418–423.

19 Brod, *Streitbares Leben*, S. 254 f.

20 Zitiert in: Elif Batuman, »Kafka's Last Trial«, in: *New York Times Magazine*, 22. September 2010.

21 Zitiert in: Leavitt, *Kafka Reception in Israel* [auf Englisch].

22 Eine detaillierte Beschreibung der Schocken-Bibliothek in Jerusalem findet sich bei Adina Hoffman, *Till We Have Built Jerusalem. Architects of a New City*, New York 2016.

23 Eine Kopie des Briefes liegt dem Autor vor.

24 Marianne Steiner gab der Bodleian Library im August 1969 auch das Manuskript von »Die Verwandlung« in Verwahrung und im Jahr darauf eine Kiste mit Kafkas Briefen, die im Besitz ihrer Cousinen in Prag gewesen war. Eine andere Nichte, Gerti Kaufmann, Tochter von Kafkas Schwester Elli, vermachte 1972 auch ihren Anteil der Bodleian Library. Salman Schockens Enkelin Miriam Schocken übergab der Bibliothek 1989 weitere Papiere. Die im S. Fischer Verlag erschienene

Kritische Ausgabe von Kafkas Werken basiert auf diesen Oxforder Manuskripten. Marianne Steiners Papiere gingen nach ihrem Tod in den Besitz der Bodleian Library über. Der Stroemfeld Verlag hat, herausgegeben von Roland Reuß und Peter Staengle, Faksimiles dieser Kafka-Manuskripte in seiner historisch-kritischen Ausgabe publiziert.

11 Der letzte Seiltänzer: Kafka in Deutschland

1 Moses Hess, *Rom und Jerusalem. Die letzte Nationalitätsfrage*, Leipzig 1862, S. 60. Kafka an Brod, 16. Mai 1920, in: *Briefe 4*, S. 141.

2 In Kafkas deutscher Ausgabe von Dostojewskis *Die Brüder Karamasoff* steht Felice Bauers Widmung: »Vielleicht lesen wir es recht bald gemeinsam.« Jürgen Born, *Kafkas Bibliothek. Ein beschreibendes Verzeichnis*, Frankfurt a. M. 1990, S. 33.

3 Born, *Kafkas Bibliothek*, S. 111.

4 Kafkas Begeisterung für Hebel ist angesichts der Bewunderung der nationalsozialistischen Leserschaft für Hebels Werk besonders interessant. Der nationalsozialistische Freiburger Bürgermeister Franz Kerber behauptete 1933, Hebel sei so tief in der Heimat verwurzelt, dass er, wäre er noch am Leben, die NSDAP unterstützen würde. Zu Martin Heideggers Bewunderung für Hebel und dessen Verwurzelung im Alemannischen und in der Landschaft siehe Heidegger, »Sprache und Heimat«, in: *Über Johann Peter Hebel*, Tübingen 1964 sowie Heidegger, *Hebel, der Hausfreund*, Pfullingen 1957.

5 Robert, *Einsam wie Franz Kafka*, S. 17. Brod, *Kafka. Eine Biographie*, S. 127. Ganz anders Gershom Scholem, der 1923, ein Jahr vor Kafkas Tod, noch zu Zeiten der Weimarer Republik nach Palästina auswanderte. Ihm habe Goethe nie etwas gesagt, schrieb er am 5. März 1918 in sein Tagebuch. Das Jüdische in ihm habe ihn wohl von der deutschen Welt abgegrenzt. Siehe *Lamentations of Youth: The Diaries of Gershom Scholem*, 1913–1919, übers. und hrsg. von Anthony David Skinner, Cambridge, Mass. / London 2007, S. 212.

6 Kafka an Oskar Pollak, 24. August 1902, in: *Briefe 1*, S. 13.

7 Hannah Arendt / Walter Benjamin, *Texte, Briefe, Dokumente*, hrsg. von Detlev Schöttker und Erdmut Wizisla, Frankfurt a. M. 2006, S. 78. Brod, »Der Dichter Franz Kafka«, in: Krojanker (Hrsg.), *Juden in der deutschen Literatur*, S. 55–62, S. 56.

8 Cynthia Ozick, »The Impossibility of Being Kafka«, in: *The New Yorker*, 11. Januar 1999.

9 Kafka an Brod, Juni 1921, in: *Briefe 1902–1924*, S. 338.

10 Kafka, 25. Dezember 1911, in: *Tagebücher*, S. 313.

11 Heinrich Mann, »Geist und Tat«, in: *Macht und Mensch*, München / Leipzig 1919, S. 1–9, S. 5 f.

12 Vgl. dazu auch etwa die Worte, die Benjamin Netanjahu am 5. Oktober 1995 in der Knesset an den damaligen Ministerpräsident Jitzchak Rabin richtete: »Sie sagten, die Bibel sei nicht unser Kataster. Ich sage: Die Bibel *ist* unser Kataster, unser Mandat, unsere Besitzurkunde. […] Sie ist das Fundament unserer zionistischen Existenz.« Zitiert in: Craig Unger, *American Armageddon. How the Delusions of the Neoconservatives and the Christian Right Triggered the Descent of America – And Still Imperil Our Future*, New York u. a. 2008, S. 139.

13 Wilhelm Dilthey, »Archive für Literatur«, in: *Deutsche Rundschau* 58 (1889), S. 360–375, S. 375 (Rede anlässlich der Gründung der Gesellschaft für deutsche Literatur am 16. Januar 1889); siehe auch Adolf Landguth, »Zur Frage der ›Archive für Literatur‹«, in: *Centralblatt für Bibliothekswesen* 6, Nr. 10 (1889), S. 425–466.

14 Die wohl pointierteste Darstellung dieses Themas findet sich in Victor Klemperers *LTI. Notizbuch eines Philologen* (1947). Seine Empfehlung: »Wenn den rechtgläubigen Juden ein Essgerät kultisch unrein geworden ist, dann reinigen sie es, indem sie es in der Erde vergraben. Man sollte viele Worte des nazistischen Sprachgebrauchs für lange Zeit, und einige für immer, ins Massengrab legen.« (*LTI. Notizbuch eines Philologen*, Köln 1987, S. 22.)

15 Paul Celan, Ansprache anlässlich der Entgegennahme des Bremer Literaturpreises 1958, zitiert in: John Felstiner, *Paul Celan. Eine Biographie*, München 1997, S. 157. Für ein Gespräch über die Gruppe 47 danke ich den Literaturwissenschaftlern Sigrid Weigel und Klaus Briegleb. Einige Schriftsteller der Gruppe 47 fühlten sich direkt oder indirekt mit Kafkas Werk verbunden, unter ihnen Ilse Aichinger, die 1983 mit dem Franz-Kafka-Preis der Stadt Klosterneuburg ausgezeichnet wurde, und Siegfried Lenz, dessen Erzählungen unverkennbar von Kafka beeinflusst sind. Briegleb wirft dem Großteil der Gruppe allerdings »tiefe Befangenheit« und »antijüdische Affekte« gegenüber deutsch schreibenden Juden vor. (Klaus Briegleb, *Missachtung und Tabu. Eine Streit-*

schrift zur Frage: Wie antisemitisch war die Gruppe 47?, Berlin / Wien
2003.) Der deutsch-jüdische Schriftsteller Maxim Biller bezeichnete
die Gruppe gar als »entnazifizierte Reichsschrifttumskammer«. (Joachim Leser und Georg Guntermann (Hrsg.), *Brauchen wir eine neue
Gruppe 47? 55 Fragebögen zur deutschen Literatur*, Bonn 1995, S. 58.)

16 Die Vereinnahmung Schillers durch das Dritte Reich illustriert das
Buch des Nationalsozialisten Hans Fabricius *Schiller als Kampfgenosse
Hitlers*, erstmals erschienen in Bayreuth 1932 mit Nachdrucken 1934
und 1936. Siehe auch Lesley Sharpe, »National Socialism and Schiller«,
in: *German Life and Letters* 36 (1983), S. 156–165. Während des Zweiten
Weltkriegs wurde das Marbacher Schiller-Nationalmuseum von Georg
Schmückle geleitet, NSDAP-Mitglied und Vorsitzender des antisemiti-
schen Kampfbundes für deutsche Kultur.

17 Diese gemeinsamen Projekte, unterstützt vom Auswärtigen Amt
in Berlin, betrafen unter anderem die Papiere des angesehenen Orientalisten Schlomo Dov Goitein, der wegweisende Forschungen zur
Kairoer Genisa durchgeführt hatte, des Gründers und ersten Leiters
der Orientalistikabteilung an der Hebräischen Universität Josef Horo-
witz, des Direktors der Jüdischen National- und Universitätsbibliothek
Curt Wormann, der deutschsprachigen Dichterin in Palästina und Israel Netti Boleslaw sowie des jüdisch-deutschen Orientalisten Martin
Plessner, Professor für islamische Kultur an der Hebräischen Universität. All diese Sammlungen befinden sich heute in der Nationalbibliothek in Jerusalem.

18 http://www.kulturstiftung.de/der-wert-des-originals/

19 Goethe, *Die letzten Jahre: Briefe, Tagebücher und Gespräche von 1823
bis zu Goethes Tod*, Frankfurt 1993, Bd. 2, S. 157 f.

20 Ein Mann besucht ihn immer wieder, um ihm das Schnapstrin-
ken beizubringen. Er blickt den Affen in seinem Käfig an, der Affe er-
widert den Blick. »Er begriff mich nicht, er wollte das Rätsel meines
Seins lösen.« Max Brod nannte Kafkas Erzählung, die im November
1917 in *Der Jude* erschien, die »genialste Satire auf die Assimilation,
die je geschrieben worden ist«. Auch der englische Kafka-Übersetzer
Peter Wortsman meint, Kafka spiele hier auf den Versuch assimilierter
Juden an, Arier zu imitieren, um in einer feindseligen, ja gefährlichen
Gesellschaft nicht aufzufallen. Wir wissen, dass Kafka ein Pamphlet
Max Mandelstamms gelesen hatte, in dem der Zionist assimilierten

Juden unterstellt, sie hätten sich ihrer Umgebung dermaßen angepasst, »daß man nicht recht weiß, worüber mehr zu staunen sei: über die falsche Legende vom kritischen Verstande der Juden, über ihre Nachahmungsfähigkeit, welche die Leistungen der entwickeltsten Affen überbietet, oder über ihre Selbsterniedrigung«. (Kafka, »Ein Bericht für eine Akademie«, in: *Drucke zu Lebzeiten*, S. 308 f. Brod, »Literarischer Abend des Klubs jüdischer Frauen und Mädchen«, in: *Selbstwehr*, 4. Januar 1918, abgedruckt in: Born, *Kafka. Kritik und Rezeption zu seinen Lebzeiten, 1912–1924*, S. 128. Max Mandelstamm, »Eine Ghettostimme über den Zionismus«, in: *Ost und West* 1 (1901), Augustheft, S. 585–593, S. 587.)

21 Richard Wagner, »Das Judenthum in der Musik«, Leipzig 1869, S. 15. Eduard Meyer, *Die Entstehung des Judentums*, 1896, reprogr. Nachdruck Hildesheim 1965.

22 Achad Ha'am, »Imitation und Assimilation« erschien 1983 zunächst auf Hebräisch; in der englischen Übersetzung zitiert in: Stephen J. Whitfield, *In Search of American Jewish Culture*, Hanover / London 1999, S. 29. Franz Rosenzweig, *Der Stern der Erlösung*, Frankfurt 1921, https://freidok.uni-freiburg.de/fedora/objects/freidok:310/datastreams/FILE1/content, S. 334 f.

23 Moritz Goldstein, »Deutsch-Jüdischer Parnaß«, in: *Der Kunstwart* 25, Nr. 1 (März 1912), S. 281–294, S. 283.

24 Brod an Buber, 20. Januar 1917, in: Martin Buber, *Briefwechsel aus sieben Jahrzehnten*, Bd. 1: *1897–1918*, hrsg. von Grete Schaeder, Heidelberg 1972, S. 461.

25 Siehe Manfred Voigts, »Entdeckung Kafkas als jüdischer Autor«, in: *Franz Kafka: Wirkung und Wirkungsverhinderung*, hrsg. von Steffen Höhne und Ludger Udolph, Köln / Weimar 2014, S. 93–100.

26 Helmut Böttiger, *Die Gruppe 47: Als die deutsche Literatur Geschichte schrieb*, München 2012, S. 127.

27 Alena Wagnerová, »Kafka und die Macht. Ein Thema mit Variationen unter Einbeziehung eigener Erfahrung«, Tagungsbericht *Kafka und die Macht*, Liblice 2008. In der DDR dagegen wurde Kafka aus den Bildungsinstitutionen und dem literarischen Kanon verbannt. Wie Angelika Winnen in einer Studie über die Kafka-Rezeption in der DDR darlegt, verwarf der dem sozialistischen Realismus verschriebene Literaturbetrieb der 1950er Jahre Kafkas Werke als »dekadent«

und »unnütz«. (Winnen, *Kafka-Rezeption in der Literatur der DDR. Produktive Lektüren von Anna Seghers, Klaus Schlesinger, Gert Neumann und Wolfgang Hilbig*, Würzburg 2006, S. 18.)

28 Günther Anders, Einleitung zu *Mensch ohne Welt*, München 1984, S. XXXIX [Kursivierungen im Original]. In seinem Buch *Die kurze Geschichte der deutschen Literatur* sprich Heinz Schlaffer die unverhältnismäßig hohe Zahl deutscher Autoren jüdischer Provenienz im 20. Jahrhundert an. »Versteht man unter ›deutsch‹ nicht eine ethnische Spezies, sondern eine kulturelle Prägung, so dürfen die emanzipierten Juden als die ernsthafteren Deutschen gelten. Mit ihrer Vertreibung und Vernichtung hat daher folgerichtig die deutsche Literatur ihren Rang eingebüßt und ihren Charakter verloren.« (München 2002, S. 139 f.) Siehe auch Anders, »Kafka, pro und contra. *Die Prozeß-Unterlagen*«, in: *Mensch ohne Welt. Schriften zur Kunst und Literatur*, sowie »Kafka: Ritual Without Religion«, in: *Commentary*, Dezember 1949. »Ironischerweise«, so Kata Gellen von der Duke University, »verwandelt Anders Kafka von einem Propheten in einen Repräsentanten der historischen Täuschung, von einem Menschen, der sieht, in einen, der andere vom Sehen abhält.« (Gellen, »Kafka, Pro and Contra. Günther Anders's Holocaust Book«, in: *Kafka and the Universal*, hrsg. von Arthur Cools und Vivian Liska, Berlin / Boston 2016, S. 281–289.)

29 Karl Erich Grözinger, *Kafka und die Kabbala. Das Jüdische in Werk und Denken von Franz Kafka*, Frankfurt 1992, S. 217 f.

30 Als Beispiel kann der Beitrag des Schweizer Literaturprofessors Beda Allemann im Sammelband der Frankfurter Konferenz genannt werden. Allemann will Kafka explizit nicht im Judentum verortet sehen, sondern bringt ihn stattdessen mit der Tradition der Fabel, mit Kleist und deutscher Mythologie in Verbindung. (Beda Allemann, »Fragen an die judaistische Kafka-Deutung am Beispiel Benjamins«, in: *Franz Kafka und das Judentum*, hrsg. von Karl Erich Grözinger u. a., Frankfurt a. M. 1987, S. 35–70.)

31 Wilhelm Emrich, *Geist und Widergeist. Wahrheit und Lüge der Literatur. Studien*, Frankfurt 1965, S. 309. *Sämtliche Erzählungen*, hrsg. von Paul Raabe, erschien in Frankfurt a. M. bei S. Fischer erstmals 1970.

32 https://blog.zeit.de/schueler/literatur/

33 Janouch, *Gespräche mit Kafka*, S. 154. Kafka an Milena Pollak, um den 12. Mai 1920, in: *Briefe 4*, S. 134. Von der Korrespondenz mit Milena sind nur Kafkas Briefe erhalten. Milena übergab sie 1939 dem gemeinsamen Freund Willy Haas, kurz bevor die Gestapo sie verhaftete und in das Konzentrationslager Ravensbrück deportierte. Nach Kafkas Tod hatte sie Brod gebeten, ihre Briefe an Kafka zu verbrennen. Philip Roth, zitiert in: Alan Cooper, *Philip Roth and the Jews*, New York 1996, S. 176.

34 Im Laufe der Recherche zu diesem Buch wurde ich hin und wieder gefragt, warum eigentlich die Tschechen im israelischen Gerichtsverfahren keinen Anspruch auf die Manuskripte erhoben hätten, die Brod aus Prag gerettet hatte. Immerhin war das Tschechische die erste Sprache, in die Kafkas Werke übersetzt wurden: »Der Heizer«, das erste Kapitel des Romans *Amerika*, 1920, *Der Prozess* 1926 (sieben Jahre vor der Veröffentlichung in Frankreich), *Das Schloss* 1935. Die weltweit erste Dissertation über Kafka (*Das Gefÿhl von Einsamkeit und Gemeinschaft bei Franz Kafka* von Mathilda Slodka) wurde auf Tschechisch verfasst und 1939 bei der Karls-Universität in Prag eingereicht.

Nach dem Zweiten Weltkrieg wurden Kafkas Bücher von den kommunistischen Machthabern in seiner eigenen Stadt verboten. »Ein Regime, das auf Täuschung setzt«, so später der Prager Schriftsteller Ivan Klíma, »das den Menschen abverlangt, sich zu verstellen, das Einverständnis nach außen verlangt, ohne sich um die innere Überzeugung derer zu scheren, deren Zustimmung es einfordert, ein Regime, das alle fürchtet, die den Sinn seines Handelns hinterfragen, kann nicht zulassen, dass einer, dessen Wahrhaftigkeit eine so faszinierende oder sogar erschreckende Dimension erreichte, zum Volk spricht.« (Ivan Klíma, *The Spirit of Prague and other Essays*, New York 1998, S. 61.)

Die Konferenz gilt manchem bis heute als Katalysator für den kurzlebigen Prager Frühling 1968. Gustáv Husák, Generalsekretär der Kommunistischen Partei und tschechoslowakischer Staatspräsident bis 1989, soll gesagt haben, dass der Prager Frühling mit Kafka begann und in einer Konterrevolution endete.

In den folgenden Monaten und Jahren brach sich die Wut, die das Kafka-Symposium beim kommunistischen Regime entfacht hatte, immer wieder Bahn. Im September 1968 bezeichnete die DDR-Presse die Konferenz als Meilenstein für die revisionistische und bürgerliche Ideologie. In der Tschechoslowakei erschien 1970 das Büchlein *Achtung Zionismus!* mit einem langen Aufsatz von Jewgenij Jewsejew (Künstlername für Svatopluk Dolejš), 1941 bis 1944 Herausgeber der antisemitischen Prager Wochenzeitung *Arijsky Boj* (Der arische Kampf) und später Mitglied der Geheimpolizei. In einem Mischmasch aus antizionistischer und antimodernistischer Polemik bezeichnete Jewsejew Kafkas Schriften als dekadent und minderwertig, die Konferenz als »eine sorgfältig geplante politische Operation mit subversivem Charakter«. (»Doslov«, in: *Sionismus*, Prag 1970, S. 154–189.) Der tschechische Literaturkritiker und Kommunist František J. Kolár schrieb 1972 in einer tschechischen Zeitschrift:

Wenn wir über den Einfluß des Zionismus auf die Geschehnisse des Jahres 1968 in der Tschechoslowakei sprechen – und besonders darüber, was zu diesen Geschehnissen geführt hat –, müssen wir eingehend den ›Kafkaismus‹ und die mit ihm verbundene ›Entfremdung‹ analysieren. Diejenigen, die diese modische, aus dem Westen in unser Land eingeführte Ideologie propagiert haben, betonten immer die jüdische und judaistische Herkunft des Kafkaismus. (Zitiert in: Eduard Goldstücker, »Kampf um Kafka«, in: *Die Zeit*, 24. August 1973.)

Heute wird Kafka in Prag als Kitsch vermarktet, sein Konterfei schmückt Wände, aber auch Kaffeetassen, Kühlschrankmagneten und T-Shirts in den Souvenirläden, und sein Name prangt über Touristencafés der Altstadt. Die beiden Denkmäler, Jaroslav Rónas 3,75 Meter große Bronzestatue und ein 11 Meter hoher Kopf des Dichters mit beweglichen verchromten Elementen, sind bei Pragreisenden beliebte Fotomotive.

35 Kafka an Elli Hermann, 4. Oktober 1923, abgedruckt in: Stach, *Kafka. Die Jahre der Erkenntnis*, S. 588.

36 Kafka an Brod, Juni 1921, in: *Briefe 1902–1924*, S. 337 f.

12 Laurel und Hardy

1 Kafka, *Das Schloß*, S. 55.

2 Brod, *Streitbares Leben*, S. 255, 304.

3 Wie Yfaat Weiss, Professorin für die Geschichte des jüdischen Volkes und das zeitgenössische Judentum an der Hebräischen Universität in Jerusalem, aufzeigt, wurde ein erheblicher Teil des Verwaltungsarchivs des Habima-Theaters in den ersten fünfzehn Jahren seines Bestehens auf Deutsch verfasst. Warum ist das so, fragt sie, »wo doch das Theater

1917 in Moskau gegründet wurde und von Anfang an nur auf Hebräisch spielte? Weil das Habima im Weimarer Berlin, im ersten Drittel des 20. Jahrhunderts Hauptstadt des europäischen Theaters, mit seinen Gastauftritten 1926 bis 1931 besonders begeistert aufgenommen wurde. Dort schärfte das Habima sein künstlerisches Profil und entwickelte sich von einer osteuropäischen jüdischen Theatergruppe unter vielen, die in die Stadt kamen, zu einem ausgeprägt modernen Repertoiretheater.« (Yfaat Weiss, »German or in German? On the Preservation of Literary and Scholarly Collections in Israel«, in: *Transit. Europäische Revue*, Institut für die Wissenschaften vom Menschen, 2. März 2015.)

4 Robert Lowell, *New Selected Poems*, New York 2017, S. 191.

5 Max-Brod-Archiv, Jerusalem.

6 Gnazim-Archiv, 97 / 24606; Brod an Schalom, 27. Februar 1945, Gnazim-Archiv, 97 / 31164-a.

7 Im Jahr 1941 schrieb Brod auf Deutsch an Fischel Lachower, einen gebürtigen Polen und Lektor in dem 1935 gegründeten israelischen Verlag Mossad Bialik, mit dem er über die Übersetzung und Veröffentlichung seiner Bücher stritt: »Verzeihen Sie, daß ich deutsch schreibe. Die hebräische Orthographie macht mir noch große Schwierigkeiten.« (Brod an Lachower, 20. August 1941, Gnazim-Archiv, 16 / 25933).

8 Brod, *Streitbares Leben*, S. 301.

9 Siehe Brods Aufsatz, »Der jüdische Dichter deutscher Zunge«.

10 Czesław Miłosz, »Notes on Exile«, in: *Books Abroad* 2 (1976), S. 281–284.

11 Die zweite Ausgabe von *Diesseits und Jenseits* enthielt als Motto einen Aphorismus Kafkas: »Der Mensch kann nicht leben ohne ein dauerndes Vertrauen zu etwas Unzerstörbarem in sich, wobei sowohl das Unzerstörbare als auch das Vertrauen ihm dauernd verborgen bleiben können.«

12 Die Oper *Dan der Wächter* wurde siebzig Jahre später, im Mai 2015, auf Initiative der Israelischen Nationalbibliothek erneut auf die Bühne gebracht. Schin Schalom hatte Max Brod 1939 über Anna und Meinhold Nussbaum kennengelernt. Anna Nussbaum, Schwester des deutsch-jüdischen Dichters Jakob van Hoddis, hatte einen Roman Schaloms ins Deutsche übersetzt (*Galiläisches Tagebuch*). Brod komponierte auch selbst, unter anderem ein Klavierquintett, Israelische Tänze und das Requiem Hebrascum (Text von Schin Schalom). Noch in Prag hatte er den tschechischen Komponisten Leoš Janáček »entdeckt«, dessen Libretti er ins Deutsche übersetzte. Siehe dazu Charles Susskind, *Janáček and Brod*, New Haven 1985. Zu Brods eigener Sicht seiner Rolle im hebräischen Theater siehe seine Beiträge »Aus dem Notizbuch eines Dramaturgen«, in: *Bamah* (Dezember 1940) sowie »Aus dem Tagebuch eines Dramaturgen«, in: *Bamah* 48 (1946) (beide auf Hebräisch).

13 Brod an Gershuni, Gnazim-Achiv, 273 / 98884.א. Brod, *Streitbares Leben*, S. 314.

14 Zu der Produktion von *König Lear* siehe Jair Lipschitz, »Biblical Shakespeare. King Lear as Job on the Hebrew Stage«, in: *New Theatre Quarterly* 31, Nr. 4 (November 2015), S. 359–371.

15 Brod, *Streitbares Leben*, S. 296.

16 Zu Brods Habima-Archiv siehe Ofer Aderet, »Where Are the Missing Index Cards?«, in: *Haʾaretz*, 22. September 2008.

17 Irving Howe, »Brod on Kafka«, in *The Nation*, 12. Juli 1947, S. 47 f.

18 Bei den Studien handelt es sich um: *Franz Kafkas Glauben und Lehre* (1948), *Franz Kafka als wegweisende Gestalt* (1951) und *Verzweiflung und Erlösung im Werk Franz Kafkas* (1959). Kundera, *Verratene Vermächtnisse*, S. 43.

19 Aharon Appelfeld, *A Table for One*, ins Englische übers. von Aloma Halter, Jerusalem 2005, S. 18.

20 Baruch Kurzweil, *Unsere neue Literatur. Kontiuität oder Rebellion?*, Jerusalem / Tel Aviv 1959, S. 134 [Hebräisch]. Benjamin / Scholem, *Briefwechsel 1933–1940*, S. 273 (12. Juni 1938), 293 (4. Februar 1939).

21 Briefwechsel Schoeps / Brod, 5. August 1932, 7. Juni 1934, in: *Im Streit um Kafka und das Judentum. Max Brod und Hans-Joachim Schoeps. Briefwechsel*, Königstein 1985, S. 73 f., S. 82. Siehe auch Schoeps, *Der vergessene Gott. Franz Kafka und die tragische Position des modernen Juden*, hrsg. von Andreas Krause Landt, Berlin 2006 sowie Schoeps' Erinnerungen *Ja – Nein – und Trotzdem. Erinnerungen, Begegnungen, Erfahrungen*, Mainz 1974. Brod und Schoeps begannen ihre Korrespondenz Anfang der zwanziger Jahre, nachdem Schoeps *Heidentum, Christentum, Judentum* in der protestantischen Zeitschrift *Christliche Welt* (gegründet 1887) rezensiert und Brod 1929 in Marienberg kennengelernt hatte. Brod war durchaus nicht der einzige Zionist, der Schoeps anprangerte. Gershom Scholem schrieb 1933 an Walter Benjamin: »In Punkto Kafka möchte ich bemerken, daß Du nach meinem Dafürhalten *nicht* damit rechnen kannst das von Dir erwartete Buch des Herrn Schoeps zu erleben. Der junge Mann – ich schrieb Dir ja wohl auch daß ich in Berlin seine persönliche Bekanntschaft gemacht habe, von deren Fortsetzung ich mir im übrigen nichts erhoffe, er *platzt* vor Eitelkeit und dem Wunsch, daß von ihm gesprochen werden soll – ist vielzusehr damit beschäftigt, auf allen Wegen den Anschluß an den deutschen Faschismus zu gewinnen und zwar sans phrase als daß er wohl in absehbarer Zeit zu einer andern Beschäftigung Zeit finden könnte. […] Dies Schauspiel hätte man sich, offen gestanden, von dem Nachlaßherausgeber Kafkas nicht versehen, auch wenn es ein Bursche von 23 Jahren ist, den der Tote sich keineswegs ausgesucht hat. (Benjamin / Scholem, *Briefwechsel 1933–1940*, S. 46.) Der deutsch-amerikanische Rabbi und Bürgerrechtler Joachim Prinz beschreibt Schoeps und seine Anhänger als »fanatische Überpatrioten, leidenschaftliche Antizionisten und durchaus auch echte Antisemiten. Das waren Juden voller Selbsthass, die meinten, sie könnten sich retten, indem sie mit den Nationalsozialisten gemeinsame Sache machten.« (Prinz, *Rebellious Rabbi. An Autobiography. The German and Early American Years*, hrsg. von Michael A. Meyer, Bloomington 2008.) Siehe auch Scholems Verriss von Schoeps' Buch *Jüdischer Glaube in dieser Zeit*: »Offener Brief an den Verfasser der Schrift, ›Jüdischer Glaube in dieser Zeit‹«, in: *Bayerische Israelitische Gemeindezeitung*, 15. August 1932; wiederabgedruckt in: Gershom Scholem, *Briefe*, Bd. 1, München 1994, S. 466–471.

22 Brod an Schoeps, 4. Juni 1946, in: *Im Streit um Kafka und das Judentum*, S. 113.

23 Hermann Hesse, »Versuch einer Rechtfertigung. Zwei Briefe wegen Palaestina«, in: *Neue Schweizer Rundschau* 16 (1948), S. 77–80.

24 Brod, *Unambo. Roman aus dem jüdisch-arabischen Krieg*, Zürich 1949. S. 31, S. 54. *Unambo* erhielt gemischte Kritiken. »Wer das neue Israel im Lichte der Kritik am alten scheidenden Europa und der gleichzeitigen Sehnsucht danach betrachten will«, schrieb Herbert Howarth in seiner Rezension im *Commentary* (1. Mai 1952), »kann das am besten mit diesem Buch tun.« Der Rezensent der *New York Times* fand, der Roman vertrete die Seite Israels, und vernahm einen »starken und anhaltenden propagandistischen Ton«. (Zitiert in: *Book Review Digest* 48 (1953), S. 111.)

25 Brod an Berendsohn, 23. Juli 1949, in: *Stimmen aus Israel. Eine An-*

thologie deutschsprachiger Literatur in Israel, hrsg. von Meir Marcell Faerber Gerlingen 1979, S. 218.

26 Dem Holocaustmuseum in den USA zufolge wurden alle Werke Brods bis auf *Tycho Brahes Weg zu Gott* Opfer der nationalsozialistischen Bücherverbrennungen. »Max Brods Werk könnte zwar durchaus aus ›rassischen‹ Gründen aus den Bibliotheken verbannt worden sein«, so der tschechisch-jüdische Lehrer Max Lederer 1944, »doch seine pazifistischen Tendenzen waren dem NS-Regime nicht weniger verhasst.« Max Lederer, »Nazi Victims in the World of Books«, in: *Quarterly Journal of Current Acquisitions* 2, Nr. 1 (November 1944), S. 91–94.

27 Die Übersetzung ins Hebräische stammte von A. D. Schapir, Regie führte Leopold Lindtberg; Orna Porat und Michael Schilo spielten die Hauptrollen. In der Übersetzung von James Clarke erfuhr das Stück im Juni 1963 seine englische Uraufführung in der Produktion der Royal Academy of Dramatic Arts im Londoner Vanbrugh Theater. Die deutsche Uraufführung hatte bereits im Mai 1953 am Berliner Schlosspark-Theater stattgefunden.

28 Brods Autobiografie *Streitbares Leben* erschien 1960 auf Deutsch im Kindler-Verlag, in dem auch Leon Uris' *Exodus* veröffentlicht worden war. Drei Jahre später, kurz vor seinem Tod, kam sie auf Hebräisch heraus (übersetzt von Josef Selee, Jerusalem 1967). Der Übersetzer Selee, im polnischen Stopnica geboren, war 1933 nach Palästina emigriert und veröffentlichte später die Essaysammlung *Max Brod. Studien über sein Denken*, Tel Aviv 1971 [auf Hebräisch].

13 Brods letzte Liebe

1 Kafka, *Das Schloß*, S. 206.

2 Frederic V. Grunfeld, *Prophets Without Honour. Freud, Kafka, Einstein, and Their World*, New York 1996, S. 34.

3 Joseph Roth, *Briefe 1911–1939*, hrsg. von Hermann Kesten, Köln / Berlin 1970, S. 257.

4 Pawel, *Das Leben Franz Kafkas*, S. 412.

5 Berglass, die Brod in *Unambo* verewigte, veröffentlichte in den vierziger Jahren Erzählungen in *Gazit*, einer Zeitschrift für die schönen Künste und Literatur. Auf Brods Begräbnis im Dezember 1968 gestand Berglass Schalom reuevoll, »wie tief und rein ihre Liebe für Max Brod all die Jahre gewesen sei«. Zitiert bei Nurit Pagi, *From Ideological to Poetic Change. Ethics, Politics, and Poetics in the Literary Works of Max Brod*, Dissertation, Universität Haifa 2013 [auf Hebräisch].

6 Max Brod, »Im Holocaust umgekommen«, in: *Jeckes erzählen. Aus dem Leben deutschsprachiger Einwanderer in Israel*, hrsg. von Schlomo Erel, Wien 2004, S. 64.

7 Marion Reich, Ilses Schwester, floh unterdessen nach Rom, wo sie von einer katholischen Gemeinde aufgenommen wurde und zum Katholizismus konvertierte. Nach dem Krieg kehrte Marion nach Prag zurück und wurde vom kommunistischen Regime inhaftiert. Mit Unterstützung Max Brods kam sie frei und lebte bis zu ihrem Tode 1977 im Konvent der Schwestern Unserer Lieben Frau von Sion im antiken Jerusalemer Stadtteil Ein Karem.

8 Siehe Max Brod, »Erzgebirge schreit um Hilfe«, in: *Prager Tagblatt*, 8. April 1932, sowie »Hilfe für das Erzgebirge«, in: *Prager Tagblatt*, 14. April 1932.

9 Jonathan Cott, *Telefongespräche mit Glenn Gould*, ohne Übersetzernennung, Frankfurt a. M. 1995, S. 39.

10 Brod, *Streitbares Leben*, S. 303.

11 Ester Hoffe an Dora Diamant, 10. April 1951, Brief liegt dem Autor in Kopie vor; Ilse Ester Hoffe, *Gedichte aus Israel*, München 1967.

12 Eine Abschrift dieses Briefs liegt dem Autor vor.

13 Steiner, Korrespondenz mit dem Autor.

14 Brod an Robert Weltsch, in: Gold (Hrsg.), *Max Brod. Ein Gedenkbuch*, S. 17.

15 Eine Kopie des Testaments liegt dem Autor vor. Reiner Stach, »Kafka-Biografie. Muss ich alles umschreiben?«, in: *Die Zeit* Nr. 35 (1. September 2016).

16 Kafka an Robert Klopstock, Frühjahr 1922, in: *Briefe 1902–1924*, S. 373.

17 Tel Aviv, Bezirksgericht, Aktenzeichen 245/69.

18 Steiner, Korrespondenz mit dem Autor.

19 Zitiert in: Illies/Koledehoff, »Wem gehört Kafka?«.

20 Eine detaillierte Darstellung der Geschichte und Entstehung des israelischen Archivgesetzes gibt Paul Alsberg, »Das israelische Archivgesetz. Geschichte und Einführung«, in: *Arkhyon. Reader in Archives Studies and Documentation* 1 (1987), S. 7–29 [auf Hebräisch].

21 Steiner an die israelischen Anwälte im Fall Hoffe, August 2015. Eine Kopie des Briefes liegt dem Autor vor.

14 Die letzte Erbin: Ausverkauf Kafkas

1 Mark Anderson, Podiumsdiskussion an der New School in New York, 23. Oktober 2013; siehe www.youtube.com/watch?v=cdIv_uAb1Rg.

2 Zitiert in: Schult, »Die Erbschaft«, S. 154.

3 Siehe Illies / Koldehoff, »Wem gehört Kafka?«.

4 »Eine kafkaeske Geschichte«, erschienen auf Hebräisch in *Haaretz*, auf Deutsch am 24. September 2009 veröffentlicht unter http://mein-mecklenburg.lexikus.de/mm/geschichte/31-nachlass-max-brod-franz-kafka

5 Marianne Steiner zitiert in: Terry Trucco, »A Kafka Manuscript is Sold for $1,98 Million«, in: *New York Times*, 18. November 1988.

6 Der Brief wurde auf Hebräisch geschrieben. Im Prozess vor Richter Schilo im Jahr 1973 erwähnte Ester Hoffe ihn nicht.

15 Das letzte Urteil

1 Zitiert in: Günter Stemberger, *Der Talmud. Einführung, Texte, Erläuterungen*, München, ³1994, S. 185.

2 Kafka, *Der Proceß*, S. 14, 161.

3 Kafka, »Zur Frage der Gesetze«, in: *Nachgelassene Schriften und Fragmente 2*, S. 270–273, S. 270.

4 Kafka, *Der Proceß*, S. 158.

5 Nach Chaim Grades Tod 1982 hatte seine Witwe Inna (geborene Hecker) mehr als zwanzig Jahre lang Wissenschaftler abgewiesen, die um Einblick in seine umfangreichen Papiere baten, Übersetzern mit Unterlassungsklagen gedroht und den Druck der Werke ihres Mannes auf Jiddisch verweigert. Nachdem sie am 2. Mai 2010 ohne Nachkommen in New York gestorben war, wurden die Unterlagen (darunter Originalmanuskripte und Korrespondenz) aus ihrer baufälligen Wohnung in der Amalgamated Housing Cooperative in der Bronx in das YIVO-Institut in der 16. Straße von Manhattan gebracht. Im Jahr 2013 sprach der Öffentliche Testamentsvollstrecker von Bronx County dem Institut und der Israelischen Nationalbibliothek das Recht auf den

Nachlass zu. Die beiden Institutionen vereinbarten, das Archiv zu digitalisieren und im Internet zugänglich zu machen.

6 Stach, »Kafka-Biografie. Muss ich alles umschreiben?«.

7 Walter Benjamin, »Das Kunstwerk im Zeitalter seiner technischen Reproduzierbarkeit«, in: *Gesammelte Schriften*, Bd. 1, Teil 2, Frankfurt a. M. 1980, S. 471–508, S. 476.

8 Zum Zeitpunkt der Veröffentlichung dieses Buches ist es Ehud Sol nicht gelungen, einen Gerichtsbeschluss in der Schweiz zu erwirken, der das Urteil des Obersten Gerichtshofes anerkennen oder seinen Vollzug in der Schweiz bestätigen würde. Nach Schweizer Recht kann das Kultusministerium den internationalen Transfer von Kulturgütern (nach der Definition in den UN-Richtlinien) nur dann erlauben, wenn ein Vertrag über den Schutz der betroffenen Kulturgüter zwischen der Schweiz und dem Land existiert, in das sie überführt werden sollen. Da ein solches Abkommen zwischen der Schweiz und Israel nicht besteht, ist der Transfer der Zürcher Hoffe-Manuskripte nach Israel derzeit nicht möglich.

9 Joseph Brodsky, »Why Milan Kundera is Wrong About Dostoyevsky«, in: *New York Review of Books*, 17. Februar 1985. Stach, *Kafka. Die frühen Jahre*, S. 82.

10 Joseph Brodsky, »Der Staat ist von gestern, die Literatur ist von morgen«, übers. von Hans Christoph Buch, in: *Die Zeit*, Nr. 17 (22. April 1988).

11 Kafka in: *Nachgelassene Schriften und Fragmente* 2, S. 122.

Epilog

1 Kafka in: *Nachgelassene Schriften und Fragmente*, Bd. 2, S. 117.

2 Max Brod an Felix Weltsch, 20. Januar 1948, 3. August 1951, 16. Januar 1954, 19. Mai 1955, siehe www.antiquariat-schramm.de/downloads/85_Auktionskatalog.pdf

3 Kafka an Felice Bauer, 11. / 12. Februar 1913, in: *Briefe 2*, S. 87.

4 Janouch, *Gespräche mit Kafka*, S. 59.

5 *Briefe 1902–1924*, S. 136.

6 Frank Kafka, Die Zeichnungen, hrsg. von Andreas Kilcher, München 2022, S. 8.

7 Max Brod: *Über Franz Kafka*, Frankfurt am Main, 1974, S. 393

8 Peter Filkins, *H. G. Adler: A Life in Many Worlds,* New York 2018, S. 55.

9 Kafka, »Eine kaiserliche Botschaft«, in: *Drucke zu Lebzeiten,* S. 282.

10 *Nachgelassene Schriften und Fragmente,* Bd. 2, S. 56.

11 Kafka in: *Nachgelassene Schriften und Fragmente,* Bd. 2, S. 56 f.

12 *Benjamin über Kafka. Texte, Briefzeugnisse, Aufzeichnungen,* hrsg. von Hermann Schweppenhäuser, Frankfurt a. M. 1981, S. 37.

13 Louise Arbour, *War Crimes and the Culture of Peace,* Toronto 2002, S. 35.

14 »Das häßliche Eigenschaftswort ›kafkaesk‹ hat man erfunden«, schreibt Max Brod in *Der Prager Kreis.* »Aber gerade dieses Kafkaeske ist es, was Kafka am heftigsten verabscheut und bekämpft hat. *Kafkaesk ist das, was Kafka nicht war.* Das Natürliche, Unverdorbene, Große, Gute, Aufbauende hat er geliebt. Nicht das Ausweglose, Verschroben-Unheimliche, nicht das Seltsame, das er als ein in der Welt Vorhandenes immer wieder bemerkt und notiert und mit grimmigem Humor einreiht, ohne es irgendwo zu seinem Mittelpunkt zu machen. – Nicht der Vernichtung, sondern dem Aufblühen war diese zarte und stahlstarke Seele zugewandt. Über die Schwierigkeiten dieses Aufblühens und Aufbauens hat sich Kafka allerdings keine Illusionen gemacht. […] Weg mit dem scheußlichen Ausdruck ›kafkaesk‹!« (Brod, *Der Prager Kreis,* Frankfurt a. M. 1979, S. 99, S. 105.) Auch Philip Roth beklagt 1974: »Auf populärer Ebene haben die Romane das Wort ›kafkaesk‹ in die Welt gesetzt, das mittlerweile nahezu unterschiedslos jedem verblüffenden oder besonders undurchsichtigen Vorfall angeheftet wird, der sich nicht einfach in die gängigen Simplifizierungen übersetzen lässt.« (Philip Roth, *Eigene und fremde Bücher, wiedergelesen,* übers. von Bernhard Robben, München 2007, S. 336.)

15 Bemühungen, Kafkas Schriften mit dem zionistischen Schlüssel zu öffnen, stand Adorno besonders skeptisch gegenüber. In einem Brief an Walter Benjamin bestritt er entschieden, dass Kafka »ein Dichter jüdischer Heimat« sei. (Adorno, Benjamin, *Briefwechsel 1928–1940,* Frankfurt a. M. 1994, S. 94.)

16 Adorno, *Prismen. Kulturkritik und Gesellschaft,* München 1963, S. 249. Janouch, *Gespräche mit Kafka,* S. 206.

17 Brod, *Zauberreich der Liebe,* S. 149.

18 Edmund Wilson, *Literary Essays and Reviews of the 1930s and 40s,* New York 2007, S. 783.

19 Simone de Beauvoir zitiert in: Ernst Pawel, *Das Leben Franz Kafkas*, S. 472. W. H. Auden, »The Wandering Jew. *Amerika*, by Franz Kafka«, in: *The New Republic*, 10. Februar 1941, zitiert von Kurt Wolff, in: Koch, *Als Kafka mir entgegenkam*, S. 97.

20 Philip Roth, *Die Prager Orgie. Ein Epilog*, übers. von Jörg Trobitius, München 2015, S. 7.

21 T. S. Eliot, »Shakespeare und der Stoizismus Senecas«, in: *Shakespeare. Englische Essays aus drei Jahrhunderten zum Verständnis seiner Werke*, hrsg. von Ernst Theodor Sehrt, Stuttgart 1958, S. 178–193, S. 179. Schimon Sandbank. »Reading Kafka. A Personal Story«, in: *Kafka and the Universal*, hrsg. von Arthur Cools und Vivian Liska, Berlin / Boston 2016, S. 638.

22 Kafka, »Die Sorge des Hausvaters«, in: *Drucke zu Lebzeiten*, S. 283, S. 284.

23 Kafka, 18. Oktober 1916, in: *Tagebücher*, S. 806.

24 Kafka, 27. Januar 1922, in: *Tagebücher*, S. 892.

25 Briefe an Felice Bauer, 7. Oktober 1916, in: *Briefe 3*, S. 250.

Literaturverzeichnis

Max Brod

Adolf Schreiber. Ein Musikerschicksal. Berlin 1921.

Arkadia. Ein Jahrbuch für Dichtkunst. Hrsg. von Max Brod. Leipzig 1913.

Arnold Beer. Das Schicksal eines Juden. Roman und andere Prosa aus den Jahren 1909–1913. Göttingen 2013.

»Axiome über das Drama«. In: *Schaubühne*, 21. September 1911, S. 227–229.

Beinahe ein Vorzugsschüler oder Pièce touchée. Zürich 1952.

»Brief an eine Schülerin nach Galizien«. In: *Der Jude* 1, Nr. 2 (Mai 1916).

»Der Dichter Franz Kafka«. In: *Die neue Rundschau* 32, Nr. 2 (1921), S. 1210–1216. Wiederabgedruckt in: *Juden in der deutschen Literatur. Essays über zeitgenössische Schriftsteller.* Hrsg. von Gustav Krojanker. Berlin 1922.

»Die Dritte Phase des Zionismus«. In: *Die Zukunft*, 20. Januar 1917, S. 72–84.

»Erfahrungen im ostjüdischen Schulwerk«. In: *Der Jude* 1, Nr. 1 (April 1916).

Franz Kafka. Eine Biographie. Frankfurt a. M. 1964 [Erstausgabe Prag 1937].

»Franz Kafkas Grunderlebnis«. In: *Die Weltbühne* 27, Nr. 1 (15. Mai 1931), S. 696.

»Franz Kafkas Nachlaß«. In: *Die Weltbühne* 20, Nr. 29 (17. Juli 1924), S. 106–109.

Die Frau, nach der man sich sehnt. Wien 1927.

Das gelobte Land. Ein Buch der Schmerzen und Hoffnungen. Leipzig 1917.

Gustav Mahler. Beispiel einer deutsch-jüdischen Symbiose. Frankfurt a. M. 1961.

Heinrich Heine. Leipzig 1934.

Heidentum, Christentum, Judentum. Ein Bekenntnisbuch. 2 Bde. München 1921.

Im Kampf um das Judentum. Wien / Berlin 1920.

Im Streit um Kafka und das Judentum. Max Brod und Hans-Joachim Schoeps. Briefwechsel. Königstein 1985.

Jüdinnen und andere Prosa aus den Jahren 1906–1916. Göttingen 2013.

»Der jüdische Dichter deutscher Zunge«. In: *Vom Judentum. Ein Sammelbuch.* Hrsg. vom Verein Jüdischer Hochschüler Bar Kochba in Prag. Leipzig 1913, S. 261–263.

»Die jüdische Kolonisation in Palästina«. In: *Die Neue Rundschau* 28, Nr. 2 (1917), S. 1267–1276.

Jugend im Nebel. Witten / Berlin 1959.

Eine Königin Esther. Drama in einem Vorspiel und drei Akten. Leipzig 1918.

»Macbeth im Wandel der Zeiten«. In: *Dawar*, 21. Mai 1954 [auf Hebräisch].

Der Meister. Gütersloh 1952.

Die Musik Israels. Kassel u. a. 1976. Englische Ausgabe Tel Aviv 1951.

»Nachwort zur ersten Ausgabe«. In: *Das Schloß.* Frankfurt a. M. 1951.

»Nachwort«. In: Franz Kafka: *Amerika.* Frankfurt a. M. 1953.

Der Prager Kreis, Frankfurt a. M. 1979 [Erstausgabe Stuttgart u. a. 1966].

Rassentheorie und Judentum. Prag 1934. Neuausg. mit Nachwort und einem Anhang von Felix Weltsch. Wien 1936.

Rebellische Herzen. Berlin 1957.

Rëubeni, Fürst der Juden. Ein Renaissance-Roman. Leipzig 1925. Neuausg. Frankfurt a. M. 1979.

Die Rosenkoralle. Ein Prager Roman. Witten / Berlin 1961.

Schloss Nornepygge: Der Roman des Indifferenten. Berlin 1908.

Sozialismus im Zionismus. Wien / Berlin 1920.

Sternenhimmel. Musik- und Theatererlebnisse. Prag / München 1923.

Streitbares Leben. 1884–1968. München u. a. 1960. Erw. Ausg. München 1969.

Tycho Brahes Weg zu Gott. Leipzig / Wien 1915. Neuausg. Göttingen 2013.

Über Franz Kafka. Frankfurt a. M. 1974.

Unambo. Roman aus dem jüdisch-arabischen Krieg. Zürich 1949.
»Ungedrucktes zu Franz Kafka«. In: *Die Zeit*, 22. Oktober 1965.
»Unsere Literaten und die Gemeinschaft«. In: *Der Jude* 1, Nr. 7 (Oktober 1916), S. 457–464.
Die verkaufte Braut: Der abenteuerliche Lebensroman des Textdichters Karel Sabina. München / Esslingen 1962.
Zauberreich der Liebe. Berlin u. a. 1928.
»Der Zionismus«, in: *Selbstwehr* 34 (13. September 1918), S. 2–4. Wiederabgedr. in *Im Kampf um das Judentum.* Wien / Berlin 1920.
»Zu den Gesprächsblättern«. In: Franz Kafka, *Briefe 1902–1924.* Hrsg. von Max Brod. Frankfurt a. M. 1958, S. 521 f.
»Zwei jüdische Bücher«. In: *Die neue Rundschau* 29, Nr. 2 (1918), S. 1362–1367.

Franz Kafka
Amtliche Schriften. Hrsg. von Klaus Hermsdorf und Benno Wagner. Frankfurt a. M. 2004.
Beim Bau der chinesischen Mauer und andere Schriften aus dem Nachlaß in der Fassung der Handschrift. Bd. 8 der *Gesammelten Werke*, Frankfurt a. M. ³2004.
Brief an den Vater. Fassung der Handschrift. Frankfurt a. M. 1999.
Briefe. Bd. 1: *1900–1912.* Hrsg. von Hans-Gerd Koch. Frankfurt a. M. 1999.
Briefe. Bd. 2: *1913–1914.* Hrsg. von Hans-Gerd Koch. Frankfurt a. M. 1999.
Briefe. Bd. 3: *1914–1917.* Hrsg. von Hans-Gerd Koch. Frankfurt a. M. 2005.
Briefe. Bd. 4: *1918–1920.* Hrsg. von Hans-Gerd Koch. Frankfurt a. M. 2013.
Briefe 1902–1924. Hrsg. von Max Brod. Frankfurt a. M. 1958.
Briefe an Felice und andere Korrespondenz aus der Verlobungszeit. Hrsg. von Erich Heller und Jürgen Born. Frankfurt a. M. 1967.
Briefe an Milena. Hrsg. von Jürgen Born und Michael Müller. Frankfurt a. M. 1986.
Drucke zu Lebzeiten. Textband. Hrsg. von Wolf Kittler, Hans-Gerd Koch und Gerhard Neumann. Frankfurt a. M. 1994.

Max Brod. Franz Kafka. Eine Freundschaft. Hrsg. von Malcolm Pasley und Hannelore Rodlauer. Bd. 1: *Reiseaufzeichnungen*. Frankfurt a. M. 1987.

Max Brod. Franz Kafka. Eine Freundschaft. Hrsg. von Malcolm Pasley. Bd. 2: *Briefwechsel*. Frankfurt a. M. 1989.

Nachgelassene Schriften und Fragmente. Bd. 1. Hrsg. von Malcolm Pasley. Frankfurt a. M. 1993.

Nachgelassene Schriften und Fragmente. Bd. 2. Hrsg. von Jost Schillemeit. Frankfurt a. M. 1992.

Der Proceß. Roman in der Fassung der Handschrift. Hrsg. von Malcolm Pasley. Frankfurt a. M. 1990.

Das Schloß. Originalfassung. Hrsg. von Hans-Gerd Koch. Frankfurt a. M. 1994.

Tagebücher. Hrsg. von Hans-Gerd Koch, Michael Müller und Malcolm Pasley. Frankfurt a. M. 1990.

Zitierte Werke und Literaturhinweise

Adorno, Theodor: »Aufzeichnungen zu Kafka«. In: *Prismen. Kulturkritik und Gesellschaft*. Frankfurt a. M. 1987, S. 250–283.

Adorno, Theodor: *Prismen. Kulturkritik und Gesellschaft*. München 1963.

Adunka, Evelyn: *Der Raub der Bücher. Plünderung in der NS-Zeit und Restitution nach 1945*. Wien 2002.

Agamben, Giorgio: *Der Mensch ohne Inhalt*. Übers. von Anton Schütz. Berlin 2012.

Allemann, Beda: »Kafka et l'histoire«. In: *L'endurance de la pensée. Pour saluer Jean Beaufret*. Hrsg. von René Char u. a. Paris 1968, S. 75–89.

Alter, Robert: *After the Tradition. Essays on modern Jewish writing*. Boston 1969

Alter, Robert: *Canon and Creativity*. New Haven / London 2000.

Alter, Robert: »Franz Kafka. Wrenching Scripture«. In: *New England Review* 21, Nr. 3 (Sommer 2000), S. 7–19.

Alter, Robert: »Kafka as Kabbalist«. In: *Salmagundi* 98 / 99 (Frühjahr / Sommer 1993), S. 86–99.

Alter, Robert: *Necessary Angels. Tradition and Modernity in Kafka. Benjamin and Scholem*. Cambridge, Mass. 1991.

Alter, Robert: »The Trials«. In: *The New Republic*, 6. März 2006.

Altmann, Alexander: »Gershom Scholem. 1897–1982«. In: *Proceedings of the American Academy for Jewish Research* 51 (1984), S. 1–14.

Anders, Günther: *Mensch ohne Welt. Schriften zur Kunst und Literatur*. München 1984.

Anderson, Mark: *Kafka's Clothes. Ornament and Aestheticism in the Habsburg Fin de Siècle*. Oxford 1992.

Anderson, Mark (Hrsg.): *Reading Kafka: Prague, Politics, and the Fin de Siècle*. New York 1989.

Appelfeld, Aharon: »Erste Jahre, Muttersprache und andere Sorgen«. In: *Ma'ariv*, 18. April 1997 [auf Hebräisch].

Appelfeld, Aharon, *A Table for One*. Ins Englische übers. von Aloma Halter. Jerusalem 2005.

Arbour, Louise: *War Crimes and the Culture of Peace*, Toronto 2002.

Arendt, Hannah: *Die verborgene Tradition. Acht Essays*. Frankfurt 1976.

Arendt, Hannah: *Menschen in finsteren Zeiten*. München 1989.

Arendt, Hannah und Walter Benjamin: *Texte, Briefe, Dokumente*. Hrsg. von Detlev Schöttker und Erdmut Wizisla. Frankfurt a. M. 2006

Auden, W. H.: »The Wandering Jew: *Amerika*, by Franz Kafka«. In: *The New Republic*, 10. Februar 1941, S. 185.

Bahr, Ehrhard: »Max Brod as a Novelist. From the Jewish Zeitroman to the Zionist Novel«. In: *Von Franzos zu Canetti. Jüdische Autoren aus Österreich*. Hrsg. von Mark H. Gelber u. a. Tübingen 1996, S. 25–36.

Baioni, Giuliano: *Kafka. Literatur und Judentum*. Übers. von Gertrud und Josef Billen. Stuttgart 1994.

Balint, Benjamin: »Kafkas letzter Prozess«. In: *Die Zeit*, 2. September 2016.

Balint, Benjamin: »Kafka's Own Metamorphosis«. In: *Wall Street Journal*, 18. November 2016.

Bärsch, Claus-Ekkehard: *Max Brod im Kampf um das Judentum. Zum Leben und Werk eines deutsch-jüdischen Dichters aus Prag*. Wien 1992.

Barzel, Hillel: *Agnon und Kafka. Eine vergleichende Untersuchung.* Tel Aviv 1972 [auf Hebräisch].

Baschan, Refael: »Max Brod«. In: *Ich habe ein Interview. Neue ausgewählte Interviews.* Tel Aviv 1965 [auf Hebräisch].

Batuman, Elif: »Kafka's Last Trial«. In: *New York Times Magazine,* 22. September 2010.

Beck, Evelyn Torton: *Kafka and the Yiddish Theater. Its Impact on His Work.* Madison 1971.

Becker, Peter von: »Kafkas letztes Geheimnis. Interview mit Reiner Stach«. In: *Der Tagesspiegel,* 26. Januar 2010.

Beckerman, Michael (Hrsg.): *Janáček and His World.* Princeton 2011.

Begley, Louis: *The Tremendous World I Have Inside My Head. Franz Kafka. A Biographical Essay.* New York 2008.

Bellow, Saul: »Vettern und Cousinen«. In: *Der mit dem Fuß im Fettnäpfchen.* Übers. von Walter Hasenclever. München 1990, S. 375–464.

Ben-Ami, Ilan: »Artistic Censorship in Israel: 1949–1991«. In: *Contemporary Jewry* 16, Nr. 1 (1995), S. 3–13.

Benjamin, Walter: »Das Kunstwerk im Zeitalter seiner technischen Reproduzierbarkeit«. In: *Gesammelte Schriften.* Bd. 1, Teil 2. Frankfurt a. M. 1980, S. 471–508.

Benjamin über Kafka. Texte, Briefzeugnisse, Aufzeichnungen. Hrsg. von Hermann Schweppenhäuser. Frankfurt a. M. 1981.

Benjamin, Walter und Gershom Scholem: *Briefwechsel 1933–1940,* Frankfurt a. M. 1980.

Bennett, Alan: *Two Kafka Plays.* London 1987.

Bergmann, Hugo: »Über die Bedeutung des Hebräischen für die jüdischen Studenten«. In: *Unsere Hoffnung* 1, Nr. 3 (Juni 1904), S. 85–88.

Biale, David: »Ten Unhistorical Aphorisms on Kabbalah, Text and Commentary«. In: *Gershom Scholem. Modern Critical Views.* Hrsg. von Harold Bloom. New York 1987, S. 199–223.

Biale, David: *Traditionen der Säkularisierung. Jüdisches Denken von den Anfängen bis in die Moderne.* Übers. von Liliane Meilinger. Göttingen 2015.

Binder, Hartmut: *Kafka-Kommentar zu sämtlichen Erzählungen.* München 1975.

Binder, Hartmut: »Kafkas Hebräischstudien«. In: *Jahrbuch der deutschen Schillergesellschaft* 11 (1967), S. 527–556.

Binder, Hartmut: *Kafkas Welt. Eine Lebenschronik in Bildern.* Reinbek 2008.

Binder, Hartmut: *Motiv und Gestaltung bei Franz Kafka.* Bonn 1966.

Binder, Hartmut und Peter Mast (Hrsg.): *Brennpunkt Berlin. Prager Schriftsteller in der deutschen Metropole.* Bonn 1995.

Bloom, Cecil: »Max Brod, Polymath«. In: *Midstream* 43, Nr. 1 (Januar 1997), S. 7–9.

Bloom, Harold (Hrsg.): *Franz Kafka.* New York 2010.

Bloom, Harold: *Kafka, Freud, Scholem.* Übers. von Angelika Schweikhart. Basel / Frankfurt a. M. 1990.

Bloom, Harold: »Master Critic Harold Bloom Likes This Poet. A Lot«. In: *Tablet*, 21. Januar 2014.

Blüher, Hans: *Secessio Judaica. Philosophische Grundlegung der historischen Situation des Judentums und der antisemitischen Bewegung.* Berlin 1922.

Born, Jürgen: *Kafkas Bibliothek. Ein beschreibendes Verzeichnis.* Frankfurt a. M. 1990

Born, Jürgen (Hrsg.): *Franz Kafka. Kritik und Rezeption zu seinen Lebzeiten, 1912–1924.* Frankfurt a. M. 1979.

Born, Jürgen (Hrsg.): *Franz Kafka. Kritik und Rezeption, 1924–1938.* Frankfurt a. M. 1983.

Bornstein, Sagi: *Kafka's Last Story.* Film, 53 minutes. 2011.

Botros, Atef: *Kafka. Ein jüdischer Schriftsteller aus arabischer Sicht.* Wiesbaden 2009.

Böttiger, Helmut: *Die Gruppe 47: Als die deutsche Literatur Geschichte schrieb.* München 2012.

Bowers, Fredson (Hrsg.): *Die Kunst des Lesens. Meisterwerke der europäischen Literatur. Jane Austen, Charles Dickens, Gustave Flaubert, Robert Louis Stevenson, Marcel Proust, Franz Kafka, James Joyce.* Übers. von Karl A. Klewer. Frankfurt a. M. 1982.

Brenner, David A.: *German-Jewish Popular Culture Before the Holocaust. Kafka's Kitsch.* London 2008.

Brenner, Michael: *The Renaissance of Jewish Culture in Weimar Germany.* New Haven 1998.

Briegleb, Klaus: *Missachtung und Tabu. Eine Streitschrift zur Frage: Wie antisemitisch war die Gruppe 47?* Berlin / Wien 2003.

Brodsky, Joseph: »Der Staat ist von gestern, die Literatur ist von morgen«. Nobelpreisrede. Übers. von Hans Christoph Buch. In: *Die Zeit*, 22. April 1988.

Brodsky, Joseph: »Why Milan Kundera is Wrong About Dostoyevsky«. In: *New York Review of Books*, 17. Februar 1985.

Bronner, Ethan: »Under ›Kafkaesque‹ Pressure, Heir to Kafka Papers May Yield Them«. In: *New York Times*, 17. August 2008.

Bruce, Iris: *Kafka and Cultural Zionism*. Madison 2007.

Buber, Martin: *Briefwechsel aus sieben Jahrzehnten*. Bd. 1: *1897–1918*. Hrsg. von Grete Schaeder. Heidelberg 1972.

Buber, Martin: *Drei Reden über das Judentum*. Frankfurt a. M. 1911, ³1920.

Butler, Judith: »Who Owns Kafka?«. In: *London Review of Books* 33, Nr. 5 (3. März 2011).

Calasso, Roberto: *K*. Übers. von Reimar Klein. Berlin 2017.

Canetti, Elias: *Nachträge aus Hampstead*. München 1994.

Canetti, Elias: *Der andere Prozess. Kafkas Briefe an Felice*. Leipzig 1983.

Caputo-Mayr, Marie Luise und Julius M. Herz (Hrsg.): *Franz Kafka. International Bibliography of Primary and Secondary Literature*. 3 Bde. München 2000.

Carmely, Klara: »Noch Einmal. War Kafka Zionist?«. In: *The German Quarterly* 52, Nr. 3 (Mai 1979), S. 351–363.

Carrouges, Michel: *Kafka contre Kafka*. Paris 1962.

Cohen, Nili: »The Betrayed(?) Wills of Kafka and Brod«. In: *Law and Literature* 27, Nr. 1 (2015), S. 1–21.

Cools, Arthur und Vivian Liska (Hrsg.): *Kafka and the Universal*. Berlin / Boston 2016.

Cooper, Alan: *Philip Roth and the Jews*. New York 1996.

Corngold, Stanley: *Franz Kafka. The Necessity of Form*. Ithaka 1988.

Corngold, Stanley: *Lambent Traces. Franz Kafka*. Princeton 2004.

Cott, Jonathan: *Telefongespräche mit Glenn Gould*. Ohne Übersetzernennung. Frankfurt a. M. 1995.

Dahm, Volker: *Das jüdische Buch im Dritten Reich*. (Zweiter Teil: Salman Schocken und sein Verlag.) Frankfurt a. M. 1982.

Dan, Uri: *Ariel Sharon. An Intimate Portrait*. London 2006.

Dannof, Brian: »Arendt, Kafka, and the Nature of Totalitarianism«. In: *Perspectives on Political Science* 29, Nr. 4 (2000), S. 211–218.

Das jüdische Prag. Hrsg. von der Redaktion der *Selbstwehr*. Prag 1917. Nachdruck Kronberg 1978.

David, Anthony: *The Patron. A Life of Salman Schocken*. New York 2003.

Dehne, Doris: *The Formative Years of Kafka Criticism: Max Brod's Interpretation of Franz Kafka*. Dissertation. Vanderbilt University, Nashville 1977.

Deleuze, Gilles und Felix Guattari: *Kafka. Für eine kleine Literatur*. Übers. von Burkhart Kroeber. Frankfurt a. M. 1986.

Demetz, Peter: »Speculations about Prague Yiddish and its Disappearance. From its Origins to Kafka and Brod«. In: *Confrontations / Accommodations. German-Jewish Literary and Cultural Relations from Heine to Wassermann*. Hrsg. von Mark H. Gelber. Tübingen 2004, S. 237–248.

Derrida, Jacques: *Dem Archiv verschrieben*. Übers. von Hans-Dieter Gondek und Hans Naumann. Berlin 1997.

Derrida, Jacques: *Préjugés. Vor dem Gesetz*. Übers. von Detlef Otto und Axel Witte. Wien 1992.

Diamant, Kathi: *Kafkas letzte Liebe. Die Biografie von Dora Diamant*. Übers. von Wiebke Mönning und Christoph Moors. Düsseldorf 2013.

Dietz, Ludwig: *Franz Kafka*. Stuttgart 1975.

Dilthey, Wilhelm: »Archive für Literatur«. In: *Deutsche Rundschau* 58 (1889), S. 360–375.

Dorn, Anton Magnus: *Leiden als Gottesproblem. Eine Untersuchung zum Werk von Max Brod*. Dissertation, Katholisch-Theologische Fakultät, Ludwig-Maximilians-Universität, München 1981.

Dowden, Stephen D.: *Kafka's Castle and the Critical Imagination*. Columbia S. C. 1995.

Duttlinger, Carolin (Hrsg.): *The Cambridge Introduction to Franz Kafka*. Cambridge 2013.

Ehrenburg, Ilja: *Die ungewöhnlichen Abenteuer des Julio Jurenito und seiner Jünger*. Übers. von Alexander Eliasberg. Frankfurt a. M. 1976.

Eilittä, Leena: »Kafka's Ambivalence towards Psychoanalysis«. In: *Psychoanalysis and History* 3, Nr. 2 (2001), S. 205–210.

Eisner, Pavel: *Franz Kafka and Prague*. New York 1950.

Eliot, Thomas Stearns: »Shakespeare und der Stoizismus Senecas«. In: *Shakespeare. Englische Essays aus drei Jahrhunderten zum Verständnis seiner Werke*. Hrsg. von Ernst Theodor Sehrt. Stuttgart 1958, S. 178–193.

Emrich, Wilhelm: *Franz Kafka*. Frankfurt a. M. 1958.

Emrich, Wilhelm: *Geist und Widergeist. Wahrheit und Lüge der Literatur. Studien*. Frankfurt 1965.

Eshel, Amir: *Zukünftigkeit. Die zeitgenössische Literatur und die Vergangenheit*. Übers. von Irmgard Hölscher. Berlin 2012.

Eshel, Amir: »Von Kafka zu Celan: Deutsch-Jüdische Schriftsteller und ihr Verhältnis zum Hebräischen und Jiddischen«. In: *Jüdische Sprachen in deutscher Umwelt*. Hrsg. von Michael Brenner. Göttingen 2002, S. 96–108.

Fellner, Frederike: *Kafkas Zeichnungen*. Paderborn 2014.

Fenves, Peter: »Introduction to the New Edition«. In: Brod, *Tycho Brahe's Path to God*. Evanston 2007.

Filkins, Peter: *H. G. Adler: A Life in Many Worlds*. New York 2019.

Fischer, Ernst: *Zeitgeist und Literatur. Gebundenheit und Freiheit der Kunst*. Wien 1964.

Flores, Angel (Hrsg.): *The Kafka Debate. New Perspectives for Our Time*. New York 1977.

Flores, Angel (Hrsg.): *The Kafka Problem*. New York 1946.

Fölsing, Albrecht: *Albert Einstein. Eine Biographie*. Frankfurt a. M. 1993.

Friedländer, Saul: *Franz Kafka*. Übers. von Martin Pfeiffer. München 2012.

Friedman, Maurice: *Martin Buber's Life and Work. The Early Years, 1878–1923*. New York 1981.

Frisch, Shelley: Vorwort zu Reiner Stach: *Kafka. The Early Years*. Übers. von Shelley Frisch. Princeton 2016.

Furst, Lilian »Kafka and Agnon«. In: *European Judaism* 3, Nr. 2 (Winter 1968 / 69), S. 21–25.

Geissler, Benjamin (Regie). *Bilder finden*. 107 Minuten. 2002.

Gelber, Mark H.: »The Image of Kafka in Brod's *Zauberreich der Liebe*

and its Zionist Implications«. In: *Kafka, Zionism, and Beyond.*
Hrsg. von Mark H. Gelber, Tübingen 2004, S. 271–282.

Gelber, Mark H.: »Max Brod's Zionist Writings«. In: *Leo Baeck Institute Yearbook* 33, Nr. 1 (Januar 1988), S. 437–448.

Gelber, Mark H.: *Melancholy Pride. Nation, Race, and Gender in the German Literature of Cultural Zionism.* Tübingen 2000.

Gelber, Mark H. (Hrsg.): *Kafka, Zionism, and Beyond.* Tübingen 2004.

Gellen, Kata: »Kafka, Pro and Contra. Günther Anders's Holocaust Book«. In: *Kafka and the Universal.* Hrsg. von Arthur Cools und Vivian Liska. Berlin / Boston 2016, S. 281–289.

Gilman, Sander: *Franz Kafka. The Jewish Patient.* New York / London 1995.

Glatzer, Nahum N.: »Franz Kafka and the Tree of Knowledge«. In: *Between East and West: Essays Dedicated to the Memory of Bela Horovitz.* Hrsg. von Alexander Altmann. London 1958, S. 48–58.

Glazer, Hilo: »A Final Note from Kafka, a Trove of Manuscripts, and a Trial that Left an Israeli Heiress Destitute«. In: *Ha'aretz,* 18. Februar 2017.

Gluzman, Michael: »So Far I Have Written the First Third: Interview with Aharon Appelfeld«, in: *Mikan* 1 (2000), S. 150–165 [auf Hebräisch].

Gold, Hugo (Hrsg.): *Max Brod. Ein Gedenkbuch 1884–1968.* Tel Aviv 1969.

Goldberg, Lea: *Die Tagebücher der Lea Goldberg.* Hrsg. von Rachel und Arie Aharoni. Tel Aviv 2005 [auf Hebräisch].

Goldschmidt, Georges-Arthur: *Meistens wohnt der den man sucht nebenan. Kafka lesen.* Frankfurt a. M. 2010.

Goldstein, Bluma: *Reinscribing Moses. Heine, Kafka, Freud, and Schoenberg in a European Wilderness.* Cambridge 1992.

Goodman, Paul: *Kafka's Prayer.* New York 1947.

Gordon, Adi: *In Palästina. In einem fremden Land: Der Orient. Eine deutschsprachige Wochenzeitung zwischen dem deutschen Exil und Alija.* Jerusalem 2004 [auf Hebräisch].

Graetz, Heinrich: *Geschichte der Juden.* 11. Bde. Leipzig 1853–1900, Nachdruck Darmstadt 1996–1998.

Gray, Ronald: *Franz Kafka.* Cambridge 1973.

Greenberg, Clement: »The Jewishness of Franz Kafka. Some Sources of his Particular Vision«. In: *Commentary*, 1. April 1955.

Gregor-Dellin, Martin: *Im Zeitalter Kafkas. Essays*. München 1979.

Grözinger, Karl Erich u. a. (Hrsg.): *Franz Kafka und das Judentum*. Frankfurt a. M. 1987.

Grözinger, Karl-Erich: *Kafka und die Kabbala. Das Jüdische im Werk und Denken von Franz Kafka*. Berlin 2003.

Grunfeld, Frederic V.: *Prophets Without Honour. Freud, Kafka, Einstein, and Their World*. New York 1996.

Haas, Willy: »Der junge Max Brod«. In: *Tribüne* 3 (1964), S. 1075–1080.

Hahn, Barbara und Marie Luise Knott: *Hannah Arendt. Von den Dichtern erwarten wir Wahrheit*. Berlin 2007.

Halbertal, Moshe: *People of the Book. Canon, Meaning, and Authority*. Cambridge 1997.

Halper, Shaun J.: *Mordechai Langer (1894–1943) and the Birth of the Modern Jewish Homosexual*. Berkeley 2013.

Hanssen, Jens: »Kafka and Arabs«. In: *Critical Inquiry* 39 (2012), S. 167–197.

Harshav, Benjamin: *The Meaning of Yiddish*. Berkeley 1990.

Hayman, Ronald: *Kafka. Sein Leben, seine Welt, sein Werk*. Übers. von Karl A. Klewer. Bern / München 1983.

Heidsieck, Arnold: *The Intellectual Contexts of Kafka's Fictions. Philosophy, Law and Religion*. Cambridge 1994.

Heidsieck, Arnold: »Max Brods Kritik an der christlichen Kultur im Anschluß an den Ersten Weltkrieg«. In: *Allemands, Juifs et Tchèques à Prague. Deutsche, Juden und Tschechen in Prag 1890–1924*. Hrsg. von Maurice Godé u. a. Montpellier 1996, S. 369–378.

Heinrich, Eduard Jacob: »Achtzig Jahre Max Brod«. In: *Frankfurter Allgemeine Zeitung*, 23. März 1964.

Heller, Erich: *Enterbter Geist. Essays über modernes Dichten und Denken*. Berlin / Frankfurt a. M. 1954.

Heller, Erich: *Franz Kafka*. London 1975.

Heller, Erich: »Kafka's True Will«. In: *Commentary* 55, Nr. 6 (Juni 1973), S. 65–73.

Hesse, Hermann: »Versuch einer Rechtfertigung. Zwei Briefe wegen Palaestina«. In: *Neue Schweizer Rundschau* 16 (1948), S. 77–80.

Hoffmann, Werner: *Kafkas Aphorismen*. Bern / München 1975.

Hofmann, Martha: »Dinah und der Dichter. Franz Kafkas Briefwechsel mit einer Sechzehnjährigen«. In: *Die österreichische Furche* 10 (1954), S. 30.

Höhne, Steffen u. a. (Hrsg.): *Max Brod (1884–1968). Die Erfindung des Prager Kreises*. Köln u. a. 2016.

Horwitz, Rivka: »Kafka and the Crisis in Jewish Religious Thought«. In: *Modern Judaism* 15, Nr. 1 (1995), S. 21–33.

Howarth, Herbert: »The Double Liberation«. In: *Commentary* 13 (Mai 1952), S. 508 f.

Howe, Irving: »Brod on Kafka«. In: *The Nation*, 12. Juli 1947, S. 47 f.

Idel, Moshe: *Alte Welten, neue Bilder. Jüdische Mystik und die Gedankenwelt des 20. Jahrhunderts*. Übers. von Eva-Maria Thimme. Berlin 2012.

Illies, Florian und Stefan Koldehoff: »Wem gehört Kafka?«. In: *Die Zeit*, Nr. 48 (19. November 2009).

Jair, Gad: *Liebe ist nicht praktisch*. Berlin 2015 [auf Hebräisch].

Janouch, Gustav: *Gespräche mit Kafka. Aufzeichnungen und Erinnerungen*. Frankfurt a. M. 1968.

Jessen, Caroline: »Spuren deutsch-jüdischer Geschichte. Erschließung und Erforschung von Nachlässen und Sammlungen in Israel«. In: *Archivar* 66, Nr. 3 (Juli 2013), S. 328–333.

Jessen, Caroline: »Der Kanon im Archiv. Chancen und Herausforderungen für die Bewahrung und Erforschung von Nachlässen deutsch-jüdischer Autoren und Gelehrter in Israel«. In: *Naharaim* 7, Nr. 3 / 4 (2013), S. 202–216.

Ḳanyuḳ, Yoram: *Der letzte Berliner*. Übers. von Felix Roth. München 2002.

Karl, Frederick R.: *Franz Kafka. Representative Man*. Boston 1991.

Kayser, Werner und Horst Gronemeyer: *Max Brod*. Hamburg 1972.

Kermani, Navid: »Was ist deutsch an der deutschen Literatur?«. Vortrag, Konrad-Adenauer-Stiftung, 13. Dezember 2006.

Kieval, Hillel J.: *Languages of Community. The Jewish Experience in the Czech Lands*. Oakland 2000.

Kieval, Hillel J.: *The Making of Czech Jewry. National Conflict and Jewish Society in Bohemia, 1870–1918*. Oxford 1998.

Kilcher, Andreas: »Epischer Streit findet ein Ende«. In: *Neue Zürcher Zeitung*, 13. August 2016.

Kilcher, Andreas B. *Franz Kafka*. Frankfurt a. M. 2008.

Kilcher, Andreas: »Kafka im Betrieb. Eine kritische Analyse des Streits um Kafkas Nachlass«. In: *Literaturbetrieb. Zur Poetik einer Produktionsgemeinschaft*. Hrsg. von Philipp Theisohn und Christine Weder. Paderborn 2013, S. 213–235.

Kilcher, Andreas: »Wie kommt Kafka aus dem UBS-Safe?«. In: *Tachles*, 2. März 2018.

Kisch, Egon Erwin: *Gesammelte Werke in Einzelausgaben*. Bd. 5. Berlin 1972.

Klíma, Ivan: *The Spirit of Prague and other Essays*. New York 1998.

Klingsberg, Reuven (Hrsg.): *Exhibition Franz Kafka 1883–1924*. Katalog der Jüdischen National- und Universitätsbibliothek. Jerusalem 1969.

Koch, Hans-Gerd (Hrsg.): *Als Kafka mir entgegenkam … Erinnerungen an Franz Kafka*. Erw. Neuausg. Berlin 2005.

Koch, Hans-Gerd: »Kafkas Max und Brods Franz. Vexierbild einer Freundschaft«. In: Bodo Plachta (Hrsg.): *Literarische Zusammenarbeit*. Tübingen 2001, S. 245–256.

Koelb, Clayton: *Kafka's Rhetoric. The Passion of Reading*. Ithaka 1989.

Koldehoff, Stefan: Interview mit Eva Hoffe. In: *Die Zeit*, 19. November 2009.

Kraft, Werner: *Franz Kafka. Durchdringung und Geheimnis*. Frankfurt a. M. 1968.

Krauss, Nicole: *Waldes Dunkel*. Übers. von Grete Osterwald. Reinbek 2018.

Kremer, Detlef: *Kafka. Die Erotik des Schreibens*. Frankfurt a. M. 1989.

Krojanker, Gustav. »Max Brods Weg zum Leben«. In: *Der Jude* 1 (1916 / 1917), S. 684–690.

Kuehn, Heinz R.: »Max Brod«. In: *The American Scholar* 62 (Frühjahr 1993), S. 269–278.

Kulka, Otto Dov u. a.: »Wir verlangen, dass das Archiv von Max Brod in Israel bleibe!«, 9. Februar 2010, siehe http://www.hagalil.com/2010/02/brod-archiv/

Kundera, Milan: »Rescuing Kafka from the Kafkaologists«. In: *Times Literary Supplement*, 24. Mai 1991.

Kundera, Milan: *Verratene Vermächtnisse. Essay*. Übers. von Susanna Roth. München 1994.

Kurzweil, Baruch: *Unsere neue Literatur. Kontiuität oder Rebellion?* Jerusalem / Tel Aviv 1959 [auf Hebräisch].

Lamping, Dieter: *Von Kafka bis Celan. Jüdischer Diskurs in der deutschen Literatur des 20. Jahrhunderts*. Göttingen 1998.

Langer, Georg Mordechai: »Georg Langers Erinnerungen an Kafka«. In: *Ist das Kafka? 99 Fundstücke*. Hrsg. von Reiner Stach. Frankfurt a. M. 2012, S. 259–263.

Langer, Georg Mordechai: *Poems and Songs of Love*. Übers. von Elana und Menachem Wolff. Montreal 2014.

Langer, Lawrence: *Admitting the Holocaust. Collected Essays*. Oxford 1995.

Larrimore, Mark J.: *The Book of Job. A Biography*. Princeton 2013.

Leader, Zachary: »Cultural Nationalism and Modern Manuscripts. Kingsley Amis, Saul Bellow, Franz Kafka«. In: *Critical Inquiry* 40, Nr. 1 (Herbst 2013), S. 160–193.

Leader, Zachary: »Kingsley Amis. A Man of Alarming Energies and Appetites«. In: *The Telegraph*, 6. Mai 2016.

Leavitt, June O.: *Kafka Reception in Israel*. April 2015. http://www. geisteswissenschaften-in-sachsen.de/kulturraeume/kafka-atlas/ laender-artikel/kafka-in-israel.

Leavitt, June O.: *The Mystical Life of Franz Kafka. Theosophy, Cabala, and the Modern Spiritual Revival*. Oxford 2011.

Lederer, Max: »Nazi Victims in the World of Books«. In: *Quarterly Journal of Current Acquisitions* 2, Nr. 1 (November 1944), S. 91–94.

Lepper, Marcel: »Against Cultural Nationalism. Reply to Zachary Leader«. In: *Critical Inquiry* 41, Nr. 1 (Herbst 2014), S. 153–159.

Leser, Joachim und Georg Guntermann (Hrsg.): *Brauchen wir eine neue Gruppe 47? 55 Fragebögen zur deutschen Literatur*. Bonn 1995.

Liehm, Antonin J.: »Franz Kafka in Eastern Europe«. In: *Telos* 23 (20. März 1975), S. 53–83.

Liska, Vivian: »The Messiah before the Law. Giorgio Agamben, Walter Benjamin and Kafka«. In: *Benjamin. Agamben. Politik, Messia-nismus, Kabbala.* Hrsg. von Vittoria Borso u. a. Würzburg 2010, S. 159–174.

Liska, Vivian: »Neighbors, Foes, and Other Communities: Kafka and Zionism«. In: *Yale Journal of Criticism* 13, Nr. 2 (Herbst 2000), S. 343–360.

Liska, Vivian: *When Kafka Says We: Uncommon Communities in Ger-man-Jewish Literature.* Bloomington 2009.

Mann, Heinrich: *Macht und Mensch.* München / Leipzig 1919.

Marson, Eric und Keith Leopold: »Kafka, Freud, and ›Ein Landarzt‹«. In: *The German Quarterly* 37, Nr. 2 (März 1964), S. 146–160.

Meissner, Frank: »German Jews of Prague: A Quest for Self-Realiza-tion«. In: *Publications of the American Jewish Historical Society* 50, Nr. 2 (Dezember 1960), S. 98–120.

(Menczel-)Ben-Tovim), Puah: »Ich war Kafkas Hebräischlehrerin«. In: *Als Kafka mir entgegenkam.* Hrsg. von Hans-Gerd Koch. Berlin 2005, S. 177–179.

Menczel, Puah: »Interview with Aviva Limon«. In: *Jerusalem*, 8. Juni 1988. Transkribiert und herausgegeben von Ehud Netzer.

Menczel-Ben-Tovim, Puah (Hrsg.): *Leben und Wirken. Unser Erzie-herisches Werk. In Memoriam Dr. Josef Schlomo Menczel 1903–1953.* Jerusalem 1981. (Enthält einen hebräischen Brief Kafkas an Puah Ben-Tovim vom Juni 1923.)

Mendes-Flohr, Paul: *Divided Passions. Jewish Intellectuals and the Ex-perience of Modernity.* Detroit 1991.

Miller, J. Hillis: *The Conflagration of Community. Fiction Before and After Auschwitz.* Chicago 2011.

Mirecka, Agata: »Die Idee des Messianismus und Zionismus bei Max Brod«. In: *Brücken: Germanistisches Jahrbuch Tschechien-Slowakei* 14, Nr. 1–2 (2006), S. 197–214.

Miron, Dan: *From Continuity to Contiguity. Toward a New Jewish Li-terary Thinking.* Stanford 2010.

Moked, Gabriel: *Kafka. Kritische Aufsätze zur »Verwandlung«.* Tel Aviv 1956 [auf Hebräisch].

Moses, Stéphane: »Zur Frage des Gesetzes. Gershom Scholems Kaf-ka-Bild«. In: *Kafka und das Judentum.* Hrsg. von K. E. Grözinger u. a. Königstein 1987, S. 13–34.

Moses, Stéphane und Albrecht Schöne (Hrsg.): *Juden in der deutschen Literatur*. Frankfurt a. M. 1986.

Murray, Nicholas: *Kafka*. London 2004.

Nagel, Bert: *Kafka und die Weltliteratur. Zusammenhänge und Wechselwirkungen*. München 1983.

Neumeyer, Peter F.: »Thomas Mann, Max Brod, and the New York Public Library«. In: *Modern Language Notes* 90, Nr. 3 (April 1975), S. 418–423.

North, Paul: *The Yield: Kafka's Atheological Reformation*. Stanford 2015.

Ofek, Natan: *Kafka und das Judentum*. Jerusalem 2002 [auf Hebräisch].

Ofek, Natan: *Gespräche über Kafka und More*. Jerusalem 2004 [auf Hebräisch].

O'Neill, Patrick: *Transforming Kafka. Translation Effects*. Toronto 2014.

Oppenheimer, Anne: *Franz Kafka's Relation to Judaism*. Dissertation, Oxford 1977.

Oz, Amos: *Israel und Deutschland. Vierzig Jahre nach Aufnahme diplomatischer Beziehungen*. Übers. von Lydia Böhmer. Frankfurt a. M. 2005.

Ozick, Cynthia: »How Kafka Actually Lived«. In: *The New Republic*, 12. April 2014.

Ozick, Cynthia: »The Impossibility of Being Kafka«. In: *The New Yorker*, 11. Januar 1999.

Pagi, Nurit: *From Ideological to Poetic Change. Ethics, Politics, and Poetics in the Literary Works of Max Brod*. Dissertation, Universität Haifa 2013 [auf Hebräisch].

Pawel, Ernst: »Kafka's Hebrew Teacher«. In: *New York Times*, 16. August 1981.

Pawel, Ernst: *Das Leben Franz Kafkas*. Übers. von Michael Müller. München 1986.

Pazi, Margarita: »Das Problem des Bösen und der Willensfreiheit bei Max Brod, Ernst Weiss und Franz Kafka«. In: *Modern Austrian Literature* 18, Nr. 1 (1985), S. 63–81.

Pazi, Margarita: *Fünf Autoren des Prager Kreises*. Frankfurt a. M. 1978.

Pazi, Margarita: »Max Brod«. In: *Modern Austrian Literature* 20, Nr. 3–4 (1987), S. 81–94.

Pazi, Margarita: »Max Brod: Unambo«. In: *Turn of the Century Vienna and its Legacy: Essays in Honor of Donald G. Daviau.* Hrsg. von J. B. Berlin u. a. Wien 1993, S. 425–441.

Pazi, Margarita: *Max Brod. Werk und Personlichkeit.* Bonn 1970.

Pazi, Margarita (Hrsg.): *Max Brod, 1884–1984. Untersuchungen zu Max Brods literarischen und philosophischen Schriften.* New York u. a. 1987.

Pazi, Margarita (Hrsg.): *Nachrichten aus Israel. Deutschsprachige Literatur in Israel.* Hildesheim / New York 1981.

Politzer, Heinz: *Franz Kafka, der Künstler.* Frankfurt a. M. 1966.

Preece, Julian (Hrsg.): *The Cambridge Companion to Kafka.* Cambridge 2002.

Preston, John: »Raiders of the Lost Archive«. In: *Sunday Times,* 12. August 2012.

Prinz, Joachim: *Rebellious Rabbi. An Autobiography. The German and Early American Years.* Hrsg. von Michael A. Meyer. Bloomington 2008.

Raabe, Paul: »Die frühen Werke Max Brods«. In: *Literatur und Kritik* 11 (Februar 1967), S. 39–49.

Raabe, Paul: *Zu Gast bei Max Brod. Eindrücke in Israel 1965.* Tübingen 2004.

Reich-Ranicki, Marcel: »Juden in der deutschen Literatur«. In: *Die Zeit,* 2. Mai 1969.

Reich-Ranicki, Marcel: *Über Ruhestörer. Juden in der deutschen Literatur.* München 1973.

Reitter, Paul: »Misreading Kafka«. In: *Bambi's Jewish Roots and Other Essays on German-Jewish Culture.* London 2015, S. 37–49.

Richter, Sandra: *Eine Weltgeschichte der deutschsprachigen Literatur.* München 2017.

Robert, Marthe: *Einsam wie Franz Kafka.* Übers. von Eva Moldenhauer. Frankfurt a. M. 1985.

Robertson, Ritchie: »Antizionismus, Zionismus. Kafka's Responses to Jewish Nationalism«. In: *Paths and Labyrinths. Nine Papers from a Kafka Symposium.* Hrsg. von J. P. Stern und J. J. White. London 1985, S. 29–31.

Robertson, Ritchie: »The Creative Dialogue between Brod and Kafka«. In: *Kafka, Zionism, and Beyond*. Hrsg. von Mark H. Gelber. Tübingen 2004, S. 283–296.

Robertson, Ritchie: *Kafka. Judentum, Gesellschaft, Literatur*. Übers. von Josef Billen. Stuttgart 1988.

Robertson, Ritchie: »Kafka's Encounter with the Yiddish Theatre«. In: *The Yiddish Presence in European Literature*. Hrsg. von Joseph Sherman und Ritchie Robertson. London 2005, S. 34–44.

Robertson, Ritchie: »Kafka's Writings: Private Confessions or Public Property?«. *The Bodleian Library Record* 25, Nr. 1 (2002), S. 84–93.

Robertson, Ritchie: »Max Brod's Novel *Tycho Brahes Weg zu Gott*: A Tale of Two Astronomers«. In: *Kafka, Prag und der Erste Weltkrieg*. Hrsg. von Manfred Engel und Ritchie Robertson. Würzburg 2012, S. 143–158.

Robertson, Ritchie: »Sex as Sin or Salvation. Max Brod's *Heidentum Christentum Judentum* in Relation to *Das Schloss*«. In: *Kafka und die Religion in der Moderne*. Hrsg. von Manfred Engel und Ritchie Robertson. Würzburg 2014, S. 119–134.

Robertson, Ritchie: »Western Observers and Eastern Jews. Kafka, Buber, Franzos«. In: *The Modern Language Review* 83, Nr. 1 (Januar 1988), S. 87–105.

Rödholm Sigrist, Helena: *Wenn die Wahrnehmung kippt. Transformationen in Franz Kafkas »Die Verwandlung«*. Hamburg 2014.

Rokem, Freddie: »Max Brod as ›Dramaturg‹ of Habima«. In: *Max Brod 1884–1984. Untersuchungen zu Max Brods literarischen und philosophischen Schriften*. Hrsg. von Margarita Pazi. New York u. a. 1987, S. 177–192

Rosenfeld, Isaac: »Kafka and His Critics«. In: *New Leader* 30, Nr. 15 (12. April 1947).

Rosenzweig, Franz: *Briefe*. Hrsg. von Edith Rosenzweig. Berlin 1935.

Roth, Philip: *Eigene und fremde Bücher, wiedergelesen*. Übers. von Bernhard Robben. München 2007.

Roth, Philip: »I Always Wanted you to Admire My Fasting or Looking at Kafka«. In: *American Review*, 17. Mai 1973.

Roth, Philip: »In Search of Kafka and Other Answers«. In: *New York Times Book Review*, 15. Februar 1976.

Roth, Philip: *Die Prager Orgie. Ein Epilog.* Übers. von Jörg Trobitius. München 2015.

Roth, Philip: *Shop Talk. Ein Schriftsteller, seine Kollegen und ihr Werk.* Übers. von Bernhard Robben. München 2004.

Rubin, Abraham A.: *Kafka's German-Jewish Reception as Mirror of Modernity.* Dissertation, Graduate Center, City University of New York 2014.

Rubin, Abraham A.: »Max Brod and Hans-Joachim Schoeps: Literary Collaborators, Ideological Rivals«. In: *Leo Baeck Institute Yearbook* 60, Nr. 1 (1. Januar 1915), S. 5–24.

Sandbank, Shimon: *After Kafka. The Influence of Kafka's Fiction.* Athens 1989.

Sandbank, Shimon: »Reading Kafka. A Personal Story«. In: *Kafka and the Universal.* Hrsg. von Arthur Cools und Vivian Liska. Berlin/Boston 2016, S. 273–282.

Sandbank, Shimon: *Schwanken: Formen der Unsicherheit bei Kafka.* Tel Aviv 1974 [auf Hebräisch].

Schalom, Schin: *Begegnungen mit Chaim Nachman Bialik und Max Brod.* Tel Aviv 1984 [auf Hebräisch].

Schirrmeister, Sebastian: *Begegnung auf fremder Erde. Narrative Deterritorialisierung in deutsch- und hebräischsprachiger Prosa aus Palästina/Israel nach 1933.* Dissertation, Universität Hamburg 2017.

Schirrmeister, Sebastian: »On Not Writing Hebrew. Max Brod and the ›Jewish Poet of the German Tongue‹ between Prague and Tel Aviv«. In: *Leo Baeck Institute Yearbook* 60, Nr. 1 (1. Januar 1915), S. 25–42.

Schlaffer, Heinz: *Die kurze Geschichte der deutschen Literatur.* München 2002.

Schlösser, Manfred (Hrsg.): *Auf gespaltenem Pfad. Für Margarete Susman.* Darmstadt 1964.

Schmidt, Carsten: *Kafkas fast unbekannter Freund. Das Leben und Werk von Felix Weltsch (1884 bis 1964).* Würzburg 2010.

Schoeps, Hans-Joachim: *Der vergessene Gott. Franz Kafka und die tragische Position des modernen Juden.* Hrsg. von Andreas Krause Landt. Berlin 2006.

Scholem, Gershom: *Briefe. 1914–1947.* München 1994.

Scholem, Gershom: *Judaica*. Bd. 3: *Studien zur jüdischen Mystik*. Frankfurt a. M. 1973.

Scholem, Gershom: »Das hebräische Buch. Eine Rundfrage«. In: *Jüdische Rundschau*, 4. April 1928, S. 202.

Scholem, Gershom: »Against the Myth of the German-Jewish Dialogue«. In: *On Jews and Judaism in Crisis*. Hrsg. von Werner J. Dannhauser. New York 1976, S. 61 – 64.

Scholem, Gershom: *Walter Benjamin. Die Geschichte einer Freundschaft*. Berlin 1997.

Scholem, Gershom: »Wider den Mythos vom deutschjüdischen Gespräch«. In: *Auf gespaltenem Pfad. Für Margarete Susman*. Hrsg. von Manfred Schlösser. Darmstadt 1964, S. 229 – 233.

Schult, Christoph: »Die Erbschaft«. In: *Der Spiegel*, Nr. 40 (26. September 2009), S. 152 – 154.

Schumsky, Dmitri. *Zwischen Prag und Jerusalem*. Jerusalem 2010 [auf Hebräisch].

Shahar, Galili: »Fragments and Wounded Bodies: Kafka after Kleist«. In: *German Quarterly* 80, Nr. 4 (Herbst 2007), S. 449 – 467.

Shahar, Galili: »Kafka in Israel«. In: *Der Nahe Osten, ein Teil Europas? Reflektionen zu Raum- und Kulturkonzeptionen im modernen Nahen Osten*. Hrsg. von Atef Botros. Würzburg 2006, S. 253 – 262.

Shahar, Galili. *Kafka's Wound*. Jerusalem 2008 [auf Hebräisch].

Shahar, Galili und Michal Ben-Horin: »Franz Kafka und Max Brod«. In: *Kafka-Handbuch. Leben, Werk, Wirkung*. Hrsg. von Oliver Jahraus und Bettina von Jagow. Göttingen 2008, S. 85 – 96.

Shaked, Gershon: *Die Macht der Identität. Essays über jüdische Schriftsteller*. Übers. von Ulrike Berger. Königstein 1986.

Shaked, Gershon: »Kafka: Jüdisches Erbe und hebräische Literatur«. In: *Die Macht der Identität – Essays über jüdische Schriftsteller*. Übers. von Ulrike Berger. Berlin 1992, S. 14 – 36. Jüdischer Verlag, 1992.

Shedletzky, Itta: »Im Spannungsfeld Heine – Kafka. Deutsch-jüdische Belletristik und Literaturdiskussion zwischen Emanzipation, Assimilation und Zionismus«. In: *Auseinandersetzungen um jiddische Sprache und Literatur. Jüdische Komponenten in der deutschen Literatur – die Assimilationskontroverse*. Hrsg. von Walter Röll und Hans-Peter Bayerdörfer. Tübingen 1986, S. 113 – 121.

Shedletzky, Itta: *Literaturdiskussion und Belletristik in den jüdischen Zeitschriften in Deutschland 1837–1918*. Dissertation, Hebräische Universität Jerusalem, 1986 [auf Hebräisch].

Singer, Miriam: »Kafka's Hebrew Teacher«. In: *Orot* 6 (1969), S. 82–89.

Sokel, Walter H.: »Kafka as a Jew«. In: *New Literary History* 30, Nr. 4 (Herbst 1999), S. 837–853.

Sokel, Walter H.: *The Myth of Power and the Self. Essays on Franz Kafka*. Detroit 2002.

Spector, Scott: *Prague Territories: National Conflict and Cultural Innovation in Franz Kafka's Fin de Siècle*. Berkeley: University of California Press, 2000.

Spitzer, Mosche: »Responses of German Jews to the Nazi Persecutions (Internal Life, 1933–1939)«. Transkript eines Interviews mit Otto Dov Kulka, [undatiert] 1964, Fakultät für mündliche Dokumentation, Institut für Zeitgenössisches Judentum, Hebräische Universität Jerusalem.

Spitzer, Mosche: »Youth Movements in Czechoslovakia«. Transkript eines Interviews mit Otto Dov Kulka (Band 312), 20. April 1964, Fakultät für mündliche Dokumentation, Institut für Zeitgenössisches Judentum, Hebräische Universität Jerusalem.

Šrámková, Barbora: »Max Brod und die tschechische Kultur«. In: *Juden zwischen Deutschen und Tschechen. Sprachliche und kulturelle Identitäten in Böhmen, 1800–1945*. Hrsg. von Marek Nekula und Walter Koschmal. München 2006, S. 249–272.

Stach, Reiner (Hrsg.): *Ist das Kafka? 99 Fundstücke*. Frankfurt a. M. 2012.

Stach, Reiner: *Kafka. Die frühen Jahre*. Frankfurt a. M. 2014.

Stach, Reiner: *Kafka. Die Jahre der Entscheidungen*. Frankfurt a. M. 2002.

Stach, Reiner: *Kafka. Die Jahre der Erkenntnis*. Frankfurt a. M. 2008.

Stach, Reiner: »Kafkas Manuskripte. Der Process gehört uns allen«. In: *Frankfurter Allgemeine Zeitung*, 7. August 2010.

Stach, Reiner: »Kafka-Biografie. Muss ich alles umschreiben?«. In: *Die Zeit*, Nr. 35 (1. September 2016).

Stähler, Axel: »Zur Konstruktion einer ›zionistischen‹ Ethik in Max Brods Romanen *Rëubeni, Fürst der Juden* und *Zauberreich der Liebe*«. In: *Die Konstruktion des Jüdischen in Vergangenheit und Gegenwart*. Hrsg. von Michael Konkel u. a. Paderborn 2003, S. 135–153.

Starobinski, Jean: »Kafka's Judaism«. In: *European Judaism. A Journal for the New Europe* 8, Nr. 2 (Sommer 1974), S. 27–29.

Steiner, George: *Der Garten des Archimedes*. Übers. von Michael Müller. München 1997.

Steiner, Marianne: »The Facts about Kafka«. In: *New Statesman*, 8. Februar 1958.

Stern, Joseph Peter: »On Prague German Literature«. In: *The Heart of Europe. Essays on Literature and Ideology*. Oxford 1992, S. 61–77.

Suchoff, David: »Kafka and the Postmodern Divide. Hebrew and German in Aharon Appelfeld's *The Age of Wonders*«. In: *The Germanic Review* 75, Nr. 2 (2000), S. 149–176.

Suchoff, David: *Kafka's Jewish Languages. The Hidden Openness of Tradition*. Philadelphia 2012.

Sudaka-Bénazéraf, Jacqueline: *Le regard de Franz Kafka. Dessins d'un écrivain*. Paris 2001.

Susman, Margarete: »Das Hiob-Problem bei Franz Kafka«. In: *Der Morgen* 5, Nr. 1 (1929).

Swales, Martin: »Why Read Kafka?«. In: *Modern Language Review* 76, Nr. 2 (April 1981), S. 357–366.

Taussig, Ernst F. (Hrsg.): *Ein Kampf um Wahrheit. Max Brod zum 65. Geburtstag*. Tel Aviv 1949.

Teller, Judd: »Modern Hebrew Literature«. In: *Middle East Journal* 7, Nr. 2 (Frühjahr 1953), S. 182–195.

Thieberger, Friedrich: »Kafka und die Thiebergers«. In: *Als Kafka mir entgegenkam*. Hrsg. von Hans-Gerd Koch. Berlin 2005, S. 128–134.

Tree, Stephen: *Isaac Bashevis Singer*. München 2004.

Trilling, Lionel: *Life in Culture. Selected Letters of Lionel Trilling*. Hrsg. von Adam Kirsch. New York 2018.

Unseld, Joachim: *Franz Kafka. Ein Schriftstellerleben*. München 1982.

Vassogne, Gaëlle: *Max Brod in Prag. Identität und Vermittlung*. Tübingen 2009.

Vassogne, Gaëlle: »Max Brod, Tomáš G. Masaryk et la reconnaissance de la nationalité juive en Tchécoslovaquie«. In: *Tsafon* 52 (2006 / 2007), S. 89 – 108.

Vogl, Joseph: *Der Ort der Gewalt. Kafkas literarische Ethik.* München 1990.

Voigts, Manfred: »Entdeckung Kafkas als jüdischer Autor«. In: *Franz Kafka: Wirkung und Wirkungsverhinderung.* Hrsg. von Steffen Höhne und Ludger Udolph. Köln / Weimar 2014, S. 93 – 100.

Wagenbach, Klaus: *Franz Kafka in Selbstzeugnissen und Bilddokumenten.* Reinbek 1964.

Wagnerová, Alena: »Kafka und die Macht. Ein Thema mit Variationen unter Einbeziehung eigener Erfahrung«. Tagungsbericht *Kafka und die Macht.* Liblice 2008.

Wallace, David Foster: »Laughing with Kafka«. In: *Harper's* (Juli 1998), S. 23 – 27.

Warshow, Robert: »Kafka's Failure«. In: *Partisan Review* 16, Nr. 4 (April 1949), S. 428 – 431.

Weidner, Daniel: »Max Brod, Gershom Scholem und Walter Benjamin. Drei Konstellationen theologischer Literaturkritik im deutschen Judentum«. In: *Literatur im Religionswandel der Moderne. Studien zur christlichen und jüdischen Literaturgeschichte.* Hrsg. von Alfred Bodenheimer u. a. Zürich 2009, S. 195 – 220.

Weinberger, Theodore: »Philip Roth, Franz Kafka, and Jewish Writing«. In: *Journal of Literature and Theology* 7, Nr. 3 (September 1993), S. 248 – 258.

Weingrad, Michael: »A Rich 1925 Novel about the Recurring Dilemmas of Jewish Existence«. In: *Mosaic,* 19. September 2016.

Weiss, Yfaat: »German or in German? On the Preservation of Literary and Scholarly Collections in Israel«. In: *Transit. Europäische Revue.* (Institut für die Wissenschaften vom Menschen) (2. März 2015).

Weltsch, Felix: »Gedenkblatt für Franz Kafka«. In: *Selbstwehr* 4, Nr. 20 (6. Juni 1924), S. 5.

Weltsch, Felix: *Religion und Humor im Leben und Werk Franz Kafkas.* Berlin 1957.

Weltsch, Felix: »The Rise and Fall of the Jewish-German Symbiosis. The Case of Franz Kafka«. In: *Leo Baeck Institute Yearbook* 1 (1956), S. 255 – 276.

Weltsch, Felix: »Der Weg Max Brods«. In: *Bulletin des Leo Baeck Instituts* 6 (1963), S. 228–244.

Weltsch, Felix (Hrsg.): *Dichter, Denker, Helfer. Max Brod zum fünfzigsten Geburtstag.* Mährisch-Ostrau 1934.

Weltsch, Robert: *Max Brod and His Age.* New York 1970.

Wessling, Berndt W.: *Max Brod. Ein Portrait.* Stuttgart u. a. 1969.

Wiesel, Eli: »Plädoyer für die Überlebenden«. In: *Jude heute. Erzählungen, Essays, Dialoge.* Übers. von Hilde Linnert. Wien 1987, S. 183–216.

Wilk, Melvin: *The Jewish Presence in Two Major Moderns. Eliot and Kafka.* Dissertation, University of Massachusetts, Amherst 1978.

Wilson, Edmund: »A Dissenting Opinion on Kafka«. In: *Classics and Commercials.* New York 1950, S. 383–392.

Wilson, Edmund: *Literary Essays and Reviews of the 1930 s and 40 s.* New York 2007.

Winnen, Angelika: *Kafka-Rezeption in der Literatur der DDR. Produktive Lektüren von Anna Seghers, Klaus Schlesinger, Gert Neumann und Wolfgang Hilbig.* Würzburg 2006.

Wisse, Ruth R.: *The Modern Jewish Canon. A Journey Through Language and Culture.* New York 2000.

Wisse, Ruth R.: »The Logic of Language and the Trials of the Jews. Franz Kafka and Y. H. Brenner«. In: *The Modern Jewish Canon.* Chicago 2000, S. 65–98.

Wlaschek, Rudolf M.: *Juden in Böhmen. Beiträge zur Geschichte des europäischen Judentums im 19. und 20. Jahrhundert.* München 1990.

Wolff, Kurt: *Autoren, Bücher, Abenteuer. Beobachtungen und Erinnerungen eines Verlegers.* Berlin 2004.

Woods, Michelle: *Kafka Translated. How Translators Have Shaped our Reading of Kafka.* New York 2013.

Yerushalmi, Yosef Hayim: »Series Z. An Archival Fantasy«. In: *Psychomedia. Journal of European Psychoanalysis* 3 / 4 (Frühjahr 1996 / Winter 1997).

Yildiz, Yasemin: »The Uncanny Mother Tongue. Monolingualism and Jewishness in Franz Kafka«. In: *Beyond the Mother Tongue.* New York 2012, S. 30–66.

Yudkin, Leon I.: *In and Out. The Prague Circle and Czech Jewry.* Brünn 2011.

Zabel, Hermann (Hrsg.): *Stimmen aus Jerusalem. Zur deutschen Sprache und Literatur in Palästina / Israel.* Berlin / Münster 2006.

Zeller, B.: »Fünf Jahre Deutsches Literaturarchiv in Marbach. Ergebnisse, Erfahrungen, Planungen«. In: *In Libro Humanitas. Festschrift für Wilhelm Hoffmann zum 60. Geburtstag.* Stuttgart 1962, S. 349–384.

Zeller, Bernhard u. a.: *Klassiker in finsteren Zeiten, 1933–1945. Eine Ausstellung des Deutschen Literaturarchivs im Schiller Nationalmuseum, Marbach am Neckar.* Marbach 1983.

Zimmermann, Hans Dieter: »Franz Kafka und das Judentum«. In: *Juden und Judentum in der Literatur.* Hrsg. von Herbert A. Strauss und Christhard Hoffmann. München 1985, S. 237–253.

Zohn, Harry: »Max Brod at Seventy-Five«. In: *Jewish Frontier*, Oktober 1959.

Zweig, Stefan: Vorwort zu Max Brods *Tycho Brahes Weg zu Gott.* Göttingen 2013, S. 7 f.

Zylberberg, Hélène: »Das tragische Ende der drei Schwestern Kafkas«. In: *Wort und Tat* 2 (September 1946), S. 137.

Archive

Bodleian Library, Oxford: Papiere Franz Kafkas (MSS. Kafka 1–55), darunter auch Kafkas deutsch-hebräische Vokabelhefte und Hebräischübungen (Signatur MS. Kafka 24; 26, fols. 28v–29v; 29–33; 46, fols.5–8; and 47, fols. 4–15).

Gnazim-Archiv, Ascher Barasch Bio-Bibliographisches Institut, Tel Aviv: Korrespondenz zwischen Schin Schalom und Ester Hoffe (file 97).

Herzog August Bibliothek Wolfenbüttel, Bibliotheksarchiv: Briefe von Paul Raabe an Ilse Ester Hoffe, 1. Juni 1983 und 28. Juni 1983.

Hugo-Bergmann-Archiv, Nationalbibliothek, Jerusalem (ARC. 4*1502).

Max-Brod-Archiv, Nationalbibliothek, Jerusalem (Schwad. 0102).

Gerichtliche Dokumente

Tel Aviv Bezirksgericht 1169 / 73, Staatsanwalt Kerem v. Ester Hoffe, 17. Januar 1974 [auf Hebräisch].

Tel Aviv Familiengericht 105050 / 08, Eva D. Hoffe v. Treuhänder Tel Aviv, 12. Oktober 2012 [auf Hebräisch].

Tel Aviv Bezirksgericht 47113–11–12, Eva D. Hoffe v. Schmulik Cassouto (Verwalter des Nachlasses Ester Hoffe), Ehud Sol (Verwalter des Nachlasses Max Brod), Israelische Nationalbibliothek und das Deutsche Literaturarchiv Marbach. 29. Juni 2015 [auf Hebräisch].

Oberster Gerichtshof Israels 6251 / 15, Eva D. Hoffe v. Schmulik Cassouto (Verwalter des Nachlasses Ester Hoffe), Ehud Sol (Verwalter des Nachlasses Max Brod), Israelische Nationalbibliothek und Deutsches Literaturarchiv Marbach sowie Treuhänder, 7. August 2016 [auf Hebräisch].

Danksagung

Ein Dank geht an alle, die sich bereit erklärten, mit mir zu reden oder meine Anfrage zu beantworten, sei es persönlich, telefonisch oder schriftlich: Schmulik Cassouto, Jan Eike Dunkhase, Karl Erich Grözinger, Eva Hoffe, Elad Jacobowitz, Caroline Jessen, Tom Lewy, Stefan Litt, Dafna Mach, Paul Maurer, Ariel Muzicant, Nurit Pagi, Sa'ar Plinner, Ulrich Raulff, Shimon Sandbank, Sebastian Schirrmeister, Tom Segev, Itta Schedletzky, Dimitri Schumsky, Danny Spitzer, Reiner Stach, Michael Steiner, Ulrich Ott, Sigrid Weigel und A. B. Jehoschua.

Für ihre scharfsinnige Kommentierung meiner Manuskriptentwürfe danke ich Tamar Abramov, George Eltman, Matti Friedman, Karina Korecky, Nicole Krauss und Vivian Liska (und ich will hinzufügen, dass eventuell verbleibende Mängel allein mir zuzuschreiben sind).

Unendlich dankbar bin ich meiner außergewöhnlichen Literaturagentin Deborah Harris für ihre unermüdliche Unterstützung und das unerschöpfliche Vertrauen, das sie diesem Buch von Anfang an entgegenbrachte, ebenso wie John Glusman beim Verlag W. W. Norton und Ravi Mirchandani bei Picador für ihr vorbildliches Lektorat. Ich danke Heinrich von Berenberg, Beatrice Faßbender für ihr ausgezeichnetes Lektorat sowie Anne Emmert für die vorzügliche Übersetzung dieses Buches aus dem Englischen.

Außerdem danke ich all den engagierten Bibliothekaren und Angestellten des Van Leer Institute in Jerusalem, das mir nun schon seit einigen Jahren eine Heimat bietet.